中国古代文人的生存空间

郭彦 ◎ 著

四川大学出版社
SICHUAN UNIVERSITY PRESS

项目策划：徐　凯
责任编辑：徐　凯
责任校对：毛张琳
封面设计：胜翔设计
责任印制：王　炜

图书在版编目（CIP）数据

中国盒子：中国古代文人的生存空间／郭彦著．—成都：四川大学出版社，2021.6
　ISBN 978-7-5690-4006-7

Ⅰ．①中… Ⅱ．①郭… Ⅲ．①文人－人物研究－中国－古代 Ⅳ．①K825.4

中国版本图书馆 CIP 数据核字（2020）第 245505 号

书　名	中国盒子：中国古代文人的生存空间
著　者	郭　彦
出　版	四川大学出版社
地　址	成都市一环路南一段 24 号（610065）
发　行	四川大学出版社
书　号	ISBN 978-7-5690-4006-7
印前制作	四川胜翔数码印务设计有限公司
印　刷	成都金龙印务有限责任公司
成品尺寸	170mm×240mm
印　张	26.25
字　数	372 千字
版　次	2021 年 6 月第 1 版
印　次	2021 年 6 月第 1 次印刷
定　价	88.00 元

版权所有 ◆ 侵权必究

◆ 读者邮购本书，请与本社发行科联系。
　电话：(028)85408408/(028)85401670/
　(028)86408023　邮政编码：610065
◆ 本社图书如有印装质量问题，请寄回出版社调换。
◆ 网址：http://press.scu.edu.cn

四川大学出版社
微信公众号

与郭彦同游（代序）

在两次与郭彦同游期间，我看完了这部书稿。第一次是闽南，2018年春节。第二次是晋南，2018年"五一"。这些旅行的主题都是"访古寻踪"，算上之前我没能参加的晋北、皖南和钓鱼城等，次数有点密集。在以往那种老友结伴、郭彦同行的休闲旅游中，最年轻的郭彦主要负责常务执行：购票、记账、点菜、预约和在自己身上随处摸出打火机（有时候是别人的），而在这种有她三个学生鞍前马后一路随行的古迹寻访中，她当然就以师太自居了。我才不管谁来张罗，对我来说，只要有郭彦在，整个行程就是全不费心的。不仅如此，由于有郭彦对当地历史和人文掌故的熟悉，旅行不光轻松，还不肤浅。她对一些沉潜细节的询问，使当地人对我们一行人刮目相看，有时候是饭局抢着买单。

她是我们的中国古代人文历史顾问，是这些旅行的发动者。这和她近年来的写作方向有关：从已经出版的《沈腰潘鬓——中国古代文人的风仪与襟抱》到这本《中国盒子——中国古代文人的生存空间》，算起来有六七年了吧，虽然是人家不问她就不说，但看得出来，郭彦真正的谈话兴趣都在这个方向上。虽然大家也都有兴趣，但要说走就走，这就不止于智识上的兴趣，而是需要热情了。

对古代文学常年的研读和写作，已经在郭彦那里形成了浓郁的语境。或许可以说，这些年来，她其实是悠游于古代文学的蔚蓝之中的，时不时冒到水面上来谈谈时政或八卦，不过是因为必须要换换气；我并没有说她是海豹，在现实的陆地上，她也可以灵活到胜任一个杂志的主编，只不过她在古代文学中感到更加自如罢了。

　　中年以后对历史的回望，通常源自迟早都会来到人心中的永恒三问题。已然度过半生，对自己是谁已经不再纠结；世界加速膨胀，去路无从把握，唯有来路还是好歹有一点点脉络可寻的。而这些不时发动的旅行，与其说是现实层面上的，不如说是历史层面上的：除了观光望景，遍尝美食，也许还有点什么更多的。"一切历史都是当代史。"无论如何，看到历史就会想到此时，不由得想要在古代和当下的比较中找到同构的坐标，并以此来指引自己的生存方向。我想我们一行人或多或少都有这一层潜意识，而且是越老越多。

　　但现实太现实了：中条山下的铝合金关公，高架铁塔上斜挎的明月，辽金木佛案前的塑料花，两座宋塔之间的露天旱厕，购物中心顶楼上的仿古院落……可能是由于郭彦在古代典籍中浸淫最久，想象最细，因此比起我们来，当下艳俗带来的错位感也就最强烈，甚至可能直接导致生理上的恍惚——这样一想，也就容易理解她为什么会把院落上面的湛蓝夜空看成天花板上的宏伟壁画了。

　　为了写这篇文章，翻看手机相簿，我有点吃惊地发现，相簿里只剩古迹胜景，所有那些当时引起我注意的反差图景，竟然都被我不知啥时候东一张西一张地删掉了！人总是本能地回避那些不可名状的东西。我曾经问过郭彦，有没有可能呈现古时的"一地鸡毛"，从而构建一个更加真实的情境，而她沉吟不语。历史的这些部分已经湮没了。唐宋都有粗陋卑琐，但留给后人的只有唐的泱泱和宋的优雅。

　　话说回来，那也应该是另外一大套丛书的内容。郭彦的这一本书，虽说有近四十万字，其实骨感嶙峋，高度凝练，文笔硬朗，有一种碑一样的气质。先说结构——"作家为结构问题掉尽头发"——与那种由相对随意的单篇文章组成的散碎杂感不同，这本书有一个颇具野心的架构，有一条特殊视角思

与郭彦同游（代序）

考的线索，有一种对空间自身的认知和对不同空间之间的关联性的探寻。她有点像是要搞建筑了（幸好她不会画图），我想这是她选中我来写一篇短文的原因吧。

郭彦用了六个章节来谈论中国古代文人的生存空间。从天、地、人，世界的框架到政治与地域，再到方位、亲族或党群，最后涉及居所和家。这是一组从大到小的空间，作者将这组空间称为"中国盒子"。盒子套盒子，盒子既是里层内容的框套，又是外层盒子的内容，在一层又一层的盒子中，一代又一代的文人被塑造并且被安置。

被郭彦选来放在盒子里的这些文人，生动鲜活，姿态各异，她并没有为了阐释某种观点而牺牲个体的生动性，她既在写中国古代文人，又在写塑造了这些文人的社会生活空间。她饶有兴致地把这些具有代表性的文人摆放在盒子的这里或那里，希望建立一种新的关系，让人重新观看他们。与此同时，她又通过刻画这些文人的生活故事，引人俯身钻进盒子，从个体命运的视角看出去，从而对中国古代社会结构的一些要素和特质有一种新的认识。

用近四十万字写二十多个非凡人物的非凡命运，以及作者自己的思考、感慨和追问，如果不全是干货，根本就写不下来。这本书不是历史书，而是郭彦为我们梳理选取的二十多个古代人物素描和社会空间透视。一路看过来，中国古代文人的格局和宿命已经条理分明。但结构归结构，一幢结构严谨的大厦也可以越窗而入：你不必一定按顺序看，也可以挑着看，跳着看，倒着看，躺着看或者在卫生间看，随便推开一扇门就可以进入一个深院老宅，走马观花似的看个热闹也很长见识。他们之间的相似，他们之间的不同，他们与今人之间的相似和不同……当然，谁都不至于自比书中那些文人高士，但二十多款命运迷局总有一款会引起你的思忖。

如何认识自己所处的时代，怎样活得精彩，这样的问题还得自找答案，但郭彦这本书是个指引。这本书有点像她以往做的那种有点特别的旅行攻略：

格局完整，相互关联，精挑细选，考虑周全。有些意外的地方，非常之好，而且如果不是她说，你可能根本就不会知道。一趟张弛有度的远行下来，累是有点累，感觉却相当充实。

这本书值得一读，真的。

刘家琨

2018 年 6 月 15 日

目 录

第一章 宇宙、天地和人
　　——天不变，道亦不变？ ……………………………………（001）
　一　张衡的星空 ………………………………………………（003）
　二　阮籍的长啸 ………………………………………………（018）
　三　韩愈的辟佛 ………………………………………………（035）
　四　李贽的自杀 ………………………………………………（050）
　结　语 …………………………………………………………（064）

第二章 疆域边界、族群和他者
　　——莫恨西风多凛冽，黄花偏耐苦中看 …………………（067）
　一　庾信仕西魏 ………………………………………………（069）
　二　岑参到北庭 ………………………………………………（081）
　三　黄宗羲说夷夏 ……………………………………………（098）
　四　黄遵宪使日本 ……………………………………………（115）
　结　语 …………………………………………………………（131）

第三章 江山社稷和国家政治
　　——学成文武艺，货与帝王家 ……………………………（133）

一　刘琨的非正常死亡 ·· (135)
二　武则天身边的一帮文人 ·· (150)
三　从苏轼"乌台诗案"到蔡确"车盖亭诗案" ··············· (168)
四　赵孟頫的非遗民写作 ·· (183)
结　语 ··· (201)

第四章　南北、中心和边缘
　　——只是征行自有诗 ··· (203)
一　北方：陆机之入北 ··· (205)
二　王畿：王维、孟浩然与杨维桢、高启 ························· (220)
三　江南：张岱的梦魇 ··· (240)
四　岭南：屈大均从广州启程的旅行 ································ (256)
结　语 ··· (265)

第五章　家族、宗族和社会关系
　　——乡人莫相羡，教子苦读书 ······································ (267)
一　从颜回到颜延之，从《颜氏家训》到颜体 ················· (269)
二　范仲淹和义庄 ·· (287)
三　顾炎武的北游 ·· (302)
四　从东林党到复社 ·· (318)
结　语 ··· (333)

第六章　家和园
　　——花径不曾缘客扫，蓬门今始为君开 ······················· (335)

·目　录·

一　陶渊明的田园 …………………………………………（337）
二　白居易、司马光、邵雍和洛阳的那些园子 ……………（351）
三　祁彪佳的寓园 …………………………………………（371）
四　杜甫的草堂及其他 ……………………………………（383）
结　语 ………………………………………………………（394）

后　记 ……………………………………………………（397）

第一章 宇宙、天地和人

——天不变,道亦不变?

一　张衡的星空

很久以来，我都把东汉时期的张衡当成一位纯粹的科学家来看待，在我十分贫瘠、有限的科学认识中一直有着对一个仪器的深刻记忆：一个形如酒樽一样铜铸的东西，四周爬了八条龙，每条龙口中都衔有一颗珠子。八条龙的下方分别蹲伏着八只蟾蜍。如果其中任意一条龙口中的珠子忽然坠落，落在了下方对应的蟾蜍嘴里，就预示着这条龙代表的方位发生了地震。

这个仪器叫地动仪，全称为候风地动仪，是我们这一辈中国人在中学教科书中学到的。

毫无疑问，发明地动仪的张衡是一个伟大的科学家。《后汉书》记载他在阳嘉元年（132）发明了这个仪器。"尝一龙机发而地不觉动，京师学者咸怪其无征，后数日驿至，果地震陇西，于是皆服其妙。自此以后，乃令史官记地动所从方起。"（《后汉书》）这段话说的是有一次龙口中的珠子掉下来了，周围却不见异动，人们怀疑这个仪器是否真的灵验。数日之后信报，果然有地震发于陇西。陇西到都城洛阳并不近，灾报过几天才来算得上正常，一个神奇的小仪器居然可以感知数百里外的地震，让时人叹服。

据考证，这次发生在陇西的地震，是人类历史上第一次被主动测量的地震。

发明地动仪的第二年，即阳嘉二年（133），张衡写了《阳嘉二年京师地震对策》。乍看题目，以为是张衡针对自己刚发明的地动仪以及最近京师地震而写的有关科学实证和防灾抗震的文章，仔细一读发现不是。通篇文章几乎都在发泄对当时选孝廉出现的各种荒唐事的不满，只有开头和结尾与地震

沾了点边。文章的开头和结尾是这样的:

臣闻政善则休祥降,政恶则咎征见。苟非圣人,或有失误。昔成王疑周公,而大风拔树木,开金滕而反风至。天人之应,速于影响。

故周诗曰:"无日高高在上,日监在兹。"间者,京都地震,雷电赫怒。夫动静无常,变改正道,则有奔雷土裂之异。

…………

中间以来,妖星见于上,震烈著于下,天诫详矣,可为寒心。明者消祸于未萌。今既见矣,修政恐惧,则转祸为福矣。

——《后汉记》

大体意思是:政治清明则祥瑞降,政治晦恶则凶兆显。诗曰:休言什么高高在上,其实天道时刻都明察秋毫。最近,京都地震,雷电赫然,动静无常,皆为异象,这就是天人感应!只有躬身自检,敬天畏命,修正自己的行为,才可能将祸转福。

这里,由地震生发的感慨并不是来自科学家防灾抗震的科学建议,这些都不是紧要的事情,自己发明的地动仪也无关紧要,重要的是大家要明白发生地震的原因,而这个杰出的天文学家得出的结论是:地震之所以频发,均是因为政恶天怒!地震,是上天对帝王、对众生的一种明白无误的提示和警诫,是对当时社会发生的各种荒唐事的报应,是一种绝对意义的天谴!

一个天文学家写出这样的文字,让我们在理解这个人的时候有点无从下手的迷茫。

首先要明白,在张衡所处的时代,一个天文学家到底意味着什么。

他们是一群负责观天文以察时变的有知识的人。但观天象绝不是以对自

第一章　宇宙、天地和人

然的探寻为最终目的，而是以揣摩天心、知晓天意为直接动机。观天象进而能判吉凶，才是他们的职守所在。直接说，他们要做的事情是证明神学道理的正确性。天文学家更接近一种神职身份。

张衡一生中大多数时间的官职是太史令，和西汉的司马迁是同一个官职。大家也许会以为太史令是一个撰写历史的单纯官职，其实不然，太史令在东汉前除了掌撰史之职外，还掌天文历法，所以司马迁会说"文史星历，近乎卜筮之间"（《汉书》），星和史一直都有二位一体的传统。到东汉，这个官职连撰史的司职都没有了，专掌天时、星历，比如到岁末负责推出新历，同时标明国家祭祀、丧、娶的良辰吉日以及时节禁忌，若有瑞应和灾异则记录在案。张衡早年在南阳老家时就以精通天文、阴阳、历算、机械而闻名，他被召入宫成为太史令显然是学有所用。虽官职不高，张衡在位上也长期不获升迁，但也因此落得个悉心钻研的清静。他的另一个伟大发明——浑天仪也是在太史令位上完成的，并在此期间为后人留下了一部天文学著作《灵宪》。

一个相信天是宗教之天的神学追随者如何可能将天视为自然之天并有强烈的探索揭秘的愿望和动机？一个对自己的科学研究妄自菲薄的神学家如何可能埋头鼓捣仪器历算并达到孜孜以求的地步？张衡，他到底通过科学实证证明了什么？证明了自己是一个优秀的太史令，还是证明了自己是一个最终无法摆脱神学框架的充满矛盾的儒生？

这个话题得稍微说远一点去。

西汉初，文帝、景帝以无为而治的黄老思想润泽四方，但依然无法抵御"吴楚七国之乱"，汉帝国面临分裂的局面。汉武帝即位，诚招天下贤良，一代大儒董仲舒以他对黄老之说的包容囊括，以他对政治文化和帝王心理的周全考虑，以"大一统"和"天人感应"理论脱颖而出，最终说服汉武帝"罢黜百家，表彰六经"，从此，儒家学说以一种学术思想和政治权力结盟的形式成为中国古代社会几千年来的国家意识形态。

熟知儒家经典的人都知道,儒家学说擅长言说人与社会的伦理结构和道德学说以及礼乐制度的合理性,但它的思想并未有自然法则相支撑,也就是说,儒家学说从一开始就没有自己的宇宙论。孔子说:"天何言哉?四时行焉,百物生焉,天何言哉?"(《论语·阳货》)寥寥几句,语焉不详,天似乎没什么可说的。"唯天为大"(《论语·泰伯》),这话更是宏大叙事,天很大,大得大家都知道,后无下文。而以董仲舒为代表的一批西汉大儒巧妙地接纳了黄老之学、阴阳五行乃至数术方技共同依据的一些基础性思想,有意识地建立了儒学形而上的宇宙支持系统。他认为,天的中心与本原是"元","元"就是"一",它是社会合理性的本原和依据。天分阴阳,判为四时,列为五行。董仲舒《春秋繁露》一开头就提到"春秋之道,奉天而法古"。"奉天"就是以宇宙为人间知识的支持系统,"法古"则是以历史为世界秩序的合理依据。

在董仲舒的著作以及后来班固撰写的代表汉代儒学最细致的理论阐述的《白虎通》一书中,"天人感应"一说为其中最大亮点。

所谓天人感应,就是天和人的一种通感,即宇宙与社会、人类同源、同构、互感,它是中国古代几乎所有思想学说及知识结构的总体背景与产生土壤。那这种通感靠谁来联系呢?上古"绝地天通"的媒介是传递神意的巫祝史宗,是他们成了交通天与人的纽带。现代人在涉及有关原始祭祀活动的影视作品中,刻意强化了古代巫祝史宗各种诡异神秘的身影和蒙昧乖戾的眼神,这是一种缺乏基本知识背景而采取的简单粗暴的丑化手法。事实上,这些巫祝史宗在当时是最有知识、技术并具有文化象征意义的人物。他们从天帝那里讨回旨意,以沟通神界和人界,同时又将人的愿望和行为记载下来,印证神的旨意并传之后世。如果愿意的话,这些巫祝史宗甚至可以用自己的思想取舍和价值倾向来假天说话,也即替天行道,迫使天下的臣民(包括君王)

第一章 宇宙、天地和人

服从，所以，他们具有一种文化和思想垄断的权力，在某种程度上甚至可以挟持君王，形成一种外化于君王的文化和思想权力。

而到了董仲舒这里，"绝地天通"的媒介变了，变成了天人之间行使世俗权力的"天子"。董仲舒把王权无限放大，用"天志"比附王权与君命，强化了"天子受命于天"的崇高与尊严。这种比附自然让汉武帝体悟到其中之好，这是为刘姓天下说话的学说，现在，君王既可以是政治领袖，还可以成为精神领袖，于是，汉武帝做出了一个极端的决定——"罢黜百家，表彰六经"，其结果就是儒家学说被奉为经，圣经的经，超出一切诸子学说的不可违逆、不可篡改、不可诋毁的经典。

有经就有纬，继而各种延伸解释经书的纬书横行于世，儒学在汉代及其后相当长一段时间内被人称为经学。可以说，儒家思想因董仲舒的发扬光大而登堂入室，成了千百年来中国人遵守学习的道德规范和伦理秩序，也让孔子成了中国人心中不可替代的圣人；但同时，儒学，这种原本游离于政治权力之外的纯粹的哲学思想的光辉也渐次淡去，最终成了统治者手中的工具，甚至武器。

当然，我们也不要低估了董仲舒作为一代大儒的处心积虑，以及作为资深《春秋公羊传》研究者的狡黠与心机，在把自己所服膺的、治学终身的儒家学术拱手交付给帝国统治者的时候，他选择了一种符合统治者口味的说辞，又在其中暗布机关。他在把君王的权力定义为"君权神授"的同时，又在君王之上安放了一个权力更大的天。君王既有代天行事的权力，也有代天行事的责任和义务。一旦责任和义务不能履行，天降灾异便必定有所惩戒，这样，知识阶层才可能在君王不义不德的情况下拥有制约君王的权利。

于是，通过"天人感应"这个说法，这个天，最终又成了儒家学者断识和支配君王德行的一个砝码，成了君王头上的紧箍咒。

这是一种拐弯抹角的聪明的布防。

需要说明的是,汉武帝之独尊儒术,并不是一声号令社会风气就会立刻改变,儒学成为不可替代的国家意识形态其实要等到刘秀建立东汉王朝之后。同是南阳人的刘秀能从众多的刘姓宗亲中脱颖而出成为东汉王朝的新帝,自然需要来自文化精英、政治势力的支持以及天文学家和民间力量的天象暗示,否则难以证明其合理性和合法性,于是,甘露降、醴泉涌、宝鼎出之类的神迹不断涌现。东汉中期以后,即章帝、和帝、殇帝、安帝、顺帝五朝,宦官外戚轮流把持朝政,妖风四起,民间谶纬之风更是泛滥。儒学在纬书的助威下,最终变成了谶纬之声充盈其间的神学化经学,形成了一套国教化的神学体系。

说到此,我们大致明白了张衡所处的时空。

张衡年轻时入过太学,是儒家学说的忠诚追随者,直白地说,是一名不可能逃脱时代学术影响的带有神学倾向的儒生。同时,他又是一个从容淡静、喜独处、追求实证的思维缜密的科学家,坚定而激烈地反对谶纬之学。这见于他在阳嘉元年(132)所写的一篇奏疏《请禁绝图谶疏》:

且律历、卦候、九宫、风角,数有征效,世莫肯学,而竞称不占之书。譬犹画工,恶图犬马而好作鬼魅,诚以实事难形,而虚伪不穷也。宜收藏图谶,一禁绝之,则朱紫无所眩,典籍无瑕玷矣。

——《后汉书》

意思是,乐律、历法、易卦、九宫、风角等是被无数经验证实为有用的知识,但世人不愿学习,却竞相去称道一些不能应验的谶书。如同画工画画,他们厌恶画那些狗马之类实在的东西,却喜画鬼魅。因为按照物体的形状画很难,而画那些不存在的虚假的东西却无法被揭穿。文章最后,张衡建议,

第一章 宇宙、天地和人

应该禁绝那些乌七八糟的图谶，这样各种典籍就不会受到玷污了。

本质上，张衡相信天是宗教之天，"天道虽远，吉凶可见"是张衡思想的基石。他信奉天人感应，相信天是有神性的，能感知人类的行为和感情。天既是仁义道德的见证者，也是终极判决者。一句话，天是人类命运的主宰。在这样的神学框架下，他笃信，自己通过天象、历法、灾异等自然现象的研究来对帝王和政权进行警示和劝诫是有效的，也是有意义的；他又相信，天作为自然之天，有其自身宇宙生成、天体演化和构成的自然属性，它是必须通过实证也即科学研究才能逐渐被揭示和认知的复杂结构，是需要无数人孜孜不倦的探索方能抵达的疆域。天象、律历、阴阳灾异学说是一种严肃的多方综合的技术，是有实证和科学基础的一种确定性知识，它和谶纬之学有着本质区别，绝不是随便什么人靠几句路边传说就能蛊惑人心的空穴来风，也不是轻易搬出些泉水或甘露就可以改变世界进程的轻松儿戏。如果欺骗众生、蒙蔽风俗的谶纬之学泛滥，世界将妖孽横行，淳厚被污。

从张衡的思想可以理解其行为的基本逻辑，他一以贯之地用科学研究去印证神秘无边的宇宙天地，也一贯之地以对天道、对人间美好秩序的向往来找寻一些可以得到验证的呼应和根据。他相信太史令这个职守所昭示的是一种有价值的知识，一种有意义的文化。

当然，我们不能简单地说他崇尚实证、研究科学的热忱出于一种明确的神学动机，也许，他走火入魔地研习科学只是一种钻研和好奇的性格使然，是他超出常人的聪明使然，或者只是想认真履行太史令的职责使然。反过来说，他成为一个杰出的科学家可能是一种偶然，因为古文经学的兴起，为那个时代悄然带来一种追求博学实证的学术风气，张衡不过是在不知不觉中把自己送达了一个科学家的巅峰，这丝毫不能抹杀他骨子里强烈的神学倾向。他耗尽精力探索的那个自然天地依然是一片充满了喜怒哀乐的神的天地。

从某种程度上讲，张衡有点像天才的科学家牛顿，他想用自己的科学成就向世人证明,上帝一定是存在的。

神学和科学,在这两个看似水火不容、充满矛盾的疆域,张衡一个水袖甩出去,甩得风神郎秀。可以想象,张衡舞蹈的姿势投入而忘情,同时又小心翼翼、轻手轻脚。当那只甩出去的水袖快要触碰到边界的刹那,又轻轻缩回,绝不越界,这种对度的把握如此微妙。天人感应,稍一越界就可能变成谶纬之学;科学研究,稍不小心就会颠覆他的神学信仰。最后,水袖在空中画过一圈美妙的弧线之后,又以曼妙的风姿收回身边。就这样移步换景,张衡不仅成了那个时代最杰出的科学家,我们还有理由相信,所有这一切并没有阻拦他成为一个优秀的太史令。

但是,靠小心翼翼的谨慎并不能保证永远都不跨过那条业已存在的边界,靠长袖善舞也不能轻松回避不可调和的尖锐矛盾。张衡的伟大在于他可能已经知晓了自己的认识缺陷,也意识到了科学和神学之间存在的诸多矛盾,直接说,他在其中发现了诸多盲点,却无能为力,于是,他在认识上坚守着自己只能解释到到此为止的思想,而把其余所有疑惑、未知和不解安放在了另外一个场域。

这个场域就是文学。

文学,作为神学和科学之外的第三个维度出现在张衡的世界中,代表着神学与科学共同支撑的天地之下一个最值得珍视的存在——人的存在。他相信,天是一个弧形的、笼罩在方形大地上的巨大罩子,人生活于斯,渺小又伟大。有些东西无法自圆其说,力所不逮,点到为止,绝不越界,而有些东西张衡却从不殚于去触碰它,甚至是用尽全部身心去捅破它。这里,一个跨越了各种边界、遨游于天地神灵之间的人登场了,所以,在那个时代,我们才看到了一个杰出文学家诞生的可能。

张衡年轻时就以一篇恢宏华丽的"长篇之极轨"《二京赋》博得赞誉,

第一章 宇宙、天地和人

此赋比肩司马相如《上林赋》和班固《两都赋》，奠定了张衡作为和司马相如、扬雄、班固齐名的汉赋四大家的极致地位。而在我看来，真正代表张衡文学和精神高度的作品是他后期的几篇诗文《四愁诗》《骷髅赋》《思玄赋》《归田赋》。

况我已化，与道逍遥。离朱不能见，子野不能听。尧舜不能赏，桀纣不能刑。虎豹不能害，剑戟不能伤。与阴阳同其流，与元气合其朴。以造化为父母，以天地为床褥。以雷电为鼓扇，以日月为灯烛。以云汉为川池，以星宿为珠玉。合体自然，无情无欲。澄之不清，浑之不浊。不行而至，不疾而速。

——《骷髅赋》

如果仅仅阅读以上文字，你会有何种感受？这应该是人们无限向往的人间仙境或理想世界吧！这里，人世间一切丑恶和外力再也不会作威作福，人合体自然，与道逍遥，与阴阳同其流，与元气合齐补，何其美妙的开阔境界。遗憾的是，这是人死之后才可能抵达的境界。《骷髅赋》是张衡追逐庄子的步伐探寻死亡的一篇赋作，是对《庄子·外篇·至乐》《庄子·列寇》思想的一种复写和延展，最后，骷髅在尽情描述了死亡之美后，言卒响绝，神光除灭，只落得张衡为之伤涕，酹于路滨。

从形式上说，《骷髅赋》是一篇小赋，但这是张衡以写大赋的功底为死亡写的华丽颂辞，看得出他对人之生存于世的极度厌恶和无奈，渴望得到解脱的愿望已不行而至。

在另一篇大赋《思玄赋》中，张衡随道家指引的离家逃遁思想开始了一种奇特的远游，"愿得远渡以自娱，上下无常穷六区"，但游来游去，没有哪一个方向可以消除自己的悲伤和绝望，最后，他选择回到家中。而对这个家

的描述,张衡采用了一种田原牧歌般的咏叹,这与他去世前一年所作的《归田赋》的情绪暗合无误:

感老氏之遗诫,将回驾乎蓬庐。弹五弦之妙指,咏周孔之图书;挥翰墨以奋藻,陈三皇之轨模。苟纵心于物外,安知荣辱之所如?

《归田赋》是一篇优美的小赋,它开启了中国文人归隐生活的一个至美田园,我相信,陶渊明桃花源的精神气质来源于此。

其实,如果我们知道张衡早年就对扬雄《太玄经》崇尚不已,也就能大体理解为什么到后期张衡可能追逐老庄的步伐写《骷髅赋》,为什么他会受老子"玄之又玄,众妙之门"的引发写成《思玄赋》,到最后还为自己设置了一个归去之后"超埃尘以遐逝,与世事乎长辞"的所在,确如老子所说,"驰骋田猎,令人心发狂"。这里,一直以来处于张衡思想隐秘角落的道家思想大张旗鼓地呈现了显性特征,但这种显性特征在热情蹦跶一阵后,很快又像乌龟一样把脑袋缩回去了。

张衡活了61岁,他生在一个儒家经学化、神学化占据上风的思想潮流中,生活在章、和、殇、安、顺五朝外戚宦官把持朝政、宫廷斗争血腥惨烈的政治环境下,他相信的那个可以监督和惩戒君王的天似乎不起作用,政治黑暗,天竟然不怒;即使天怒了,人不听,还是无济于事。他花了很多时间研究的浑天仪和地动仪似乎也对人类的前行没有产生实质性的作用,被人看作雕虫小技;而作为天地之中的人,在经纬之学已经搭建好的道德和礼仪秩序下也没能生活得更透彻、更有希望。

他无法自圆其说。

星夜中,张衡站在那台经他之手最终得以完善的巨大的浑天仪旁,显得如此渺小、衰弱而又无助,他已经用尽了最后一点力气,但仰望星空,依然

第一章　宇宙、天地和人

眼神迷离。

　　天到底是什么？这个天有好大？
　　太多的说法，太多的哲学用语，太多的诠释和说道。简单地说，这个天在中国人的传统思维系统中，就是空间和时间的自然法则，就是世界观和历史观。
　　一个伟大而又渺小的文人，一个强悍而又柔弱的文人站在浩渺无穷的天际下，他要怎么活，怎么想，才能首先让自己立于不败之地，继而又能把自己彻底伸展开来？或直接问，一个天文学意义上的"天"，一个地理学意义上的"地"，再加上一个生理学意义上的"人"，也就是我们常说的天、地、人，它们之间到底是怎样一种关系？怎样的思考、怎样的体验、怎样的想象才能使一个人在天地之间的生活更显意义并体现作为个体生命的真正价值？

　　千万年来，人类一直生活在天之下，没人能够逃脱天的滋养和抚育，甚至惩戒。天，是自然之天，有春夏秋冬、日月星辰，但它又不仅仅是自然之天，人们会去揣摩它为什么要刮风下雨、电闪雷鸣，它同时又是人格之天、宗教之天。天、地、人，从来都不是孤立存在的，它们自来就有一种神秘而互动的感应关系，不仅在精神上互相贯通，在现象上也彼此感应。
　　这种相互贯通和彼此感应的关系构成了一个整齐的宇宙秩序。天不仅和地形成同构关系，和一切社会组织与人类自身一样同构，也因此，人们才可能最终找到行为的依据。千百年来，中国人心中一直存有这些根深蒂固的观念：天有五行，地有五岳；天有七星，地有七表；天有八气，地有八风；天有九道，地有九州。宇宙有天地上下，人类就有尊卑贵贱；宇宙有中心四方，人间就有帝王、诸侯与百姓。
　　世间所有的东西都是对称的，天地、星辰、日月；除了"中"无对称，是唯一,所以有"一",而"一"又在人们心中成了权威和秩序的象征;我们不容置疑地相信阴阳这个二元对立的概念,相信清浊、大小、短长、疾徐、哀乐、刚柔、高下、出入、周疏等彼此相济的思维;我们习惯把"五"和"类"搭配,相信人事也取法五行,不仅熟悉"五刑""五服""五声""五彩"之类的说法,更熟悉金木水火土、酸甜苦辣咸、东南西北中这些概念;通过阴阳五行的法则,人们还相信子顺父、妻顺夫、臣顺君都是不可违背的基本秩序;人们还接受了那些不言而喻的数字,四时、五方、十二月、二十四节气、三百六十五日;相信人体有五脏六腑,血缘亲族有五宗、九族;不仅帝王宫殿以形制象征天地四方,进出仪仗要掌握左青龙、右白虎、前朱雀、后玄武的方位,就连墓葬、宗庙、祠堂及民居构建也崇尚相关形制,以此符合和对应相应的宇宙法则……

总结起来说,上古时代的中国人就相信天圆地方、阴阳、五行,普遍接受宇宙秩序与自然、人间秩序是和谐的、对应的而绝非对抗的关系。后来,经过春秋战国时期诸子百家的诠释和争论,再加上汉代大儒的推波助澜,这种"天人合一"的宇宙法则终于摆脱了原始范畴,成了天经地义的宇宙之道,同时,还额外确认了儒家学说倡导的伦理秩序,如忠、孝、仁、义等核心概念也一定是和天道相对应的。用葛兆光先生的话说,这些观念和认识,通过教育手段的浸化,通过制度与法律的规范,逐渐变成了人人都深以为是的道和理,成了一套实用的生活策略而被普遍认同,泛化为华夏民族共同的生活方式、思维方式、价值标准和心理状态。人们在这些约定俗成中获得了生活的安定,也从这套制度中感受到了秩序,它极其强大地潜藏在每个人心中,几乎没有人可以逃脱它的笼罩。

不论是思想家,还是那些算不上思想家但一辈子都不会停止思考和追问的文人,都逃不脱被它框禁,或者压根就不是被框禁,而是自愿地接受和服从这种法则。他们从出生伊始,就进入了一种天经地义的预设之中,这也就

第一章 宇宙、天地和人

规定了两千多年来大多数文人的基本天地观，以及作为个体生命在时间和空间存活的基本框架和规则。这种有条不紊的秩序给人以安全感，人们相信，只要遵循这种规则，就可以掌握命运并过上有质量的生活。没人愿意、也不会花时间和精力去追问这种法则为什么具有天然的合理性，没人会以一个人的主体视觉跳出来审视自己，或者把宇宙当作对象化的客体来审视或研究。

由此，我们大致明白了张衡的疑惑与迷茫。

他迷失在了这个天经地义的宇宙法则中不能自拔。相比其他人，作为科学家的身份似乎已经暗示，他把那个神秘无比的天当作了某种对象化的客体来审视和研究，但是，他依然没能跳出一个大框架来审视个体生命的独立价值，这种所谓客体化的科学审视和研究不过是在一个神秘的大感应系统中做了一些聊胜于无的挣扎而已。

这是由王振铎于 1951 年复制的候风地动仪模型，在国家历史博物馆展出了几十年；同时，该图片被编写进中学教科书，作为张衡发明的地动仪的配图。因为其复制原理备受业界质疑，近年已被移出国家历史博物馆和教科书。

如果人的价值仅仅在于与天道秩序相匹配的法则之中，那么人的渺小和被限定则是显而易见的。到最后，张衡终于意识到自己的思考至多算得上是一种东张西望，一种徒劳无功的努力，思一阵玄之后，只得折返回家。想归田，但最后还是死在一种若有若无的怅惘想象之中。

需要特别说明一点，张衡发明的地动仪后来失传了，人们再也不知道这个科学仪器是以何种原理工作的。直到 20 世纪 50 年代，一个叫王振铎的考古学家依据范晔《后汉书》对地动仪 196 个字的记载，在学习和研读了一些科学知识之后,复制了张衡的地动仪模型。也就是这个复制模型被摆放在国家历史博物馆,并在中学历史教科书里作为张衡发明的地动仪的配图。很长时间以来,我们都误以为这张图片所展示的就是张衡地动仪的原型。

作为中国古代最伟大的科学发明之一,这个模型经常被送到世界各地展出,但令人尴尬的场景也屡屡出现,重重地关门、汽车过境、炮弹响声以及飞机飞过屋顶等震动,这台仪器也可感知,即使它对地震也有感知,但铜珠很难滚到对应的方位上,甚至还出现了展览现场解说员不得不用木棍挑拨铜珠使之滚下来的可笑场景。总之,不断有国内外科学家认为,这个复制模型所依据的原理是绝不可能判断地震发生的。它太简单了,几乎和在地上倒立一个啤酒瓶差不多!这个所谓的伟大发明不过是一个玩具而已!有人甚至认为,地动仪之所以失传,就是因为它没有任何作用,如果它真正能够监测地震,一定会被当作宝贝保存下来。以此反证,这件仪器根本没有科学价值。

这事儿开始变得严重了,它涉及了中国古代是否真正存在过一个有用的地震验证仪器的问题。

直到21世纪初,河南博物院与中国地震台网中心联合成立了一个课题组,科学家们最终用"悬垂摆原理"取代了王振铎的"直立杆原理",重新复原了张衡的地动仪。形象地说,两个复制模型的区别在于,酒樽一样的东西内部,旧模型依照的是在地上倒立啤酒瓶的原理,新模型依照的是在房顶上挂吊灯的原理。

经过验收,多数专家认为,新的地动仪模型可能比较准确地复制了张衡地动仪的原理,使之真正有了验震功能。随着新模型被摆放进河南博物院,那个老模型也被移出了国家历史博物馆,之后,中国的历史教科书也不再提及这个地动仪了。

这是一则有关科学的花边新闻。而通常情况下,科学和花边是无关的,

第一章 宇宙、天地和人

一旦和花边发生关系,科学很容易被人讥笑为一种伪科学。但这无关紧要,绝大多数的科学都是从伪科学中得以自辩和自证出来的。张衡作为这则花边新闻中躺着中枪的主人公,他已经做了他该做的事情,或者说,他已经达到了那个时代的人智商所及的最高水准。问题在于,科学可以不断地先进又先进,人类对大自然的探索也可以越来越接近真理,但是,两千多年过去了,现代人的各种忧思和迷茫好像也不比张衡少。这都是科学未必能解决的事情。

科学家历尽千辛万苦最终抵达了山顶,而神学家已经站在山顶等候多时了,这是张衡的迷惘,也是一个科学家的宿命。

二　阮籍的长啸

张衡去世一百多年后,大约公元257年或258年的某一天,一个叫阮籍的男人登上了一座叫苏门山的山。

"山不在高,有仙则名",刘禹锡的这句话似乎从来就给人一个错误的指引。在我的印象中,有仙人居住的地方总在崇山峻岭之中,必定是常人不能抵达的高山之巅、巨石之上。但在河南新乡倒真有这样一座不高的山,海拔不到两百米,却一直仙气充盈,名贯四海。

甘露年间,阮籍登上了这座山。

他此行的目的是去拜访一个叫孙登的隐士。

据说,孙登平日住在土窑中,夏天编草做衣裳,冬天披发至腹取暖,喜欢长啸,但从不开口和人言语。同为"竹林七贤"之一的嵇康从游孙登三年,问其所思,得不到一句应答,直到离别时,孙登才对嵇康有言语提示。阮籍的遭遇不可能比嵇康更好,任凭他如何召唤,孙登始终不答。阮籍失望至极,长啸一声,黯然离去。行至半山,忽然一声鸾凤之音传来,响彻岩谷。此神鸟之声便是孙登之啸。这声长啸把阮籍镇住了,他呆立半晌,幡然醒悟,下得山来便提笔写下一篇四千字的长文。

这就是流传千古的《大人先生传》。

这段故事是《世说新语》的记载,起兴而已。要讲述这个复杂的时代和这个时代最伟大的文人,需要花些笔墨。

汉末至魏,天下分崩,人怀苟且,名教泛滥,大道陵迟,士人迫切需要

第一章 宇宙、天地和人

找到一个新的安放精神的所在，重新认识儒家思想和阐释先秦诸子思想的风气兴起，而理论关切的重心最初体现在对名教的认识以及对名教与自然关系的辨析上。

所谓"名教"，就是儒家倡导的以名为教。

首先，它承认每个人都有情欲。圣人是"上智"者，不用教化就知道该做什么不该做什么，"不待教而善"；对付"下愚"者也简单，用刑法惩戒就行了。但大多数人处于中间，他们既不能摆脱情欲的诱惑和困扰，又崇尚仁德礼义。名教的确立就是通过"以名为教"的方式来规范这些人的行为，让他们以"好名之心"去对抗情欲和真性。

而所谓的名，就是汉儒将一些政治观念、道德规范、礼仪教化等"立为名分，定为名目，号为名节，制为功名"。按董仲舒的说法，名教就是"审察名号，教化万民"，即用一些普通人可以感知的荣耀、名望等世俗价值去对应抽象的善恶价值色彩。"忠孝""三纲五常"是名教的核心思想，"君为臣纲，父为子纲，夫为妻纲"是基本内容，也就是对不同的社会角色提出不同的要求。例如，君有为君之道，臣有为臣之道。如果君臣各守其道，依道而动，这种君臣关系便是一种理想和谐的关系。推而广之，如果每个社会角色都各守其道，依道而动，那么整个社会就是一个符合名教规定的理想社会。

这一套宗法等级结构和社会秩序被认为体现了宇宙之道、自然之道，因而是合理的、必然的。这是一套易于认知的价值系统和易于实践的行为模式，它将空洞的道德概念转化成具体的道德实践，具有规范制度、整饬人心、严肃风化的作用，也为士人提供了一套立德修身、入世建勋的途径，使士人对社会制度形成强烈的依赖。但事实上，儒家思想包括名教统领社会的几百年间，天下未治，尤其是汉末至魏天下大乱，人们试图以秩序规范、引导现实的努力完全失败。在名教的价值体系及相对应的行为模式中，出现了各种各样因崇尚名节而苦节的礼法君子。他们或抛弃个人情感，枉顾内心需要，行为变态扭曲；或打着维护名教的旗号，背地里却大行污秽之事，伪君子越来越多。名教实质上已经异化为一种丑恶、虚伪之物，士人对之充满蔑视和激愤，继而否认名节和礼法，形成一股放诞旷达之风。与此同时，知识精英在这种现实失败的心理阴影下产生的追寻绝对真理的欲望也欲显热切。

玄学在汉魏之际应运而生。

玄学是一种抽象思辨的哲学。葛兆光先生说："它追寻的不是人在社会中具体的行为与品格及其后果，而是人之为人的终极依据，是宇宙之为宇宙的深微大道。"（《中国思想史》）具体说，玄学把儒家以阴阳五行为主干的宇宙时空概念转向了"道"和"无"这种永恒而又超越的本原，从儒家习惯的对具体事物与现象的理解与分析转向了对终极本原的追寻。但玄学又不仅仅停留在抽象思辨、幽远玄微的层面，在本体论的思想关切之上，还表现出对政治哲学和人生哲学的极大热情，主要表现为"名教"与"自然"之争。

玄学，在理论形态上是以老庄思想为骨架的，但作为一种时代精神之体现，玄学并不是对先秦道家的简单复归。玄学的肇始人物、正始时期著名的哲学家何晏、王弼就是以儒家思想作为参照系，用"以无为本"的观念来辨析自然和名教的关系，提出"名教本于自然"的主张。

最初，以何晏、王弼为代表的正始玄学的理论兴趣主要在老学，不在庄学。老子和庄子都重在超越世俗，但二者的思想倾向又有差异。老子哲学中自来含有一种帝王术，具有政治方面的功能。庄子之学则以齐物逍遥为旨归，着眼于个体精神层面。随着曹氏与司马氏的斗争日趋激化，庄学中追求个人精神自由的思想旨趣无疑比老子思想更适合士人的口味。以嵇康、阮籍、向秀为代表的竹林玄学家由老转庄，形成了一股以庄学为主的玄学思潮。其中，向秀选择了综合儒道的道路，强调自然与名教的结合，阮籍、嵇康选择了"越名教而任自然"的道路。

第一章 宇宙、天地和人

《大人先生传》的主体部分采取了"汉人设问"的论难方式,设置了三个角色"士君子""隐士""薪者",与大人先生进行客难主答。

第一个"士君子"形象是汉代儒家思想和名教塑造出来的典型人物:

天下之贵,莫贵于君子:服有常色,貌有常则,言有常度,行有常式;立则磬折,拱若抱鼓,动静有节,趋步商羽,进退周旋,咸有规矩。心若怀冰,战战栗栗,束身修行,日慎一日,择地而行,唯恐遗失。诵周孔之遗训,叹唐虞之道德,唯法是修,唯礼是克。手执珪璧,足履绳墨,行欲为目前检,言欲为无穷则;少称乡闾,长闻邦国,上欲图三公,下不失九州牧,故挟金玉,垂文组,享尊位,取茅土。扬声名于后世,齐功德于往古;奉事君上,牧养百姓,退营私家,育长妻子,卜吉宅,虑乃亿祉,远祸近福,永坚固己。①

这类人穿衣服有规定的颜色,外形打扮也有规则,谈吐、行为举止都有固定范式。所谓站有站姿、坐有坐姿,内心像怀有冰块,一直战战兢兢,谨慎小心,生怕越雷池一步。每天诵叹周孔遗训、唐虞道德,遵从礼法绳墨,就这样一步步按先贤之训把自己送上服务邦国、官至三公的显耀尊位。阮籍确实是对名教礼法及其孕育出的"士君子"看不下去了,他讥讽这类人是裤裆中的虱子,持正、媚世,完全丧失了独立人格。

昔年十四五,志尚好诗书。
被褐怀珠玉,颜闵相与期。②

---

① 张溥:《汉魏六朝百三家集》卷三十四《阮籍》,以下引用皆同。
② 萧统编,李善注:《文选》卷二十三。

这是阮籍《咏怀诗》之一首。诗书指儒家经典。颜闵指颜回与闵损，他们都是孔子的学生，是儒者崇尚的大贤。从此自述可以看出，阮籍早年也是按照儒家的道德文章进行自我设计的。作为一个自幼浸淫于儒家思想的儒生，阮籍难道真是对名教的社会功用完全不了解吗？当然不是。他深知，理想的名教所制造的整饬的群体秩序对社会自来有它的规范作用，但是，"真理的终极依据并不在群体的确认而在于个人的体证，人的存在价值并不在于社会的赞许而在于心灵的自由"①，这是阮籍和那个时代的知识精英强烈的精神自觉，阮籍的转身离开和绝俗退隐似乎是自然而然的人生选项。消极避世成为那个时代士人躲避政治风险、完善自我的理想之途。既然不想与士君子为侪为伍，不如与木石为邻吧！于是，第二类人出现了，这就是"隐士"。

让人诧异的是，当这个"隐士"在恣肆地讲述了一番道理后，却得到大人先生的一顿洗刷。他愤恨士君子，却并不赞赏隐士退避林泉、逍遥世外的生活，认为没有必要"避物而处"，人应该"不以物为累"。

故至人无宅，天地为客；至人无主，天地为所；至人无事，天地为故。无是非之别，无善恶之异。故天下被其泽，而万物所以炽也。若夫恶彼而好我，自是而非人，忿激以争求，贵志而贱身，伊禽生而兽死，尚何显而获荣？

阮籍的观点是，隐士，你不要以为你归隐林泉就是好，而别人选择留在尘世就是恶。就是非观念而言，这依然是一种是非，说明你还没有超越是非善恶，依然还在为自己的忿激而和别人争高下，依然在为所谓的志向而轻贱自己的身体，同样得不到真正的安宁与超脱。

---

① 葛兆光：《中国思想史》第一卷《七世纪前中国的知识、思想与信仰世界》，复旦大学出版社，1998年版。

第一章 宇宙、天地和人

"士君子"不是阮籍心中的理想人格,"隐士"也不是,最后出现了第三类人——"薪者"。"薪者"这样说:

且圣人以道德为心,不以富贵为志;以无为用,不以人物为事。尊显不加重,贫贱不自轻,失不自以为辱,得不自以为荣。木根挺而枝远,叶繁茂而华零。无穷之死,犹一朝之生。身之多少,又何足营?

显然,"薪者"与阮籍的理想人格已经非常接近。"薪者"实现了对善恶、贵贱等社会层面的超越,还实现了作为个体生命对生死的超越,但阮籍并没有完全满意,他说"薪者"依然"不足大"。

那,到底怎样才是大?

阮籍说:"呜呼!时不若岁,岁不若天,天不若道,道不若神。神者,自然之根也。"这就涉及更加宽泛的时空和本体概念了。按理说,何晏、王弼已经把道或无作为宇宙的本体,作为最高的哲学概念,但阮籍在道之上还安放了一个神。阮籍并不是一个严格意义上的哲学家,他虽然写了《通易论》《达庄论》等思想著作,但其理论系统的缜密程度和逻辑思辨都有很多不攻自破的地方。此处,我们既可以把这个神理解为万物产生的本原或根据,也可理解为宇宙运行变化的规律和法则,还可以简单理解成一个文人对绝对自由的精神世界的一种特殊表述。

"廓无外以为宅,周宇宙以为庐""登乎太始之前,览乎忽漠之初,虑周流于无外,志浩荡而自舒,飘飘于四运,翻翱翔乎八隅"。这里,宇宙无外才是一个人所处的空间,太史之前、忽漠之初才是时间。也就是说,时间无始终,空间无边界,人飘飘翱翔于这样的时空,才可能视天地为小卵,若还要拘泥于人事,论其短长,议其是非,岂不哀哉!以此,大人先生完成了对社会、个体甚至自然宇宙整体的超越。这是从有限到无限的超越,从相对到绝对的超越,有一种彻底的解放之感,由此也达到了庄子所说的万物齐一的无差序境界。

如此,回到这篇文章的结构上看,我们大致明白了这个大人先生是谁,他注定不是那个长啸一声引来阮籍顿悟的隐士孙登。这个大人先生其实就是阮籍自己,他的整篇文章不过是对自己思想蜕变过程的一次梳理和清算。或者说,这个大人先生也不完全是阮籍自己,他不过是借"士君子""隐者""薪者"之口,讲述那个时代很多士人经历的思想撕裂、巨变直至最后悟道而得以超越的精神历程。

从整篇文章表述的顺序来说,基本暗合阮籍本人和那个时代一些士人的思想和精神历程。阮籍早年崇儒;中年由儒入老,倾向于儒道(老)结合;晚年入庄,转向儒道(庄)对立。最终,他对仁义礼法这套伦理规范采取了完全贬斥和否定的激烈态度,通过齐物的方式超越一切差别,把自然与名教对立起来,以图摆脱现实的一切羁绊,追求一种精神上的绝对自由或逍遥。

但现实中的阮籍真如他在《大人先生传》中所写的那样,获得绝对的精神自由或逍遥了吗?

答案是否定的。

阮籍,字嗣宗,生于公元210年。少年时期的阮籍不爱言语,性情孤傲、寡合,"弹琴长啸,从此终日"。

景初三年(239),魏明帝曹叡卒,嘱大将军曹爽、太尉司马懿共辅少帝曹芳。次年,齐王曹芳即位,改元正始。

正始三年(242),阮籍第一次出仕,很快以病告退。

正始八年(247),阮籍第二次出仕任尚书郎,时间依然很短,以病免。次年,又以疾辞曹爽之征辟。

正始十年(249),司马懿诛灭曹爽、何晏等八族,前后杀人三千,造成

第一章 宇宙、天地和人

"名士减半"、天下震动的恐怖局面,史称"典午之变"。司马氏执掌大权。阮籍很快做了司马懿的从事中郎。

嘉平三年(251),王凌谋废曹芳,改立楚王曹彪为帝,企图迁都许昌,以摆脱司马氏对皇室的控制。谋败,王凌被夷三族,曹彪被害。同年,司马懿卒,阮籍又做了其子司马师的从事中郎。

嘉平六年(254),曹芳亲自出马,谋以夏侯玄代司马师辅政。事泄,夏侯玄等人被诛,曹芳被废,改立高贵乡公曹髦为帝。也是这一年,阮籍被赐为关内侯,徙官散骑常侍。

正元二年(255),毌丘俭、文钦在淮南兵反,司马师卒于征伐军中,其弟司马昭继任。同年,阮籍主动请求到东平任职,在任上仅十余日就返回洛阳,随后做了司马昭的从事中郎。

甘露元年(256),阮籍请求做步兵校尉。

甘露二年(257),诸葛诞在淮南兵反,被司马昭镇压。

甘露五年(260),高贵乡公曹髦谋诛司马昭,事败被杀,改立常道乡公曹奂为帝。

景元四年(263)十月,司马昭被封为晋公,位相国,加九锡。阮籍受命执笔劝进。十二月,阮籍离世。

咸熙六年(265),司马昭死,其子司马炎代魏称帝,晋朝始立。

我不厌其烦地罗列魏晋禅代之际频繁的政治变故,以及阮籍在政治变故中的去留和作为,用意不言自明。我们在解读《大人先生传》的时候,绝不可能抛开作者个人的生活轨迹,也不可能就理论谈理论,就玄言谈玄言,把阮籍定义成一个悬在空中的思想家或哲学家。同样,我们也不可能忽略,作为竹林时期最伟大的文学家,阮籍在这期间写下了流传千古的82首《咏怀诗》。

血雨腥风,用这个词来形容当时社会的大变局并没有任何夸张的成分。阮籍在魏武、文、明三帝时期度过了幼年、少年直至青年时代,他之效忠曹魏是不言自明的。曹氏后裔的软弱无能与司马氏的强势已经让所有人看清了顺势而为的实际利益和逆历史而动的必然下场。社会已礼崩乐坏,士人处于人人自危、朝不保夕的状态,普遍对自己的前途命运感到惶恐、忧惧,同时又存有对道德底线和理想追求的持守和信念,矛盾和苦闷就这样充斥在阮籍的现实人生和《咏怀诗》中。

我们不得不承认的一个事实是,阮籍的行为表征和思想表达一直都给人一种庄子追随者的假象,但现实中他却依然出仕。开始是司马懿的从事中郎,随后是司马师的从事中郎,后来又做了司马昭的从事中郎和步兵校尉。我们既可以把阮籍的这种乱世而出理解为政治恐怖下的被迫和妥协,也可将之理解为恐惧、胆小、去乱避祸、息事宁人的性格弱点使然。

"竹林七贤"中,阮籍是较早出仕的一个。司马氏为扩大势力,瓦解曹氏集团的力量,对一些人实行了利诱、拉拢策略,而阮籍之前拒绝曹爽征辟一事,给司马氏留下了一个倾向性借口,自然成为司马氏拉拢的对象。后来,山涛也出来做官了,而且官越做越大;嵇康是曹氏姻亲,一直有官做,但也一直有着来自身份上的和司马氏为敌的巨大动力;景元四年(263),嵇康和吕安被司马昭所杀,这一事件深刻影响了向秀,这个一门心思研习庄子的杰出学者也不得不躬身走到司马氏的屋檐下。

但阮籍并未在官场中陷得太深,无非是只拿俸禄、无所事事,这种为官方式被人称为"世隐"或"朝隐"。他们身在庙堂,却标榜心在山林;身任官职,却遗落世事;"口出玄远",借清谈以表示自己远离政治,以酗饮纵放来掩饰自己对现实的失望。所以,《晋书·阮籍传》说:"阮籍本有济世志,属魏晋之际,天下多故,名士少有全者,籍由是不与世事,遂酗饮为常。"

曾子说:"食人之禄,则忧人之事。"就是说,你拿了别人的俸禄,就得

· 第一章　宇宙、天地和人 ·

做事，就得替人分忧，岂能"为人谋而不忠乎"？后面的话是孔子说的。既向往出世，就不要出仕；既已出仕，又岂能无所作为？阮籍知晓自己不可能清白无辜，出于乱世、苟且偷生、为虎作伥的行为已然违背了自己的理想和良知，这让他产生了一种身体不洁感，继而对自身产生了一种厌恶情绪，其内心的不得安宁也就可想而知了。

他或"闭户视书，累月不出"，或"时率意独驾，不由径路，车迹所穷，辄恸哭而反"（《晋书》）。他在《咏怀诗》里感叹："杨朱泣歧路，墨子悲染丝。"所有这些，都反映了阮籍进退维谷、痛苦无据的失衡心态。

夜中不能寐，起坐弹鸣琴。
薄帷鉴明月，清风吹我襟。
孤鸿号外野，翔鸟鸣北林。
徘徊将何见？忧思独伤心。

这是82首《咏怀诗》的开篇之作，一开篇即确立了阮籍下半生的情绪基调。

尤其到54岁时，阮籍遇到了他一生中最为棘手的人生选项，也做下了一生中最为人所耻的事情。虽然这对司马氏称帝而言仅仅是走过场的一种形式，但对阮籍个人而言，却是一个大是大非的问题。景元四年（263）十月，司马昭被封为晋公，位相国，加九锡，这是司马昭实施篡位的重要一步。按例，由傀儡皇帝下诏加封晋爵，司马氏谦让一番，再由公卿大臣"劝进"，时任步兵校尉的阮籍受命执笔。一开始，阮籍故技重施，以醉酒为托词不写，但，最终还是写了。《晋书》记载语焉不详，说阮籍是无奈之下醉后为文，但写出来的文章又"辞甚清壮，为时所重"，显然，它成了一篇被时人赞叹的好文章。所有写文章的人都明了，这种揣摩上意、歌功颂德的文字因为言不由衷,尤需字斟句酌,不大可能是醉后文思泉涌就可轻易完成的。退一步说,如果醉了还如是想,就更严重了。

无论如何,事实已经证明,阮籍一辈子试图回避现实的努力,试图在现实和超脱中走钢丝的举动终告失败。就在写下《劝进表》两个月后,阮籍带着人生的落败感离开了人世。

我相信,这篇《劝进表》是压垮阮籍的最后一根稻草。

多处记载显示,阮籍有"至慎"、从不"臧否人物"的性情,嵇康也称"阮嗣宗口不论人过,吾每师之而未能及。至性过人,与物无伤"(《与山巨源绝交书》),就是说,阮籍从不对某件事情或某个人发表意见,显出其为人处世上的谨慎、克制和隐忍,由此也就不难想象这样性格的人在这样的环境中精神的憋屈和压抑了。

身不由己,自责羞愧,谨小慎微,如履薄冰,这样的日子如何过呀?总得宣泄,总得为精神世界找一个出口吧?如何在无法改变的政治身份之外找到一个真正被自己认同的自我身份?如何在从事中郎、步兵校尉的官场标签之外找到一种自己认同的思想或精神标签?醉酒,没用;闭门读书,几个月足不出户,没用;随意驱车前行,行至无路处大哭一场而返,也没用。

不洁要通过清水来冲刷,不安要通过心安来化解。同理,群要通过不群来纠正,礼要通过无礼来修补。通过一系列传说,后人记住了阮籍很多不可思议的故事。最终阮籍的形象被人贴上了逍遥、不羁、玄远、豪放等人格和思想标签,这也是阮籍在无所事事的政治生涯之外处心积虑为自己寻找的救赎方法。

显然,他达到了目的。

儒家传统礼制规定,子在父母丧期,不能饮酒食肉,但阮籍偏不。获知

第一章 宇宙、天地和人

母亲逝世的消息,他故作镇静,并未终止和人下棋,还豪放地饮酒两斗,但最终没能忍住心中哀痛,举声一号,吐血数升。到母亲葬礼时,他依然故作镇静,大量饮酒大口吃肉,但临到和母亲做最后的诀别,他又一次没能控制住情绪,吐血数升;礼制还规定,"叔嫂不通问""男女授受不亲",阮籍把这些条条框框也打破了。邻有美妇,阮籍前去沽酒,径直睡在美妇身旁;嫂嫂出行,他亲自前去送行;听说某女有才有色,未嫁而死,他本来和这女子及家人素不相识,依然前往哀悼,大哭一阵,尽哀而还。

我们可以说,阮籍的行为举止是他从内心深处蔑视礼法名教的表现,"礼岂为我设邪?"这是阮籍的名言,也是他不拘礼俗、旷达不羁的真情流露,但另一方面,我也怀疑这些行为是他故意夸张出来给别人看的,是用装腔作势而不是自然的姿态来向周围人等展示,他绝不会被传统礼教牵着鼻子走。人前,获母逝消息,他故作镇静,不停手中棋局;而人后,和别人并无两样,他对母亲的逝世也会哀从中来,人们看见阮籍形同死人,"毁瘠骨立,殆致灭性"。看来,阮籍并没有达到庄子所说的或自己向往的齐生死的境界。

同是"竹林七贤"之一的刘伶,对待生死的态度比阮籍要超然许多。史载,刘伶"常乘鹿车,携一壶酒,使人荷锸而随之,谓曰:'死便埋我。'其遗形骸如此"(《晋书·刘伶传》)。走到哪里死到哪里,埋我便是,这才是一种真正不以为然的轻松态度。

刘伶和阮籍同为好酒之徒,酒几乎成了两人身上共同的符号性特征。阮籍在母丧期间饮酒食肉,纵情悖礼,被人说成是败俗之人;司马氏派人向阮籍求婚,他大醉六十天,让求婚者不得与之沟通,遂作罢;写《劝进表》,阮籍最初也是装醉推脱。

刘伶更甚,曾经写过一篇《酒德颂》,云:"有大人先生,以天地为一朝,万期为须臾,日月为扃牖,八荒为庭衢。行无辙迹,居无室庐,幕天席地,纵意所如,止则操卮执觚,动则契榼提壶,惟酒是务,焉知其余。"

(《文选》卷四十七）表面上看，刘伶笔下的大人先生和阮籍笔下的大人先生的人格特征和精神境界近乎一致，但仔细端详，二者的真实理想却未必相同。

在刘伶看来，现实的一切都是虚幻的，毫无价值的，只有感官的快乐或肉体生命的满足才可能达致内心的宁静和超脱。也因此，对名教礼法的虚伪，刘伶不像阮籍那样表现为极度的愤慨，而是十分轻蔑，不仅没有激烈的言辞，甚至连多一点的兴趣也没有。所谓"天生刘伶，以酒为名"，就是单纯、自然地把喝酒当作肉体的享受与生活的内容。酒对刘伶来说，是确定无疑的欢愉之物。

表面上看，阮籍由儒到玄、由儒入道的思想脉络甚是清晰，但在其潜意识中，对儒家理想世界依然有无法割舍的眷恋。醉酒，不过是阮籍摆脱政治困境的手段和自我麻醉的方式，说穿了，就是浇出心中块垒的工具而已。同样，在阮籍身上发生的很多故事也有相同的功能。如果说酒是一个道具，那这些故事就是一出戏，导演和主角都是阮籍自己。演戏既是手段也是目的，既让观众看到了他反对名教、崇尚自然的内心选项，也部分达到了弥合内心分裂、消除焦虑、恢复身心平衡的个人目的。

只能这样说，阮籍行为上的故作放诞或惊世骇俗，不过是在形式上反礼教而已，这些形式不能构成阮籍主体行为的反礼教特征，只能算是细枝末节的小伎俩。他对礼教的愤激反应，实质上是对违背理想原则的现存名教的批判和否定，其背后是以对理想名教的虔诚和执着追求为价值参照系的。可以设想，如果在阮籍那里没有一个理想的价值尺度作为心理背景，他绝不可能对现实的丑恶如此痛心疾首。所谓爱之深，恨之切，构成了阮籍思想和人格的双重性。

所以，鲁迅先生尖锐地指出："例如嵇阮的罪名，一向说他们毁坏礼教。但据我个人的意见，这判断是错的。魏晋时代，崇尚礼教的看来似乎很不错，而实在是毁坏礼教，不信礼教的。表面上毁坏礼教者，实则倒是承认礼教，

第一章　宇宙、天地和人

太相信礼教。"①

我不相信阮籍对自己的一生是满意的。

相反，在"竹林七贤"中，他是最分裂，也是最痛苦的一个。刘伶、阮咸活得无忧无虑，纵欲享乐，任性自然；向秀、王戎综合儒道，在名教中探索精神的自由；山涛功成名就，貌似和"竹林七贤"的思想追求有所抵牾，但他韬晦自守，活得人格与行为暗合无缝，气正神清；嵇康拖了一个曹氏姻亲的烂尾巴，也就破罐子破摔，把这个罐子摔得噼啪作响，惊扰时代几百年。或者说，嵇康竟然把这个甩不掉的烂尾当作一面旗帜，高高举起，猎猎生风，这样的活法干脆、从容、坦然，一往无前。

阮籍一生平平顺顺，没有政治上的腾达与失意，最后全身而逝，但他的人生却比其他几位更痛苦、更纠结，也更震颤人心。

如是，我们才在《咏怀诗》中看到一个伤痕累累、苦闷彷徨终不得超脱的痛苦的阮籍。难怪钟嵘说，整个《咏怀诗》的意旨"厥旨渊放，归趣难求"（《诗品》），这成了千百年来评价《咏怀诗》最著名的一句话。隐晦曲折，扑朔迷离，难以情测，后人关于《咏怀诗》的解读大抵离不了这一基调。不管是"忧生之嗟"还是"志在刺讥"，都脱不掉"终生屡薄冰，谁为我心焦"的忧郁、伤感的主调。

所以，不得不说，《大人先生传》中的那个大人先生绝不可能是阮籍自己，而只是他煞费苦心塑造出来的一个理想人格，一个自己无限向往但又无法抵达的精神境界。他仅仅存在于阮籍恣肆狂放的文笔中，是他对庄子思想和何晏、王弼思想充满文学性的思考而已。

---

① 鲁迅：《鲁迅全集》第三卷《而已集·魏晋风度及文章与药及酒之关系》，人民文学出版社，1981 年版。

理想中的大人先生是洒脱的、轻松的、确信的、达观的，现实中的阮籍是颓废的、焦虑的、犹疑的、悲观的；理想中的大人先生是他明确追求的思想意识所生成的一个偶像，现实中的阮籍却在庄子似的超脱世俗的自由精神与残留在心中的儒家思想之间作激烈的抗争。前者是阮籍作为人格主体的自我设计和内在理想，后者却是他从儒入道思想脉络中无法逃避的思想矛盾，也是在残酷现实中塑造出来的真实自我。

必须承认，相比何晏、王弼等人的本体论玄学，阮籍的思想不仅在理论形态上比较简陋，在思维层次上也相形见绌，但这并不妨碍阮籍的思想成为玄学发展过程中的一个重要环节。

阮籍和其他几位最大的不同在于，他才情卓越的文学家身份与旷达超脱的生活态度，作为其思想的特殊注脚甚至产生了较其理论更为深远的影响。《晋书·阮籍传》说他的形象是："容貌瑰杰，志气宏放，傲然自得，任性不羁。"其不主故常、毁礼纵放、任心而动的生活态度是由玄学理论到行为实践的一种直接外化形式，而其《咏怀诗》具有的强大的情感力量又以被诵读的方式直抵人心。表面上看，这仅仅是一些个人行为，或仅仅是一种文学化、情绪化的嗟叹和感受，并没有多少思想价值可言。事实上，作为一种时代精神生活的映现，个人行为或文学表达是某种特定思想观念的外显，它与思想或理论具有同等文化价值和力量。偏激一点说，阮籍在哲学理论方面的创新之功并不突出，但其行为或文学表达以一种可以被更多人接受、理解、模仿的方式获得了更广泛的价值认同和情感认同，从而产生了更为深远的影响。

具有讽刺意味的是，当阮籍和嵇康这两个竹林风范的标志性人物走向晚年的时候，他们对自己的思想和行为都有某种否定或忏悔之意。阮籍的儿子阮浑要学父亲的放达，阮籍对儿子说，我既已如此，你就不要再学我了吧。这话充满无奈，好像是在检讨自己失败又充满矛盾的一生；同样，嵇康在临

第一章 宇宙、天地和人

终前也反复告诫儿子，不要走自己纵放的道路，应当谦恭守礼，回到做人守则的儒家行为规范中，这不啻对自己思想和行为的一种否定。

让我们回到本节开头所写的那座叫苏门山的山上去吧。

孙登爱长啸，据说苏门山至今尚有孙登长啸台，供后人瞻仰。阮籍也爱长啸，在访孙登之前就喜长啸，从苏门山回来后更爱长啸。喝醉了酒要长啸，琴弹到一定状态也要长啸。

啸，是什么？

简单说，就是现代人说的打口哨，但又不完全如此。准确地说，啸，是一种把嘴唇聚拢来吸气发出的尖锐呼叫声。《说文解字》说："啸，吹声也。"有些人可以发出类似口哨的声音，有些人却未必能，有可能只会发出一种嘘声。

而长啸，顾名思义，就是一种高而长的啸音。它肯定是悠长的，也可能是清越的、高亢的，当然，还可能是声嘶力竭的。人们爱说，山呼海啸，虎啸猿鸣，炮弹或飞机呼啸而过，还有啸叫、啸吼、啸歌、啸聚等说法。总之，你尽可发挥你的想象力，想象一个具体的人发出的具体的长啸之声到底是虎啸、海啸还是北风呼啸，或者，如同孙登之啸，悠扬悦耳，如鸾凤和鸣。

啸，是一种古老的歌吟方式或表意手段。一直以来，它都是一种无言的表达，是一种随心所欲的恣肆；是长歌当哭，也是欲哭无泪；是得意忘言，也是意在言外。既可避祸，又可宣泄；既是率性而行，又是玄远幽冥。一声长啸，声声长啸，后世的人为了纪念阮籍，在其家乡河南开封的尉迟县也修建了阮籍长啸台。

阮公虽沦迹，识密鉴亦洞。

沉醉似埋照，寓辞类托讽。

长啸若怀人,越礼自惊众。

物故不可论,途穷能无恸!

这是南朝诗人颜延之所作《五君咏·阮步兵》。千百年来,人们都想听见阮籍长啸之声的真正声调,去辨析阮籍声声长啸中所蕴含的忧思和迷茫。

我相信,后世的人已然听到了阮籍发出的大恸之声!

《竹林七贤与荣启期》砖画,现藏于南京博物院

三 韩愈的辟佛

佛教在两汉之际已传入汉地。当时,儒家统治者只把佛教视为和黄老之学、神仙方术类似的道术之一种,对之并无限制。

魏晋南北朝时期,参照我前一节所说的现实和思想背景,人们对儒家思想的重新认识,不仅催生了玄学,还使道教得以完善。几乎与此同时,佛教东传,在中国立足。也就是说,佛教在中国的立足,与玄学的产生、道教的最终形成具有共同的社会和思想背景,它们同时形成了对儒家权威的思想挑战。

汉末至魏晋南北朝是中国思想史上最重要、也最复杂的四百年。其间,儒家思想的统治地位轰然坍塌,玄学昌盛,道教成熟,佛教传入,最终至隋末唐初形成了儒、释、道三家鼎立的局面。

佛教在传入之初,为使人更容易理解这一外来思想,借用了大量儒、道的名词概念来比附、译释佛教的名词概念,这就是"格义"的方法,后世称为"格义佛教"。如,以无释空,以道喻菩提,以无待理解涅槃,以孔子三畏(畏天命、畏大人、畏圣人之言)拟三归(佛、法、僧),以五常(仁、义、礼、智、信)喻五戒(不杀生、不偷盗、不邪淫、不妄语、不饮酒)等。

这是概念和名词上的借用。由于和儒家思想产生了根本冲突,佛教在思想上的传播事实上是先依附于道家,后依附于玄学,尤其在以老庄思想为骨架的玄学本体论流行之际,二者更是找到了契合处。当时的僧人多用玄理来解释佛法,许多名僧都精通老庄之学,而玄学也以佛家义理为清谈之言助。

由此，佛教以玄学为媒介，遂由一种民间信仰转而获得知识精英阶层的认可。东晋时期，名士支道林以擅讲般若而受到圈层的钦仰，为玄学式的贵族佛教的典型，时人评其学"不减王弼，比做向秀"，而我们在《世说新语》中也会频频见到支道林作为和谢安、王羲之齐名的名士的身影。

佛教与道家、玄学的靠近有其不谋而合的相通之处，同时，佛教为了求得自身的生存和发展，又不得不向当时占支配地位的儒家思想靠拢，有很多故意迎合的成分。而在这种自觉或不自觉的迎合或融合过程中，儒、释、道的学说传承、认识方法和目的追求各有不同，所以，三者之间相互辩难、攻击、诋毁现象也一直没有消停过。

其中，佛教与道教的矛盾冲突虽有教义和思想上的分歧，但更多的是由争夺社会地位引发的。从南北朝至五代先后发生过四次较大规模的灭佛运动，佛教中人称之为"三武一宗法难"，其中北魏太武帝和北周武帝的灭佛运动，都是与道教争夺统治地位直接相关的。

而佛教与儒家的冲突，除了显而易见的经济政治之争、利益之争，更有文化优越和思想理论之争。在华夏民族不言自明的传统观念中，"普天之下，莫非王土"的观念根深蒂固，而佛教却以宗教团体形式保佑并承诺其信徒，只要按照佛教教义生活就可以摆脱国家控制，这显然冲撞了儒家思想作为国家意识形态的权力地位。同时，这种宗教权力的扩张又形成了与世俗政权争夺经济权力的局面，如寺庙占地太多、出家僧人太多、政府税收减少、兵卒劳力不足等，这种与世俗权力分庭抗礼的姿态必然引起政治世界的激烈回应。

在道德层面上，佛教的出世主义、出家制度明显有违儒家的伦理纲常。儒家抨击佛教的出家制度教人剃须发、不娶妻生子、不敬养父母，完全违背了孝道；其出世主义不理民生、不事王事、不敬王者，又完全违背了忠道。

在理论层面上，早期佛教与儒家的斗争主要集中在神的存灭和因果报应等问题上。佛教认为，人的肉身虽死但神识不灭，自己种下的因，自己承受

第一章　宇宙、天地和人

其果报，有的现世受报，有的来世受报，有的则经过二生三生乃至百生千生才受报。而在中国的传统观念中，则盛行《周易》"积善之家，必有余庆；积不善之家，必有余殃"的训诫，即祖先积善或积不善，皆由子孙去承受福或祸，而不是由本人承受，所以，当时的儒道学者针锋相对地提出了"形神相即""形死神灭"等观点。

隋朝统一中国，由于隋文帝、隋炀帝是佛教的坚定信奉者，佛教空前繁荣。自此，三教论衡开始盛行。

据记载，隋唐两代"论衡"多在佛、道二教中进行。用汤一介先生的话说，辩论结果，道先或佛先，皆由崇道或崇佛之君主以定先后。然而，君主无论崇道或崇佛，其所行制度都被政治化的儒学思想所指导，所以，"佛道论衡"实即"三教论衡"。

到了唐代，民间寺庙已经在中土大地四处耸立，朝廷还在国都和地方设置官方寺庙。到玄宗时代，皇帝本人更是亲自出马，分别为儒家经典《孝经》、道教经典《道德经》和佛教经典《金刚经》作注，这一行为本身就可以看作具有象征意义的三教融合。

同时，我们也注意到，唐太宗虽给玄奘大师各种礼遇，但当玄奘提出如有僧众不依俗法，请给予教内处罚权的时候，太宗却断然拒绝。唐太宗深知要维持政权的长治久安仍需以儒家为基础，宗教权力对世俗权力的入侵必定造成国家机器的失效；后来，朝廷设"度牒"制度，也就是出家为僧、为道，都必须拿到许可证。这种制度既为宗教群体存在的合法性提供了法律依据，同时也可理解成这是为宗教可能超越世俗权力所设的一种限制手段。因为唐代的僧道不纳赋税，不服徭役，很多逃丁避罪者并集于寺观，如不严加管控，后果不堪设想。

争论和融合，碰撞和激荡，设限和准入，迂回和借鉴，六百多年中，在儒、道、玄思想的影响下，佛教广泛吸收儒家的中庸思想、道家的自然无为甚至阴阳五行等学说，最终摆脱了繁复难懂的理论纠缠，追求通过禅思或律行以获得心灵拯救和精神自在。至隋唐，佛教完成了形式和理论上的自我调整，达成了与中国传统文化的基本协调，形成了一些中国本土特色的宗派，如天台宗、华严宗、禅宗等。

总结起来，佛教东传并最终形成极富创造性的中国佛教，既是儒、道思想对佛教开放、接纳的结果，也是佛教或主动或被动地和儒、道思想结合的产物。关于三教融合，有很多段子流传于世，让人啼笑皆非又心领神会。如齐梁间一个叫傅翁的人，出现在梁武帝面前就头戴道冠，身穿袈裟，脚着俗履，让人不知道他是僧是道还是俗人一枚。大家熟悉的"虎溪三笑"的传说，就是文人陶渊明和道士陆修静拜访僧人慧远的故事，可见当时风气的包容性与思想的开放。

看上去经历了六百多年的相互试探、争斗、借鉴和融合，终于达到三教共处、相安无事的境界了，但时间进入公元819年的正月，一个叫韩愈的文人突然冒了出来，向皇帝递上一篇文章，把佛教骂得狗血淋头。

这篇文章像一颗石头，砸在了本来波澜不兴的水面，顿时浪花四溅，激活了此时已沦落为装饰性文本和规矩范式的儒家思想，掀开了儒家自我更新和发展的崭新篇章。

阅读中国思想史，不难发现一个有趣的现象，大凡重要的文学家从来都不是重要的思想家。换言之，重要的文学家从来都不可能在中国思想史上占据一席之地，无论何种版本的思想史著作皆是如此。但韩愈例外。

并不是说韩愈是一个多么出色的思想家，他其实从来都没有一套完整的理论构架和严密整饬的逻辑，甚至其理论兴趣都算不上浓厚，更没有殚精竭虑地把自己陷入对宏大理论的阐述和追问中，只留下一些零碎的思想言语而已。但是，自魏晋玄学和道教思想达到阶段性顶峰后，漫长的几百年时间里，

第一章 宇宙、天地和人

除开中国佛教史上几个宗师级人物的出现，整个中国思想史都略显平庸和无趣，甚至没有出现一个重要的思想家值得人们去书写。而到了中唐，到韩愈这里，所有思想史的写作都会停顿下来，给韩愈一席之地。或者说，儒学从汉学的鼎盛至停滞不前，到韩愈这里，是一个绝对不能回避的拐点，是韩愈开启了儒学在宋代的复兴之路，程朱理学的最终成熟也必须从韩愈讲起。

韩愈，是一个大文人。他个性鲜明，好为人师，作风强悍，言语率真，无所畏避，在中国古代文人中属于极其少见的"品种"。

"安史之乱"后，唐王朝面临的已是藩镇割据的局面，与权力的失坠同时而来的是道德的失坠。代、德两朝，国家有了一点恢复元气的时间和空间，"中兴之主"唐宪宗也为那些失望已久的知识精英带来了昏暗天地中的一丝孱弱光亮。在此之前，韩愈先后任监察御史、考功郎中知制诰和刑部侍郎等职，已逐渐接近政治权力的中心，而随宰相裴度平定淮西的功劳更给他本来凌厉的个性增添了助推剂。此时的韩愈已经是当之无愧的文坛大佬，一直好为人师的他身边早已围绕了一帮志同道合的文学和思想势力。和一些政治家重塑皇权权威的诉求一致，韩愈在思想上也有着重建国家权威和社会秩序的强烈自觉，韩愈及其跟随者李翱的思想之集大成便彰显于此时。

元和十四年（819）正月发生了一件事。

唐宪宗派使者迎佛骨入宫供养三天，然后交由京都各大佛寺轮流供养。身为刑部侍郎的韩愈毅然上书《谏佛骨表》，极力劝谏。

韩愈首先指出，上古时，佛教尚未传入，但帝王长寿，百姓安乐，天下太平。至汉，佛教传入，反而乱亡相继，运祚不长。其结果就是"事佛求福，乃更得祸"，由此观之，"佛不足事"。然后指出，高祖即位之初就想铲除佛教，这个任务想来应该由宪宗您来完成。随后他还谈到帝王信佛对百姓的误导。

韩愈这篇文章的主要观点是：

夫佛者本夷狄之人，与中国言语不通，衣服殊制；口不言先王之法言，身不服先王之法服；不知君臣之义，父子之情。假如其身至今尚在，奉其国命，来朝京师，陛下容而接之，不过宣政一见，礼宾一设，赐衣一袭，卫而出之于境，不令惑众也。况其身死已久，枯朽之骨，凶秽之余，岂宜令入宫禁？

——《谏佛骨表》

这段文字简单明白，是实实在在的"尊王攘夷"之言论。说佛是夷狄之人，和华夏文明分属不同系统，不知君臣之礼，不懂父子之情。宪宗皇帝啊，您设想一下，如果释迦牟尼佛尚在人世，奉命来我朝觐见，陛下最多不过在宣政殿接见他一次，由礼宾招待一下，赐给他一套衣服，派兵护卫让他离开国境，绝不可能允许他留在国内迷惑百姓。何况他已死很久，枯朽的指骨是污秽不祥的死尸残留，怎么可以让它进入宫中呢？

最后，韩愈恳请皇帝"以此骨付之有司，投诸水火，永绝根本，断天下之疑，绝后代之惑"。"佛如有灵，能作祸祟，凡有殃咎，宜加臣身，上天鉴临，臣不怨悔。"他请求把佛骨投入水火，断其根本。如果佛真有灵，能起祸端，那就让一切灾殃降在我身上吧。上天明鉴，我韩愈无怨无悔！

相信人们在初读这篇文章时会有疑虑，如果这也算是几百年才出一个的杰出思想家，那也太勉强了吧？

确实，文章开篇就犯了大忌，罗列数字，气壮言疾，把事佛的帝王说成夭促短命甚至不得好死，这话不仅无理，且阴险歹毒，分明在指桑骂槐，说宪宗若信佛的话，不过如此下场，这如同威胁甚至诅咒当今圣上，有对君主不敬之嫌，有失人臣之礼。唐宪宗也算大唐三百年间仅次于唐太宗和唐玄宗

第一章 宇宙、天地和人

的中兴皇帝，不是暴君，更不是昏君，难怪览奏后非常生气："愈言我奉佛太过，犹可容；至谓东汉奉佛以后，天子咸夭促，言何乖剌邪？愈，人臣，狂妄敢尔，固不可赦。"（《新唐书·韩愈》）

韩愈这篇文章最重要的论点是想向皇帝指明其所供奉的这个佛和佛骨到底是个什么东西，也就是试图揭穿佛的本来面目，但韩愈并未用佛教教义的症结来说服皇帝远离佛教，只是形象地把佛比喻成一个皇帝可以随意打发的夷狄之人，在立论上、智商上也有轻视皇帝之嫌。

文章结尾，言之切切，请求皇帝将佛骨投之水火。佛如有灵而发威，韩愈甘愿承担一切后果。看上去韩愈对佛教一无所知，佛讲因果报应，若真有报应，报应的也不是韩愈，而是将佛骨投之水火的李姓皇帝。

这篇文章把唐宪宗气得半死，因崔群、裴度等人求情，韩愈才得免一死，被贬为潮州刺史。

《谏佛骨表》可谓一篇气壮而理不直的文章。

或者说，这篇文章韩愈压根儿就没有想讲理。他的态度就是理。

而这个态度，在那个时候甚至比思想本身更重要。

在韩愈所处的时代，随着佛、道两家渐入人心，人们已经渐渐忘却儒家思想的本来面目，很多达官显贵和文人士大夫都对佛、道两教表示出异乎寻常的好感，还用佛、道思想解释先王之道，认为佛、道思想和儒家思想殊途同归，有"诱掖人心，辅助王化"（白居易《策林·议释教僧尼》）的功能。也就是说，韩愈及其追随者在面对国家权威和秩序失坠的同时，还面临着儒、释、道三家学说思想边界的模糊，儒家思想已经渐次落入与佛、道三分天下的地步。韩愈是坚定的儒家思想维护者，在《谏佛骨表》中，他捍卫儒家思想的正统地位，不过是想旗帜鲜明地表明一种政治姿态，或者说彰显一种象征意义大过思想意义的立场。

直接说,韩愈辟佛不是仅仅为辟佛而辟佛,他的最终目的是立道。

他的道统思想突出表现在被称为"五原"的五篇文章中,尤以《原道》为重。他相信,存在一种超越一切具体知识之上的"道",这种"道"是儒家思想所特有的,和佛、道的"道"截然不同。"博爱之谓仁,行而宜之之谓义,由是而之焉之谓道。"(《厚道》)也就是说,依据仁义的原则行事,就是"道",这种"道"超越一切又笼罩一切,所以,首先应该确认和凸显这个"道"作为一切合法性和合理性的本原。而经由韩愈挚友李翱的思想发展,基于人的本性是纯正的这一出发点,又将"道"的普遍合理性奠基于人的本性之上,即人通过自觉地回归本性,就可重建道德与政治秩序。

用葛兆光先生的话总结,就是要求已经崩坏的国家依据"道"来重新确立皇权一统的局面,要求已经沦丧的社会依照"道"来重建伦理道德秩序,要求已经装饰化的语言重新回到"文以载道"的古文中去阐释知识、凸显思想,最后实现社会治理的终极目标。

为了支持其思想的正统性和合法性,韩愈还做了两件大事。

第一,在儒家思想的象征性人物尧、舜、禹、汤、文、武、周公、孔子之后,又隆重推出了一个重要人物——孟子,构建了一个完整的儒家人物传承系统,以此和异端知识系统抗衡,此即后来所说的"道统"的雏形。

第二,在经典中标举《大学》和《中庸》的重要作用,把这两篇《礼记》中的文章单独抽出来,作为重中之重来解释关于道的思想,促使这两篇被儒生忽略的文章最终在南宋时期被列入"四书"之中。

如果说,尊孟以及把《大学》《中庸》拿出来为我所用的做法是韩愈对儒家思想的重新发掘之功,是韩愈为其思想寻找历史渊薮的一种自觉和有意义的行为,那么,他辟佛的举动就是一种欠缺理性的并不高明的手段了。韩愈一直以来争强好胜,好辩善言,连好友柳宗元和张籍对他的极端个性也颇有微词,说他"不容人之短",这也就难怪韩愈在写给唐宪宗的谏书中如此

第一章 宇宙、天地和人

刻毒和偏激了。儒家学说理应在社会思想和政治体系中享有独尊地位,一切外来宗教都是异端邪说,哪需我与你平起平坐一较短长?

韩愈心中早已预设了一个至高无上的东西,这就是道,就是被儒家自身搞得模模糊糊的真理,是被异端宗教搞得失去正统地位的本原。拂拭尘埃,扶正祛邪,是韩愈要做的唯一的事。

韩愈年轻时"少好学问,自六经之外,百氏之书,未有闻而不求、求得而不观者也"(《答侯继书》),而"杨墨释老之学,无所入于其心"(《上宰相书》)。也就是说,异端思想虽从未入心,但少年起就博览群书的韩愈并不是不了解它们。而且,他一直和僧人保持来往,对佛教教义岂是不知不晓?也许正是太知晓了,他深知这种东西腐蚀社会的作用有多大。从这个角度讲,我们对《谏佛骨表》尽可轻松来看。韩愈之不屑于同佛教思想正面对垒又不遗余力地反佛辟佛,只能说明他一往无前的决心和勇气。

所以,我愿意送给韩愈一个"卫道士"的头衔。这个头衔在中国的语词系统中通常情况下都是贬义,此处,卫道士或许算不上一个褒义词,但至少是一个中性词。卫道,是义无反顾地捍卫道义,而辟佛,不过是一个卫道士所做的一件义不容辞的打扫堂屋的事情。

往后发生的事情有些人知道,但我相信大多数人并不知道,除了一些搞学术研究的人,大多数人是不愿意去了解和深究的,或仅仅想了解到到此为止即好。他们知道韩愈不顾生命危险大无畏辟佛的行为就够了,了解到韩愈被贬潮州之后帮助老百姓赶走了横行多年的鳄鱼也就够了,潮州百姓和后世文人更愿意朗诵"潮州山水皆姓韩"的诗句。

事实是,韩愈到潮州后做的第一件事是向宪宗皇帝写悔过书。这事说说也就罢了,不算大事,皇帝也原谅了他,让他在潮州待了不到一年即转任袁州。关键是第二件事。韩愈以前和僧人保持往来,大家是知晓的,比如和澄观、文畅的交往。但他在高调辟佛后居然还和僧人保持来往，这就让人疑惑了，一个人怎可既毁其教而又近其徒呢？

被贬第二年，一个叫孟简的嗜佛之人数次修书韩愈，打探究竟。韩愈收到书信后，回信一封，此即《与孟尚书书》，其中有句云：

来示云：有人传愈近少信奉释氏者，此传者之妄也。潮州时，有一老僧号大颠，颇聪明，识道理，远地无可与语者，故自山召至州郭，留十数日。实能外形骸，以理自胜，不为事物侵乱。与之语，虽不尽解，要自胸中无滞碍，以为难得，因与来往。及祭神至海上，遂造其庐。及来袁州，留衣服为别。乃人之情，非崇信其法，求福田利益也。

——《与孟尚书书》

大致意思是：你信上说，近来有人传言我信佛了，这是不实之词。我在潮州、袁州与大颠和尚交往，是因此人非常聪明，颇识佛理。而我身在荒远之地没有多少可以深谈的人，和他的交往不过是人之常情，不能因此就说明我崇拜佛法、祈福近利。话说了一箩筐，又正面论述了佛教危害社稷的事实，再三申诉自己不可能舍却圣人之道和先王之法而去信奉外邦的说教，如此之类。

我相信，这封回书非狡辩之词，确是韩愈当时真实的想法。他与大颠和尚的交往仅仅是由于身处远恶之境，无高人与之深谈使然，并无刻意结交和信佛的动机。但在交往过程中，大颠"外形骸，以理自胜，不为事物侵乱"的精神境界和"胸中无滞碍"的超然又让韩愈暗自倾慕，这恰恰又是他极端损毁的佛教所赋予或成就大颠的。一种教义可以造就一个让人心悦诚服的高人，说明这种教义本身或藏有并不为韩愈所理解的高明之处。聪明如韩愈，岂能不知其中道理？

第一章 宇宙、天地和人

也许，韩愈已经意识到了，自己所有的辟佛言论终究没有超出傅奕、狄仁杰、姚崇等反佛前辈的思想，不过从社会效用、现实利害来立论，终归是一种外在的批判，而对佛教这种有高深理路的理论体系来说，他的反驳显得极端浅薄又无力。他和大颠交往，也是在某种程度上向外界暗示，他内心深处对普遍真理的亲近。

凭韩愈的学识和水平，他对佛教的理解可能比很多人都清醒，即使这种宗教对个人内心的澄明和精神的超然有大用，但其对国家和社会公共秩序的建立却有大害。韩愈之辟佛虽说不完全是除恶务尽的动机使然，至少也有为了让大树长得更加茁壮而不吝铲除周围杂草的心思。其实，从韩愈的《原性》一文就可看出，韩愈和董仲舒一样，把人性分为上、中、下三品，他辟佛的根本动机是不想让普通人被佛教教义蒙蔽了双眼，而如他这般智商和心性的人，却是百毒不侵的强人，是可以把杂草当作风景来欣赏的圣人。而大颠之于韩愈就是这道风景，大颠所象征的宗教之于普通人就是杂草。如是，从这个意义上去理解韩愈的辟佛行为以及其与大颠的交往，又有一种潜意识中的精英思想在作祟。

韩愈的矛盾不仅体现在他的思想中，同样体现在他的行动中。

如今，韩愈的声名和潮州紧紧联系在一起，大家知道韩愈在潮州都干了些什么吗？他一到潮州，最先做的事就是祭神，在潮州不到八个月的时间一共写下五篇祭神文：《祭大湖神文》《又祭止雨文》《祭城隍文》《祭界石神文》《又祭大湖文》。后到袁州又写下一系列祭神文。

前岁之春，愈以罪犯黜守潮州，惧以谴死。且虞海山之波，雾瘴毒为灾，以殒其命。身次祠下，是用有祷于神。神享其衷，赐以吉卜，曰："如汝志。"蒙神之福，启帝之心，去潮即袁，今又获位于朝，复其章绶。退思往昔，实发梦寐，凡累年，于今乃合。夙夜怵惕，敢忘神之大庇。

——《祭湘君夫人文》

这是他在离开袁州时写下的《祭湘君夫人文》。

如果说韩愈在潮州写下的那些祭文还有点迎合潮州民俗，有为百姓祈求风调雨顺的意思，包括那篇著名的《祭鳄鱼文》也可作如是观，但这篇《祭湘君夫人文》显然不能作此种理解，这已然是韩愈对自身祸福所不能左右的担心和忧惧。这些不同的神，不仅可以左右山川河流，可以主宰人的命运，还可让在皇帝面前大义凛然的潮州刺史深感自己的渺小和罪不可恕。韩愈心中没有佛，但他心中有个神，有个天。这个天就是儒家思想中充满了人格力量的天，那个可以感应人间秩序、主宰人类命运的天。从这篇文章可以看出，韩愈从获罪被贬的那一天起就开始了旷日持久的忧虑，每天噩梦不断，夙夜怵惕，终获回朝消息才感内心妥当，自然不敢忘了这一路上神的庇佑，所以前来祭拜。有点像老百姓说的还愿。

顺着这种情绪再回过头想，那个刚被贬到潮州的韩刺史，见到像大颠这样的高僧大德，岂有不一拍即合之理？

有人说"困而后援佛"，这是一句大实话。可惜韩愈困的时间极短，在岭南待了一年多时间就回朝做了兵部侍郎、吏部侍郎，又出任京兆尹和御史大夫。如果困的时间再长点，即使个性顽执如退之先生，未必就真能避免对佛教的心理倾斜。在我看来，如果心中尚有天人感应学说的潜在认同，有鬼神、山神、湖神这一系列原始神祇在心中纠缠不清的人，入佛并不是一种让人感到诧异的选择。在无路可走的时候，精神高贵者如韩愈也未必能找到比佛更合适的救赎者。

刘禹锡说过一句著名的话："然则儒以中道御群生，罕言性命，故世衰而寝息；佛以大慈救诸苦，广起因业，故劫浊而益尊。"（《袁州萍乡县杨岐

第一章 宇宙、天地和人

山故广禅师碑》）意思是，儒家学说少谈或不谈或谈不好人的性命问题，所以，世道衰乱时难免不能自圆其说，自然容易失去影响力；而佛教以慈悲关爱众生，救生灵于水火，世道劫难时自会得到更多的尊崇。虽然刘禹锡所说只针对一种普遍的社会现象，尤其是针对普通人或弱势群体而言，精英阶层的精神世界不可同日而语，但他在此击中了佛教和儒家思想的根本功能区别，却是真知灼见：儒家不擅长谈性命，极少关心人之性命，而佛教却给人的性命提供了内在解释。这既是衰世儒消佛涨的原因，也是儒家思想从汉代以来最致命的一个问题。

当然，佛教和道教是宗教，这是和儒家思想根本不同的地方。

宗教要对其信仰者作出承诺。一旦信仰者依照其教义或戒律去生活，就可获得回报。付出代价就可获得超越、实现愿望，这就是宗教的救赎原则。

简单说，这个教义或戒律就是对善恶的分辨。不同的宗教有不同的善恶定义。而善恶在古代中国常常是有关社会的道德伦理范畴，并一直以来是儒家最擅长的领域。佛教和道教不约而同地对中国传统伦理与世俗道德表示了认同，从这个意义上讲，佛教和道教其实又"参与了中国古代社会秩序的整顿、社会道德的维护、伦理规范的重建"（葛兆光《中国思想史》）。所以，佛教和道教不仅没有和儒家的价值标准相冲突，甚至从某种意义上说，算得上是一种不谋而合。

宗教和思想还有一个不同。宗教不仅是存在于心灵的对信仰的理解，还必须具备经典义理、仪式方法、崇拜神谱与组织形式。也就是说，宗教既有承诺，还具有监督机制和惩戒机制；或者说因为有监督机制和惩戒制度，宗教才能实现承诺。佛教的监督和惩戒机制中最有力者就是因果报应和地狱概念，即此生善恶之因可成为后世祸福之果。道教的监督和惩戒机制中最有力者可算"余庆余殃"之说。

葛兆光先生在《中国思想史》中如此总结：一般来说，中国的知识精英或文人并不太喜欢宗教，不喜欢那种宗教意味浓烈的崇拜仪式和救赎方式，以及一些依靠他力而非自己把握命运的修行方式，而更欢迎在分析和体认中获得终极真理，因此，对于佛教的教的部分不免冷淡，仅仅对其中理的部分怀有兴趣，更愿意把佛教称为佛学；而相对于传统中国的儒家和道家思想，佛教的精深微妙、层层递进的逻辑推进以及对宇宙本原与人性深处的探求，对中国精英阶层又具有巨大的吸引力。它不仅仅是依赖戒律对信仰者进行约束，也不仅仅是凭借仪式、方法、技术来寻找修持方法，显现神奇力量，对很多文人来说，它不是一种许诺救赎的教，而是穿透了具体的经验的现象世界而呈现的绝对真理。

简单说，阿弥陀佛念佛声充斥中国上千年，与大众佛教不同的是，精英佛教更多地植根于中国知识分子的思想和认知层面。他们可以不信佛法，但好游佛寺；他们照样出世做官，又喜与僧人为友；他们不吃斋念佛，喝酒吃肉，生活放纵，却试图从佛教思想中获得纾解和自我提升。难怪到北宋时，竟到了"儒门淡薄，收拾不住"的境况，连司马光都禁不住感叹"三代礼乐在缁衣中"，说出了出类拔萃的人皆归释氏之意。

从韩愈开始一直到北宋，这一阶段著名的几个为文高手被称为"唐宋八大家"，除了韩愈和欧阳修是公开的反佛人士，其余几人皆佛缘颇深，柳宗元、王安石、曾巩、三苏父子皆然。柳宗元深谙佛教义理，是虔诚的净土宗学者。韩愈和柳宗元交情颇深，因柳宗元佞佛，韩愈对此尤为不快；苏轼抄佛经，终其一生，不管他走到何处，总有一大帮僧人众星拱月般围绕身旁；王安石在南宋以后名声不好，后世之人杜撰了很多荆公沉溺佛教的传说，虽有夸张泼污之嫌，也从侧面说明了荆公好佛的程度非同一般；欧阳修反佛，竟也号称"六一居士"，在家修行，以示超逸清雅之心志。那个时候，文人没有几个方外之友简直是不可想象的事情。昌黎之于大颠，永叔之于居讷，

第一章　宇宙、天地和人

子厚之于文畅，东坡之于佛印，这些关系尽人皆知，传为千古佳话。无论你信不信佛、道，反不反佛、道，与僧、道交往已然和信仰无关，而是一件有关思想幅度的事情了。

对中国的知识精英和文人来说，道教因过于琐细具体，而不是超越性、终极性的崇高信仰，只是解决实际问题的技术与方法；不是培植人的精神与智慧，而是迁就人的本性与欲望。所以，在道、佛的选择上，知识精英更多地倾向于佛。当然，这只是普遍现象，李白崇道，白居易亦佛亦道，也是尽人皆知。

事实上，仅仅专属于一种价值和思想体系的人并不太多。换言之，那种纯而又纯的奉行单一价值标准并按照这个价值标准采取相应生活态度的儒家文人或佛家文人、道家文人少之又少，极难找到纯粹的个案，出家为僧为道的人例外。多数人的情况是，几种思想在其精神和行为中都有所反映，只是有的成为显性的主流思想，有的成为隐性的潜在思想，有的成为阶段性的主导思想，有的则隐蔽在其思想构成的阴暗处。而在政治黑暗、社会失序的动乱年代，受到现实的压迫、环境的威胁，在心灵的天平上会发生程度不同的倾斜。

记住这句话吧，那些伟大的思想可能是整全的，而一个普通的文人却常常是支离破碎的。

韩愈也未必例外。

四　李贽的自杀

韩愈死后不到二十年,发生了著名的唐武宗"会昌灭佛"事件,后来五代十国时期又发生了一次惨烈的灭佛运动,一直到北宋,儒、释、道三家再次和平共处。统治者既不罢黜谁家也不独尊谁家,佛、道势力也吸取教训,十分知趣,似乎找到了一种和儒家文化妥协、共生的方式。正是在这样一种相对自由的思想环境下,从北宋的周敦颐、程颢、程颐、张载、邵雍到南宋的朱熹、陆九渊,再到明中叶的王阳明,才可能从佛、道思想中获得启发和指引,通过对理论挑战和现实问题的创造性回应,重建儒学的价值体系,最终形成理学。

广义的理学,又称宋明理学,泛指以讨论天道性命为中心的哲学思潮。既包括以程颢、程颐、朱熹为代表的以理为最高范畴的程朱理学,可称为"性理之学",或"程朱理学""朱子学";又包括以陆九渊、王阳明为代表的以心为最高范畴的陆王心学,可称为"心性之学",或"陆王心学""阳明心学"。

狭义的理学仅指程朱理学,以此和陆王心学相对。其理论要点有三:

其一,本体论,在天之上安放了一个理。

前面谈过,汉儒用天地、阴阳、五行、八卦、九宫以及空间与时间的象征系统来建构儒家学说的宇宙系统,并以此赋予一切合法性与合理性。宋儒却设置了一个超越以上所有具体天象地理知识的更高依据,这就是韩愈提出的"道"的概念,被宋代思想家说成是"理"。比如邵雍说"天下之物莫不有理"。"这个'道'是超越自然与社会的'道',也是为政治国家、道德伦

第一章 宇宙、天地和人

理、宇宙框架、自然知识提供同一性依据的'理'。"（葛兆光《中国思想史》）宋代思想家正是在这个同一性基础上构建了一个新的思想体系，把儒家学说一直非常薄弱和粗糙的宇宙论提升到形而上的终极真理的高度。从此，儒家不再只有简单肤浅的天人感应学说和社会伦理哲学，而是拥有和佛、道相同的理论高度。

以前的知识精英必须借助天降灾异等自然现象来惩戒君王，从而取得某种制衡的权力，现在不同了，宋儒在天之上安放了一个理，或者说，"天即理"。这个理超越一切自然与社会存在的原则，当然也超越了天。天下唯道理最大，那么君王和代表君王的政治力量就不再拥有对理进行审判的豁免权，社会风气也要从以前的"以吏为师"变成"以师为吏"，强调"道统"在"治统"之上，以此确立真理解释权的至高无上的位置。所以，从韩愈开始就一直在呼喊的"尊师重道"的口号充满了士人阶层掌控文化权力的自觉和要求。

其二，心性论，在天之下凸显了性。

前面引用过刘禹锡的一句话，说儒家"以中道御群生，罕言性命"，意思是，相对于佛教，儒家关于人的性命之学实在是太过肤浅，其所倡导的道德合理性也没有人性基础，似乎人的行为和天的秩序相匹配就是合理依据。儒家在这方面的缺失的确为佛、道两家乘虚而入提供了机会，而理学形成的一个重要使命就是应对佛教思想的挑战，因此，不同的理学家都费了很大力气提出各种心性学说，各自阐述了很多心性名词，这可谓宋明理学中最让人头痛的地方。每个思想家关于心、性、情都有不同的解释，也各有各的逻辑系统。简单说，就是在儒家学说的天之下凸显了一个性的概念。性，指本性或人性。理虽然很抽象，但这个理依然是由人心感知的。人的本性中存有天然的善的本原，所以要开发这种善，鼓励每个人的向善之心，通过种种修养的途径，让心性最终趋近于"理"。只有让心性无限接近这个被称为"理"

的绝对真理,社会秩序才可能建立。

这套观念将过去合理性的终极依据从天转向了人,将外在的天地宇宙转向了内在的心灵人性,把一切外部事务的解决放在了内在的生命和心性上。

其三,在认识论和方法论上,提出格物致知和知行合一。

程朱理学认为,心分为道心和人心,应该引导人们祛除情欲的杂乱,最终趋向心性的纯然,即从普遍的有瑕疵的人心转向纯粹的接近天理的道心。其要义是把世俗的情欲与纯然的天理分开,在对世俗欲望的克制中,使人渐渐升华到天理的高度。而要从沉沦的世俗层次提升到超越的天理境界,需要一个相当艰难的学习过程。

这个过程就是"格物致知",即人们应该通过考察和推究具体的万事万物的道理(格物),来达到认识真理的目的(致知),最终达成提升道德即所谓"穷理尽性"的终极目标。

陆王心学则强调"心即理"。尤其是王阳明反复强调"心外无物,心外无理,心外无事",他反对将心分为人心和道心,认为只要把握住本来就具有的那颗纯粹的人心,就已经成为道心。天理就在自己具有良知的心中,所以不需要即物穷理,不需要格物致知,也就是不必借助外在的伦理约束和道德规范,也不必依靠外在的知识来提升内在修养,只要通过内心的自修自省,克服私欲,就能找到提升道德和澄明心灵的途径,由此主张"致良知"和"知行合一"。

简单说,对性和心的不同认识导致程朱理学和陆王心学最大的差异在于求理的方法和手段不同。

以朱熹为集大成者,这个从"北宋五子"开始的学说,怀着重建儒家思想权威的美好愿望,回溯孔孟正宗,同时又把汉儒及佛、道的哲学精神加以整理、扬弃,构造出内容精深的新儒学体系,使儒学在本体论、心性论和方

第一章 宇宙、天地和人

法论上终于收复失地。可以说，宋明理学对汉代以后中国的思想文化进行了规模甚大的反省，在佛、道兴盛的社会和思想背景下，通过这种反省完成了儒学的复兴。

除了重新整理儒家江山、收复被道、佛掠夺的大片失地之外，理学竭力提倡的理高于势、"道统"高于"治统"的政治理念，还对抑制君权起到了很大作用。其思想实质是高调的道德理想主义，希望以儒家的纲常伦理来约束社会，以"仁"的思想规范个人行为，注重气节品德，讲求自我节制，强调人的社会责任和历史使命，对塑造中华民族的道德品性起到了积极作用。

程朱理学于南宋末年受到统治者的推崇，被钦定为官方的正统哲学思想，构成宋末至清代六百余年间一直处于统治地位的国家意识形态，同时也成为人们日常言行的是非标准和识理践履的主要内容。中国人习惯挂在口头的话，如"天理不容""理该如此""理所当然"等，无不是理学深入民间的通俗例子，连普通老百姓也知道，人要讲道理。这个道，这个理，就是中国人心中最基本的道德和行为规范。

这就形成了一个怪圈。

按理学的思路，人们只有服从这些外在的道德伦理规则，才能保证心灵从沉沦提升到超越，从世俗转变为纯洁，从人心而为道心，这就势必导致这些道德伦理规则越来越具有合理性，反过来成为套在人们身上的一道枷锁。特别是那些越推崇理想世界、对自己的道德要求越严苛的人，就越可能去尊崇和践行这些道德伦理规则，继而形成分裂人格，最终失去自我。也就是说，要么理学沦为一种严厉的制度和训诫的规则，造就一批又一批变态的道学家或伪道士；要么理学只有沦为考试的内容，让生活在现实世界的普通人敬而远之。这些看上去正确的道理实在过于高尚，让普通人无所适从。一旦适了，从了，道心有了，人心也就没有了。所以，后来很多人不再对程朱诸位思想家对儒学逻辑化、心性化、抽象化的提升之功表达赞赏和褒扬，反而认为他们最终把儒学带入了反人性的深渊。

一提到理学,人们马上会联想到朱熹的"存天理,灭人欲",以及伊川先生那句著名的"饿死事小,失节事大"。人们会自然地把那些守旧人士讥为"道学面孔",会简单地把这门深奥的学问和那些死记硬背的考试科目直接等同起来,甚至干脆就把它看作"以理杀人"的工具。鲁迅先生更是通过狂人之口把几百年来的中国社会归纳为惊世骇俗的两个字——吃人!而这个吃人的怪兽就是理学!

事实已然如此。

"当这种本来是士人对皇权进行文化制约、对社会进行伦理教育的理学,成为政治权力控制下的意识形态话语时,天理之类的绝对真理就会以权力的话语和话语的权力,化为一种严厉的制度和训诫的规则,成为对士人自由心灵的一种约束。"(葛兆光《中国思想史》)

不过,我想强调的是,无论后代的人如何评价程朱理学,无论它如何被统治阶级借用并包装成官方意识形态,某种意义上成了政治权力的共谋,也绝不是这几位智慧超群、责任感也同样超群的俊杰仁人的错。

在这种被工具化的思想强势笼罩下的几百年间,直到1911年清朝灭亡,中国人无一不在其思想空间下生存和思考,理对欲的压制,公对私的侵扰,是对非、正对邪的否定,简单粗暴,不一而足,这种冠冕堂皇的以政治道德名义说话的绝对真理渐次压抑了基本的人性,让人在不知不觉中自愿放弃了本来应有的独立的精神和思想空间。

理学,曾经是一道思想的光芒,被官方权威接手之后,无奈地变异成让所有中国人都无法逃脱的魔爪。

前面简单谈了程朱理学和陆王心学的区别。程朱理学那种将天理悬置在高处,要求人们追寻终极真理而超越现实生活、执道心而弃人欲的理想,注

第一章 宇宙、天地和人

定造成两端之间巨大的紧张。虽然这种紧张有可能使人始终对自己的精神和心灵世界有所警惕、有所要求,但这种紧张导致的不可调和的矛盾和人格分裂,也一定会让人无所适从,丧失自我,并导致人的虚伪。

而陆王心学把心提升到了至高无上的地位,其本意是想把人的道德理性的自觉性和自主性无限上升,"把拯救的权力从外在的戒律约束、外在的艰苦修行、外在的理性分析,转移到内心的自我启发和觉悟上来"(葛兆光《中国思想史》),这样做显然更为理想化,很容易导致人们放弃学习,轻蔑知识,抵触社会规范。所有戒惧、用功、修炼、提升的意义统统被消解,这就为一些人冲破藩篱、张扬个性提供了思想依据。

在理学失去了当初那种追求真理、制约权力的功能和意义的时候,成了空洞的道德律令和苍白的考试内容的时候,王阳明学说开始出现并在明中叶以后影响巨大。压抑很久的士人对这种充满了自然主义和理想主义的精神哲学抱有极大的热情,这种思想中显而易见的蹈虚凌空的精神气质暗合了这个时代文人的内心需求,几乎是一拍即合,很快滥觞。一些人抛弃了儒学的经世传统,日益蜷缩在生命与心性的虚空世界中,追求"内圣",忽视"外王",其结果就是任心而废学,任空而废行;另一些人仿佛突然为生命的怒放和行为的恣肆找到了思想借口,自由无碍,放纵不羁,其结果就是让情欲几无底线地自我放任,即明儒所说的"解缆放船,顺风张棹"。

必须承认,无论陆王心学有多的不尽如人意,有多么的富有理想主义色彩,至少在当时,王阳明的横空出世为程朱理学统领几百年的中国社会带来了一股强烈的怀疑主义倾向,其高调捍卫心灵的学说使备受压抑和钳制的思想空间露出了一丝温暖的人性之光,被人说成是暗室之一炬。

星星之火,可以燎原。这束光芒穿透无数牢狱藩篱、高堂院落,照射到那些沉睡多时的士人身上。他们像被一道强光击中,睁开双眼,外面已经满是霞光。

远远地,我们看见迎面走来一个剃了光头的老人。他不算地道的僧人,但确实算得上一个名副其实的狂人、妖人。

他叫李贽。

这是明朝万历十六年(1588)的夏天,距离程朱理学的扛鼎人物朱熹逝世已过了388年,距离心学宗师王阳明逝世也已过了近60个年头。

距离湖北麻城三十多里的龙潭湖边骄阳似火,燥热难耐。这位自54岁辞去官职就再未踏上故乡一步的福建人在湖北已经待了将近七个年头。湖北夏天的燥热他早已习惯,但他还是以头痒难耐为由,把头发剃得一根不剩,用他自己的话说,这样就懒得花时间梳洗了。

人们说,他这是出家为僧了。当然可以这样说,因为他于1585年从黄安来到麻城,就一直居住在寺院,而一个住在寺院读书、著述、讲学的剃了头的人肯定算僧人。

但他又不能算地道的僧人。剃了头,却并未受戒,还留有鬓角和胡须,住在寺院里照样吃肉喝酒,和俗人的生活没有两样。

用他自己的话说就是:

其所以落发者,则因家中闲杂人等时时望我归去,又时时不远千里来迫我,以俗事强我,故我剃发以示不归,俗事亦决然不肯与理也。又此间无见识人多以异端目我,故我遂为异端,以成彼竖子之名。兼此数者,陡然去发,非其心也。实则以年纪老大,不多时居人世故耳。

——《与曾继泉》

李贽到麻城不久,就把妻子女儿送回了泉州老家,独自一人在异乡和一帮朋友混在一起。不久,女婿庄纯夫千里迢迢跑来看他,这真没少打扰这个

· 第一章　宇宙、天地和人 ·

想过清静日子的老者，他着实感伤了一番。女婿走后，他百感交集作《庄纯夫还闽有忆》四首，其中一首写道："乘龙人归去，谁复到吾门？薄暮多风雨，知子宿前村。"一个离家多年的老者，一个想下半生自由自在按自己的方式生活的老者，面对亲人的探望，坚硬的心一下子柔软了许多。以后还会有人来到我门前吗？不会了，我也不需要了，你回去安安静静过你的好日子吧，不要再牵挂我了。庄纯夫走后，李贽也就干脆落发了。文章把话说得很清楚，他的落发并不是为了信仰，而是为了不让俗事俗情再来打扰他。

《与曾继泉》其实就是奉劝曾继泉不要出家的一篇文章。在解释自己为何剃头之后，末了，还语重心长地对曾继泉说："正好生子，正好做人，正好向上。且田地不多，家业不大，又正好过日子，不似大富贵人，家计满目，无半点闲空也。何必落发出家，然后学道乎？我非落发出家始学道也。千万记取！"意思非常明确，像你这样的老百姓还是好好过日子吧，落发不一定能学道，学道也未必非要落发不可。

所以，千万不要把李贽削发一事理解为他终于皈依佛门。他非儒，也非佛。时人称他为异端，可能才是对他较为准确的评价。

他的异端思想集中体现在其著作《焚书》《续焚书》《藏书》中。他极端厌恶以权威自居的道学家，斥责他们"名为山人而心同商贾，口谈道德而志在穿窬"（《又与焦弱侯》）。认为天生一人，自有一人之用，不必跟在孔子后面亦步亦趋；而所谓的儒家经典也不能成为万世之真理，必须冲破经典设置的一切思想禁区，还原每个人的个体需要和是非判断。"穿衣吃饭，即人伦物理"，这是他著名的理论之一。这个世上压根就没有什么绝对的理，一切都存在于"真心"之中。而"真心"就是童心、初心，是最初一念之本心，不受外界影响的"我"的心。他崇尚心学，尤其服膺阳明后学王畿、罗汝芳等人的学说，"若失却童心，便失却真心；失却真心，便失却真人"，"六经、《语》、《孟》，乃道学之口实，假人之渊薮也，断断乎其不可以语于童心之言明矣"(《童心说》)。他把儒家经学视为和童心完全对立的东西,童心没有了,就没有真心;真心没了,人不为人也!于此,他强调万物一体,认为根本不存在高下贵贱之别,主张个性解放,鼓励婚姻自由。他还是那个时代少有的给予妇女以极大尊重的思想家。

这些离经叛道的思想如果只是正襟危坐的理论阐述倒也罢了,关键是李贽说起话、写起文章来可用发言似箭、下笔如刀来形容,就是说话直白,说话刻毒,说得人心里不舒服,说得人气急败坏。袁中道说,其文"精光凛凛,让人不可迫视"(《李温陵传》),这就是李贽主张的"以率性之真,推而广之"。他不满这个世界"理障太多",只想按自己所想发声,这是在身体力行。难怪有人说他的文章别出手眼,抉摘情伪,让伪学者莫不胆张心动。

自然,这样的思想和狂妄之语会引来轩然大波,芝佛院一时之间热闹非凡,很多人对他倾慕不已,赶到这里来只为听一听他离经叛道的狂言狂语,或见识见识他的乖张和不羁。

因为"妖孽"李贽的"邪说之非""流祸之远",龙湖芝佛院被地方道学势力聚众拆毁。讲坛被拆,李贽只得离开湖北。即便这样,那些欲置李贽于死地的鼓噪之声依然没有止息,李贽的思想和文章已经到了让人咬牙切齿、欲杀欲割的地步。

又过了几年,寓居通州的李贽最终没能以自己的童心敌过理学家手中掌握的已被国家意志强化的理。拖着带病之身,李贽被神宗皇帝以"敢倡乱道,惑世诬民"为名抓至锦衣卫治罪,他的著作也被勒令烧毁,不许民间存留。

万历三十年(1602)早春,这位素来有洁癖的老人以剃发为名,夺下理发师手中的剃刀,在狱中割喉而死,时年76岁。

李贽的崇拜者兼好友、著名文学家袁中道写有《李温陵传》,我摘引几

第一章 宇宙、天地和人

段供大家仔细体会李温陵其人其行:

  公为人中燠外冷,丰骨棱棱。性甚卞急,好面折人过,士非参其神契者不与言。强力任性,不强其意之所不欲。
  体素癯,澹于声色,又癖洁,恶近妇人,故虽无子,不置妾婢。后妻女欲归,趣归之。自称流寓客子。既无家累,又断俗缘,参求乘理,极其超悟,剔肤见骨,迥绝理路。
  公气既激昂,行复诡异,斥异端者日益侧目。与耿公往复辩论,每一札,累累万言,发道学之隐情,风雨江波,读之者高其识,钦其才,畏其笔,始有以幻语闻当事,当事者逐之。

  这是一个性情急躁、喜欢当面指出别人错误的人。这是一个挑剔、任性的人,如臭味不相投,他连话都不与对方说,更不勉强自己干不喜欢的事情。他体型清瘦,淡漠女色,又有洁癖,不谋财物,膝下无子也不寻思讨妾续根。他有官弃官,有家弃家,有发弃发,不谙俗事,行为诡异,但又是一个外表冷酷、内心火热的人。用李贽自己在《自赞》中的话来补充,"其性褊急,其色矜高,其词鄙俗,其心狂痴,其行率易,其交寡而面见亲热"(《杂述》)。说穿了,李贽就是一个褊急、矜高、诡异、任性之人,是一个地地道道的狂人。
  李贽在《与耿司寇告别》中对狂人的定义是:"狂者不蹈故袭,不践往迹,见识高矣,所谓如凤皇翔于千仞之上,谁能当之!"看得出,这是李贽对自己的期许之词。而理,这把肮脏的屠刀,假国家权力之手,颐指气使,试图宣判他一生的失败。有洁癖的李温陵岂能让其得逞?与其让身体被一生所厌恶的东西玷污,不如完身而去。他本来就是这个世界上孤独飞翔的凤凰,千仞之上,李贽笑傲众生。

岂止是和这个时代神情不侔的问题,他完全就是这个社会的反动。

"知教笑舞临刀杖,烂醉诸天雨杂花",这是李贽死后,其友人汤显祖写的一首悼亡诗中的两句。李贽一直以来非常赞赏汤显祖的作品,二人惺惺相惜,各自以最擅长的方式完成了那个时代特立独行的文人的人生思考。

李贽以这样的方式离开世界,是注定的。

因为时代的观念和环境不可能支持这样一种态度和思想在社会上滥觞开来,李贽不过是用他出位乖张的思想和行为给社会提了一个醒:人没有必要在头顶上永远悬置一个道德真理,并以此来责难自己的行为为什么永远也不可抵达那个真理。这个世界压根就没有一个绝对真理,每个人的真理都在自己内心之中。更没有必要时刻提醒自己,这事不能做,那事也不能做,只要想做你就去做吧。

如果说王守仁先生以他在贵州龙场的顿悟为中国社会提供了一种足具思辨高度的以人为本的哲学,而王学后人又极大地发扬和完善了他的思想,那么,李贽就是阳明心学及其后学的躬行实践者。

异端,在任何时代都有它特定的意义,因其走向绝对和极致而被当作靶子,被千夫所指、万民唾骂,同时也可能被树为楷模、视为英雄,但其最有效的作用是让真正的智者静下心来认真思考。可以说,李贽之死昭示着阳明心学狂飙时代的结束,他看上去是被以理学为代表的国家机器斩杀,但从某种意义上说,也是他自己把自己送上了断头台。随之而来,有责任感的儒家学者也在阳明心学的放纵洪流中开始了反思和追问,如果预设一个人可以靠自觉、靠反求诸己来达到掌握真理的境界,无异于相信所有的动物都能说人话。换言之,当预设世界上所有的人都可以通过自身或自觉来得到完善,而缺少对恶的警惕和辖制的时候,等于承认了人心既是道德的发出者,又是道德的监督者和评判者。而这个世界上的人心如此复杂,人欲如此难测,如果

第一章　宇宙、天地和人

没有外在道德和规范的制约，如何能保证善恶交织的人心始终趋向善良和光明？这种放纵心灵的方式不仅为恶的存在找到了合理的庇护空间，也纵容了恶的滋生和泛滥，必将导致道德与伦理堤坝的全面崩塌，所有人都将为此付出惨烈的代价。一匹脱缰的野马在城池中奔跑，尚可将其视为一道可观赏的奇异风景；若这匹野马践踏生灵、危害社会，也可合力将其惩处；但当无数脱缰的野马奔驰在大街小巷，秩序被无情践踏，所有人都可能被乱蹄踏死，难逃厄运。

明儒爱用一句比喻，"解缆放船，顺风张棹"，看来是让该去哪里的去了哪里，但最终却极有可能是随风飘荡的船只阻塞航道，不要说自由航行，只怕是离港都难了，互相硬碰硬，碰得支离破碎，最后支架松散，一片狼藉。

从明中叶一直到清中叶，关于理学和心学相互补充和调适的思考从未停止，这也间接引发了清代经典考据学的崛起。

儒家学说在这两三百年自我完善、自我调适的过程中，大都围绕着理和心、道和欲、理想世界和现实世界的关系而展开，这也是自宋以后中国思想界一直关注的话题。但谁也未料想到，当时间在持续不断的争论中悠然流逝，中国封闭的思想世界突然又遭逢了一个凶悍的闯入者。

这个闯入者最初进来的时候，和一千多年前僧人携经卷闯入中国时一样，小心翼翼，轻手轻脚。"格义"二字，我前面提过，既然是格，就是有隔阂，有隔阂就要找到一些大家熟悉的概念和语词来解释它、靠近它。和以前佛教东来一样，格义成了外来思想和学说闯进中国的第一步，不一样的是，这个闯入者不只是几个怀抱经卷的剃了光头的人，和他们一起来到中国的还有望远镜、显微镜、眼镜、钟表、地球仪以及各种天文仪器。这些中国人闻所未闻、见所未见的东西并不只是一件又一件奇怪的器物，其背后隐藏了中国人闻所未闻、见所未见的知识和技术。

意大利人利玛窦将自己绘制的《山海舆地全图》在神宗皇帝面前徐徐展开的前几年，李贽送走了妻女，在龙湖芝佛院站稳了脚跟，开始策划蓄谋已久的行为艺术；汤显祖则在家乡江西临川开始了"临川四梦"的写作。此时的鄱阳湖风平浪静，而龙湖的瀑布如袁中道的哥哥袁宗道所说，是"万山瀑流，雷奔而下，与溪中石骨相触，水力不胜石，激而为潭"（《龙湖》）。尽管这两位思想开阔的中国文人都和利玛窦见了面，但即便是他们也不可能料到，这幅被铺开的地图对中国人意味着什么！

    几千年来，中国人相信宇宙是一个有秩序的空间，"天圆地方"的概念根深蒂固。人们相信地是不动的，只是头顶上的天在动，它构成了整个古代中国知识和精神系统的基石，也形成了中国人基本的空间和时间框架，并指导着人们的思维和活动。不管是在理解自然现象还是在理解社会问题时，人们都会不由自主地用这个框架来观照，文人的审美观也概莫能外。但现在，突然有一种确切的知识告诉他们，人们生活的地是一个会动的球，天地并非对称有序排列，中国并不是世界的中心，周边的四夷也不再是"荒服"之地，它们是和中国一样的国家。天下变成了万国，朝贡变成了贸易，中国之外的野蛮人变成了输入先进工具的文明人。

    中国人有句老话，天不变，道亦不变。现在天变了，道也必须变了。

    可惜，这种变化来得实在太慢。万山瀑流，雷奔而下，但水力终不胜石，随即积为深潭，"望之深青，如有龙眠"。这是当年袁宗道拜访李贽时所写《龙湖》中的句子，水积为潭，深不可测，有巨龙睡卧其中，安然自得。这句描摹自然景观的句子在此仿佛具有了某种奇特的象征意义。

    中国的知识精英对自己的历史传统实在太过自信，对先贤圣人实在太过崇仰，在经历了把西方知识系统视为"器"而非"道"的阶段后，又不缓不急地提出"中学为体，西学为用"的主张，这种天生的对外来文明的警觉和排拒，习惯用自己的传统思想诠释外来思想的陋习，相信强大的中华文明可

第一章 宇宙、天地和人

以融化和消解所有外来文明的优越和倨傲,严重阻碍了人们对外来思想和观念的认识和接受。而如葛兆光先生所说,"偏偏中国思想世界中,理与事,道与器,体与用总是一荣俱荣,一损俱损的"(《中国思想史》)。天动地静、天尊地卑、天圆地方的观念系统一旦被瓦解,剩下的就是塌方似的崩溃了。

天崩地裂之际,道焉在?

结　语

　　从公元前 300 多年开始，中国的思想和知识学说经历了先秦诸学、汉代经学、魏晋玄学、隋唐佛学、南宋理学、明代心学、清代朴学这几个重要阶段。

　　对社会和人类产生重大影响的思想从来都是先知先觉者的专属，是大智大慧者的脑力激荡，代表了这个世界最高的智商和情商，他们能体察人之所思、所感、所疑、所欲、所愿，归纳出一套完整的理路和规则，进而找到解决问题的方法，让人从内心深处服膺、接纳和尊崇。

　　这一章我讲了四个文人，他们未必是大思想家，但一定是他们所处时代绝对的精英。从张衡所处的公元 2 世纪，到李贽所处的 16 世纪，从一个经历了诸子百家之后活跃异常的思想环境到一个各种学说砥砺交锋的更加复杂的思想环境，越往后走文人就背负了越重的思想负担，就像他们的诗文中出现的典故也是层层叠加一样。每种思想都建立在另一种思想的对立和批判的基础之上，每种思想也可以被看作对另一种思想的扬弃和超越。在中国古代，没有一个文人可能完全超然于以上提及的各种思想的滋润、打扰抑或钳制。只不过某些思想在某些文人那里是一种自然而然的接受过程，是一种家庭教育和社会教化使然；而有些文人却可能在经历了生活的打击和官场坎壈之后转而服膺另一种思想，或内心更趋近于另一种思想；还有些文人一直在本性和主流思想中或自如或不自如地游移漂浮，把自己置于一种进退两可的思想边界；当然，还有一种人压根儿就没思想，国家意志就是他们的思想，随波逐流也算是他们的思想，没思想就是他们的思想。

第一章　宇宙、天地和人

　　有时，思想像水一样，是每天都离不开的东西，尽可以忽略到自然而然不必特别提及的日用之物，贯穿在他们的日常生活中、投入社会的激情和努力中，以及自我精神的超越中。

　　有时，思想又如同刑具，让人必须作出非此即彼的选择。这个时候，思想又是一个有形的东西。

　　实用一点说，思想可以算是一种方法，但大多数时候，思想绝非实际的救治之方或人生答案。相反，正因为它不是一种可以言明的方法或习得的技术，或者说，它并非那么有用，才有可能成为一种巨大的力量。

　　认同或接受某种思想，无非是想让自己的人生变得更容易一些、更快乐一些，但有些时候，反而可能使人生变得更艰难一些、更痛苦一些。

　　中国古代的思想可以简单地归类为儒、释、道思想。如果要把一个文人按这个框架进行归类，也是异常简单的事情。但我以为，只有尽可能深入地了解儒、释、道思想在不同时期的内容、在不同政治环境下的表现形式以及在不同社会背景下的话语体系，才能体会一种思想对一个文人的塑造抑或毁灭采取了怎样的一种方式。

　　也就是说，思想本身是重要的，但这些思想在古代文人内心中的接受和呈现才是本章关注的内容。

第二章 疆域边界、族群和他者

——莫恨西风多凛冽,黄花偏耐苦中看

一　庾信仕西魏

南北朝时期的南朝，经历宋齐两朝的更替，来到了梁朝。

梁朝的统治者和前朝齐的统治者一个姓，都姓萧。但萧梁统治者和萧齐统治者有一个最大的区别，这一大家子中当了皇帝或准备当皇帝的都是大文人，分别是梁武帝萧衍、昭明太子萧统、梁简文帝萧纲、梁元帝萧绎。其中，萧衍是父亲；长子萧统先被立为太子，早逝；萧纲为第三子；萧绎为第七子。

在深得萧梁皇族赏识的文人中，又有两大文学家族，分别是庾坚吾、庾信父子和徐摛、徐陵父子。他们常常"出入禁闼，恩礼莫与比隆"，"既有盛才，文并绮艳，故世号为徐庾体焉。当时后进，竞相模范。每有一文，京都莫不传诵"（《周书·庾信传》）。

按这几句《周书》的记载，这两对文人父子常出入宫中，所受恩隆非别人能比。他们每作一文，京都就竞相传诵，大家以之为模范。庾信早年到底是否在萧统身边做过东宫讲读，学界尚有争论，但萧纲被立为太子后，十九岁的庾信开始担任萧纲的东宫抄撰学士，后又担任湘东王萧绎的常侍，这都是确凿无疑的。可以说，庾信年轻时一直在各位皇子身边行走，是一个深受萧梁皇族欣赏和信任的人。他仕途的巅峰是建康令，就是做了梁朝都城南京的最高行政长官。

公元548年的冬天，庾信和萧梁皇子们谁也没有料想到，他们会一起经历王朝和个人命运的倾覆和转折。

这一年，东魏降将侯景举兵谋反，史称"侯景之乱"。

太子萧纲命令自己非常信任的建康令庾信率士兵千余人镇守台城之南的朱雀航。但是，面对突如其来的侯景叛军，这个谈起军事常口若悬河的文人脸都吓白了，竟然调转马头仓皇逃窜。士卒见首领逃逸也随之丢盔弃甲。很快，秦淮河防线崩塌，叛军包围梁宫廷所在地台城。五个月后，被囚禁的梁武帝饿死于台城。侯景立萧纲为帝，是为梁简文帝。两年后，梁简文帝为侯景所杀，其弟萧绎在江陵称帝，是为梁元帝。这一年是552年。

此时，从建康沦陷后就纵马逃奔的庾信早已奔到了萧绎身旁。前面说了，庾信早年不仅在东宫深得太子萧纲的抬爱，也曾在湘东王萧绎身边任职多年，深得萧绎的喜欢。所以，暂时忘记了丢失朱雀航之耻的庾信很快在梁元帝身旁找到了位置，成为右卫将军，加散骑常侍，居显职，并于554年奉萧绎之命出使西魏。

可惜，这个萧绎既是极好读书的聪明绝伦之人，又是一个私心很重的狭隘猜忌之君。当侯景乱起，国家陷于危境时，身处江陵的他并未举兵勤王，而是坐山观虎斗，眼睁睁看着父亲萧衍被侯景逼至饿死，又冷眼看着他的兄弟子侄一个个被侯景翦灭，他这才走上前台收捡胜利果实。"但坐观于时变，本无情于急难"（庾信《哀江南赋并序》），他称帝之后本该团结力量以御外敌，却再一次把刀口对准了残留的几个萧氏宗亲，甚至还请求西魏出兵攻打自己的兄弟。但事情并未按照梁元帝的意愿推进，就在庾信出使西魏不久，被萧绎惹恼的宇文泰命西魏大军南下，攻克江陵，梁元帝死。时年41岁的庾信被迫留在西魏都城长安。

557年，平定"侯景之乱"有功的将军陈霸先废掉梁朝傀儡皇帝，自立为帝，建立陈。几乎与此同时，西魏权臣宇文泰死，其子称帝，北周代西魏。南方的梁没有了，被陈代替；北方的西魏也没有了，被北周代替。此时，滞留长安的庾信两眼茫然，不知所措。

这是一个权力与私欲、背叛与忠诚缠绕相随的复杂的历史时期，用庾信

第二章 疆域边界、族群和他者

《伤心赋》的话来说,"在昔金陵,天下丧乱,五室板荡,生民涂炭"。我只用简单的文字陈述这段历史,肯定无法展现其残酷和惨烈程度,但大家要知道,当时的南方,即使经历宋、齐、梁三朝,终究还是自东晋更迭而来的,东晋的前身是西晋,西晋的前身是魏,魏的前身是秦汉。说直白一点,这终究是汉人统治的王朝,是承袭了汉文化和汉文明沿革的朝代;而当时的北朝,北魏统治者的姓氏为拓跋。虽然拓跋强制性改姓氏为元,但改了姓依然是鲜卑人。后来,北魏分裂为东魏、西魏,继而东魏被北齐取代,西魏被北周取代。那个在六镇鲜卑长大的东魏权臣高欢出身不明,如果承认他确为汉人,也是一个完全鲜卑化的汉人,他之以北齐代东魏,更像是鲜卑内部的权力更迭;而取代西魏的北周统治者宇文氏自来就是鲜卑贵族的一个主要姓氏。推及更早,也就是北魏统一北方前的时期,匈奴人刘渊、刘聪建立汉赵(前赵),匈奴人沮渠蒙逊建立北凉,羯人石勒建立后赵,鲜卑慕容氏建立前燕、后燕、南燕,氐人苻氏建立前秦,羌人姚苌建立后秦,鲜卑乞伏氏建立西秦,不一而足,到庾信出使西魏那一年,北方大地被游牧民族统治已经持续了两个多世纪。

这两百多年间,东晋和宋、齐、梁几朝偏安江南,歌声缭乱,到萧梁时期,更是"五十年中,江表无事",一代又一代人"朝野欢娱,池台钟鼓"(庾信《哀江南赋并序》),吟咏风谣,风流无限。庾信正是在这样的大环境下有机会和皇子们一起,共同建立了一种特殊的诗歌形式——宫体诗,又称"徐庾体"。他做梦都没有想到,自己还能有机会返回祖籍故地的北方。

庾信祖籍河南南阳。西晋灭亡后,庾信祖先一辈南迁,已经在江南生活了两百多年,庾信也一直把江南认作故乡,那个异族统治下的祖籍故地早已变得陌生而遥远。和大多数被迫南迁的北方移民一样,所谓华夏文明的发源地在庾信心中只是一个可供怀想的想象空间,一个存在于时间概念中的文明的过往记忆。在萧纲手下任职时,庾信曾作为萧梁王朝的使臣来到东魏。因为在萧梁拥有鼎鼎大名,他自然受到了东魏士人的推崇。《周书·庾信传》记载,庾信的"文章辞令,盛为邺下所称",当时的南方代表了正宗的汉文学的最高水平,而庾信又是南方当之无愧的文学翘楚,感觉自然好极了。

但时过境迁,再次以梁使身份出使西魏的庾信在557年时已经成了一只名副其实的丧家之犬。听闻陈霸先杀死萧梁傀儡皇帝以陈代梁的消息时,他终于意识到,自己彻底无家可归了。萧纲死了,萧绎也死了,那个对他厚爱有加的萧梁王朝已一去不复返。而且,萧绎死前竟把其辛苦收集来的十四万卷图书焚烧殆尽,据说他在临死前绝望地叹息:"文武之道,今夜尽矣!"其行为之空前绝后,算得上是继秦始皇"焚书坑儒"之后最惨烈的文化破坏事件。江南曾经是庾信的故土,是歌舞升平的乐土,是汉文明的血脉,是他的精神家园,但现在的江南所剩已寥寥无几,满腔愧疚、失落和无处寻找归宿的痛苦也达到了极致。

南方陈代梁后,和北方的关系不错,一些流寓北方的南方士人得获机会南归,比如滞留北齐的徐陵就返回了江南,同在北周的很多南方人也被放归故地。只是,北周武帝宇文邕对庾信和另一个著名文人王褒却始终舍不得割爱,二人不被允许放归。直到581年去世,庾信再没机会回到江南。

到底庾信是主动放弃回归江南,还是确因北周皇帝爱才舍不得放他回去,自来存有争论。我个人倒没兴趣去猜测其中原因,因为此时的庾信非常清楚,他魂牵梦绕的那个江南早已面目全非。

而他在北周的生活,远比他料想的要好。

其一,梁元帝死后,为了让庾信能长期留北,北周皇室将庾信的家人接到了北方。庾信再无后顾之忧。

其二,北方并不是南人心目中完全夷狄化的虎狼之地。相反,北魏统一

第二章 疆域边界、族群和他者

北方后经过多次改革，汉人的政治制度和文化体系逐渐代替了鲜卑人的政治制度和文化传统，汉人在北方的政治地位已非同一般。虽然北魏后期有六镇之乱的侵扰，鲜卑民族主义有抬头的趋势，但又经过东魏、西魏和北周、北齐几十年的发展，鲜卑人被汉文明和汉文化同化的趋势已非常明显，或者说，汉人和鲜卑人融为一体的局面已彰显无遗，庾信在这样的政治和文化氛围中并未有强烈的疏离感。

其三，北周宗室和帝王均向往汉文学和汉文化。周明帝和周武帝都喜好文学，庾信因而受到特殊的恩宠礼遇。宇文宗室其他亲王亦雅好文学，且水平不低，如赵王宇文招、滕王宇文逌都与庾信如同布衣之交，北周公卿的墓碑墓志也多由庾信撰写。在当时的北周，庾信和王褒就是名副其实的文坛领袖，无人能望其项背。庾信的官职也不断升迁，官至骠骑大将军、开府仪同三司，所以，后人又称庾信为庾开府，所谓"高官美宦，有逾旧国"（庾信《滕王逌原序》）。

其四，庾信终于有机会在汉文明辉煌荣显之地获得一种奇特的感性体认，这是江南一隅不曾赐予他的特殊感受。他失却江南的痛感也多少在一种奇特的异乡（真正的故乡）感受中得到了适度的补偿。

以上四条是我们可以想象的理由，也是解释其最终没有南返的说得过去的理由。而所有这些理由也都能在其北仕西魏、北周的作品，尤其在庾信和赵王、滕王唱和的诗作中找到例证。

但是，庾信最为后人称道的作品是《哀江南赋》和《拟咏怀二十七首》，尤其是《哀江南赋》，其中透露出来的悲悯、痛苦、思乡的情绪几乎成为后人了解庾信在北方生活的全部。人们愿意把这些作品理解成庾信北仕西魏、北周期间最真实的内心所想，即《周书》所说，他"虽位望通显，常有乡关之思"。

"乡关之思"是无论谁说起庾信都绕不过的一个关键词。具体来说，就是他北仕期间所有的思绪都落脚在乡关之思上面，这既是伤往时变、魂牵故国的哀怨之词，也是叹恨羁旅、咀嚼甘苦的悔恨之词。

我下面基本沿用原文并稍作简化，介绍《哀江南赋并序》主要表达的意思：

那一年，大盗移国，金陵瓦解。我两鬓斑白，即逢丧乱，窜身荒谷，公私涂炭。华阳奔命，有去无归，中兴道消，流离至暮齿岁月。燕歌远别，悲不自胜；楚老相逢，泣将何及。畏南山之雨，忽践秦庭；让东海之滨，遂餐周粟。楚歌非取乐之方，鲁酒无忘忧之用。追为此赋，聊以记言，不无危苦之词，唯以悲哀为主。

文章充满了对江南故乡的感情，对梁武帝以来"宰衡以干戈为儿戏，缙绅以清谈为庙略"，崇尚清谈、武备不修的社会现实批评有加。加上在"侯景之乱"中，梁氏宗室手足相残，庾信一语道破王朝丧亡的原因是"虽借人之外力，实萧墙之内起"。最让庾信痛心疾首的是梁元帝萧绎，说他"沉猜则方逞其欲，藏疾则自矜于己"，最后梁朝"山岳崩颓，既履危亡之运；春秋迭代，必有去故之悲"。想当年，备受皇恩的庾信文武兼修，"乃解悬而通籍，遂崇文而会武。居笠毂而掌兵，出兰池而典午"，但国破家亡之际，也只能被迫做南冠之囚，留守西河之馆。水毒山高，风飞电散。十里五里，长亭短亭。雪暗如沙，冰横似岸。这趟遥远的旅程中，庾信自比赴洛之陆机，离家之王粲。闻陇水而掩泣，向关山而长叹。更自况为"李陵之双凫永去，苏武之一雁空飞"。故乡的钓台移柳，岂是站在遥远的玉门关所能望见的？陆机家乡的华亭鹤唳，岂是其葬身之地河桥之可闻的？提挈老幼，关河累年。死生契阔，不可问天。

文章使事用典，婉约艰深，况味复杂，仔细把每句所用典故加以学习研磨，需费些时间。这不仅是关于萧梁灭亡的历史叙事，也是一部充满哀怨的

第二章 疆域边界、族群和他者

自传。难怪后人如此推崇此文,杜甫说"庾信平生最萧瑟,暮年诗赋动江关",清末林纾说"子山《哀江南赋》,则不名为赋,当视之为亡国大夫之血泪"。

我个人理解,庾信"乡关之思"的第一个内容,首先是对自己望敌而逃行为的自责。如果当年在朱雀航能够表现得好一点,也就不会辜负恩主萧纲的厚望和信任,兴许会有挽狂澜于既倒的机会。其次,如果自己是一个有点骨气的男人,也不会在效命的王朝灭亡后再仕新朝,或可留下一点矜傲于世的资本。遗憾的是,这两点他都没做到。在北方为官多年后,北齐的官员来到北周,其中有他仕梁时的故旧,庾信充满自责地对他们说,"故人倪相访,知余已执珪"(《对宴齐使》),对自己执珪仕敌的行为没有辩解,也没有掩饰。面对残破不堪的江南,他对故朝奉献的所有遥祭和追思都夹杂着一种说不清道不明的愧疚和无能为力。

我理解"乡关之思"的第二个内容,还潜藏着一种对异族他乡及其文化氛围的傲慢和偏见,有一种抹不掉的南方正统思想在隐隐作祟。这一点虽是隐晦的,却是可以在庾信作品中清晰辨析的。

南朝士人一直认为自己代表了文化正统,对北方异族政权的文化力量长期充满蔑视和诋毁。有一个著名的段子很好地诠释了当时南方文人对北方文人的轻慢,《隋唐嘉话》载:"梁常侍徐陵聘于齐,时魏收文学北朝之秀,收录其文集以遗陵,令传之江左。陵还,济江而沉之。从者以问,陵曰:'吾为魏公藏拙。'"大意是,那个和庾信齐名的著名文人徐陵到北齐时,北方文化泰斗魏收将自己的著作赠予徐陵,希望通过徐陵之手让自己的文章得以在江左传扬。但徐陵却在返回南方的途中,将魏收作品沉于江中。侍从不解,问其故。徐陵说,我这是在替魏公藏拙!从此,"替魏公藏拙"成了一个著名典故。这段记载不知真伪,但南方文人很长一段时间以文化优越而自矜却是不争的事实。

交河望合浦，玄菟想朱鸢。
共此无期别，知应复几年。

——《送周尚书弘正二首之一》

这是庾信送好友周弘正的多首诗歌中的一首。注意，交河、合浦、玄菟、朱鸢都是地名。交河是古西域地名，玄菟在辽东一带，合浦和朱鸢则泛指南方。再看下面几首诗：

玉关道路远，金陵信使疏。
独下千行泪，开君万里书。

——《寄王琳》

别席惨无言，离悲两相顾。
君登苏武桥，我见杨朱路。
关山负雪行，河水乘冰渡。
愿子著朱鸢，知余在玄菟。

——《别张洗马枢》

悲歌度燕水，弭节出阳关。
李陵从此去，荆卿不复还。
故人形影灭，音书两俱绝。
遥看塞北云，悬想关山雪。
游子河梁上，应将苏武别。

——《拟咏怀二十七首》其一

第二章 疆域边界、族群和他者

这几首诗中，庾信多次提到阳关、玉关、苏武桥、杨朱路、关山雪、塞北云，并再次用到朱鸢、玄菟等地名。用注家倪璠的话说，"朱鸢南之极，玄菟北之极"，都是用来形容相距遥远的。诗中还多次提到李陵、苏武，他们分别是汉武帝时投降匈奴的大将或出使匈奴的使臣。其实，庾信多在长安、洛阳一带活动，并未去过西域交河和辽东玄菟或阳关、玉关之类的边塞之地，但在他心中，他如今也如李陵、苏武一样无奈地来到这个充满苦寒与悲凉的异族所在地。不同的是，君如苏武得遇南归，我若杨朱终悲歧路。

庾信还写有一首《怨歌行》：

家住金陵县前，嫁得长安少年。
回头望乡泪落，不知何处天边。
胡尘几日应尽，汉月何时更圆？
为君能歌此曲，不觉心随断弦。

这是一首情诗。但谁都看得出，这绝不是一首简单的情诗。一个家住金陵的南方少女远嫁长安，成天望乡落泪，不知何处天边。

若乃世变市朝，年移陵谷，猿吟鹰厉，风霜惨黩；楚汉争衡，袁曹竞逐，兽食无草，禽巢无木。于时无惧而栗，不寒而战。胡马哀吟，羌笛凄啭，亲友离绝，妻孥流转。玉关寄书，章台留钏，寒关凄怆，羁旅悲凉。

——《竹杖赋》

这是庾信《竹杖赋》中的一段。他开始尚把南北征战说成是楚汉争霸、袁曹竞逐，继而用了胡马哀吟、羌笛凄啭这样的形容，最后落脚到羁旅悲凉的个人身世上。这段文字清晰无误地表明，庾信确认自己深陷玉关之外，故人离别，音书决绝。

庾信在北周的生活相当不错，官位从一品，是名副其实的达官显贵。而且，他大多数时候身处西汉故都长安，并有一段时间在东汉魏晋故都洛阳任刺史。长安和洛阳，这两处都是汉文化昌隆富盛之地，他却一而再，再而三地把自己所处之地定位为阳关玉关之外、李陵苏武所陷之地，不止一次用了"胡马""胡尘"之类的蔑称。这些诗作并不是南朝流行的那种未去过边塞的人写出的边塞诗，但那些边塞诗作者喜欢用的指代词却惶惶然出现在庾信诗中。未去过边塞的诗人不过用这种指代来臆想和构建一种遥远与陌生、苦寒与凄凉，但在庾信这里，他是明白无误地把所处之地视作边塞，也就是把自己所处看作一个游子离别故人后的冰雪之地，一个英雄一去不复还的荒漠之地。显然，这样的述说是矛盾的，和北周相对稳定太平的社会现实相矛盾，也和庾信的社会地位和实际生活状况相矛盾。

北魏杨衒之《洛阳伽蓝记》记述过一个故事，说梁武帝时期著名将军陈庆之未到北魏前，对北魏的态度非常蛮横："魏朝甚盛，犹曰五胡，正朔相承，当在江左。秦朝玉玺，今在梁朝。"但是，从北魏返回后，他的态度发生了很大的改变，他说："自晋宋以来，号洛阳为荒土，此中谓长江以北尽是夷狄。昨至洛阳，始知衣冠士族并在中原。礼仪富盛，人物殷阜，目所不识，口不能传。所谓帝京翼翼，四方之则，如登泰山者卑培塿，涉江海者小湘沅。北人安可不重？"从此话可以看出，早在北魏时期，在南方将军的口中，北方就已经成了一个衣冠人士汇集的礼仪富盛之地，更何况庾信所处的西魏至北周时期。阳关何在？

庾信所处的时代，东魏、西魏和北周、北齐的鲜卑人汉化程度已非常高，民族隔阂或文化差异早已不是一个紧要的命题，甚至还有不少北方文人以文化正统自居，庾信同时代的其他文人也很少在作品中谈及民族认同或文化认同这个话题。毕竟，北周的统治者是鲜卑人，作为一个或一群汉人僚属，能

· 第二章　疆域边界、族群和他者 ·

够有用武之地甚至锦衣玉食，已经是一件幸运的事情了。但是，没有公开讨论并不意味着这个沟壑就不存在，反而因为其潜藏得太深，不宜袒露罢了，至少，潜意识中对南北文化的比较是一直存在的。庾信的聪明在于，他故意潜藏了自己"身在福中不知福"的矫情，尽量回避用一种不满或不屑的态度，而只是采用对故乡不间断的怀念来表达身处陌生环境的不适之感，也算是婉转曲折地表达自己隐秘心思的一种方式。

胡尘几时能尽，汉月何时更圆？这话问的，此恨绵绵无绝期。

这只能说明，庾信心中真正的文化和精神归宿还是在那个桃红柳绿的江南润泽之地，他依然无法逃脱对所处之地夷狄特征的强烈认知。

他不只是把边塞定义在地理层面，而是把它定位在政治和文化意义上，甚至是精神意义上。

周围人等，即使可以和自己吟诗唱和，终归不是故友，不是亲人，而是他者，真正让他念念不忘的依然是以前的同道。他反复强调，"故人形影灭，音书两俱绝"，而在收到老友来信的时候，更是"独下千行泪，开君万里书"。那条横亘在南北方之间的长江不仅预示着两个王朝姓氏和族群的不同，也预示着文化根基和血脉上的距离。虽然我相信，庾信的居囚之感更多地来自对自己不洁行为的忏悔，但不可否认，潜意识中，他对所处之地散发出来的政治和文化气息有一种说不清道不明的陌生感，这是一种族群和血脉上的沟壑。

遥远的一个空间，江南，它指代的是一种过往的记忆，一种美好的怀想，一种心有所属的精神家园。或者说，江南，是庾信心中永远无法愈合的伤口，他必须要通过它的存在来辨认曾经的自己，和眼前的一切。

年发已秋，性灵久竭。倾首东瞻，山河千里。风尘未尽，霜露沾衣。这是庾信《答赵王启》中的句子。他是企图用那个早已不存在的江南王朝来构建一种属于华夏民族的族群历史、文化历史，并通过这种特有的历史感和文化记忆来确认自己的身份标记，以使自己不至于成为一个漂浮流浪、无根可依的可怜游士。

他和他的君王一不留神把一种珍贵的东西搞丢了，他无处安顿自己的内心。江南，就成了他全部的生命和念想，也是自我身份的全部承载。"远望当归"，这是中国古典文学一个典型的写作主题，如我国台湾地区学者郑毓瑜所说："它是体式、题材与意旨的交互应和，毋宁也是时空感知的相互体会，或者说是不同个体在同样疏离、隔绝的情境之下的相濡与相忘。"①

如果说江南是庾信曾经亲历的真实的过往，那边塞，则只是庾信一种有意为之的空间假设。他不过是通过身在夷狄边塞的虚构来替自己的人生寻找一个赎罪之所，以此完成对自己全部罪过的忏悔和惩戒。

---

① 郑毓瑜：《性别与家国——汉晋辞赋的楚骚论述》，上海三联书店，2006年版。

二　岑参到北庭

庾信客死他乡的那一年是公元581年，北周末帝宣布禅位，北周大将杨坚以隋代周，继而统一中国。618年，前北周贵族出身的隋将李渊接受隋末帝禅让，建立唐朝，从此中国迎来了一段长时间稳定太平的大一统时代。

从316年西晋灭亡算起，北方大地经历了五胡十六国时期，到北魏、东魏、西魏、北齐、北周，再从隋到唐，一共有300年之长。这段时间，"中州板荡，戎狄交侵，僭伪相属，士民涂炭"（《周书·庾信传》），北方各民族逐鹿中原，你来我往，民族融合已成基本趋势。

在北魏孝文帝改革中，大量鲜卑人改为汉姓。皇族拓跋改为元姓。独孤改为刘姓，步六孤改为陆姓，丘穆陵改为穆姓，贺赖和贺兰改为贺姓，贺楼改为楼姓，勿忸于和万纽于改为于姓，尉迟改为尉姓，以纥奚改为嵇姓。这说的还只是勋丞八姓，就是大部族大规模地改姓，同时还有无数小部族也更改了姓氏。也就是说，从北魏孝文帝改革到初唐的一百多年间，北方汉人中已经掺杂了相当多的鲜卑人。他们说汉话，穿汉服，再加上姓氏的更改，后来的人已经有很多不大清楚自己的祖宗先辈，更不太清楚自己的族群和来处。同样，北方其他民族间的差别也在来回征战中通过战俘、降顺、杂居、通婚等形式得以减弱和消融。

近距离观看唐朝宗室的血统，就可一窥初唐时一个家族的具体的民族构成。

唐高祖李渊的母亲独孤氏为鲜卑人，为北周贵族独孤信之女。这个独孤信为很多人所知,一是因其相貌英俊,二是因为他留下了一枚好玩的多面体煤精组印,现藏于陕西历史博物馆。

2017年4月,我再到陕博时,参观人群把这枚印章围得水泄不通,我等了好几分钟才得以近身一看究竟。这枚印章像一个魔方,有26个面,其中14个面上镌刻有印文,分别为"臣信上疏""臣信上章""臣信上表""臣信启事""大司马印""大都督印""刺史之印""柱国之印""独孤信白书""信白笺""信启事""耶敕""令""密"。独孤信当时身兼数职,既要对上又要对下,此印章就是他以不同的身份上书、下令或写信时所用。桌上不用堆太多印章,一枚就够,每天翻转几下,既省事又好玩。想来,独孤信也在对印章的把玩中体会到了身份分裂的纠结抑或快感。而他身份的分裂或快感远不止体现在这枚印章中,还体现在几个漂亮女儿的身份中。

独孤信的长女嫁给了北周明帝宇文毓为皇后,第四女嫁给了唐高祖李渊之父,第七女嫁给了隋文帝杨坚为皇后。虽然独孤信本人并未看到三朝的更迭,但他还是被后人戏谑为"中国第一老丈人"。通过独孤氏这根纽带,北周、隋、唐三朝宗室血统盘根错节,非常紧密。

这样算来,唐高祖李渊有一半鲜卑血统。而李渊的妻子,即唐太宗李世民的母亲太穆皇后窦氏至少有一半鲜卑血统,她的母亲为北周开国元勋宇文泰第五女,也是北周武帝宇文邕的姐姐。李世民的妻子长孙皇后也有一半以上鲜卑血统。如是推算,同为长孙皇后所出,太宗长子李承乾和李治就有不止二分之一的鲜卑血统。李承乾被立为太子后,十分仰慕突厥风俗,学胡语,吃胡食,还在宫中设帐篷,模仿胡风胡俗,大概也是草原民族的风范尚未完全消歇之故。如果李承乾后来没有被唐太宗废掉,当了皇上的李承乾恐怕和他那个羸弱的弟弟、唐高宗李治有绝对气质上的区别,大唐帝国的走向发生变化也未可知。

可以想见,李氏家族定鼎中原之后,不论从历史大背景而言,还是从出

第二章 疆域边界、族群和他者

身血统而言,注定了其看待胡人的眼光与南朝宗室大有不同。这是一个雄起于民族融合大背景下的政权,自身血脉又和外族紧紧相连,从隋文帝、隋炀帝再到唐高祖、唐太宗、唐高宗甚至唐玄宗,几乎所有皇帝心中都没有夷夏之防的固有观念,这也导致了整个隋朝至盛唐时期外族政策的相对开明。

钱穆先生说:"然而胡姓之贵,受其熏陶,绵辍不绝,卒成周隋之治,下开唐基。"陈寅恪先生说:"李唐一族之所以崛兴,盖取塞外野蛮精悍之血,注入中原文化颓废之躯,旧染既除,新机重启,扩大恢张,遂能别创空前之世局,故欲通解李唐一代三百年之全史,其氏族问题实为最要之关键。"① 用唐太宗的话说:"自古皆分中外,不相容,朕独爱之如一,故其部落至今皆依朕如父母。"(《资治通鉴·唐纪十四》)民族没有差异,四方皆奉我如主,我待众生为子嗣,显示了那个时代君王开明的族群观和人种观,所以,非汉臣子和将领在初唐至盛唐政治格局中扮演重要角色也就顺理成章了。太宗时期的著名人物长孙无忌、尉迟敬德、屈突通都非汉人。玄宗时期的著名人物宇文融是鲜卑人,高仙芝是高句丽人,哥舒翰是突厥人和粟特人的混血,造成"安史之乱"的两个将领,安禄山是粟特人和突厥人的混血,史思明是突厥人。在"安史之乱"中立下汗马功劳的李光弼是契丹人,仆固怀恩是铁勒人,也就是说,反叛之将和勤王之将都非汉人,他们成了"安史之乱"前后唐军的中坚力量。不仅突厥、鲜卑、契丹、高句丽等非汉人为唐帝国所用,连日本、大食等国人也在朝中做官,难怪在《新唐书》的编撰中要特设"诸夷蕃将"类传,它显示了唐代政治格局中特殊的民族构成,唐帝国人才使用的开放程度是后来修史的宋朝人完全无法想象的。

朱熹曾说过一句狠毒的话:"唐源流出于夷狄,故闺门失礼之事不以为

---

① 陈寅恪:《陈寅恪集》,生活·读书·新知三联书店,2009年版。

异。"① 这句话虽特指唐皇室乱伦之事频发,也泛指其非汉血脉中一种特殊的文化习俗和文化观念在暗起作用。

唐朝统治者大多数时候采取积极防御、以战止战的方式,也采取册封制度、羁縻制度来招抚和控制各方势力。大致来说,唐王朝对帝国版图并无过多图谋,只要边境晏安,百姓安居乐业,交通畅达,无非怀柔远人,相安无事。但若好意不解,骚扰掠夺,阻塞边关商道,则必加惩戒,就是"故王者之于戎狄,暴则惩之,顺则远之,各安其所,我不尔侵,而后尔不我虐"(王夫之《读通鉴论·安帝殇帝附》)的心态。太宗时,北方各民族以"天可汗"称呼唐天子,至少在名义上已经含有唐天子为北方民族之共主的意味。唐帝国鼎盛时期,若将各藩属、羁縻州包括在内,其疆域之大,属国藩国之多,民族成分之复杂,实为罕见。毫不夸张地说,那个时候的都城长安简直就是一个国际化大都市,从皇帝、政治家到文人士大夫和普通百姓,其空间概念、地域概念和民族概念乃至文化概念较之前代已经发生了天翻地覆的变化。寄居长安的外族使节、商人和留学生多如牛毛,葡萄酒、胡饼成为流行饮食,胡姬、胡舞成为烂漫风景,高鼻深目招摇过市,祆教、景教、摩尼教纷纷传入中土,整个社会弥漫着一种开放宽松的自由气息,呈现出一种自信、包容、活络的气质。

在史学界,关于"安史之乱"前唐代的民族统辖和民族政权管理体制,一直都有一些词语和概念,如甥舅关系、藩属关系、朝贡制度、册封制度、羁縻制度等。而这些关系和制度又因为不同民族或政权与唐帝国发生关系的历史条件不同而存在巨大差异,从中也可看出唐代疆域管理和民族政策施行过程中的复杂性、多变性、模糊性。比如,哪些可视其为藩属,哪些属于羁

---

① 陈寅恪:《陈寅恪集》,生活·读书·新知三联书店,2009年版。

第二章 疆域边界、族群和他者

縻，哪些可算作国家体系之内的族群问题，哪些属于唐帝国的外交关系，这是一个非常复杂的问题，和现代意义上的国家概念不可同日而语。

同样，在文学界，也有一个与之相连的概念被讨论了多年，这就是边塞诗。

边，指边疆。塞，指关塞。塞字从土，指设关筑塞，有一种军事意味。边塞，不是一般意义的边疆，也不是纯粹的军事要塞，而是特指藩属、外夷的疆域边界或与之相邻的地方，它本是他族聚集之地，但是，因由唐王朝施行的朝贡、册封、和亲、羁縻、藩属等制度导致的双方关系的改变，在当时的唐人心目中，所谓边塞，依然是唐帝国疆域之所在。

边塞诗作为一种特定的文学题材，考虑到其几百年来特殊的内容和主题指向，它又有一种特殊的地域所指。我更倾向于田晓菲教授所说的："边塞，专指中国的极北或西北。"① 虽然田晓菲教授是在说南北朝时期的边塞诗概念，但用它来说唐代边塞诗也未尝不可。边塞，具体而言，是指东北部幽并、辽阳、榆关及更远地区，北部阴山、燕然及更远地区，西北部陇头、凉州、玉门关及更远地区。不管边塞诗的作者是否去过边塞，边塞在他们心目中都有大体相同的感情所指和精神所指，而这些指向绝不是南蛮之地或西南边疆所能承载的。

西南或南方诸地，最多只能承载千崖万仞、栈道峡谷之类的残酷景观，或是猿猱长蛇、鬼怪瘴疠的诡异生态。南蛮，相比西戎北狄东夷来说，不管从力量对比而言，从其占有疆域的广阔性而言，甚或从其民族性格而言，对华夏民族都不构成大的威胁，大多数时候辅之以怀柔和优抚，很快就可使其降服归顺。但从汉武帝时期便开始的大规模和北方之敌正面对垒、经年不息的战争烽烟已经留给后人一个残酷的现实，北方民族因其屡败屡战的顽强骁

---

① 田晓菲：《烽火与流星——萧梁王朝的文学与文化》，中华书局，2010年版。

悍而成为华夏民族心目中最顽劣的对手。北方草原和西北大漠的苍凉和恢宏对华夏民族来说一直是一个异样的空间，它苦寒、凛冽，也开阔、伟壮，在这片土地上跃马长驱、奔突前行的征战充满了男性荷尔蒙壮越的激情和力量，战马嘶吼、人头落地的厮杀的惨烈也昭示着一个王朝或一个民族悲壮弘烈的情怀，正因如此，一个男人、一个民族、一个国家也可从中获得极大的征服的快感和荣耀。它既是士人建功立业的志向的体现，也是一个民族极致尊严的壮阔荣显。所以，从汉武帝时期起，这片神奇的土地就一直有着一种特定的文化、精神和政治符号化指向，它既是马上立功、为国靖难，又是强大帝国梦的实现方式，更是一个士人、文人铺张心境的绝佳空间。它是中国任何一个地方都不能代替的场域，承载了几千年来文人心中潜藏的英雄梦境。

边塞，永远只能指代北方的荒漠和草原腹地。

公元749年，一个35岁的男人走进了这片荒漠。

他叫岑参。

从初唐到盛唐，有不少著名诗人到过边塞，或写过边塞诗，如骆宾王、王昌龄、李白、王维、高适等，但岑参之入边塞给我们呈现的边塞诗，是其他诗人不曾有的。

岑参在登进士第之后授右内率府兵曹参军，深感志不得抒，遂决然出塞。他第一次出塞是天宝八载（749），充安西节度使高仙芝幕掌书记。这次出塞共三年，因未受高仙芝重用，岑参的心情并不畅快。

第二次出塞是天宝十三载（754），入安西北庭都护封常清幕，充节度判官，后领伊西北庭支度副使。这次出塞同样是三年，心情却完全不同，岑参对封常清非常佩服，封常清也对其恩重有加，岑参大多数边塞诗名作成于此时。

当时，唐帝国在西北设有安西四镇都护府和北庭都护府，分治天山南北。

第二章　疆域边界、族群和他者

其中安西四镇都护府辖龟兹、焉耆、疏勒、于阗四镇，管辖天山以南至葱岭以西的辽阔地区，节度使驻地居龟兹故城（今新疆阿克苏地区库车县）；北庭都护府辖瀚海、天山、伊吾三军，管辖天山以北包括阿尔泰山以西的广大地区，治所庭州（今新疆昌吉回族自治州吉木萨尔县）。

岑参两次出塞加起来有六年之久，这使他成为出塞时间最长的盛唐诗人。同时，其足迹远达北庭，也是盛唐诗人中西行距离最远的一个。岑参所写80多首边塞诗在其一生流传下来的近400首诗作中并不算多，但这80多首诗已经勾勒出盛唐边塞诗的整体风貌。

第一，岑参的边塞诗因其亲历感而具有西域边地和战场的强烈写实性。

稍微浏览一下《岑嘉州诗集》，会有一个整体印象，他的边塞诗的题目大多较长，通常都包含地名，比如《北庭西郊候封大夫受降回军献上》《初过陇山途中呈宇文判官》《武威送刘单判官赴安西行营便呈高开府》《使交河郡，郡在火山脚，其地苦热无雨雪，献封大夫》《题铁门关楼》《热海行送崔侍御还京》《轮台歌奉送封大夫出师西征》《凉州馆中与诸判官夜集》《送张献心充副使归河西杂句》《碛西头送李判官入京》等。

这些地名包含三层概念。

第一层概念是河西、武威、凉州、陇头等地。这些地名对现代中国人来说十分熟悉，它们一直都是边塞故地的指代词，也是岑参西行的必经之地。在岑参所处的盛唐时期，这些地名标志着华夏文明和西域文明的分割或结合之地牢牢在唐帝国的掌控之下。

第二层概念是安西都护府所辖地区，比如铁门关、银山碛、高昌、交河，这是深入西域西部腹地的一些地方。

第三层概念是北庭都护府所辖地区，比如北庭、瀚海、火山、轮台，这是深入西域北部腹地的一些地方。

我们通过阅读历史著作和边塞诗已经熟悉了很多边疆地名，如祁连、玉门、阳关、白登、热海、瀚海、焉知、乌孙、阴山、楼兰、葱岭等，还熟悉了很多描述边地残酷景观的词汇，如朔风、胡尘、黄沙等，习惯了边塞诗中那些表现战争的词汇，如刁斗、旌旗、鞨鼓以及描述哀怨与边愁的胡笳与羌笛。这些词汇是人们对那个遥远地方的想象和复写，是一种未曾亲历却习惯性模拟的空间叙述，仿佛只有这些地名或词汇的堆积才能描述北方边地的遥远与陌生，诉说那里的干涸与孤寂，进而表达自己试图表达的某种情绪。

也就是说，这些地名或意象更多地被赋予了一种意义或情绪，使其成为一个标识性符码，而不是一个真实所指。

相比起来，岑参是单纯的。或许正因为他身处边塞时间之长、介入之深，反而没有试图承载意义的格外诉求，只是简单表达当时的感受，直观描述眼前所见，虽然也在诗作中寄托了自己马上立功、封王封侯的宏志以及最后无功而返的失落和孤寂，但相对以前或同时代诗人的那种遥远的寄托，他的边塞诗是简单而直白的、现实而客观的，甚至很多时候还显得轻松和轻快，这不是那些寄慨良多的诗篇所拥有的。

"银山碛口风似箭，铁门关西月如练。双双愁泪沾马毛，飒飒胡沙迸人面。"（《银山碛西馆》）这里，风似箭，月如练。泪沾马毛，胡沙迸面。一静一动，一愁一乱，自然天成。情绪在其中，但不故作悲啼状，铁门关前如练的月亮高挂夜空，凛冽而哀怨，静穆而阔大。

"君不见走马川行雪海边，平沙莽莽黄入天。轮台九月风夜吼，一川碎石大如斗。"（《走马川行奉送封大夫出师西征》）语句豪勇，气势奔放，有尺幅千里之势。

"北风卷地白草折，胡天八月即飞雪。忽然一夜春风来，千树万树梨花开。"（《白雪歌送武判官归京》）这本是一幅残酷的画面，盛夏时节，寒意入侵，北风卷地，白草凋零，但在岑参这厢，却因盛夏的一场雪产生"忽然一

第二章 疆域边界、族群和他者

夜春风来,千树万树梨花开"的联想。不管人们如何了然"春风不度玉门关"的春风之于边塞意味着什么,也不论梨花本身具有的惨白的悲彻之感或离散飘零的易逝之感到底有何所指,通过雪花和梨花、冬天和春天的美妙联系,我们能感受到,处在这种奇幻的时空联想中的岑参是充满惊喜和欢悦的。接下来,"瀚海阑干百丈冰,愁云惨淡万里凝""纷纷暮雪下辕门,风掣红旗冻不翻"。暮雪笼罩之下,百丈冰的肃杀、万里云的凝重,惨淡而冷寂。白色梨花飘送下的辕门城楼,猎猎战旗被冻住了,不再翻飞,在一片白色的孤寂中挺立着红色的坚强。这是意志,也是一种奇特的美感,是身处内地的文人无法想象也无法着笔的美感。

"君家赤骠画不得,一团旋风桃花色。"(《卫节度赤骠马歌》)在此以前我没有读过有人这样来形容一匹骏马飞奔的气势,一团旋风桃花色,一起句就把我打懵了,让我也被旋得有些晕眩,强悍的力量施以温柔而炫目的颜色,整个草原也活跃炫动起来。

不用继续举例,岑参描述边塞风景的诗篇被人用奇丽来形容,是因为他们未见过这样的景色,所以称奇,而在岑参这里,却表现得自然而然,波澜壮阔的自然景观呈现于眼前,气势涌于心中,自是脱口而出。虽有些诗作拟以边地寒苦和中朝夜宴相对比,以故园东望和青青松枝自表孤独和一片丹心,但多数时候,岑参的边塞诗很少出现"战士军前半死生,美人帐下犹歌舞"的政治隐喻,也没有"白骨露于野,千里无鸡鸣"的战争声讨,更没有"杀人亦有限,列国自有疆"的和平诉求。

岑参的边塞诗是一种文人特殊的视觉,一种以华夏民族生疏的目光打量他者所处的略带好奇的视觉,是一种站在恢宏帝国的广袤疆域之上对拥有西部边疆的荣光,心中有种阔大感作支撑,其立意和视觉的微妙之处就和前人有质的区别。如同我们在其他民族文学中所体会到的那种征服的优越感,这种优越带来的快感消弭了民族、疆界、文化差异带来的隔膜、排拒和敌视心理，而代之以一种高高在上的欣赏和把玩。

地名不再是传达政治诉求的工具，意象也不是寄托愁怨的布景，边塞诗更不是用来表露心事的幽怨曲子。如果要说边塞对于包括岑参在内的盛唐诗人的意义，它不过是用来淬炼筋骨和意志的，是拿来拓宽视野和开阔心胸的，至多也只是曲线报国的一条迂回路径。

所以，从这个意义上去看岑参的边塞诗，它的浏亮干净，自是一种青春刚健时代的特殊产物。

第二，岑参在边塞诗中展现的外族风貌充满了平和与融合的调性。

对于夷狄的特性，华夏民族从来就嗤之以鼻。司马迁在描述匈奴特性时写道：

利则进，不利则退，不羞遁走。苟利所在，不知礼义。自君王以下，咸食畜肉，衣其皮革，被旃裘。壮者食肥美，老者食其余。贵壮健，贱老弱。父死，妻其后母；兄弟死，皆取其妻妻之。其俗有名不讳，而无姓字。

——《史记·匈奴列传》

利则进，不利则退，好逐利而不知义，是见利忘义之民族；壮者食肥美，老者食其余，贵壮健，贱老弱，不知孝道，是弱肉强食之民族。总结起来，夷狄之人缺乏理性，不通礼法。在此以前和以后，更有无数汉人文人将夷狄之人直接讥讽为豺狼野兽。

但盛唐背景下的岑参已然超越了这些狭隘的民族偏见和认知，虽然在心理上依然存有十足的文化优越感，但族群上的排他性已减弱了许多。在他眼中，由自然环境不同、生产方式不同而导致的民族风俗不同，是一件正常的事情。

第二章　疆域边界、族群和他者

胡地苜蓿美，轮台征马肥。

——《北庭西郊候封大夫受降回军献上》

轮台风物异，地是古单于。三月无青草，千家尽白榆。蕃书文字别，胡俗语音殊。

——《轮台即事》

九月天山风似刀，城南猎马缩寒毛。将军纵博场场胜，赌得单于貂鼠袍。

——《赵将军歌》

花门将军善胡歌，叶河蕃王能汉语。

——《与独孤渐道别长句兼呈严八侍御》

这些诗都在写边地不同于中原的自然与生活景观，"花门将军善胡歌，叶河蕃王能汉语"一句，也说明了当时民族文化交流的紧密。

岑参还写有一首叫《优钵罗花歌》的杂言古诗。诗前有序，说自己读佛经，知道有一种花叫优钵罗花，但目所未见。后到了北庭，有交河小吏献此花，方得一见。献花小吏说该花采摘于天山之南，其状异于众草，异香腾风，秀色媚景。诗人略感遗憾，它生在偏僻之地而不生于中土，遂使牡丹价重、芙蓉誉高，真是可惜之至！进而感叹，从来天地无私，阴阳无偏，各遂其生，自物厥性，岂因地偏而不生，何因无人而不芳？若交河小吏不送花给我，它终生都可能委顿于山谷，和那些未遇明主之人有什么差别呢？继而有感而歌，原文如下：

白山南，赤山北。
其间有花人不识，绿茎碧叶好颜色。
叶六瓣，花九房。
夜掩朝开多异香，何不生彼中国兮生西方。

移根在庭，媚我公堂。

耻与众草之为伍，何亭亭而独芳。

何不为人之所赏兮，深山穷谷委严霜。

吾窃悲阳关道路长，曾不得献于君王。

优钵罗花，即后人熟知的雪莲花。在描摹了花的美好与香气之后，岑参感叹，想必你一定是耻于与众草为伍，才如此孤独地择地而居，在深山穷谷中独傲风雪严霜，如握瑾怀瑜的君子幽香独放，抱道自持。最后两句，诗人想表达其欲献于君王的意愿，无奈阳关路远，山高水穷。

这首诗以花的姿容与芳香自喻才华与高洁，以花身处僻地自喻穷居边塞，以阳关路长比喻进阶无望，表面上看是一首咏物托志诗，但从另一个角度去理解，这不过是一首描摹北地风物的单纯的咏物诗。诗人用狂喜之情表达自己在边塞找到了如此美好的东西，显然，岑参早已不只是用一种包容的态度来审视周遭，而是用一种接纳甚至欣赏的眼光来观察身边的景色与风物。长安、洛阳城里见识不及的人们实在可怜，没见过这般尤物，只能使牡丹价重、芙蓉誉高，其所居空间和视野带来的宽阔和居高临下之感尽显。边塞，不是只有苦寒与炎热；他处，不是只有火山和房尘，还有别人未曾看到的壮丽与奇诡。

这株雪莲花是岑参获得的宝贝，一株可以暗自比照并声气相求的宝贝。

从这个意义上说，奇特的地域环境造就了一个全新的自我，至少提供了一个反观自己的角度和视野，一种空间上、身份上、文化上的距离，以及这种距离带来的特殊的审美和价值观。

而且，这种视觉是温柔的，满怀善意的。

第三，岑参边塞诗中描写战争的宏大气势及帝国威仪让人印象深刻。

第二章　疆域边界、族群和他者

闻一多先生的《岑嘉州系年考证》一书历来被认为是研究岑参其人其文必读的纪年考，后来有学者指出其中推断错误，如岑参生卒年月、其在北庭具体所待的位置、其间流动的地点都可能有误，岑诗中涉及的封常清率部西征的几次战争，尤其是播仙战役的时间和所针对的民族等，也可能多有差错。

虽没少花时间，但我不得不承认，由于阅读范围有限，我不可能弄清楚诗中所指的具体地名，也不完全清楚诗中所指的一些具体战争，所针对的是哪一个族群或哪一个政权，最终我只有放弃其具体所指，简单而宽泛地去理解岑诗中所涉及的几次战争。

火山五月行人少，看君马去疾如鸟。都护行营太白西，角声一动胡天晓。
——《武威送刘判官赴碛西行军》
都护新出师，五月发军装。甲兵二百万，错落黄金光。扬旗拂昆仑，伐鼓震蒲昌。太白引官军，天威临大荒。西望云似蛇，戎夷知丧亡。浑驱大宛马，系取楼兰王。
——《武威送刘单判官赴安西行营便呈高开府》

这两首诗描述的应该是同一场战争。在太白金星的引领下，都护率军出师，天子神威，光照大荒，角声一响，气动山河。甲兵二百万，在灼灼烈日下，盔甲生光。军旗飘扬在昆仑山上，战鼓让蒲昌震颤摇撼。戎狄气数已尽，望风而逃，追捕大宛良马，俘虏楼兰国王。这样的战争描述气势恢宏，读来让人热血沸腾。

《走马川行奉送封大夫出师西征》和《轮台歌奉送封大夫出师西征》两首诗都是封常清西征前岑参所作的祝词。《北庭西郊候封大夫受降回军献上》是封常清大胜而归时岑参贺其凯旋的一首诗。三首诗应该写的是同一次征战。

《走马川行奉送封大夫出师西征》一诗没有正面描写战争。"匈奴草黄马正肥",显然对方是有备而来,"金山西见烟尘飞,汉家大将西出师",铁蹄所践之处,羯鼓雷动。汉家大将列兵布阵,率队出师,"虏骑闻之应胆慑,料知短兵不敢接,车师西门伫献捷"。这里,岑参对自己所在的强大之师充满必胜的信念。

继而,岑参在《轮台歌奉送封大夫出师西征》中正面描写了战争场面。"上将拥旄西出征,平明吹笛大军行。四边伐鼓雪海涌,三军大呼阴山动。"上将手持符节,率兵西征,黎明笛声响起,大军起程。战鼓四起,雪海为之涌动撕裂;三军呐喊,阴山为之震颤摇撼。

紧接着,岑参不遗余力地对封常清大唱赞歌,"亚相勤王甘苦辛,誓将报主静边尘。古来青史谁不见,今见功名胜古人"。在《北庭西郊候封大夫受降回军献上》中,岑参更是掩饰不住对封常清的倾慕之情,"前年斩楼兰,去岁平月支。天子日殊宠,朝廷方见推。何幸一书生,忽蒙国士知。侧身佐戎幕,敛衽事边陲。自逐定远侯,亦着短后衣。近来能走马,不弱并州儿"。

封常清是出了名的书生出身的将军,跛足丑陋。岑参对封常清的钦佩怀有对文人以军功得功名的强烈的自我期许,而他和封常清在北庭时一起登高、纳凉的经历,也让他对封大夫存有深厚的个人感情,所以,他在各种诗篇中,对封大夫丰功伟绩的称颂不绝于耳。"汉将承恩西破戎,捷书先奏未央宫。天子预开麟阁待,只今谁数贰师功。"(《献封大夫破仙凯歌六首其一》)更是直接把封常清比喻成汉代的贰师将军李广利,摹写汉帝国威仪和荣尊的场面排山倒海。

这就是岑参,和大多数盛唐诗人心中的梦想。

上马带胡钩,翩翩度陇头。小来思报国,不是爱封侯。

——《送人赴安西》

第二章　疆域边界、族群和他者

万里奉王事，一身无所求。也知塞垣苦，岂为妻子谋。

——《初过陇山途中呈宇文判官》

男儿称意得如此，骏马长鸣北风起。待君东去扫胡尘，为君一日行千里。

——《卫节度赤骠马歌》

功名只向马上取，真是英雄一丈夫。

——《送李副使赴碛西官军》

我相信，在岑参无数描摹战争的诗歌里，一定潜藏着诗人自己的身影。他就是列阵中的一个兵士，是精光凛凛的盔甲兵器中的一柄长矛。他在纵马狂奔中体会到了一种真正的快感，这是男儿血性和效命意识的完美统一。这真是一个极好的时代，个人理想和国家意志如此严丝合缝地融合在一起，意趣喜好与个人成就完美无缺地交织在一块。边塞，对岑参而言，算得上一方热土，可以让人一日千里扫荡胡尘，还能封王封侯，功名显达，甚至因为和国家民族利益一致，还能功业千秋，世代传扬。李将军、卫将军、骠骑霍大将军，旌旗猎猎，鼓角阵阵，战马嘶吼，盔甲生光，好一派英雄主义与国家主义完美融合的壮美画面。

岑参，怎能不陶醉于此，沉溺于此？他者，或战或降，或说汉语或说胡语，都是无关紧要的。他们只是岑参心中一个个实现理想的小小人头。

而疆域，未必是文化认同，也未必要风俗相近，只要在帝国恩威慑服之下，显出我朝无限天威，它就是一个国家、一个民族辉煌荣耀的极致象征。

在盛唐时期，年轻气盛的帝国就是这样青春逼人，一往无前。

只是岑参做梦也没想到，天宝十四载（755），中国历史上最开放、最包容的王朝竟然丧乱于两个异族将领之手，让人对历史的反讽性唏嘘不已。

"安史之乱"的两个罪人，安禄山是粟特人和突厥人的混血，史思明是突厥人。自幼在杂胡地区长大的安禄山会说六种民族语言,时为范阳、平卢、河东三节度使,他与副手史思明一起,联合同罗、奚、契丹、室韦、突厥等族群共15万大军,起兵反叛。长安沦陷,君臣遁逃,马嵬兵变,肃宗继位。这就是著名的"渔阳鼙鼓动地来,惊破霓裳羽衣曲"。

动乱之初,唐王朝将陇右、安西、北庭节度使属下的边兵调遣内地,东归勤王,造成边防空虚,吐蕃趁机而入,尽得陇右、河西走廊。数十年后,唐帝国终于失去安西、北庭。

"安史之乱"是唐朝历史的分水岭。此后,唐朝进入藩镇割据时期,并逐渐失去了对部分民族或政权的控制,地理版图大大缩水,经济中心也进一步南移。所以,后来有人不无狠绝地说:"乃至衽席之侧,置一异物,初以为狎之,不知其为所狎也。"(《天史·安史之祸》)枕席之侧这一异物指安禄山。个人以为,此所谓"初以为狎之,不知其为所狎也"似也不妥。说句实话,从唐太宗开始的唐代靖边战略,其狎的成分倒还真不算多,至于最终被其所狎,反倒有诚意被欺之嫌。

"安史之乱"初起时,岑参在北庭驻地,听闻自己的恩公封常清在平乱中为唐玄宗所杀,惊厥不已。"将军初得罪,门客复所依"(《送四镇薛侍御东归》),心中已有魂飞魄散、无所依靠之感。很快,岑参加入东归勤王的队伍,返回汉境。随后十几年,他担任了很多官职,但官运平平,最后死在四川嘉州太守任上,再也没有回到安西北庭故地。

没有事实可以证明,岑参在晚年对那段边塞生活有太多的回忆和念想。岑参离开后,安西北庭归于吐蕃囊中,已陷于音讯全无的境地。如是想来,岑参大概早已把他的记忆和那个曾经纵马狂奔的地方一起彻底埋葬了,连同他曾经拥有的青春志向、理想和功业,一并埋葬在了西南某间异乡客舍的萧瑟秋风中。

用日本史学家杉山正明的话说,"安史之乱"后,老牌强族回鹘和新近

第二章 疆域边界、族群和他者

发迹的吐蕃成为亚洲东方占有广阔土地的两个强大政权,而唐朝,无非是在"异常顽强地维持着残年"①。他说,那个称为"唐"的"时代"已经远远地离去了。

岑参,其实也是和他心中辉煌的帝国一起无奈而沮丧地离去的。

---

① 杉山正明:《辽·西夏·金·元——中国的历史》,日本讲谈社,广西师范大学出版社,2014年版。

三　黄宗羲说夷夏

一朝被蛇咬，十年怕井绳。这真是一句至理名言，它不仅体现在一朝一代的集体记忆中，还体现在接下来的王朝的潜意识中。

唐亡后，经五代十国而有宋。五代十国时期的北方，依顺序，简称为梁唐晋汉周，其中后唐、后晋、后汉是沙陀人建立的政权，后晋是著名的"儿皇帝"石敬瑭以割让燕云十六州而获契丹人的支持建立的。当时的北方征战频仍，早在大宋建国之前，契丹人就已经在广袤的北方大地上纵马驰骋，其建立的辽国，实力不输于宋，直到宋真宗在寇准的逼迫下来到黄河北岸，与契丹人搞出一个"澶渊之盟"，宋向契丹输金纳绢，才得以苟且偷生。直接说，北宋开国之初，完全是在强大的契丹阴影之下继承后周格局建立起来的一个弱小国家，如此情势下，稍微想想李唐王朝灭亡的前车之鉴，其惊悸和恐惧就非同一般了，自然也就施行了与李唐王朝截然不同的边疆政策，框定南方后即止步于北方疆域，在原来唐帝国的版图上，形成了宋、西夏、辽三国对峙的局面，到南宋更是偏安江南，龟缩一隅。

严格意义上说，盛唐时的"西出阳关无故人""春风不度玉门关"不过是一种夸张的文学描写，因为在王维、王之涣所处时期，阳关、玉门关被牢牢控辖在唐帝国手中，在这些诗中，它并不指代一个确切的地名，而是泛指边疆。但到了南宋，阳关、玉门关已是名副其实的他族染指之处，这里早已无复故人，更不用说有人试图西出阳关了。"中流以北尽天涯"已经代替"西出阳关无故人"成为一种新的疆界象征，汉人统治者的江山版图越来越小，实力越来越弱，最终不得不接受蒙古大军南下并再度统一中国的现实。

第二章 疆域边界、族群和他者

按理说，汉人在经历无数次他族入侵并俯首称臣的历史后，对他族统治的既成事实应该是不难接受的，或者说，经过无数代人的战争与流血、投降与归顺、婚姻和杂居，汉人的血液中已经融入了不少他族基因，北方汉人的纯粹度更是值得怀疑。但是，到17世纪上半叶，当东夷强族满人借李自成起义大举南下、覆灭大明王朝之时，相当数量的明遗民或奋起抵抗，或殉节而死，故事惊心动魄，惨烈悲壮，其参与人数之多、介入时间之长可谓史无前例，尤以江南人居多。

这里想说说黄宗羲。

他的声名更多地来源于他是明末清初三大思想家之一，和顾炎武、王夫之齐名。

黄宗羲说自己一生有三变："初锢之为党人，继指之为游侠，终厕之于儒林。"① 这句话大致描绘了他一生的三个重要阶段。

黄宗羲在明朝并未考取功名。父亲是著名的"东林后七君子"之一的黄尊素，天启年间因得罪魏忠贤下狱，受酷刑而死。崇祯即位后，魏忠贤、崔呈秀等阉党被除，天启冤案得以昭雪。此时，深感为父报仇的时机已到，年仅19岁的黄宗羲向皇帝上书请诛阉党余孽许显纯、崔应元。刑部会审期间，黄宗羲孤身赴京，在庭上摸出暗藏在袖中的铁锥刺向许显纯，并当众痛打崔应元，还拔下其胡须归祭父亲灵前，且率天启间被难子弟设祭狱门，哭声达禁中。这一故事当时为大街小巷所传扬，黄宗羲性格中的暴烈可见一斑。

稍长，黄宗羲乡居读书，参加复社，成为后期复社的中坚力量，这一切皆可理解为以承东林之续。那个与东林和复社皆有不浅恩怨的阮大铖自然不会轻易放过他，遂有诏捕之祸，这是黄宗羲"初锢之为党人"的青年时期。

大明倾覆后，明宗室于南京建立弘光政权，与清廷对抗。顺治二年

---

① 黄炳垕撰，王政尧点校：《黄宗羲年谱·自题》，中华书局，1993年版。

（1645）五月，清军攻下南京，弘光朝崩塌，南明出现了唐王和鲁王先后即位并各自拥兵统辖一方的局面。各派势力所拥宗室为争夺正统地位内耗严重，地方势力和李自成残军也各怀鬼胎，跋扈自雄，到后来，南明政权已没什么像样的军队，各路抵抗力量多有自发性和民间性的特征，尤以江浙地区为多。此时，在家乡浙江余姚的黄宗羲毁家纾难，变卖家产，招募乡里百余名壮士，组织"世忠营"抗清，并接受鲁王任命，赴前线统领军队指挥战斗。其间屡败屡战，四处躲避追杀，还乘船到日本乞师求援，未果而返。避难深山后，不断受到清廷通缉的骚扰，他依然和鲁王行朝保持联系，传报书信，联络义军。这是他人生的第二个阶段，以"游侠"自称的黄宗羲在险阻艰难、百挫千折中参与抗清斗争，渡过了南明时期经历无数险象的壮年人生。

直到顺治十年（1653），黄宗羲已43岁。用梁启超先生的话说，黄宗羲终感明统既绝，才决意国事，从此毕力著述，正襟讲学，完成了一个著名遗民的标准人生。

这以后，黄宗羲的遗民人生可用几次坚辞事件为其作注。

第一次，康熙十七年（1678），朝廷诏征博学鸿儒，黄宗羲让学生代为力辞。

第二次，康熙十八年（1679），由徐元文、徐乾学推荐，朝廷特旨以礼敦请赴京修《明史》，黄宗羲以老病坚辞。

第三次，康熙二十九年（1690），康熙询问徐乾学海内可有博学者，徐乾学再次推荐了黄宗羲，但徐乾学清楚黄宗羲的为人底线，当康熙欲招黄宗羲时，以黄宗羲老病、"恐不能就道"代辞。

从上面的经历来看，黄宗羲三次辞征召，应该算是名副其实的明遗民。但后人也有不少言论，对他的遗民身份并不认同，原因有二。

第一，黄宗羲在晚年的著作中不再称呼明朝为"本朝"，而以"有明"

第二章　疆域边界、族群和他者

取代，也不再称清朝为"伪朝"或"虏"，多次称当世为"国朝""兴王之世"，称清军为"王师"，称康熙为"今天子""圣天子"，还说"五百年名世，于今见之。朝野相贺，拭目以观太平"①，并开始在文中使用顺治、康熙年号。

对他著名的《明夷待访录》一书的书名也有人持异议。"明夷"一词，源于《周易》，大意指遭逢艰难的贤人。"待访"一词，指等待明君问访或招贤。所以，全祖望说，黄宗羲这是尚存等待之意；章太炎更说黄宗羲"陈义虽高，将俟虏之下问"（《太炎文录初编·说林上》）。俟即等候，虏指清廷。太炎先生是在讽刺黄宗羲看上去义高云天，实质上作此书是在等待夷狄君主的赏识。近世陈寅恪和钱穆先生也认为黄宗羲晚节诚多可议。

也就是说，有不少人认为，各种看似不经意的用词的改变或隐藏在字里行间的深意，都意味着黄宗羲对现实的一种臣服或降顺，甚至有对新朝投怀送抱之意。

第二，黄宗羲晚年的行为已构成了对清廷主导的编修《明史》工程的支持和参与。

黄宗羲本人虽未赴命为官，但他不仅送上了儿子黄百家及得意弟子万斯同参与修史，还积极配合官方到他家抄录其所著《明文案》等有关明史著述，即所谓"诏钞著述"。万斯同赴京之前，黄宗羲还将很多家藏史料送与万斯同，这些史料后来在《明史》修撰中起了很大作用。不仅如此，黄宗羲还随时与《明史》总裁徐元文有往复书札，从内容到体例甚至到编目都提出诸多建议，用全祖望的话说："公虽不赴征书，而史局大案，总裁必咨于公。"（《鲒埼亭集·梨洲先生神道碑文》）由此可知黄宗羲对《明史》编撰的影响。

---

①　沈善洪：《黄宗羲全集》，浙江古籍出版社，1993年版。

难怪黄宗羲的老友、同为著名遗民的吕留良说黄宗羲晚年是"蛟龙变蝌蚪"。

本节不多谈节义,只谈黄宗羲晚年的行为是否构成了吕留良所说的"蛟龙变蝌蚪"的问题。

个人以为,不是。

针对以上两处"劣迹",我也尝试作如下两点解释。

其一,从黄宗羲早年的经历来看,这是一个迈勇之人,一个疾恶如仇之人,这不仅见于他青年时期袖锥刺阉党的行为,也见于他在南明时期对阉党余孽阮大铖的持续怨恨。有人批评黄宗羲,说在他眼中,凡东林人士都是君子,而与东林异调者均为小人。这既说明了梨洲先生的立场坚定,也说明他有以类取人的偏执。这一评价不尽然是偏狭之词。

黄宗羲于顺治十年(1653)写下一部名为《留书》的著作,问世后即散落,后人不得全篇。到20世纪80年代,骆兆平先生在整理伏跗室藏书时,发现了天一阁郑性父子订校本《留书》,共一卷五篇文章,经整理后刊登在《文献》1985年第4期,这些文章为后人认识和理解黄宗羲提供了极其重要的参考。

其中一篇名为《史》的文章,可见出黄宗羲早年十分清晰的以类取人的夷夏观。文中口气赫然:

中国之与夷狄,内外之辨也。以中国治中国,以夷狄治夷狄,犹人不可杂之于兽,兽不可杂之于人也。是故即以中国之盗贼治中国,尚未不失中国之人也。

这些话明确继承了儒家传统的"尊王攘夷"之说,把夷狄称为禽兽。甚

第二章 疆域边界、族群和他者

至还说，哪怕是汉人的盗贼统治中国，也比禽兽统治中国要强。文中感叹，"宋之亡于蒙古，千古之痛也"，这显然是春秋笔法，借宋亡于元，喻明亡于清。对当今士人于元代大儒许衡、吴澄屈膝元朝之事枉然不顾，反而尊称他们为朱子、陆九渊再世，非常愤怒。并从治史的立场上说，在五胡十六国和五代十国时期，入侵的四夷竟被史家胡乱归类在本纪、世家中，这等于承认了他们的帝王、宗室身份。又说，本朝（明）高皇帝诏修《元史》时，本应让有识之士改修《宋史》，把辽、金、元列于《四夷传》，以正中国之统，岂料修史之人竟将蒙古人称为皇帝，并承认元是一个朝代！在很多人看来，明统承继元统而来，如果否定元统的合法性，那明的正统性便会遭到质疑，但黄宗羲义正词严地回答："尧舜相传之统，至元而绝。高皇帝驱毡裘之属，还衣裳之旧，是百王之嫡嗣也。"斩钉截铁地说尧舜传统到元朝时就已中断，本朝（明）高皇帝驱逐那些穿皮毛的夷狄，恢复我汉家衣冠，才是三代圣王的正宗后嗣！

至于《留书》其他文章，如《文质》《封建》等均有夷夏之防的言论，说"自三代以后，乱天下者无如夷狄矣"，将清朝称为"虏""寇"，一以贯之地见出他早年的极端情绪。

这种偏狭同样体现在他对佛教的排斥上。借由对明遗民逃禅风气的反感，黄宗羲对那些脱身于佛的人提出了尖锐的批评，说"不欲为异姓之臣者，且甘心为异姓之子矣！"意思是，你们自以为高尚，誓不为异姓之臣，但逃到佛家怀抱，岂不还是成了异姓之徒？这里的异姓有双重含义，指佛家思想和儒家思想相违背，是异端，但此话的要义是凸显释迦牟尼的异族身份，显而易见含有"夷夏"的指涉。

写这些文字时，正是黄宗羲浑身上下痛感最强烈的阶段。他不肯服输，要找理由发泄，以此获得精神支撑，这是亡国之初很多遗民必然的心理反应。

直到康熙元年（1662），鲁王殁，他终于对故明王朝的匡扶不复有望，始有"潮息烟沉之叹"，并将自己的诗集命名为《心断集》，取孟浩然"心断鹡鸰原"之意。

即使不复有望，或者说已经绝望，但有些坎，还是必须要过的。黄宗羲是大儒，不是一个容易被现象所迷惑的经验主义者，也不是一个靠感官支配意识的浅薄文人。要说服自己，首先必须从理义层面和思想层面认识清楚。

比如，如何跨越"夷夏之防"这道坎，就是一个大问题。

尊王攘夷，是几千年来根植在儒者心中的春秋大义。在士人心目中，得中国者，未可言正统。而国家正统，既有统一的意味，又有居正的意味。统一，不难理解，指疆域的占有，是一种地理概念、空间概念，它是可以通过武力窃取的；正统，指拥有道德的正当性，是一种文化概念、时间概念，而这种道德和文化意义的正统性又是专属于华夏民族的，是华夏民族奉之如圭臬的礼仪传统，夷狄之人不可能通过兵戈刀剑获取。这也就解释了到南宋时，中国已是宋金对峙的局面，由一代大儒朱熹高举的"攘夷论"大旗，偏安王朝的南宋士人还是树立了引以为傲的文化优越和自信，并以正统自居。如是，我们也不难理解，为什么到朱熹之后，会出现如此众多的宋遗民，这在以前的时代是不可想象的。

同样，我们也不难理解，为什么顾炎武会说："有亡国，有亡天下。亡国与亡天下奚辨？曰：易姓改号，谓之亡国。仁义充塞而至于率兽食人，人将相食，谓之亡天下。……知保天下然后知保国。保国者，其君其臣，肉食者谋之；保天下，匹夫之贱与有责焉耳矣。"（《日知录》）

在顾炎武看来，亡国就是易姓改号，是华夏民族内部之事，亡天下则是亡于异族。他所说的"率兽食人"，和黄宗羲所说的"人兽相杂"，概是同理，遂喊出"天下兴亡，匹夫有责"的口号。

同为明清之际著名思想家的王夫之，其夷狄观则更加偏激。

第二章 疆域边界、族群和他者

他强调,一方水土养一方人,夷狄既然"不知有城郭之可守,墟市之可利,田土之可耕,赋税之可纳,婚姻仕进之可荣",那就应该让他们不改其俗,如此"而大利存焉",中国亦因之以免于害。他的结论是,夷夏双方应该"鱼相忘于江湖,人相忘于道术","两相忘也,交相利也,此顺天之纪,因人之情,各安其所之道也"(《读通鉴论》)。

在王夫之看来,夷狄之人本性顽劣,素来不知有耻。所以,他在列举东汉时楼兰王先事汉而又阴匈奴的史实后,说了一句杀气腾腾的话,强调以暴制暴,"故夷狄者,歼之不为不仁,夺之不为不义,诱之不为不信。何也?信义者,人与人相于之道,非以施之非人者也"(《读通鉴论》)。并说,"人与人相于,信义而已矣;信义之施,人与人之相于而已矣;未闻以信义施之虎狼与蜂虿也"。这话就更加决然,谈及信义只是人与人之间的事情,从来没听说过信义这东西可以施予虎狼夷狄。

在清初三大家中,有关夷夏之防的议论和思想,王夫之可谓最极端。

就在遗民们尽情发泄自己的民族情绪,反思明季灭亡的原因,检讨士人浮竞根源的同时,清朝统治者也没闲着,尤其是大清王朝很快迎来了一个聪明的君主——康熙皇帝。

借用杨念群先生的观点,"从明清异代的历史观察来看,文化意义上的'地'使得此'地'之人始终秉承着浓厚的优越感和历史记忆,当遭遇外来民族的入侵时,这种优越感和历史记忆如何加以维系,而外来民族到底是采取放任其延续优越感和历史记忆的策略,还是刻意认同本民族的文化底蕴和特质,借助各种手段修正被征服之民族的历史记忆,以消弭其对异族的抗拒姿态,均构成双方生死存亡的大关节问题"。杨念群全书得出的结论是,"清统治者发挥其高超的统治技巧,成功收编了江南士大夫的历史与价值观,使之成为大一统统治模式的合法性资源"。①

康熙皇帝太清楚自己族裔入主中原的软肋之所在。作为征服者,他既有对堕落的汉人政治和奢靡的士人风气的厌恶,有对汉民族不能以刀剑之气争光日月的羸弱气质的蔑视,但同时,作为一个即将对辽阔疆域进行统治的征服者,他又十分清醒自己的责任和使命。他知道,必须深入了解异族文化的精髓并将其为我所用,最后才可能获得真正意义上的文化合法性。既出于统治的需要,也出于心理的焦虑,年轻的康熙以非凡的热情和勤奋近乎疯狂地学习,通过经筵会讲,和讲官辩论,以个人的聪慧和极强的理解、辨析能力,并通过强权压制,最后赫然成了儒家经典的权威解释者和践行者,法古先王,崇儒重道,尚德缓刑,化民风俗,继而征鸿儒,开经史,之曲阜,谒孔庙,重新整合天崩地解的社会格局,收拾汉人士人残破至极的心境。

康熙帝这一番确立自身文化合法性的意图和作为,与汉人士人对前朝政治和士风强烈的批判立场、反思精神和内省姿态竟然鬼使神差般达成一致,或者说,本是南辕北辙的两个指向,但敌我双方却殊途同归。双方皆有攻有防,各有理据,话语不断转化,疆界逐渐模糊,渗透与反诘,抵消与融合,直到最后,这场战役以汉人士人被彻底收编而告结束。

黄宗羲十分不情愿但又眼睁睁地看着天子崇儒尚文、招才取士,对比他经历过的崇祯朝和南明王朝,他所说出的"幸遇圣朝,干戈载戢,文教放兴"的话绝非溢美之词,更不是虚与委蛇。不管出于什么动机,明朝皇帝没有做到的事情,康熙帝竟然做到了。

写作《留书》十年后,黄宗羲在《留书》的基础上又写了《明夷待访录》二卷,把以前《留书》的内容放弃了,使其不再流传于世。可以肯定地

---

① 杨念群:《何处是"江南":清朝正统观的确立与士林精神世界的变异》,生活·读书·新知三联书店,2010 年版。

·第二章　疆域边界、族群和他者·

说，黄宗羲之所以删减《留书》的很多内容，皆因时过境迁，他已非常确认自己思想的变化，是自觉所为而不是基于政治敏感的被迫之举。他不再像《留书》那样仅仅把批判的矛头指向明王朝和清王朝，而是指向了自秦汉以来整个中国的君主专制制度。

前面说了，黄宗羲在《留书》中曾批评大儒许衡投降元朝，几乎是在骂许衡、吴澄之流竟然将儒家思想卖与禽兽。现在，他则认为，许衡、吴澄之功高于弓矢千万倍。兴亡之枢纽，关键在于礼教之隆替，并不在于谁把持礼教。他高度赞扬许衡之流的做法是对《春秋》"夷狄入中国，则中国之；中国入夷狄，则夷狄之"思想精髓的深刻领会，不再以血缘种族而是以是否懂礼知理作为夷夏之分的根本，认为夷狄只要接受和实行中国的礼教制度便可进步为中国人；相反，即使是中国人，不行礼教，也会退化为夷狄。自此，他逐渐摒弃了"戎狄豺狼"的种族对立观念，认识到"今日能用士，而能行中国之道，则中国之主也"。

从这个意义上讲，我们在黄宗羲的书写中所看到的笔触的微妙变化，不过是他思想变化的一个自然反应而已。碍于汉人儒者自有的尊严，一种遗民话语体系的特殊框禁，一种时代特有的士人气氛，他只是没有昭示而已。

其二，黄宗羲对士人参与和改造社会的责任和途径具有开阔的认识。

对黄宗羲而言，既有三次辞征之事，说明他真要出仕，是易如反掌的事。康熙十七年（1678）诏征博学鸿儒，大部分精英士人被网罗殆尽，朱彝尊、汪琬、毛奇龄、陈维崧、严绳孙概莫能外，黄宗羲却放弃了。这当然可以说明他骨子里有对故往的深刻眷恋，有对气节的严苛要求。但是，我更愿意相信，对黄宗羲来说，这不仅仅是一次政治和道德上的选择，更是一次思想和认识上的选择。他说：

嗟乎！亡国之戚，何代无之？使过宗周而不悯黍离，陟北山而不忧父母，感阴雨而不念故夫，闻山阴笛而不怀旧友，是无人心矣。故遗民者，天地之元气也。然士各有分，朝不坐，宴不与，士之分亦止于不仕而已。所称宋遗民如王炎午者，尝上书促文丞相之死而已，亦未尝废当世之务。

——《谢时符先生墓志铭》

在黄宗羲看来，怀旧是人之常情，但怀旧并不意味着必须以一种近乎严苛的生存方式表达对前朝的忠诚和对当世的回避。当时，很多遗民或龌龊治生、丐贷江湖，或方外披缁、自残自虐，或种瓜卖卜、纵酒祈死，或闭门谢客、绝匿名迹，就是说，必须要废"当世之务"方能显示遗民本质。但黄宗羲认为，只要不仕新朝就已经尽了士人的本分，而不仕新朝，并不意味着必须废"当世之务"。这就是他所说的"士之报国，各有分限"。

黄宗羲不赴召，并不意味着他因此放弃参与时事、参与社会的责任，恰恰相反，他一直存有强烈的改造社会的渴望和冲动。不能通过入仕、直谏的方式"格君心"，依然要找寻机会明道述志，以达到一个真正的儒者教化民众、改造社会的终极目的，黄宗羲终其一生都在躬身实践之。据统计，他一生著作达100余种，不少于2000万字，他试图通过著述反省历史、反省政治制度中的陋习与弊端，反省明朝灭亡的根本原因，如他在《铜陵》诗中所说：

飞流草屋一青灯，已作山中无事僧。
犹有未完行脚债，白头浪里下铜陵。

没有完成的"行脚债"应该就是指他的各种著述。如是，我们也不难理解，当徐元文、徐乾学推荐他入史馆编修《明史》时，对他是一种何等的

第二章 疆域边界、族群和他者

诱惑。

从前面引用的《留书》中《史》这篇文章就可看出,黄宗羲是如何看重历史书写对当世乃至后世的深刻影响的,只是把该列入列传或世家的人列入了本纪,就可能导致整个历史认知的错位,导致正统叙述疆界的模糊。他认为,历史记载并不只是事实的记录,而如何记录,也就是记录的方式和取舍关乎世道人心、价值取向和道德评判。修史,既是为了总结经验教训,更是为社会发展提供借鉴,这是"经世之业"。如孔子所说,《春秋》的历史作用是"使乱臣贼子惧",如果历史书写没有达到这样的目的,善恶不分,忠奸不辨,甚至颠倒是非,混淆黑白,就是为虎作伥,没有完成身为儒者的历史使命。正是基于这样的历史观,黄宗羲在史学研究上一直主张"寓褒贬于史"。他之所以难以抵御编撰《明史》的诱惑,是希望通过修史以实现话语权,用自己的学识、见识、思想影响当世或后世更多的人。

"士志于道"——这是孔子最早为"士"所立下的规定。用现代的话说,"道"相当于一套价值系统。但这套价值系统是必须通过社会实践以求其实现的;唯有如此,"天下无道"才有可能变为"天下有道"。所以"士"在中国史初出现的时候便有了参与"治天下"的要求。[①]

从孔子始,即确立了士人的责任是要参与社会,是以"道"治天下。到了朱熹,更加强化了士人对"道统"的遵从,"道统"负有监控"治统"运行的使命,也就是"道统"具有教化帝王、监督行政的文化优势和道德职责。士人是"道"的传承者和守护者,也拥有对"道"的解释权和话语权,它是一种普遍的真理和价值体系,完全游离于制度运作和政治体系之外,也

---

① 余英时:《士与中国文化》,上海人民出版社,2011年版,新版序。

就是游离于"势"之外,也因此,才最终确认了士人的文化价值和独立性。

余英时先生认为,宋朝是中国古代社会中士人最向往的一个时期,在宋朝,士人与君王可以共享政治和思想资源,甚至士人还能以政治主体自居,以"道统"抗衡和制约代表"治统"一方的君王,分享皇家权力,达到君臣共治的理想局面。但随着明代政治环境的日益恶化,通过"格君心"以确认士人责任和使命的可能性已不复存在。阳明心学也是顺应时代而起的一种思想潮流,士人不再把关注的重心放在朝堂之上,更多地把视线转向民间和自我。简言之,如果说宋代士人是"得君行道",明代士人则是"觉民行道",以期在世俗层面继续发挥"道"的作用。作为阳明心学的拥趸,黄宗羲的眼光和认识应在此一列。

黄宗羲写了大量实录记录所处时代的历史,如《弘光朝实录》《海外恸哭记》。这些书写记载了几十余人的生平事迹,大多是明代遗民,包括史可法、张煌言、熊汝霖、刘宗周,以及鲁王监国时海上抗清的数十名忠义人物。同时,黄宗羲还致力于存遗文,存国史,四处收集史料,在江南各地设馆讲学,其门下弟子有著名的万斯同、万斯大、全祖望、章学诚、仇兆鳌等。

在重要著作《明夷待访录》中,黄宗羲提出"天下为主,君为客"的思想命题,对君臣关系提出了饶有意味的见解,由于"天下之治乱,不在一姓之兴亡,而在万民之忧乐",所以,"我之出而仕也,为天下,非为君也;为万民,非为一姓也"(《原臣》)。于此,也可从侧面解释,黄宗羲参与讲学,教授徒弟,著书立说,并深度介入《明史》编撰,其实都是在践行自己的思想观点,非为君,而为天下。可见,黄宗羲和其他遗民在思想底色上有很大的不同。

黄宗羲还在文章中以元末明初的危素自比。元亡时,曾参与编修宋、金、辽三史的著名史学家危素欲跳井自杀,但友人以"国史非公莫知,公死,是死国之史也"为由劝止了他。危素得以不死,后参与编修《元史》。危素是汉

第二章 疆域边界、族群和他者

人高官，却欲为元朝殉节，若在更早时期，黄宗羲一定会对危素的行为不以为然，但现在，他似乎理解了危素的动机，已将遗民的身份标记为君臣之义，而不再局限于夷夏之防；同时，友人在危素自杀前陈情劝说，公死，就是国史死！此话深深刺痛了危素，为了国史不死，自己不能死！这个故事经由黄宗羲复述出来，不能不理解为他的自我表白，"国可灭，史不可灭"的思想在黄宗羲心中已是根深蒂固。

《明史》编撰从顺治时期算起，前后长达几十年，大家公认的做出最大贡献者非万斯同莫属。他是黄宗羲的学生，在京编撰《明史》达十九年之久，但一直"以布衣参史局，不署衔、不受俸"。这就是黄宗羲认为必须坚持的底线，不在当朝为官，不拿朝廷的俸禄，但依然要做应该做的事情。他多次感叹："及明之亡，朝之任史事者众矣，顾独借一草野之万季野以留之，不亦可慨也夫！"明亡之际，朝廷修史之人多如牛毛，唯独有一草野之人万斯同可以代我说话，怎不让人万分感慨！所以，黄宗羲一再叮嘱万斯同，"一代是非，能定自吾辈之手，勿使淆乱，白衣从事，亦所以报故国也"。他通过学生万斯同来表达自己深曲隐衷的一腔情怀，也得见一斑。

同时，黄宗羲把儿子也送到史馆。他在给徐元文的信中说："昔闻首阳山二老，托孤于尚父，遂得三年食薇，颜色不坏。今吾遣子从公，可以置我矣。"① 这里，黄宗羲以首阳山上的伯夷、叔齐自比，固守节义底线，同时遣子赴命，也曲折地完成了自己的一腔志愿。

除了倚重万斯同，黄宗羲和《明史》前后总裁徐元文、徐乾学两兄弟的交往也十分密切。

徐元文和徐乾学是两兄弟，加上另外一个兄弟徐秉义，三人被称为"昆山三徐"。三人中有两人是状元出身，一人是探花出身，时人又称他们为同

---

① 全祖望：《鲒埼亭集》卷十一《梨洲先生神道碑文》。

胞三鼎甲,当时名望甚炽,官位显达,深受康熙帝器重。他们既算得上饱学之士,又算得上慧眼独具,加上徐氏兄弟有一个身为著名遗民的舅父顾炎武,所以对黄宗羲、顾炎武等遗民的行为和精神依归也有准确的认识。他们知道黄宗羲不会赴召就任,但也非常确认,黄宗羲一定会竭其所能地为《明史》的修撰出谋划策。

徐氏兄弟是那种成长于鼎革之后的年轻一代汉人官僚,没有身背前朝的道德重负,属于康熙皇权意识形态构建中的汉人"帮凶",是代表"势"或"治统"的一分子。而黄宗羲不断在《明史》编撰中和他们书信来往,纠正错误,改写编目,也算是完成了作为一个士人通过"道统"监控"治统"运行的使命。

锋镝牢囚取次过,依然不废我弦歌。
死犹未肯输心去,贫亦岂能奈我何!

——《山居杂咏》

不管贫贱衰微,从不肯自暴自弃;不管世道险恶,从不会废我弦歌。黄宗羲活得很长,活了85岁。死前,他自拟圹前望柱铭文:"不事王侯,持子陵之风节;诏钞著述,同虞喜之传文。"这话有两层含义。第一,不事王侯,以表遗民之节;第二,诏钞著述,得以让文化血脉传承千古。这是黄宗羲一生引以为傲的两件事。不仅守住了士人的节操,还将遗民的生存意义得以极大的张扬。他以节义为高标,也并未因接受诏钞著述而感到不耻。

他内心无憾。

雍正时期有过一次大辩论,一方是雍正皇帝,另一方是一个叫曾静的来自湖南的乡野书生。这是史无前例的大事件,一本《大义觉迷录》和一个连

第二章 疆域边界、族群和他者

带出来的吕留良事件,表达了一个身处夷夏之防话语构建中的清朝皇帝的深层焦虑和良苦用心。

到乾隆时期,年轻的弘历以更加智慧而狡黠的政治谋略开启了编撰汉文经典的巨大工程。《四库全书》的编撰,表面上看是一项保存中国传统文化的功德无量之事,却潜藏有销毁、篡改典籍以及收编汉人士人的内在动因;随后,政治举措伴随帝国的强大一并而来,几乎没有任何预兆,乾隆帝突然颁发谕旨,对明季殉难之臣予以平反昭雪,其中包括史可法、瞿式耜、刘宗周、黄道周、陈子龙等一大批著名的抗清英雄和殉难者。在乾隆帝看来,那些忠于明朝、为明朝守节甚至不惜以死抗争的人都是志士仁人,他们竭忠效命,其情可悯,其行可嘉。这种对君主的忠信,"为一种普遍意义上的忠义,而非夷夏种族意义上对汉人政权的忠心"①。

同时,乾隆帝将委顿新朝的人视为"贰臣",那些降清的官员和文人如洪承畴、尚可喜、钱谦益、龚鼎孳等榜上有名。乾隆帝认为,这些人遭遇时艰,不能为其主子临危授命,大节有亏。通过道德品评,褒显忠贞,风励臣节,乾隆帝的这种做法一反其父雍正皇帝的紧张和焦虑,以王朝统治者而非征服者的姿态宽宥了一些人对他们最初的抵抗,反而站在道德的制高点来肯定忠烈和靖节之士的高尚品质。这样一来,陡然使那些囿于夷夏之防的汉人士人处于极端褊狭的困境,其以种族论礼教、以血缘框文明的视角和立场在清朝统治者强大的自信心面前无不显露出十足的猥琐。至此,清朝统治者获得了在中国大地上不可争辩的道德和文化正统性,矜高而又狭隘的汉人士人不得不摒弃仇嫌恩怨,缴械投降,俯首称臣。在《最后的中华帝国:大清》一书中,罗威廉先生将之称为对汉人的"文化纳降"。

---

① 杨念群:《何处是"江南":清朝正统观的确立与士林精神世界的变异》,生活·读书·新知三联书店,2010年版。

只是,黄宗羲早几十年便预见了这一幕。

较之那些居囿于狭隘夷夏观的遗民来说,黄宗羲的行为和思想已经超越时空。不仅相对于当时的权势和体制,或是面对更为广阔的历史和未来,黄宗羲以其理性的认识和士人高度的使命感,标记出中国士人以"道统"与"治统"遥远对话的不朽姿态。

如此江山残照下,奈何心事菊花边。
不须更觅登高地,只恐登高便泫然。

——《沿惜字庵至范文清东篱》

初晴泥路觉蹒跚,听彻松涛骨亦寒。
莫恨西风多凛冽,黄花偏耐苦中看。

——《书事》

松涛寒骨,泥路蹒跚。几百年后,我们再来摩挲先生留下来的上千万的文字,自会长抽一口冷气。梨洲先生说:"莫恨西风多凛冽,黄花偏耐苦中看。"这是江山残照之下一个士人的无边心事。

还有一句:"江山千古留残照,草木三春有杜鹃。"所有这些,都是梨洲先生晚年写下的诗篇。

四　黄遵宪使日本

从顺治康熙至雍正乾隆，曾被汉人称为夷狄豺狼的异族统治者拥有强大的武力和国家机器，但是，在面对悠久而精致的汉文明和汉文化势力时，他们承认了自己的落后与野蛮，励精图治，频频出招，攻防结合，恩威并重，最后以高超的技巧完成了对汉人士人的收编，《春秋》所言"夷狄入中国，则中国之；中国入夷狄，则夷狄之"好像应验了。清人入中国，则中国之，似是对春秋大义的完美诠释。

远远不止如此，随着台湾的收复、《中俄尼布楚条约》的签订、准噶尔的平定、对"新疆"的命名以及向西藏派遣驻藏大臣等标志性行动的完成，大清帝国的统治者将明朝300多万平方千米的土地扩张到1000多万平方千米。如前面引用过的王夫之的观点，汉人习惯对周遭的蛮夷戎狄实行"相忘于江湖"的互不侵犯原则，对所谓野蛮人的土地及其族群从来没有占有或收编的冲动或图谋，仅就这一点而言，满人在开疆拓土以及管理汉人、蒙古人、吐蕃人、维吾尔人和南苗等族群方面，着实具有此前汉人统治者所不及的过人之处。至此，清帝国以一种多民族、多族群、多文化的面貌呈现于世界的东方，可谓不可一世。

也许应了盛极而衰这句老话，没过多久，也就百八十年光景，当清朝统治者拥有了中华历史上最辽阔的疆域，早已忘掉自己的来路的时候，他们又遭逢了另一拨同样被称为夷狄豺狼的异族人。只是，他们未曾想到，开国之初遇到的棘手问题靠几个智慧和手段都极其高明的皇帝很快就能解决，而现在，经过几代人的努力依然束手无策。问题是，即使坚船利炮已抵近家门，他们也不承认自己的落后和保守。

这个时候，人们已经把夷狄之人叫作洋人。

光绪三年（1877）初冬的一个清晨，一个三十岁的广东男子踏上了一艘开往日本的轮船。

他叫黄遵宪，字公度。

风大浪紧，船身飘摇，站在船头的黄遵宪并无意把自己置于黑云压城、风云际会的凝重之中。这位家学传统和师承都乏善可陈的客家人曾考取过举人，面对即将抵达的陌生岛国，他心情轻松，怀着那个时代广东人特有的通达心理，开始了一段"濯足扶桑海上行"的东夷行旅。

同乡何如璋被任命为清朝第一任驻日公使，黄遵宪跟随并担任参赞。在日本期间，黄遵宪的社交活动主要集中在日本汉学圈里，创作的《日本杂事诗》也在这个圈子里获誉甚多。明治维新后，仍然有部分日本文化人存有崇尚汉文化的心理，以和来自汉文化正宗源头的清朝文化代表交往为傲，黄遵宪也颇以文化导师自居，为日本人的汉文著作题字、撰写序跋。光绪六年（1880），日本友人源辉声征得黄遵宪同意，把《日本杂事诗》的部分原稿埋藏在东京墨江畔的家里，由黄遵宪题写了"日本杂事诗最初稿冢"九个字，刻石竖碑，显得风雅无限，成为中日文化交流史上的一段佳话。

当然，即便有适度的文化优越感充斥心中，黄遵宪也并没有完全沉醉于和这批日本汉学家"饮酒炙肥牛，相携发狂吟"中。他看到了外面大势力和身边小圈子间巨大的反差，那些依然钟情于汉学的日本人多是守旧失意之人，对当局推行的新政或冷眼旁观，或时加讥讽。而刚经过明治维新的日本社会正呈现出崭新的面貌，黄遵宪睁大双眼四处张望，对所有异样的风景和人事都充满好奇。在这种背景下，他开始着手《日本国志》的编撰工作，不仅"网罗旧闻"，还"参考新政"，希望通过日本这个中介，了解西学，了解

· 第二章　疆域边界、族群和他者 ·

西方。

其实，《日本杂事诗》只是编写《日本国志》所剩的边角余料。用黄遵宪自己的话说，是将那些无法放在《日本国志》中的有关历史、现状、自然景观和人文风情的东西"衍为小注，串之以诗"。该诗集于1879年冬由京师同文馆付刊，此后，国内及日本屡有翻刻。很多年后，黄遵宪在伦敦使馆对此大加修改，诗篇数从154首增至200首。虽然现在论者的引用多来自后来的定稿版本，但诗作的原始面貌基本呈现了黄遵宪在日本期间的认识和思考。

玉墙旧国纪维新，万法随风倏转轮。
杼轴虽空衣服粲，东人赢得似西人。

剑光重拂镜新磨，六百年来返太阿。
方戴上枝归一日，纷纷民又唱共和。

芝山宫殿剩丰碑，摇动春风见菟葵。
二百余藩齐洒涕，不堪哀诵式微诗。

呼天不见群龙首，动地齐闻万马嘶。
甫变世官封建制，竞标名字党人碑。

欲知古事读旧史，欲知今事看新闻。
九流百家无不有，六合之内同此文。

在这些诗作中，黄遵宪记述了明治维新为日本带来的巨大变化，人们歌唱共和，最后"东人变西人"；同时也见证了维新之后落魄藩士的长吁短叹，以及在废藩置县、立会结党的过程中，萨摩、长门诸藩的浩大声势和标杆作用；日本报馆林立，其发达的报业对开启民智的巨大作用也让黄遵宪眼前一亮。

更重要的是，通过耳濡目染，黄遵宪开始接触从西方传播到日本的资产阶级民主自由学说，"明治十二三年时，民权之说极盛，初闻颇惊怪，既而取卢梭、孟德斯鸠之说读之，心志为之一变，以谓太平世必在民主"①。他肯定日本"进步之速，为古今万国所未有"，认为中国应该学习"如日本之自强"，"中国必变从西法。其变法也，或如日本之自强，或如埃及之被逼，或如印度之受辖，或如波兰之瓜分，则吾不敢知，要之必变"（《人境庐诗草》）。

讲这个话，他的态度是坚决的，但心情又是复杂的。黄遵宪清楚，昔日的东夷倭寇如今因为变法而强盛起来，下一个受其祸害的将会是中国，"日本维新之功成则且霸，而首先受其冲者为吾中国"。光绪五年（1879），日本吞并琉球，将其改设为冲绳县。由黄遵宪草拟的上万字的建议书以驻日公使何如璋的名义递交给总理衙门和北洋大臣，信中指出："琉球如亡，不出数年，闽海先受其祸。"黄遵宪还敏锐地察觉到日本对朝鲜有觊觎之心，建议朝廷未雨绸缪，但遗憾的是，所有的建议如泥牛入海，得不到半点回应。没过多久，日本吞并朝鲜。

大家一定知道，那个时候，琉球和朝鲜都是大清国的属国。

在日本待了四年后，光绪八年（1882），黄遵宪从日本启程，前往美国，担任驻旧金山总领事。

这段行程注定不会轻松，一到美国，黄遵宪就碰上了排华事件。昔日，

---

① 吴振清、徐勇等：《黄遵宪集》，天津人民出版社，2003年版。

第二章　疆域边界、族群和他者

美国招募大批中国劳工为其筑路修桥，现在，工程完结了，华工却成了不受欢迎的人，议院制定了《限制华工条例》。刚到旧金山的黄遵宪一下子就面临棘手的侨务问题。他不得不多处奔走，不但遭遇了在海关巡查时被人拔枪示警的惊魂一幕，还亲自前往监狱丈量监牢面积，用当地法律对抗美国对华人的蔑视和残害。后来还为华工颁发执照，让华工在中美之间往返不再受阻。

从日本到美国，黄遵宪从一个西方与东方的中介之地跨上了真正的西夷领土，在这里，他深切体会到清朝国民被视为未开化民族的屈辱。华工的无知、蒙昧和悲惨命运，犹如一面斑驳的镜子，也同样映射出自己的孱弱和无能。作为这些苦难华工背后所依托的大清帝国的官员，他能做的事寥寥无几。

在美国待了两年半，黄遵宪公务缠身，无暇他顾，他必须面对和处理各种棘手的侨务事务。美国在他眼中呈现的凌厉现实，也绝不是他在日本小圈子里文酒相从、四处欢燕的闲适生活所能比拟的。因为这些原因，他对美国社会、法律甚至选举制度的态度也有所保留。刚好在1883年，他见识了美国总统选举，并作《纪事》一首，对选举过程嘲讽有加，最后得出了"共和政体万不能施行于今日之吾国"的结论。他说："及游美洲，见其官吏之贪诈，政治之秽浊，工党之横肆，每举总统，则两党力争，大几酿乱，小亦行刺，则又爽然自失。以为文明大国尚如此，况民智未开者乎？"[①] 在美国的最大改变是他最终放弃了卢梭的学说，转向"守渐进主义，以立宪为归宿"。相比之下，他更喜欢日本的樱花，喜欢日本君主立宪制度下的温柔和传统。

这也就可以解释，在1884年夏从美国乞假回国后，他再一次把精力投注到《日本国志》的修改和编纂中。这期间，他拒绝了张荫桓委派其任驻美使臣的任命，推辞了继续担任驻旧金山总领事的工作，还辞却了张之洞命其巡察南海各岛的公务。大家一定知道，张荫桓和张之洞是那时炙手可热的重臣

[①] 吴振清、徐勇等：《黄遵宪集》，天津人民出版社，2003年版。

大僚,更是洋务派的重要人物。这两年时间,黄遵宪"闭门发箧,重事编纂",直到1887年夏,《日本国志》终于完成。该书共40卷,50余万字,虽以"国志"命名,却主要是"详今略古,详近略远",意在"药今病",即主要偏重于叙述日本变法以来革故鼎新之事,所谓"凡牵涉西法,尤加详备"。

严格意义上讲,这又是一部日本明治维新史。

杀青后,成书四本,向李鸿章、张之洞各送一部,另呈一部于总理各国事务衙门,一部自存。

1889年,驻法公使薛福成读到《日本国志》,十分欣赏,为书作序。同年,薛福成奉命出使英、法、意、比四国。经薛福成推荐,黄遵宪以驻英二等参赞身份再次开始了他的出使生活。

1890年2月,薛福成和黄遵宪从香港启程,过越南、新加坡、锡兰入红海,经苏伊士运河入地中海,再经法国马赛、巴黎,到达英国伦敦。一路上,黄遵宪被异国风土人情所吸引,作诗无数,咏叹巴黎铁塔,赞美拿破仑,更被苏伊士运河的鬼斧神工所震撼,还为锡兰卧佛写下饱含深情的诗篇。

在英国期间,黄遵宪随薛福成拜会英国女王,接触政界上层人物,仔细考察君主立宪制度。比较美国的选举制度,他再次确认了自己对君主立宪的推崇。但是,在伦敦不长的时间中,黄遵宪深为伦敦的气候所恼,身体欠佳,并写有《伦敦大雾行》一诗,描写伦敦水汽充盈的可怕雾霾。这首诗,为后来的中国人对伦敦大雾的记忆或有贡献。

闲暇时分,黄遵宪将《日本杂事诗》大加修改。这个版本被称为"定稿",不仅有增加,还有更改,甚至很多更改不仅是诗句的更改,还是观点的更改:

嗟夫!中国士夫,闻见狭陋,于外事向不措意。今既闻之矣,既见之矣,

第二章　疆域边界、族群和他者

犹复缘饰古义，足己自封，且疑且信；逮穷年累月，深稽博考，然后乃晓然于是非得失之宜，长短取舍之要，余滋愧矣！

周作人先生认为，"诗家凡自定之集，删去之作必其所不惬意而不欲以示人者，他人辑为集外诗，不特多事，且违作者之意"。大意是说，诗人删改自己的诗作，肯定有自己的理由，必是自己都看不过去或不想再示人的东西，后来却有人把那些已删去的诗歌又结集，无异于多事，且有违作者之意。话可以这样说，理也是这个理，但就外人而言，"欲因诗以知人，则材料不嫌太多，集外诗也是很有用的东西吧"（《周作人自编集》）。这是很多研究者的心里话。于作者本人来说，恨不得把以前的文字焚烧殆尽，不让后人窥见，就如黄宗羲当年毁《留书》一样，但后人不肯善罢甘休，非要把他的作品刨根问底挖出来不可，以获得更多的资料来了解其人思想的变化，这也正常。

在薛福成的推荐下，"历练有识，持己谨严，接物和平，允堪胜任"的黄遵宪很快得以逃脱伦敦恼人的天气，次年秋即调任新加坡总领事。

黄遵宪在新加坡期间做了两件事。首先，在保护侨胞财产和发展华侨教育方面取得了一定成效。其次，创立了给华侨颁发护照的制度。但新加坡的湿热天气好像并未让出生于广东的黄遵宪有更多的舒适感，在新加坡三年有余，黄遵宪有一半日子都是在养病中度过的。

1894年，中日甲午战争爆发后，黄遵宪受张之洞之邀归国。至此，他漂泊海外12年的外交生涯宣告结束。

中日《马关条约》签订后，康有为、梁启超等发起著名的"公车上书"，维新运动有燎原之势。此时，感叹"一腔热血，无地可洒"的黄遵宪似乎找到了改革路径，他积极参与维新派团体上海强学会，并结识了康有为、梁启超、严复等人。

1896年,强学会被封禁,黄遵宪立即捐金一千圆,开一报馆,邀请年轻的梁启超加盟,这便是在中国近代报刊史上赫赫有名的《时务报》。用黄遵宪的话说,"见当道之顽固如此,吾民之聋聩如此,又欲以先知先觉为己任,借报纸以启发之,以拯救之"①,他希望效仿日本报馆,以报纸开启民智。报馆事无巨细,黄遵宪都操心切切,加上梁启超富有煽动性的文章,《时务报》很快成为当时最有影响的宣传变法的媒体,风行海内。

其间,黄遵宪写下六首《赠梁任父同年》。

"三千六百钓鳖客,先看任公出手来。"诗作一目了然地见出黄遵宪对维新的决心和信心,也见出他对梁启超的极度欣赏。在黄遵宪眼中,年仅24岁的梁启超完全是横空出世,诗中饱含无尽的希望和重托。

与此同时,《日本国志》也正式见书。到底是何种原因让该书迟迟没能面世,是很多人都在议论的事情。甚至有人说,若此书早一点面世,至少可以为清政府节省二万万两白银,这是《马关条约》对日赔款的数目。

中日甲午战争是改变近代中国史走向的一次至关重要的战争。以前中国人被英国人、法国人打得屁滚尿流,依然毫无痛感,《马关条约》的签订,却极大地伤害了士人的自尊心,大家对日本突然从一个曾经的朝贡国变成鲸吞台湾的大鳄惊诧不已,试图了解日本现状的欲望空前,《日本国志》在这样的敏感时期面世切中了国人心头之痛,也因此成为维新派推崇的重要启蒙书籍。如梁启超所言,读了《日本国志》,"乃今知日本,乃今知日本之所以强",虽然此书的出版晚了十年,并造成"令中国人寡知日本,不鉴不备,不患不悚"的局面,但梁启超认为,如果大家能仔细研读《日本国志》,仍然"顾犬补牢,未为迟矣"。

---

① 吴振清、徐勇等:《黄遵宪集》,天津人民出版社,2003年版。

·第二章　疆域边界、族群和他者·

《日本国志》的流行使黄遵宪的声名急剧飙升。1896年9月，急于变法维新的光绪皇帝召见黄遵宪。光绪帝问出使过西方的黄遵宪："泰西政治何以胜中国？"黄遵宪答："泰西之强，悉由变法。臣在伦敦，闻父老言，百年以前，尚不如中华。"言下之意，百年之前西方尚不如中国，但经由变法，一切尚可改变。据说，光绪帝闻之，微微一笑，对黄遵宪印象极佳。

1897年夏，经光绪帝的老师翁同龢推荐，黄遵宪任湖南长宝盐法道，同时署理湖南按察使一职。当时，湖南巡抚陈宝箴是支持变法的新派人物，湖南因此集中了一批锐意变法的先进之士。黄遵宪上任后可谓勠力殚精，"朝设而夕施，纲举而目张"，积极协助陈宝箴进行各方面改革，修铁路、开矿山、办交通，实施新政，凡所措施，规划周详。在黄遵宪的建议下，陈宝箴创办时务学堂，并邀梁启超担任时务学堂总教习，以培养变法人才。梁启超到湖南后马上创办了南学会。南学会虽名为学会，却具有地方议会的规模，每七天讲演一次，由梁启超、黄遵宪、谭嗣同等人主讲，宣传维新变法思想。同时，又办《湘报》《湘学报》，倡言改革。这几个月在湖南的所作所为，是黄遵宪考察日本及欧美各国政治后，将纸上议论转化为实际操作的探索和尝试，可谓成果斐然，很快，湘中风气大变，各省争相效法。

1898年6月11日，光绪帝颁布《定国是诏》，百日维新开始。百日间，康有为、梁启超为光绪帝下变法特旨三百多道。因病辞官的黄遵宪被光绪帝任命为出使日本大臣，但他因病滞留。9月21日，慈禧太后囚禁光绪帝，宣布亲政，并下令逮捕维新派，百日维新宣告失败。有人上奏，欲将黄遵宪与其他人一起查办，英国、日本等驻华使节竭力营救。是年暮秋，"戊戌六君子"血洒菜市口，黄遵宪得以免罪，乘舟南归，成为维新派中少数幸存者之一。

回乡后的黄遵宪婉拒李鸿章的邀约，热衷于家乡的教育事业，创立嘉应兴学会议所，自任会长，同时仍不忘推进立宪、变法。据说，其晚年所居的

123

房舍（著名的人境庐）墙上悬挂着兴中会会员谢缵泰画的《时局全图》，用以时刻警醒自己。

而亡命日本的梁启超，先办《清议报》，又办《新民丛报》和《新小说报》，依然是舆论界执牛耳的人物。

在梁启超一生中，除了他的老师康有为外，黄遵宪对其思想甚至人生的影响都是极其重要的。当年黄遵宪邀约梁启超主笔上海《时务报》，后在湖南，黄遵宪再次敦请陈宝箴相邀梁启超赴长沙，二人引为同调和知己。黄遵宪不像梁启超那样具有深厚的理论素养，但他的经历和见识是梁启超所不及的；黄遵宪性格中又有考虑周全、办事稳健的特点，这也深得梁启超的尊敬。用任公先生的话说，黄遵宪是"平生风谊兼师友"。

戊戌变法前，梁启超一直尊崇康有为"尊孔保教"的观点，甚至警告世人，如不实行"尊孔保教"，中国将陷入亡国灭种的灾难。黄遵宪却一直反对康有为的"尊孔保教"，在湖南时，他就曾以"教不可保而亦不必保"劝过梁启超，他对梁说："南海见二百年前天主教之盛，以为泰西富强由于行教，遂欲尊我孔子以敌之，不知崇教之说，久成糟粕，近日欧洲如德、如意、如法，于教徒侵政之权，皆力加裁抑。居今日而袭人之唾余以张吾教，此实误矣。"① 南海即康有为。黄遵宪到过西方，他知道西方的崛起并非因天主教之故，康有为欲将孔教弄成天主教的理念，在黄遵宪看来，是不得要领。

流亡日本后，梁启超一度和革命党人走得很近，有一段时间还主张推翻清政府，进行民族革命。对于梁启超的激烈言辞，黄遵宪也不赞成，他认为民智未开的国家最好不要效法美国搞选举，而是力推英伦立宪政体。光绪二十八年（1902），黄遵宪写了一封长信给梁启超，认为梁启超的文章屡次涉

---

① 吴振清、徐勇等：《黄遵宪集》，天津人民出版社，2003年版。

第二章 疆域边界、族群和他者

及冒险进取、革命破坏,并非可取。这种冒险进取和破坏主义"譬之八九岁幼童,授以利刃,其不至引刀自戕者几希"。意思是,一个心智尚未成熟的幼童,若给他利刃刀具,后果不堪设想。他担心那些热衷于革命者,有可能变为石敬瑭之贿赂外敌以获得权力,也可能变成吴三桂之邀清兵入关来发泄心中愤怒;热衷于赶走异族的人,不愿看到汉族、鲜卑族、蒙古族之杂居共治,最后却可能受制于条顿民族、斯拉夫民族、拉丁民族;而那些热衷于分治者,则有可能将中国变成印度、越南,最后被他国殖民。

早在《时务报》之前的北京《万国公报》时期,梁启超就成了维新派一面高高飘扬的旗帜,其时,没人能超过梁启超对社会舆论的影响力。用黄遵宪的话说,梁启超的文字是"惊心动魄,一字千金",被誉为舆论之骄子、天纵之文豪,这也就不难理解比梁启超大25岁的黄遵宪为什么一直对任公寄予无限的期待。他说:"一言兴邦,一言丧邦。芒芒禹域,惟公是赖,求公加之意而已。"[1] 因为知道梁启超的巨大影响力,黄遵宪从办《时务报》始,就一直试图通过各种方式、各种言论影响年轻气盛的梁启超,动之以情,晓之以理,可谓倾情投入,用心良苦。

梁启超到日本一段时间后,在《新民丛报》上发表了《保教非所以尊孔论》,用今日之我难昨日之我,表达了在"尊孔保教"观点上的巨大变化。后来,梁启超又放弃了革命的激进主张,再次转向君主立宪,这让黄遵宪心中多有安慰。直到黄遵宪弥留之际,他还致信梁启超,与他讨论"吾党方针,将来大局",诚勉说,不管用什么方法,譬如潜移、缓进、蚕食的方法,甚至用得寸进寸、辟首击尾、远交近攻的权术,只要能够"行其实",就要坚决推进,绝不可对国家民族视死不救。其言之切切,肝胆可照。

从认识梁启超开始,黄遵宪就对梁启超表现出了超乎寻常的朋友兼父辈

---

[1] 吴振清、徐勇等:《黄遵宪集》,天津人民出版社,2003年版。

的关爱,他甚至在梁启超从日本随信寄来的照片中,看出了变法失败后梁启超神采黯淡、意兴萧索,于是连写多篇书信劝慰梁启超爱惜身体,以有来日和精力大展宏图。其情之殷殷,令人动容。

1904年冬,病中的黄遵宪做了一个梦,醒来后作长诗寄给梁启超,这是收录在《人境庐诗草》中的最后一首诗:

怀刺久磨灭,惜哉吾老矣!日去不可追,河清究难俟,倘见德化成,愿缓须臾死。

——《病中纪梦述寄梁任父》

几个月后的1905年早春,黄遵宪病逝于家乡梅州,终年58岁,最终没能看到"德化成"。

梁启超听闻噩耗,悲痛不已,在《饮冰室诗话》中记下当时的心情,谓今日时局,遽失斯人,普天同恨,远非他一人之私痛而已。

六年后,辛亥革命爆发,清王朝终结。显然,这不是黄遵宪最愿意看到的结果。虽然他未必关心清政权的存续,但也从来没有喊出过"驱逐鞑虏、恢复中华"的口号。在他心中,一个国家真正的尊严在于民智的开启,在于国力的强盛,没有这两点做支撑,一个积贫积弱的国家永远无法应对九州之外的列强。遗憾的是,他一生碎碎念之的这些问题,直到梁启超于1929年去世,也未能解决。

相比康有为、梁启超而言,黄遵宪只是一个行走者、观看者、记录者。当然,在湖南跟随陈宝箴变革的那段时间,他也可以算作一个行动者。而康有为、梁启超则是那个时代的思想者和精神领袖。黄遵宪在清末巨大的历史变革中所起的作用相比康、梁要小很多,他在戊戌变法后深居简出,从中也

第二章 疆域边界、族群和他者

可见出其人的性格弱点。在家乡，晚年的黄遵宪曾做小艇一艘，取名"安乐行窝"，并撰楹联一副，"尚欲乘长风破万里浪，不妨处南海弄明月珠"，这大概就是他一生的写照了，早年迎风浪出行，最后无奈回归故乡，自谓平生怀抱一事无成。

我是东西南北人，平生自号风波民。
百年过半洲游四，留得家园五十春。

——《己亥杂诗》

从清初开始，清政府就设有理藩院来处理边疆民族问题。第一次鸦片战争后，设五口通商大臣负责对外事务。第二次鸦片战争后，又准许外国公使进驻北京。到1862年，清政府成立了总理各国事务衙门，即后来外交部的前身。总理衙门的设立标志着清政府至少迈进了近代化意义上的外交体制，但弱国无外交，这句话道出了外交事务的要义。如何捍卫国家的利益，保护侨民在他国的权益，这都是代表国家出使之人必须经受的考验。李鸿章曾说，他的外交生涯无异于"一生秋风裱糊匠"。连李鸿章能做的都只是见招拆招、无奈招架的裱糊匠工作，不用想，黄遵宪作为一个外交圈子里的二三流人物，到底能做一些什么样的外交工作？

他们好像站在长城的烽火台上，眼睁睁看着黑压压的敌人排阵而来，而躲在城墙下的国民依然蒙昧不堪、冥顽不化，甚至呼呼大睡。这和几百年前的岑参站在高高的轮台辕门之上，看藩属蠢蠢欲动的心情不可同日而语，那可是"上将拥旄西出征，平明吹笛大军行。四边伐鼓雪海涌，三军大呼阴山动"的壮观场景。

在黄遵宪所处时期，所谓外交官，更像是被派到前线而又手无寸铁的一群人，是用自己的肉体和心灵做盾牌，抵御猛烈冲撞的一群人。

这也就不难理解,相比一些仅读过几本西方启蒙书籍的人,那些出过国的人反而有可能思想更为保守温和的原因。他们甚至有些绝望,不知道自己灾难深重的祖国和那些愚昧自大的同胞何时才能真正具有清醒的认识。

这个出生在广东僻壤乡里的年轻书生如空降兵一般被丢弃在一个又一个陌生的国度,某种意义上说,是一次又一次的精神放逐。

中国士人自来有一个骄傲的传统,"秀才不出门,全知天下事",但在黄遵宪的履历中,从23岁赴广州乡试,绕道香港开始,就注定了他作为一个"风波民"的行走生涯。

出使,是黄遵宪一生最宝贵的财富,改变了他一生的思想和命运,所以他会写出"儒生不出门,勿论当世事。识时贵知今,通情贵阅世"(《感怀》)这样的诗句。也因为这份特殊的履历,他写下了大多数中国人不可能写出的诗句。他的诗歌中出现了轮船、火车、电报、照相机这些新奇玩意儿,还写了东西半球的时差、日本的报纸、美国的选举,这都是那些足不出户的儒生闻所未闻、见所未见的东西。所以,他的诗作在当时获得了相当多的读者和热捧,被誉为诗界革命的一面旗帜,梁任公甚至说黄遵宪等人的诗歌元气淋漓,卓然称大家。

但时过境迁。

现在的人再回过头去读它们的时候,会发现其诗作的乏味。周作人先生在谈及《人境庐诗草》时说:"我又觉得旧诗是没有新生命的。他是已经长成了的东西,自有他的姿色与性情,虽然不能尽一切的美,但其自己的美可以说是大抵完成了。""若是托词于旧皮袋盛新蒲桃酒,想用旧格调去写新思想,那总是徒劳。"(《周作人自编集》)

周作人对黄遵宪是崇敬的,这源于二人同是日本文化的极端热爱者,但在说到黄遵宪的文学成就时,他下笔闪烁而谨慎。不过,人们还是能体会到

第二章 疆域边界、族群和他者

知堂先生的用意,旧诗的美自有其姿色与性情,如果想用旧格调去写新思想,最终是融不进去的。

钱锺书先生就更甚了,他认为黄遵宪的诗作"差能说西洋制度名物,掎摭声光电化诸学,以为点缀,而于西人风雅之妙、性理之微,实少解会"(《谈艺录》)。他说黄遵宪的诗作无非是装点了无数的西洋概念和名词,并无西洋风雅和性理的真正摄入。就诗论诗而言,我同意,钱先生的话是中肯之言。这些诗歌也许达到了介绍新事物、传播新思想的目的,但是,包括黄遵宪在内的这一辈维新派诗人也许并未意识到,新名词的引用、新事物的介绍最后却糟践了旧体诗的美感。正是他们的这种自觉或不自觉的行为彻底葬送了旧体诗,连同那个行将灭亡的王朝,一起被埋葬。

比较而言,我同意黄遵宪研究大家钱仲联先生的观点,他在《梦苕庵诗话》中说:"予以为论公度诗,当着眼大处,不当于小节处作吹毛之求。其天骨开张、大气包举者,真能于古人外独辟町畦。抚时感事之作,悲壮激越,传之他年,足当诗史。至论功力之深浅,则晚清做宋人诗一派,尽有胜之者。公度之长处,固不在此也。"

观念和思想在先知先觉者那里已经发生了变化,时代不再需要旧体诗,就像中国不再需要皇权一样。黄遵宪不过是把旧体诗当作承载新思想的一个工具,即"我手写我口"。既然只是工具,就谈不上好坏。黄遵宪诗歌的意义不在于到底写得好还是不好,而在于他用一种恰当的工具表达了自己的思想和感情,并影响了广泛的人群,所以,就他诗歌的价值而言,钱仲联先生说"当着眼大处",自是开阔之见。

同时,个人以为,并不是任何人都可以将现成的工具使用得当的,黄遵宪的这点功力自有其特殊的内力,也拜他12年的外交生涯和行走经历所赐。或者说,只有像黄遵宪这样有新思想、新见识的人才可能真正颠覆一种承继了千年的诗歌传统。在这个意义上说,他们不过是在特定的时代用特定的方式为旧体诗送终,就像他们最终以一拨夷狄之人的思想为武器战胜了另外一拨夷狄之人一样。

历史选择了这一群人,选择了黄遵宪。

所谓诗界革命,其实就是一场辞旧迎新的圈层狂欢。

在广东梅州那个至今仍为人瞻仰的人境庐里,著名抗日保台人士丘逢甲经常前来和公度先生诗歌唱和。他对黄遵宪的定位是:"茫茫诗海,手辟新洲,此诗世界之哥伦布也。"① 加上黄遵宪自己对自己的定位:"草完明治维新史,吟到中华以外天。"

这两句话可概括黄遵宪一生的成就。他以一个行者、观察者的身份,甚至如丘逢甲所说,是一个近似于哥伦布的发现者的身份,记录和介绍了夷狄之人的历史和现状,并用自己所闻所获的新思想、新观念有效破坏了一种近乎完美的传统表达工具。

《春秋》所言"夷狄入中国,则中国之;中国入夷狄,则夷狄之"终于不灵了,现在的事实是,夷狄入中国,则夷狄之。所谓以夷制夷,真是一件残酷的事情,以黄遵宪、梁启超为代表的新派人物最终用一种夷狄的新东西彻底埋葬了中国文人心中最美妙的诗歌造型。由此,我们可以想见这个时代所具有的特殊而深重的悲剧感,以及人心坍塌、无所适从的极端幻灭和无助之感。

黄遵宪尤甚。在"百年过半洲游四"之后,他怎么还可能在这片土地上"留得家园五十春"?

黄遵宪在临终前对梁启超的千呼万唤就是其心衰衰的真实写照。他已经亲手葬送了一个旧世界,必须确认一个新世界的到来,否则,他的一生毫无意义。

---

① 丘逢甲:《丘逢甲集·黄公度人境庐诗草跋》,岳麓书社,2001年版。

结　语

　　大处来说，族群或民族，疆域或政权，本是一些空泛而抽象的概念，和个人的具体生活无关无涉，很多人会把它悬置在一个空旷的高处，让它成为所居空间的一个看得见边界的边界；小处来说，族群或他者，出身或来路，不过是一些隐藏在巨大空间中的小小个体，是可以轻易忽视的个案殊例，或只是茶余饭后的猎奇和谈资。但是，在梳理和回望这段历史时，你会发现，它们既抽象又具体，既虚无又真实，绝不仅仅是诸如夷夏之防、东学西渐这些概念的交锋或斗嘴，也不是单纯的优越感、失败感或危机感就足以打发的轻松话题。

　　知识分子在面对与他们所处时代相对应的不同的蛮夷之人的时候，态度是不同的。昔日，庾信将自己所处定位为蛮夷之地，是心有所惭的隐晦表达，是"远望当归"的特殊修辞；岑参纵马扬鞭的矫健身影，是时代赋予他的特有气质，这个时代的骄傲和恢宏完全可以纵容一个诗人的目中无人；而黄宗羲的观察和思考，可视为知识分子对自己族群所面临的严酷挑战做出的一种冷静应对；至于黄遵宪的所作所为，已经是现代意义上知识分子深层焦虑和忧患意识的直接表现，是对文明演进的理性认识。

第三章 江山社稷和国家政治
——学成文武艺，货与帝王家

一　刘琨的非正常死亡

公元208年初秋，汉帝国仓皇的暮色中，许昌街头的人们在焦躁地等待着有人来收尸。此时，距离一颗人头落地已经过了半天时间。

被砍掉的这颗头颅的主人叫孔融。他除了曾是一个四岁就能让梨的懂事的孩子，还是一个从十岁开始就喜欢和前辈对着干的话语尖刺的少年，他是孔子的第二十代孙，更是京畿地区的名士大望。不过，所有附着在这具躯体上的传说已化为烟云，躲在刑场周围的孔融生前好友不敢向那具已渐次僵硬的尸体挪动步伐。此时，汉帝国的军队在丞相曹操的带领下已南下兴师，许昌的百姓仿佛能隐隐看到远处大军排阵掀起的巨大尘埃，能听见那个虎贲之师发出的阵阵嘶吼。

大圣后裔就这样横尸街头。

有人说孔融身首异处是其不逊个性使然，也有人说是曹操狠毒、不容天下之才的缘故。不管人们如何评说孔融之死，我以为，孔融在汉帝国身处末世之时，终是逃不掉被任一强主杀死的必然下场。孔融除了看不惯曹操，也同样看不惯袁绍。不管是谁，只要让政治结构背离基本秩序，他概不能接受。即使无力正面对垒，面对智商过人的乱世枭雄曹操，他也会竭尽所能拐弯抹角地讽刺挖苦。《三国演义》评论孔融"文章惊世俗，谈笑侮王公"，大概如此，逞一时之快，过了嘴瘾，下场不言而喻。

曹操和周瑜在赤壁大干了一场，最后铩羽而归。残军归来已是隆冬时节，孔融的墓前一片萧瑟。

被诛12年后的220年，孔融的担心终于应验了，他深情眷恋的汉帝国最终"禅让"于魏,曹魏登堂入室。

富有戏剧性的是,40多年后,两个杰出文人——嵇康和阮籍,几乎遭遇了和孔融相同的现实侵扰。如同曹操的僭越之心曾经让孔融义愤填膺一样,40多年后的曹魏治下,司马昭之心路人皆知,同样是让士人无法回避的政治现实。彼时的孔融尚可"谈笑侮王公",此时的嵇康和阮籍却只能脱衣打铁,或醉酒装傻,最多也就是咏怀、抚琴或长啸。那个让孔融防范的虎视眈眈的曹魏王朝早已没有能力张牙舞爪,颐指气使的魏武帝身后只留下惊恐伶仃的孤儿寡母独坐庙堂之上。

姓曹的把姓刘的逼上绝路,现在姓司马的又把姓曹的推向深渊,历史总是一次又一次轻谩地嘲弄着那些充满悲悯情怀的士大夫。孔融刚刚为他的帝国殉情而死,嵇康又要为孔融的仇敌曹魏王朝殉葬了。在三千名太学生的围观下,嵇康在刑场上抚琴一曲,引颈就戮,从此,《广陵散》成为绝响。

嵇康娶了曹氏宗亲做媳妇,身份中有抹不掉的曹氏烙印,他的被弃于市看似无法避免;孔融是孔子嫡孙,如果要他也站在僭越一方为虎作伥,他无论如何是不能让自己内心无愧的;阮籍身上并没有什么甩不掉的阴影,他依然内心煎熬,灵魂不安。有道坎是不能轻易迈过去的,我想,这才是几位文人最深的悲哀,与其说他们是在做一件和自己身份地位相符的事情,毋宁说他们是在用自己的方式恪守一种基本的道德底线。如果仅仅把他们对王朝的眷恋理解为眷恋一家一姓,实在是小瞧他们了,他们是在捍卫士人最后的尊严。

三人中,两人赴刑,一人郁郁而终。

孔融、阮籍、嵇康,在中国浩瀚的文人历史中也算是桀骜不驯、抬头做人的一类极致人物了,人们在评说他们的为人时也总愿将其纳入那种不循礼法、不畏人言的个性超绝的类型。与之相对应的是见利忘义、毫无节操可言

第三章　江山社稷和国家政治

的蝇营狗苟之士，是成天醉心于政治权谋、趋炎附势的奸佞小人。仿佛只有这些猥琐奔竟之人才与肮脏的政治权力纠缠不清，而那些高蹈之人却不愿或不屑与政治挨上边，即使挨上了边，也是丑陋残酷的政治争斗无情陷害了志存高洁的文人，或高洁无比的文人在庙堂上昂首挺胸，最后傲然拂袖而去。

事实大概没那么简单。

诚如人言，政治是肮脏的、丑陋的，但政治也是由人操纵的、多变的、技巧化的、高智商的一种游戏。由中国社会的基本制度秩序和人伦秩序塑造出来的士人，从来都不可能离开政治对个人生活的粗暴干涉和深度介入，更不要说和那些心存大志的文人生活的高度关联了。政治，在中国古代文人那里，是一只看不见的手，即使傲慢任性如孔融，羁放矜烈如嵇康，洒脱放狂如阮籍，也逃不脱被残酷政治所框禁和惩处的必然下场。

这是中国大多数士人的宿命。

第一章中，我花了些笔墨言说中国古代文人的人生哲学和价值取向，这是一种空气般的存在，是让人离不开的呼吸吐纳，既是精神的指引，也是行为的动机。既然是空气，就始终处于流动中，甚至可以成为一种日常而不为人知的东西，随物赋形。既可以把它们理解成一种生命活动的精神能量，也可理解为一种生存价值的终极关怀，是一种广泛而开阔的人生和精神选项。但是，一旦将个人理想和江山社稷紧密融合，或者说，当个人理想必须通过参与社会才能得到实现和彰显时，政治就成了一种不能轻易避开的规矩和制约。

嵇康和阮籍都在263年离开人世，前后相差几个月。他们逝世后的266年，晋受魏禅，登堂入室，像一个模子里倒出来的，又一个丞相把皇帝老子的天给掀翻了。晋武帝在强势讨伐东吴之后，结束了三国鼎立的局面，最终统一中国。

司马炎是"禅让"上台的僭越之臣,对天下臣子自然不会太信任,于是大肆分封同姓诸侯,宗室势力很大。他没有想到,这种封王封侯的策略并没能使晋室国祚更长久,如同那个宗室权力甚小的曹魏王朝一样,不出两三代人便至自身难保的境地。此外,司马炎在算得上辉煌的一生中作出了两个极坏的决定,这两个错误的严重程度足可将他一生的功劳抹杀殆尽。第一个决定是让那个近乎白痴的儿子司马衷以最合乎规制的身份继位,是为晋惠帝。这还不够,第二个决定,让一个狠毒无比的女人做了晋惠帝的皇后。

司马炎死后,皇帝痴傻,外戚猖狂,自然惹得皇室族人不服,"八王之乱"起。其实,参与"八王之乱"的并不只有八王,只不过八王为核心人物,分别是汝南王司马亮、楚王司马玮、赵王司马伦、齐王司马冏、长沙王司马乂、成都王司马颖、河间王司马颙、东海王司马越。在这场皇室内乱中,"公族构篡夺之祸,骨肉遭枭夷之刑,群王被囚槛之困,妃主有离绝之哀。历观前代,国家之祸,至亲之乱,未有今日之甚者也"(《晋书·齐王冏》)。这话没有半点夸张,"八王之乱"的血腥惨烈无可言喻,直到307年,晋惠帝猝亡,其弟司马炽即位为晋怀帝,改元永嘉,"八王之乱"才以东海王司马越的最终胜利而告终。

在司马氏各大诸侯王忙于内斗时,北方各民族势力迅速壮大,尤以匈奴刘渊、刘聪父子所建的汉赵政以实力最为雄厚。

永嘉五年(311),刘聪攻晋,歼灭十万晋军。都城洛阳沦陷,怀帝被俘,王公大臣百姓被杀者三万余人,史称"永嘉之乱"。

永嘉七年(313),晋怀帝于平阳遇害。司马炎之孙司马邺于长安即位,为晋愍帝,改元建兴。

建兴四年(316),汉赵发兵长安。晋愍帝弹尽粮绝,抬棺出城投降,之后被送往平阳,次年为刘聪所杀,年仅十八岁,西晋亡。

获知愍帝死讯,317年,琅玡王司马睿于建康(今南京)即位,东晋建

第三章　江山社稷和国家政治

立,领辖淮河及长江以南地区,拱手让出了北方和西南诸地,从此,中国北方进入了一百多年的持续动乱。在入侵中原的众多游牧民族中,以匈奴、鲜卑、羯、氐、羌为主,统称五胡,他们相继建立了十六个国家,简而言之为五凉、四燕、三秦、二赵、一成、一夏,被史学家称为五胡十六国,直到北魏统一北方。

清代思想家王夫之在千年之后无不感慨地说:"惠帝之愚,古今无匹,国因以亡。"(《读通鉴论》)王夫之的这个观点并不鲜见,后世很多人都把西晋灭亡归罪于愚笨无比的晋惠帝和那个凶狠无比的贾皇后。但在惠帝即位之初,似乎一切并没有什么特殊的征兆,文人在贾皇后炙手可热的外甥贾谧的麾下谈天说地,论事作文,一派朱门金紫的华丽。这群人数量之多,几乎囊括了西晋最出色的文人,被人称为"金谷二十四友",除张华不在此列外,潘岳、陆机、陆云、左思等均在其中。"八王之乱"中,张华、潘岳、石崇被赵王司马伦杀死,陆机、陆云被成都王司马颖杀死,其余人物或离开,或退隐。

谁也不会想到,纸醉金迷的"金谷二十四友"中居然出了一位叱咤西晋历史的风云人物刘琨。

人们对刘琨的名字未必熟悉,但只要一提起那个耳熟能详的典故——闻鸡起舞,肯定都知道,这是上千年来中国人用来鼓励后进即时奋起的励志故事。典故的主人公是祖逖和刘琨。二人相识于年轻气盛的风华岁月,同室而寝,半夜一听到鸡鸣就披衣起床,拔剑练武。从此,二人结为好友,共同成为西晋至东晋历史上无论如何都避不开的重要人物。

与祖逖不同,出身于世家的刘琨骨子里是一个文人。而闻鸡起舞的故事,追溯起来,最初还是祖逖把刘琨从被窝里拽起来的,从那以后,刘琨受祖逖感召,才枕戈待旦,常恐落在祖逖后面。当贾后把汝南王亮、楚王玮斩除后,士人们过上了一段风平浪静的日子，这期间，刘琨与其兄游于贾谧门下，"昔在少壮，未尝检括。远慕老庄之齐物，近嘉阮生之放旷"（《答卢谌诗一首并书》），细节不修，生活不检，崇尚老庄，追步阮籍，这是刘琨和大多数西晋文人雅士基本相同的生活状态和思想取向。

这段相对太平的日子不过八年，由贾后欲废太子一事引发，赵王伦趁机谋反，这以后，刘琨便不由自主地开始了他在各种势力间来回奔波的战斗岁月。他先依附赵王伦。赵王伦被齐王冏斩杀后，他又在齐王冏麾下为官。后来，河间王颙、长沙王乂、成都王颖联合起兵战胜齐王冏，但很快又发生内讧，东海王越后发制人，刘琨转而跟随东海王越。幸运的是，东海王胜了。

刘琨命运的转折始于306年冬天。这一年，"八王之乱"已近尾声，汉人统治集团的内部矛盾暂时消歇，此时的主要矛盾已经是如何对付匈奴人的问题，刘琨被东海王任命为并州刺史。

这一年，已积累了相当战争经验和政治教训的36岁的刘琨从洛阳启程，带着为国赴命的半腔豪情和生死未卜的半腔忧虑，前往被匈奴包围的并州治所晋阳赴任，途中写下了著名的《扶风歌》。

朝发广莫门，暮宿丹水山。
左手弯繁弱，右手挥龙渊。
顾瞻望宫阙，俯仰御飞轩。
据鞍长叹息，泪下如流泉。
系马长松下，发鞍高岳头。
烈烈悲风起，泠泠涧水流。
挥手长相谢，哽咽不能言。
浮云为我结，归鸟为我旋。

第三章　江山社稷和国家政治

去家日已远，安知存与亡？
慷慨穷林中，抱膝独摧藏。
…………
惟昔李骞期，寄在匈奴庭。
忠信反获罪，汉武不见明。
我欲竟此曲，此曲悲且长。
弃置勿重陈，重陈令心伤！

这首诗像一首谶诗。戎装整马，为国赴难，一路悲风阵阵，浮云凝固，飞鸟不还，所有征兆都预示着这位征人可能再没机会归返故乡。看得出来，这个万里赴戎机的将军心中有万般忧惧，既有对天下存亡的担心，也有对身家性命的忧虑。昔日汉将军李陵为国赴汤蹈火，寡不敌众而降，汉武帝将李陵一家斩杀殆尽，我不会重蹈覆辙吧？一想到此就心痛欲裂，前途未卜、苍凉孤独的悲切之感溢于言表。

307 年抵达晋阳的那个早春，晋惠帝死。从那以后，一直到 318 年蒙难，刘琨都在北方疆域和各色人等周旋战斗。他开始想策反汉的大将军、羯人石勒，找到了石勒被掳掠的母亲，试图打亲情牌劝降石勒，但石勒不为所动；刘琨还听信谗言，误杀自己的部将令狐盛，导致令狐之子反，致使其经营多年的晋阳终至不保；其间，他和同为晋室北方干将的幽州兼冀州刺史王浚相处不欢，对王浚被杀坐视不管，使自己处于孤立无援的境地；他和拓跋鲜卑结为紧密强大的战略同盟，却因刚愎自用和轻敌，导致兵败，被迫逃往段氏鲜卑处避难。

或正面厮杀，或同室操戈，或劝降离间，或怀柔相抚，11 年中，刘琨父母被杀，侄儿被掳，儿子为质，一个洛阳城中优游富贵的芳华文人变成了满脸风霜的沙场将军。

在北方平原上兵戈相见、出生入死的前几年，刘琨满腔热血，有强烈的兴复晋室的雄心壮志，但从"永嘉之乱"始，刘琨犹疑了。早年，除了在赵王伦手下做官是因和赵王有姻亲关系外，齐王冏对他有大赦不杀之恩，东海王越对他有知遇之恩，所以，刘琨在"八王之乱"的混乱局面中基本的行为轨迹也清晰可辨，只要与齐王冏和东海王越为敌的人自然成了刘琨的敌人。到后来，恩主已身首异处，既没有了遮天蔽日的保护伞，也没有了士为知己者死的精神压力，怀帝被掳，但怀帝并没死，晋室进入了短暂的权力真空期，出现了多个临时行台，刘琨正处于和拓跋鲜卑结盟的强势之中，如果再搞出一个行台也不是不可能的事情。

风霜刀剑磨砺之下的大将军兼广武侯刘琨西望平阳，内心焦灼。

后人猜测，刘琨的帝王之志，大概就萌生于此时。

虽然一直到刘琨死，我们都找不到关于他意欲称王的确凿证据，但这种隐约浮现出来的异心或异志却或明或暗地追随在刘琨身后，让后世之人免不了去揣摩和猜想。

其中有三处值得言说的蛛丝马迹。

第一处，来自史书记载。

刘琨有一部下徐润，曾经诬陷另一部下令狐盛，说令狐盛建议刘琨称帝。刘琨一怒之下便杀了令狐盛。这个故事在《晋书·刘琨传》中一语带过，并不追究，更看不出任何采信的意思，说这个故事的目的无非是想说刘琨"不能弘经略，驾豪杰，专欲除胜己以自安"的性格弱点，最终刘琨也杀了这个令狐盛。但无论如何，部下劝其称帝的说法却堂而皇之地留在了《晋书》中。大家不禁要问，令狐盛为什么要劝刘琨称帝？如果这是谗言，为什么徐润要用这个理由谗于刘琨？显然，这个构陷之徒非常了解刘琨心中沟渠，他知道一说出这一理由，刘琨就会毫不犹豫地杀掉此人。那刘琨为什么一听有

第三章　江山社稷和国家政治

人劝他称帝就会杀人呢？他这是真不想称帝或是恨人劝他称帝，还是怕人知道他想称帝的隐秘心思呢？

第二处，是一桩值得玩味的诗歌故事。

刘琨在逃入段氏鲜卑营中后，暂时和忠于晋室的段氏结盟，寄人篱下，一时半会儿没有重振雄风的实力，此时，郁闷不已的刘琨和自己的姨甥兼部下卢谌互有诗歌唱和。正是这些诗成了后人揣度其野心的源头。刘琨这首引来争议的诗叫《重赠卢谌》。

诗的前几句就不引用了，其中有很多典故，读起来也并不轻松，指涉姜太公辅佐周武王、邓禹辅佐汉光武帝、张良陈平辅佐汉高祖、管仲辅佐齐桓公、五贤辅佐晋文公克难称霸的故事。后面一节，刘琨显然已感自己东山再起的机会遥遥无期，仰望前辈志烈，志不能展，悲从中来，遂幽愤直抒，悲凉之情露于辞章：

功业未及建，夕阳忽西流。
时哉不我与，去乎如云浮。
朱实陨劲风，繁英落素秋。
狭路倾华盖，骇驷摧双辀。
何意百炼刚，化为绕指柔。

诗作呈现于卢谌之手时，这位不管是官场地位还是文坛地位都低于刘琨十万八千里的年轻主簿惊厥不已，回诗相劝。其中令人瞩目的话是："前篇帝王大志，非人臣所言矣。"显然，刘琨的诗让卢谌嗅到了一股异样的气息，他认为诗中所言的那些典故暗示着刘琨有一种帝王大志，这不是刘琨这种身份的人应该言说的。

第三处，是刘琨之死的罪状。

刘琨最后死于段匹磾之手。其时，鲜卑人段匹磾身为晋臣。刘琨逃往段部后，鲜卑段氏内斗，段末杯击败段匹磾自任单于，并俘虏了刘琨的儿子刘群。刘群得到段末杯的厚待，便密信刘琨，邀他共击段匹磾，但密信被段匹磾截获。和刘琨友谊甚笃的段匹磾开始半信半疑，但最终还是将刘琨下狱。318年，据说在东晋王敦派来的使臣的暗中指使下，段匹磾缢杀刘琨。刘琨死后，儿子刘群和姨甥卢谌等一班人马投奔段末杯，其他部下则投靠石勒。

段匹磾斩杀刘琨的理由是，刘琨"欲窥神器，谋图不轨"。神器是什么，不用多解释。至于图谋不轨之说，就更能见其所指了。

奇怪的是，远在江南的东晋政权对臣子刘琨被另一臣子缢杀之事噤若寒蝉。有人说，因段匹磾势力强大，东晋政权还要依靠他讨伐石勒，为暂不惹恼段氏，因此默不作声，听之任之；也有人说，东晋政权本就忌惮这位留在北方的汉人将军，刘琨之死实为他们除掉了心头大患，自然就不闻不问；还有人说，刘琨之死原本就是王敦一手操纵，即所谓借刀杀人，当然也就不可能假心假意地兔死狐悲了。

疑问又来了，为什么东晋政权要置刘琨于死地呢？一来，刘琨是晋室在北方所剩不多的汉人将军，至少还有替南方政权看家护院的功能吧；二来，在东晋建立前，刘琨不是已经献上劝进表，力劝琅玡王司马睿称帝了吗？

这事，有点微妙。

用田余庆先生的话说，"西晋琅玡王司马睿，本来不具备在江左运转皇权的条件。司马睿在晋室诸王中既无威望，又无实力，更无功劳"①，就是说，就琅玡王司马睿的自身条件而言，当皇帝，还轮不到他。在如此背景下，要获得正朔，除了南渡士族的支持，那些尚在北方为国征战的将军的支持至关重要。是的，刘琨写了一篇劝进表，而且这篇劝进表还成了历史上最著名

---

① 田余庆：《东晋门阀政治》，北京大学出版社，2005年版。

第三章　江山社稷和国家政治

的一篇，由河朔征镇华夷一百八十人联署，刘琨、段匹䃅领衔，它被呈送于司马睿和王导、王敦手中的时候，无疑已坐实了司马睿皇帝的身份。

但是，注意了，这里还有个时间问题。

早在311年"永嘉之乱"后，大批王公贵族南下江东，南方势力逐渐坐大。而心中尚存恢复晋室之志的刘琨对南方那个不起眼的藩王并未正眼相看，或者说他一直处在等候时机、四处观望的状态，即便到316年愍帝投降之际，他也不曾对南方政权寄予厚望。317年4月，司马睿在建康承制改元，即晋王位，虽慑于愍帝尚在人世并未称帝，东晋政权已经建立却是不争的事实。而直到当年6月，反应慢了很多的刘琨才派人专程南下献上劝进表。次年4月，晋愍帝死亡讣告一传到江东，司马睿即刻即位。

劝进倒是劝进了，但前些年你在干什么？前些年你刘琨大概还在各种势力间来回穿梭寻找出路吧？甚至还动了称王称帝的心思也说不准。现在来劝进，无非是势力不及的权宜之计，或只是见生米煮成熟饭后的投桃报李之举，不仅算不得鼎力相助的扶持功臣，没把你看成一个潜在的威胁已算大度。这也就解释了东晋政权对刘琨之死的缄默。纵是东晋政权并未直接指使人杀死刘琨，至少也是乐见刘琨之死的。直到两年后，卢谌及刘氏族人上表为刘琨鸣冤，皇帝一想，人死都死了，追赠一下也无妨，刘琨才算鸣冤昭雪。

刘琨在北方征战的11年中，西晋的都城从洛阳搬到长安，两个皇帝被掳掠，多个储君被各方势力拥簇，随时准备伺机登场。政治诡谲多变，将士不知所从，不少将领或逃往匈奴部，或逃往羯人部，而大部分王公贵族早已拖家带口撤退到长江边上，过上了偏安一隅的南渡生活。留在北方的将士像一群孤魂野鬼，不要说相互施以援手，大多数时候都是见死不救，互相拆台，各怀猫腻，以求保全实力，那个和刘琨有隙的汉人将军王浚离乘舆称王仅一步之遥，而晋室在西北的重要堡垒凉州最终也成了独立的割据政权。

晋室两任皇帝被掳掠后，被逼在公开场合为匈奴人端茶倒水、牵马开路，甚至为匈奴人洗厕所、倒马桶。曾经不可侵犯的皇族威严全然坍塌，大臣百姓睹之大恸，声泪俱下。有人不堪其辱，撞墙而死；有人横刀立马，舐血复仇；还有人扭头长啸，转身离去。

此时的刘琨，作为晋室擎天一柱，站在北方伤痕累累、浩瀚苍茫的平原之上，心中岂不是万千波澜泛滥成灾？刘琨到底有没有帝王之志，历史并没有给我们留下一个清晰的结论。他的孤独、无奈、无助岂是随便什么人用君臣大义就可以轻易化解的，他的志向、抱负和出生入死的所作所为又岂是有没有帝王之志可以简单评说的。

让我们回过头来再看看《重赠卢谌》吧。

其实，这首诗作何解读都是可以的，既可以解读成刘琨想成为姜太公、张良、陈平之类的人物辅佐君王成就大业，也可理解为自己就是汉高祖、光武帝、齐桓公、晋文公之流，最终可成大业，他是在呼喊乱世英雄出现在自己身边，如是亦未尝不可。只是最终他什么都没做成，除了终于明白"聘周之为虚诞，嗣宗之为妄作"之外，还在临死前一年托人千里万里呈上一篇劝进琅邪王即位的表书。文曰，多难可以兴邦，但多难的邦国又如何让一位文人将军真正有归怀之处？

"当时万户侯，夹道起朱楼。"几百年后，唐代诗人李白如此想象晋室南渡时的热闹场景。当南方管乐齐奏、百臣共观加冕盛礼时，刘琨被囚于段氏鲜卑处，仰首南望，罔极而泣。

刘琨所处的时代，魏受汉禅，晋受魏禅，国祚短促，承诺不足为信。司马氏禅位得邦国后，不再提忠字，而是大力倡导以孝治国，他这是心中自有阴霾，怕被人捅破。但总有人要捅破这层窗户纸，一代又一代人不断用事实证明一个简单的道理，胜者为王败者为寇，它一直都在鼓励无数后进赴汤蹈

第三章　江山社稷和国家政治

火，在所不辞。

如果刘琨真的称王了，也就称了。在那个年代，多一个王不算多，少一个王也不算少。其实，能否读懂《重赠卢谌》的真正含义并不重要，只要记住，这个曾经闻鸡起舞的青年人，进入中年时终于说出了"何意百炼刚，化为绕指柔"这样的话就够了。政治成全了他，也毁了他。可以想见，如果没有306年的并州之行，刘琨的人生会何等平淡甚至惨淡，和其他金谷文人的下场没有两样。后代人不可能感受到《扶风歌》的悲情和《劝进表》的良苦用心，更无从从一首诗作中窥探一个浮夸佻巧的文人少年怎样把自己百炼成刚，继而又将之化成一圈细细的钢丝，缠绕而致窒息，直至血溅疆场，把自己的躯体埋葬在孤独的北方大地上。

所幸，刘琨死后，他的好友祖逖成了东晋政权中最勇敢的北伐英雄。不管后世如何评判刘琨，他在北方出生入死的战斗岁月终还是一段可歌可泣的传说。二人合谋，把一个青春飞扬的励志故事书写得足够圆满，也足够壮烈，让人释然。

末了，再补充一个故事。

这是有关嵇康的儿子嵇绍的。父亲被司马昭所杀，嵇绍却在山涛的引荐下出仕，在惠帝司马衷手下做官。"八王之乱"中著名的荡阴之役，在百官和侍卫纷纷溃逃之际，唯有侍中嵇绍"下马登辇，以身卫帝"，以身躯抵挡刺向司马衷的刀剑，最终血染帝衣而死。直白地说，他为他父亲的仇人挡了子弹。

忠，在平常年代里，只要表现出尽心而为的本分和大公无私的立场就已足够，但放在战乱之际，忠，就有可能成为一把道德之剑，剑所指处，必是鲜血淋漓。有人为了成全自己的节守，不惜迎面刀刃，嵇康然是。嵇绍呢，他比他父亲更忠，没人把刀架在他脖子上，他却用自己的身躯保卫了君王，用自己的牺牲诠释了自古忠孝不能两全的所谓大忠。嵇康,这个辉煌壮烈的悲情主人公接受了后世千百年的敬仰,却没能预见儿子早已背转身去,心甘情愿地降了自己的敌人。

而刘琨,因为有隐隐浮现的称王异志,他在北方所有的征战行为都被笼罩在一片语焉不详的含糊语境中。好在刘琨最终没有称王,最后完节而死,否则,这段历史就要反过来书写了。

尽心于君是忠,尽心于国是忠,尽心于人也是忠。不知从何时开始,忠变成了一个只针对君王的狭隘词汇,尤其是出现了忠臣这种角色后,忠于一家一姓就成了古代士人进入政治结构、参与政治生活最基本的道德试金石,一旦背叛或僭越便会被千夫所指,永世不得翻身。

更早时候,可推及三家分晋时期晋卿智伯的国士豫让。智伯被诛后,豫让漆身吞炭,毁容变声,潜入敌营,誓为其主报仇。这位说出"士为知己者死,女为悦己者容"的勇士被后世称为忠烈之士,不仅司马迁在《刺客列传》中表扬了他,司马光在《资治通鉴》中也表扬了他,但王安石却不以为然。他说:"让诚国士也,曾不能逆策三晋,救智伯之亡,一死区区,尚足校哉?"(《书刺客传后》)意思是,豫让你身为国士,既然没能献策阻止三家分晋,挽救智伯,而后的这区区一死又有什么意义呢?王安石这是在反对毫无意义的以死尽忠。

关于忠臣,唐太宗时代的名臣魏徵有一段更为精辟的论述:

徵顿首曰:"愿陛下俾臣为良臣,毋俾臣为忠臣。"帝曰:"忠、良异乎?"曰:"良臣,稷、契、皋陶也;忠臣,龙逄、比干也。良臣,身荷美名,君都显号,子孙传承,流祚无疆;忠臣,己婴祸诛,君陷昏恶,丧国夷家,只取空名。此其异也。"

第三章 江山社稷和国家政治

这段话在新旧唐书中都有记载，大同小异，此处取《新唐书》。大意是，我魏徵愿意做君王你的良臣，不愿意做忠臣。唐太宗问，二者有何区别？魏徵答，良臣就是像后稷、契、皋陶这些尧、舜、禹的臣子，忠臣就是像龙逢、比干这些商纣、夏桀的臣子。良臣既使自己得名，也使君王扬名，如此则子子孙孙承袭下去，福禄无疆；而忠臣既使自己遭到杀戮，又让君主陷于昏聩之中，祸国殃家，只剩一个忠臣的名号。这就是差异。

简言之，乱世出忠臣，盛世出良臣。在魏徵和王安石看来，一个优秀的臣子如能出谋划策，辅佐君王，君臣可共谋富贵，留誉青史；相反，山河破碎之时，无力挽狂澜于既倒，做一个忠臣不过是一种无可奈何的挣扎罢了，表面上一剑酬君，高名不朽，终究是河山已矣，不得收拾，空有其名，无济于事了。

忠，成就了中国历史上无数义高云天的英雄，也害死了无数真心诚意为国为民赴汤蹈火的臣子。刘琨忠还是不忠，到后来已无甚意义了，因为他曾经忠心效力的那个王朝早就烂到瓤子里了，他尽力而为，歃血疆场，既是尽忠，也是在无力地支撑着作为一个士人、一个将军最后的尊严。

二　武则天身边的一帮文人

比孔融更早的几百年前，一个披头散发的南方诗人来到一泓巨大的江水前，反复吟唱着一曲失恋的男人才会吟唱的歌谣。歌谣里有香草、有爱人、有痴情、有遗弃、有黯然神伤。

他叫屈原，后来的人都知道了他的名字，但那个时候，独自站在汨罗江畔的这个男人却是孤独无助的。后来的人们说，这些诗篇实在太诡异了，像是一个男人在遭遇爱人遗弃后悲切的呼号。还有人说，这些歌谣是一个士人在遭逢君王的轻视和怠慢之后最无力的自悼和自怨。

无论如何，这个伟大诗人的歌谣深度影响了后来的追随者，让我们得以在宋玉的《神女赋》和《高唐赋》中再次确认了一种文人隐喻的手法，直到曹植的《洛神赋》出现在他哥哥曹丕即位不久的敏感时间段。在这些作品中，我们看到了一个个美丽的女性角色，她们通过情欲勾引，试图让君王产生一种占有和征服的欲望，暗含了文人从弱势性别出发希望实现被君王爱怜、关怀、器重的卑微愿望，这样两相纠缠，君臣关系似乎达成了一种欲罢不能、无法割舍的既成事实。但最后，她们在和恋人欲说还休的推搡来往中或转身离开，或自殇自悼，最终都没能和君王一起过上美满幸福的生活。

也就是说，从中国古代社会早期开始，这样的政治隐喻便成为文人士大夫的一种潜意识，把自己视为女色，把君臣关系喻为男女关系，那种肉欲夹带强权的招揽、青睐，继而重用、宠幸，再到猜疑、冷落直至遗弃的故事版本，千百年来几乎每天都在上演。在各色各样的演出实景中，士人不过是被君王视为狎玩之物的弱势群体，君王被短暂诱惑的也是那些可供其消遣的情

· 第三章　江山社稷和国家政治 ·

欲表征，他们从来没有从内心深处欣赏或尊重过这些女人，更没有任何与之携手同心的愿望。所谓"人神殊道"，绝不只是简单的人神相隔或男女未遇的问题，对那些寻求宠幸的文人来说，就是赤裸裸的政治失恋，最终落得个被轻慢、被侮辱、被遗弃的下场。士人伤，怨，怒，恨，和我们听到过的无数白头宫女的哀怨并没有太多区别，但即便是这样可以料想的悲剧命运也依然不能阻碍文人士大夫赴汤蹈火，朝着他们的君王摇尾乞怜、频抛媚眼、使尽浑身解数，直至把自己送往君王的卧榻。

这是几千年来中国文人的宿命，少有例外。

"愿为西南风，长逝入君怀。君怀良不开，贱妾当何依。"这是曹植的《七哀》诗。

如果套用文人对君臣关系的暗自比附，臣子对君王而言，就只可能是君王身边无数女人中的一个。这是何等悲哀的比附，全天下的女人都在期盼着一个男人的宠幸。

普天之下莫非王土，率土之滨莫非王臣。看似气势宏大，收纳万方，但士人和宫阙权力之间的遥远距离绝不只是靠熟背儒家经典就可以轻易抵达的。

人们都爱赞叹古代社会一些时期的大一统，比如汉唐、明清，对那些割据凌乱的时期和这些时期中的文人抱有同情和哀怜。其实，分裂对任何规模较小的国家都设置了苛刻的竞争条件，并由此延伸出对君王德行、治国能力和人才配置的更高要求，对文人士大夫来说，也多了出走和选择的自由和空间。毫无疑问，春秋战国时期、三国时期、五胡十六国时期、五代十国时期，都是一些血腥惨烈、民不聊生的时期，但同时也是乱世出英雄的时期。不能简单地说士子文人在这一时期的精神世界更加自由无碍，或更加放松，但至少他们获得了更多治国理政的机会和空间，获得了成就理想和施展才华的更多可能性。许多有志之士、野心家、阴谋家、高人、奇人获得了被各路诸侯赏识和重用的机会,也算是暂时性找到用武之地的一种集体性登场的奇特景观。

相反,在大一统格局下,一旦不被赏识,或被打入冷宫,就意味着永无翻身之日。天地再大,也无容身之处,这绝不是一句简单的比喻。所以,对那些在大一统时期无害于社会和他人的苟且之臣,我偶尔也会生出一些怜悯和同情。在竞争激烈的众多美好颜色中,如果成色不够,就得有些花拳绣腿的功夫施展出来以求关注;即使成色够了,君王见异思迁的本性也是摆在那里的,要想获得相对持久的恩宠,或免遭被冷落的下场,也是不能放松警惕的;更何况,很多成色够了的女人一辈子没有被君王宠幸的事情也是屡屡发生,要不然汉元帝为什么会把毛延寿杀死?只因得罪了一个小小的画师,王昭君一生的命运就发生了根本性的逆转。这里还不涉及争风吃醋之类的大工程,即便在行使正当权利时使出一点小心思,也有血迹斑斑的无数伤心事,说也说不完。

扬雄,为王莽新朝唱了两句赞歌,被人称作"露才以耽宠,诡情以怀禄",为其一生中"白圭之玷"。

潘安,纠结了很久,出与不出,即便写了《闲居赋》表达心迹,最后还是被人骂成望尘而拜的家伙。

杜甫,不过为了释褐,为玄宗皇帝献上三篇大赋,就被后人说成是不能守穷,后来他真的心甘情愿地守穷了,又被人说成是一饭不忘恩的愚忠。

李白,在"安史之乱"时不小心跟错了王子,就有人往他头上扣上不忠的帽子。

韩愈,早年一直不仕,忍不住写了三上宰相书,言辞稍有激切处,就被人说是用力过猛,有失士大夫尊严。

稍微一弯腰就是有失尊严,就是白圭之玷,就是望尘之友。天黑无灯光指引,不小心走错了一条巷子,就是不洁、不忠。这忠和尊严之间的度实在

· 第三章　江山社稷和国家政治 ·

不太好把握。既要保持尊严，还要忠；既要忠，又不能愚忠。

本来，一个女人爱上一个男人，通过各种手段示爱，并不关涉尊严不尊严的。但在君臣关系上，如果示爱的手段激烈一点，就有失尊严了。如果不被宠，还一如既往地爱，就更没尊严了。看来，君臣关系虽被比附为男女关系，但二者还是有区别的。在男女关系中，爱比尊严要重要得多，而在君臣关系中，尊严和爱的关系五味杂陈。因为这不是一种简单的爱，而是心知肚明的政治博弈，既是臣子妄图与君王结盟、共建政治理想国的良好愿望，也是试图与君王共享权力的图谋。君王，在这样的爱情版本中，有着天生的不被制约的傲慢，而文人士大夫又有着来自身份上制约君王权力的内在要求，更有平等相向的人格尊严。

所以，不管君王也罢，臣子也罢，都在博弈过程中体现了足够的警惕和防范，并对自身或对方提出了相应的道德要求和行为标准，一旦触碰，恋爱不成，随即翻脸。

让我们把目光停留在683年至713年这段近30年的时间中。

这期间，唐高宗李治驾崩，高宗的三子李显、四子李旦先后短暂登基复又遭废，最后武皇后临朝称制，建立武周朝。武后于705年去世，帝位被归还给李氏家族，李显复位，为唐中宗。710年，中宗被鸩杀后，李旦再即位，为唐睿宗。712年，李旦之子李隆基劝其父退位，为唐玄宗。

再来看一群文人的生卒年。骆宾王（638—684）、李峤（644—713）、杜审言（645—708）、苏味道（648—705）、杨炯（650—693）、崔融（653—706）、宋之问（656—712）、沈佺期（656—716）、陈子昂（659—700）、上官婉儿（663—710）、卢藏用（664—713）。加上已经离世的王勃、卢照邻，这群人代表了高宗朝至玄宗朝以前文学的最高水准。其中，王勃、杨炯、卢照邻、骆宾王被称为"初唐四杰"，杜审言、李峤、苏味道、崔融被称为

"文章四杰",宋之问、沈佺期被称为"沈宋",上官婉儿、陈子昂、卢藏用的声名也尽人皆知。

稍微看一看这些文人的生卒年就能明白,他们不幸生在了这样一个变化莫测的时代,任何一个想通过政治途径来实现人生成就的文人都不可能绕开皇权更迭的翻云覆雨。

先说年纪最大的骆宾王。

事实上,他的出生年月到现在都不太确定,有人说比 638 年更早,有人说更晚。

骆宾王家世平常,早年栖身道王幕下,后拜官,但一直仕途不畅,西出边塞,南下滇蜀,折腾大半生。后来稍微平顺一点,任武功主簿、长安主簿,继而得擢侍御史,但很快因不明原因遭入狱之罪,释放后左迁临海县丞,所以,后人又叫骆宾王为临海先生。这个临海先生一生最大的官职级别也不过八品。

关于临海先生的性情,有人说他"落魄无行,好与博徒游",有人说他"性笃孝"。这两个说法已经暗含了不同的人对他不同的评价。

临海先生到临海的次年(683)腊月,高宗驾崩,中宗即位,但不到三个月,武后就另立年轻的睿宗。所有人都看出来了,这是武后意欲一手遮天的阴谋,唐室勋丞之后徐敬业很快扛起反武大旗,684 年 9 月,以匡扶中宗复辟为由,于扬州起事,骆宾王参与其中,并写下了流传千古的《代徐敬业讨武曌檄》。

这篇文章写得实在太好了。首段一开始先说武氏本性荼毒,罪恶昭彰,"洎乎晚节,秽乱春宫""入门见嫉,蛾眉不肯让人;掩袖工谗,狐媚偏能惑主""加以虺蜴为心,豺狼成性""近狎邪僻,残害忠良""包藏祸心,窥窃神器",实在到了"神人之所共嫉,天地之所不容"的地步。这一节文字意

第三章　江山社稷和国家政治

在警醒李唐社稷危在旦夕，为兴兵讨武铺垫了充足的理由，紧接着以澎湃激情写举义之名正言顺，状写义军风卷残云之势，既以"一抔之土未干，六尺之孤安在"动之以情，又以"凡诸爵赏，同指山河"饵以赏赐，还以"徘徊歧路……后至之诛"瓦解威逼，末句"请看今日之域中，竟是谁家之天下"，气势恢宏，让人血脉偾张。

难怪武则天看了文章内心动静很大。关于武后的反应，新旧唐书都有记载，说敬业传檄到了京师，武则天一开始还边读边笑，十分轻松，读到"一抔之土未干"时，终于坐不住了，遂问侍臣，檄文是谁所写？答，骆宾王。武则天有点不高兴地说，这是你们的过失啊，我们怎么就没有得到此人呢？这段记载用意明显，除了表现武后的遗才之恨及宽宏心胸，骆宾王的盖世之才也得以侧面反映。

这篇骈文是骆宾王一生中最华彩的乐章，他把人们印象中僵化死板的四六句弄成了一篇气势磅礴的战书，很多句子成了朗朗上口的名句，尤其是在一千年后的"文化大革命"中，"请看今日之域中，竟是谁家之天下"成了当时红卫兵最常使用的一句唐人诗句。不过，红卫兵们只是借句子的锋芒来营造一种铺天盖地的气势，而骆宾王却是把自己的生命连同这篇檄文一起射向了帝都，檄文长剑一样落地，骆宾王也应声而倒。很短的时间内，徐敬业叛军就被武则天轻松镇压，骆宾王自然也不可能侥幸存活。

骆宾王的死成了一个谜，有人说他被杀于乱军之中，有人说他已逃亡。还有记载说，在很多年之后的杭州灵隐寺，另一个著名文人宋之问窥见了这位出家多年的老人的身影。

关于灵隐寺的传说，充满了后人对骆宾王的惋惜之情，到底只能算一些人的一厢情愿，当不得真的。

至于骆宾王参与徐敬业叛军的原因，也不能完全说得清楚。如果以为那篇才华横溢的骈文就是他全部动机所在,我看未必周全。《新唐书》说,骆宾王"下除临海丞,鞅鞅不得志,弃官去",所以才有了后面的事情。王夫之也说,骆宾王、徐敬业以及其他参与叛乱的主要成员"皆失职怨望,而非果以中宗之废为动众之忧也"(《读通鉴论》),这话意思就更直白了,说所有叛军首领都是因为不得志而怨气冲天,绝非因为中宗被废而动了忧心。

相反的说法也一直存在,尤以骆宾王专家、清代学者陈晋熙最为突出。他在《骆临海集》序中说:"临海志士也,非文士也。杨用修有言,孔北海与建安七子并称,骆宾王与垂拱四杰为列。以文章之末技,掩立身之大闲,可惜也。呜呼!文章与立身,果有二道哉!亦论其志而已矣。"这里,陈晋熙提到了建安和垂拱。这是两个年号。建安虽是汉献帝的年号,实际当时已是曹操一手遮天的年代。同样,垂拱是唐睿宗的年号,但此时武后大权在握,已非李唐天下。文章大意是,孔融一心志在汉室,怎么可以和那些在曹操身边苟且的文人相提并论?骆宾王志在李唐王朝,又怎能和那些在武后膝下讨饭吃的文人并称呢!所以,把孔融列为"建安七子"、把骆宾王列入"垂拱四杰"都是大错特错的原则性错误。陈晋熙是在为骆宾王的大义呼号,甚至高声说出临海先生非文士而是志士这样的话来。

此话题暂且搁置一边,我想岔开说说其他几位同时代的文人。原因很简单,与骆宾王同时,其他文人竟然没有一个是志士。除了不是志士,他们还无一例外地进入了武皇帝的麾下,李峤、杨炯、杜审言、苏味道、崔融、宋之问、沈佺期、陈子昂、卢藏用,概莫能外。

李峤一直官运亨通,武后时最高官位至凤阁鸾台平章事。705年张易之、张昌宗兄弟被诛,李峤被贬,但很快又被新即位的中宗授中书令一职。睿宗继位后,他被贬为怀州刺史。玄宗即位,再贬,年七十而卒。

杨炯是出名的神童,十岁应神童试登第,待制弘文馆,十多年后应制举

第三章 江山社稷和国家政治

及第,补授校书郎,后为崇文馆学士。徐敬业起兵时,杨炯因有亲戚跟随叛军,受牵连被贬梓州司法参军。秩满回洛阳,在司艺馆任教,后任浙江盈川县令,卒于任所。后人因此称他为杨盈川。

杜审言进士及第后为隰城尉。后因事获罪,被降职为吉州司户参军。经张易之兄弟推荐,为弘文馆直学士。张氏兄弟伏诛后,被贬峰州(现越南境内),后被召回任国子监主簿、弘文馆直学士。

苏味道举进士后任咸阳尉,在武周时最高官位为同凤阁鸾台平章事。其间被降职为集州刺史,后复为凤阁侍郎同凤阁鸾台。张氏兄弟伏诛后,被贬为眉州刺史,又迁益州长史,卒于上任途中。

崔融及第后为崇文馆学士。后为太子李显侍读,一直做到凤阁舍人。后被贬为婺州长史。不久被召回,再迁凤阁舍人、司理少卿、知制诰。张易之被诛后,被贬为袁州刺史。不久召拜国子司业,兼修国史。

宋之问进士及第后,出授洛州参军,后入崇文馆充学士。因结交张易之获罪,被贬为泷州参军。中宗时为弘文馆直学士,又以罪贬越州长史。睿宗即位后被流放钦州。玄宗当政,被赐死桂州。

沈佺期及第后任协律郎,后为考功员外郎。曾因罪入狱。出狱后复职,迁给事中。中宗即位,因谄附张易之,被流放驩州(今越南境内)。后召为弘文馆直学士,常侍宫中,历中书舍人、太子少詹事。

陈子昂举进士后,以上书论政得到武则天重视,授麟台正字。后升右拾遗,曾被株连下狱。其间两次从军边塞,后因父老解官回乡。居丧期间,因莫名原因死于家乡狱中。后人称他为陈拾遗。

卢藏用,中进士后,不得调,与兄隐于终南山,后被召授左拾遗,擢中书舍人、黄门侍郎、弘文馆学士。因事遭累,降工部侍郎,后进尚书右丞。因附太平公主,被玄宗流放岭南,后改迁黔州长史。

简单梳理一下他们的从政履历和仕途沉浮，会比较容易总结出几个事实：

第一个事实是，他们都曾在武后统治时期为官，有些人官还做得不小，比如李峤、苏味道曾官居宰相之位。

692年盂兰盆节，洛阳宫中将盂兰盆分送佛寺，武则天与群臣在城楼上观赏，杨炯立马献给武则天一篇《盂兰盆赋》，极尽歌咏赞美之能事。

再如杜审言。武则天召见杜审言，意欲提拔他，问杜审言高兴不。杜审言的表现是手舞足蹈，以谢皇恩，并献上《欢喜诗》一首。圣上开心之至。

又如崔融。武则天封嵩山，崔融写下《启母庙碑》。圣上高兴称美。封禅毕，崔融又趁热打铁，写《朝觐碑》。

陈子昂也不例外。武则天改唐为周时，他写下《大周受命颂》，甚至把武则天比作舜禹和圣母。

705年，武后死，中宗复位，这群文人先被贬，后相继回朝。除了已经死去的杨炯、苏味道和陈子昂外，其余人等一如既往地附庸在同样喜爱文辞的中宗身旁。李峤地位最高，任弘文馆中职位最高的大学士（一共四位），卢藏用任第二层级的学士（一共八位），宋之问、杜审言、沈佺期任第三层级的直学士（一共十二位）。所谓"以本官兼学士"，就是既要出谋划策，还要出侍舆辇，扈从游宴。

有两段记载非常有名，其中一段还被收录在《新唐书·宋之问传》中。说武后游龙门，命群官作诗，先成诗的人会被赐以锦袍。结果，东方虬诗先成，得锦袍，刚谢过恩，屁股还没坐热，宋之问的诗也成了。显然，宋之问的诗作水平高过前者，左右皆称，东方虬那个刚到手的锦袍只得转给宋之问，这就是著名的"龙门夺袍"。

第二个故事说的是705年之后的事。中宗命翻新曲，大家纸落如飞。沈佺期和宋之问诗作水平不相上下，上官婉儿出来充当裁判。沈诗结尾句是"微臣雕朽质，羞睹豫章材"，宋诗结尾句为"不愁明月尽，自有夜珠来"。

第三章　江山社稷和国家政治

显然后者水准更高,沈佺期自当言败,不敢再与宋之问争。

两则故事都意在说明宋之问的宫廷诗写得好,不仅比东方虬好,比沈佺期也好,同时,宫廷诗的大体风貌也显露无遗。这些诗作使用诸如"紫云""香驾""黄图""熏风""金舆""御辇""恩晖""鸾盖"一类的词汇应制奉和,称颂皇帝威仪,描摹盛世丽景,属对精密,文辞华靡,所以,《唐诗纪事》说这些诗"惟以文华取幸"。

第二个事实是,这群人不仅对武则天、中宗大加逢迎,还屈膝佞附武则天的宠臣张易之兄弟。张氏兄弟伏诛后,他们又纷纷依附大权在握的韦皇后、安乐公主或太平公主。

张易之、张昌宗兄弟是什么人?他俩是武则天的男宠,只消这一句话他们的政治身份和人格面貌便被定格了。《新唐书》说他们"傅朱粉,衣纨锦,盛饰自喜""掷博争道为笑乐,或嘲诋公卿,淫蛊显行,无复羞畏"。而中宗之妻韦皇后、中宗之女安乐公主、武则天之女太平公主则无一例外是武后身边繁殖开来的权欲熏心的恶之花。韦皇后和安乐公主一心想步武后后尘,毒死中宗以把持朝政,著名的太平公主更是从高宗朝以来就横行初唐政坛的强悍女人。

如此邪恶人物,正人君子唯恐避之不及,不幸的是,这些文人都和他们保持了密切的关系。崔融曾经写有备受赞赏的《和梁王众传张光禄是王子晋后身》一诗,其中的男主角张光禄就是张昌宗;杜审言的仕途转折也要归功于张氏兄弟的提携;至于宋之问,就更不堪了,除了帮张氏兄弟当刀笔手作诗邀宠,还有替张易之捧溺器之传闻。

以上事实摆在那里。如果把武后看成骆宾王笔下那个十恶不赦的女人,这些人的行为就可以称为助桀为虐或为虎作伥,完全是一帮为了升官发财,不惜背主(李姓宗谱)求荣、卑躬屈膝、攀附权贵的下流货色。

但事情并不应该这样轻易下结论。

首先,写几篇文章陈述自己的政治主张而获皇帝青睐,或在宴席晚会上写几首诗歌逞才悦主,是历朝历代官员渴求的事情。更早的齐梁宫体诗就不说了,到了唐代,太宗李世民也是一个喜欢让文人环绕在身边的主子,虞世南、李百药都是贞观宫廷著名御用文人,到高宗时期的许敬宗、上官仪更是如此,还产生了所谓的"上官体"。那时,成为御用文人并不是让人感到耻辱的一件事情,它也是大多数文人获得进阶的通道之一。

其次,从太宗朝到高宗朝,政治权力掌握在一些世家大族手里,武后临朝称制,她深知自己破了大规矩,于是剑走偏锋,倚重寒门后进助其一臂之力,以削弱老牌政治势力,这是她审时度势的一个聪明之举。杜审言、宋之问、沈佺期皆是没有什么家族背景和政治资源的进士及第的普通文士,他们突然间获得了在武后身边施展才华的机会,自然是感激涕零,唯其马首是瞻,这也是由当时的政治生态所决定的。

而以上诸位大都没有太多政治远见和政治能力。苏味道即使官至宰相,也被人称为"模棱宰相",说的是他做事说话模棱两可,绝不轻易表态,完全没有政治决断力,无非一个左右逢源的和事佬;李峤同样如此,一直被人称为"大手笔",是因他为武后写了很多歌功颂德的诗文颂表,其人明哲保身,性好荣迁,政治能力乏善可陈。这些人深知自己难以政绩功勋获得青睐,所以写点文章颂词献上,在歌舞升平的阳春三月或光影婆娑的夜宴上弄些对偶句子,也算是报答恩宠的一种方式。贺各种祥瑞,贺明堂建成,贺封禅典,贺洛图出,一看就明,他们无非是吹鼓手的角色,被人说成是"镶金嵌玉"之徒,也算准确。

唯一有点不同的是陈子昂。此人政治抱负强,进士及第后给武后写过不少献策,不乏见识和谋略。他在《上薛令文章启》一文中说:"然则文章薄伎,固弃于高贤;刀笔小能,不容于先达……徒恨迹荒淫丽,名陷俳优,长

第三章　江山社稷和国家政治

为童子之群，无望壮夫之列……文章小能，何足观者?"虽然和以上不少人是朋友，也写过一些应制诗，但陈子昂诗作风格大气粗糙，声律平仄对韵的功夫都不足，也没能进入宫廷核心，总的来说，他的主要心思都在建功立业的政治进取上，其气场和以上几位不大相同，如他所说，写文章不过刀笔小能，何足观焉！

即便如此，陈子昂和这些典型的御用文人之间也并不存有本质区别，五十步笑百步而已。

但是，后世论家对他们的行为却给予了特别的鄙夷。这种鄙夷超过了以前任何时代，超过了齐梁宫廷诗人沈约、徐摛，超过了李百药和许敬宗，也超过了上官仪，这是为什么？

有一个事实一直以来都是讳莫如深的，那就是，他们取悦的主子不是别人，而是武则天。这是一个"洎乎晚节，秽乱春宫""入门见嫉，蛾眉不肯让人；掩袖工谗，狐媚偏能惑主""加以虺蜴为心，豺狼成性""近狎邪僻，残害忠良""神人之所共嫉，天地之所不容"的女人！

千百年来，一直处于话语中心的男人可以轻易地忽略掉一些庸碌无能的皇帝，还能在一些恶贯满盈的皇帝身上窥见其闪光点，但是，对这个服务了两朝皇帝的后宫出身的女人却惯于刻薄相加。他们骨子里有一种堂而皇之的正统观念和顽固的潜意识，即使他们知道，这个女人是百年才出一个的女中豪杰，即使他们知道，她比她的丈夫和儿子都更有能力管理和统治这个国家，但中国社会从来就不允许一个女人站在男人之上指点江山。武则天的登堂入室严重摧毁了男人在性别上不可撼动的优越感，深深灼伤了他们的自尊心，所以，很长时间以来，与武则天有关的人和事一直被笼罩在一种潜藏的但又是根深蒂固的复杂语境中。

说这种情绪是潜藏的，是因为唐王朝后来又恢复到了李姓正统。无论如何,武则天是中宗、睿宗的母亲,玄宗的祖母,他们之间的夺权历史不过是一桩短暂的家庭纠纷而已,说穿了,是人家李姓宗室的家务事。中宗、睿宗和玄宗都不敢说母亲和祖母的过错,外人更不便说了。但,越是不敢出声,内心的声音就会越大,尤其在李唐王朝覆灭后,所有怨怼也就无所顾忌地爆发出来,变得不再是一种潜藏的情绪,而是公开的责难,至于顺带迁怒几个跟在这个女人后面摇尾乞怜的家伙就更是必然和必须的事情了。

前面我用了不少篇幅列举这几位文人在武后直至中宗、睿宗、玄宗朝的仕宦经历,以及他们献书武后或结交张易之兄弟的一些行为,目的是想为大家清楚交代事实,绝没有为他们藏拙隐秽的动机。同时,也因为我对他们的这些做法有一种隐约的同情,即使这样,该受多大的谴责?

"学成文武艺,货与帝王家。"这是中国很多时代文人武人的理想人生模式。换了任何一个时代,李峤、苏味道、崔融、沈佺期、宋之问的行为都算不上没气节,更算不上屈膝依附,无非例行公事地读书、及第、入仕。即使和张易之兄弟交好,也没有太多可指责之处。设想一下,如果武则天是男人,那张易之兄弟也就等于是杨玉环,巴结张易之兄弟也就等于巴结杨玉环,历朝历代都没少过这样的故事。问题在于,人们一想到武则天垂老之年还在身边养男宠就感到恶心。男皇帝可以后宫佳丽三千人,女皇帝养一两个美男在身边未必就真有那么不堪?

我不想过多评说武后的丰功伟绩和狠毒跋扈。除开她的性别和中国所有的皇帝都不同外,做一个成功的皇帝该具备的东西她身上全都具备,不管是见识、度量、能力还是手段,当然也包括牺牲子嗣、斩杀皇族大臣等被人诟病的行为。不管秦皇汉武、唐宗宋祖、康熙乾隆,都曾做过类似的事情,但是,偏偏对这个女皇帝,人们不去看她如何把大唐王朝引向了一个灿烂的年代,却把注意力集中在她淫乱宫廷、夺后杀人这些故事中,继之而来的是她身边的文士同样也无法洗刷掉身上的一身污秽。

第三章　江山社稷和国家政治

这个时候，视线再回到骆宾王身上，大家可能已经知晓了我的态度。即使我非常欣赏骆宾王身上的侠气，也一定会对他起事的动因有所怀疑。

西陆蝉声唱，南冠客思侵。
那堪玄鬓影，来对白头吟。
露重飞难进，风多响易沉。
无人信高洁，谁为表予心？

这是骆宾王广为人知的《在狱咏蝉》，作于他被贬临海前的监狱中。那么深重的雾霭，要穿过去有多难；如此猛烈的大风肆虐，要让人听见自己的声音有多么不容易。看见那些年轻的面孔，对照自己老迈的白头，被遗被弃的感觉如此深重。无人信高洁，谁为表予心？这是对谁说的？谁可以相信他的高洁，他又想对谁表示他的高洁之心？此时已是武后弄权时期，他这是在向武后表明自己的高洁之心吗？除此之外，难道还会有其他人？

阮籍空长啸，刘琨独未欢。
十步庭芳敛，三秋陇月团。

——《咏怀》

他自比阮籍长啸，刘琨吹笳，但最后都落得一场空。既然想要献上的一颗诚心无人接纳，也就豁出去了。

我相信，骆宾王是因为志不得抒，才不得展，才一怒之下加入反武阵营的。如果仕宦命运稍微好上哪怕一点点，他也不会反。如果碰上的这个没有礼遇他的皇帝是个男人，他也不敢反。因为这一反，有可能把他自私的心思暴露无遗，没有半点高尚可言。骆宾王身上的正气和义烈远没有达到可以为一种高尚的理由而不惜牺牲生命的地步，或者说，哪怕他浑身上下充满了刚烈和侠气，终归也只够用来行走江湖，而不足以支撑他关于江山社稷的任何理想或图谋。正中下怀的是，这个不给他阶前盈尺之地的人恰好是一个女人，老天眷顾，他反得义无反顾，反得斩钉截铁！我完全可以想象，他写完那篇华丽骈文的最后一句时，是何等痛快淋漓，块垒尽消，可怜的自尊心终于在对一个女人施暴的过程中得到了极大的满足！

骆宾王的一生就此结束，他怎么还可能身披缁衣，苟活人间？

朱门无复张公子，世上已无骆宾王。他用痛骂和大笑守住了一个士人的尊严，更确切地说，是一个男人的尊严。

其实，骆宾王是幸运的。任何一个皇帝对他的忽视都只可能让他成为一个默默以寂的文人，但一个女人对他的忽视却成全了他作为一个士人的高洁；对任何皇权的反抗都需要道义上绝对的制高点和舍生取义的勇气，但对一个女人的蔑视却完全不必伤筋动骨。从这个意义上说，他算得上一个斗士，却一定不能算得上陈晋熙所说的志士。

如是，也可反过来看那一群活跃在武后身边的御用文人，他们身上所有的罪孽都是不巧遇上了一个女皇帝，不巧又被这个女皇帝看上了，这种被看上的幸运最终成了一种不幸。

促成一些人"义无反顾"的，有可能只是他们"走投无路"，导致一些人"高调得势"的，有可能仅仅是因为他们长得太好看了。人们往往将这些人的想法往深处去评说，反而容易忽视一些基本原因。

这些在武则天身边为官的人，在705年中宗即位后无一例外逃不脱被贬的命运。宋之问被贬岭南，写有《度大庾岭》，这是一首著名的五律诗：

度岭方辞国，停轺一望家。

· 第三章 江山社稷和国家政治 ·

魂随南翥鸟,泪尽北枝花。
山雨初含霁,江云欲变霞。
但令归有日,不敢恨长沙。

沈佺期于流贬途中写有《遥同杜员外审言过岭》:

天长地阔岭头分,去国离家见白云。
洛浦风光何所似,崇山瘴疠不堪闻。
南浮涨海人何处,北望衡阳雁几群。
两地江山万余里,何时重谒圣明君。

杜审言写有《赠崔融二十韵》一诗:

十年俱薄宦,万里各他方。
云天断书札,风土异炎凉。
…………
北使从江表,东归在洛阳。
相逢慰畴昔,相对叙存亡。
草深穷巷毁,竹尽故园荒。
雅节君弥固,衰颜余自伤。
人事盈虚改,交游宠辱妨。
雀罗争去翟,鹤氅竞寻王。

杜审言还有一首诗叫《赋得妾薄命》:

草绿长门掩,苔青永巷幽。
宠移新爱夺,泪落故情留。
啼鸟惊残梦,飞花搅独愁。
自怜春色罢,团扇复迎秋。

比较而言,沈、宋诗作中透露出更多的无奈和迷离之感。"魂随南翥鸟,泪尽北枝花。""但令归有日,不敢恨长沙。""两地江山万余里,何时重谒圣明君。"南向北望之时,看雁群几重,叹天长地阔,两首诗表达的都是一种无可奈何的伤感,即使有归去的那一天,不敢恨,也不知道恨谁,只盼有机会再谒明君,懦弱和慌乱溢于言表。

杜审言略有不同,《赠崔融二十韵》中写道:"人事盈虚改,交游宠辱妨。雀罗争去翟,鹤毳竞寻王。"这里已经有对改朝换代、宠辱无常的炎凉世道的深切体会,到了《赋得妾薄命》一诗,更是复杂心绪的表露。新宠代替了旧爱,巷子深得没人前来造访,苔青草深,门扉常掩,好不凄凉。这里有自怜自悼,秋天快来了,团扇终于没啥用场了。但也有自慰和自持,并没有太多抱怨,残梦还在,故情尚存,即使春色已尽,依然要迎接秋天的来临。

坐在华丽包厢里的观众看舞台上小丑的表演都是无比轻松的,但是,如果碰巧你也被拽进那个被聚光灯烤得全身发热的舞台上,兴许会战战兢兢,半天念不出一句台词来。我知道这个比喻未必合适,我想说的是,他们从来都不是一群高尚的人、一群有情操的人,但也不应该是一群被讥诮嘲弄的人。

士人的人生沉浮并不是仅靠自己的主观意愿和努力就能轻易把握的,他们既没有条件选择君王,更没有能力左右君王的德行,他们被重用或被使用本来是一种传统意义上服务邦国的政治理想的实现,但很多时候,他们被重用或被使用的方式又可能成为被后人诟病的一个笑话。一般来说,士人在和君王缠绵示爱的过程中,如果终不得宠,做一个决然长往而不顾者才是政治

第三章 江山社稷和国家政治

正确,才是中国文人传统中被激赏的品质。即便未能做到这一点,也要把自己的精神世界定位为傲然远离,做出一副捐富贵、轻利害、弃爵禄的姿态,才能刻意标榜和显扬一种独立的人格精神,这是从屈原便开始的文人精神传统。可惜,生活在武则天时期的这些文人没能做到,他们因循苟且,顺时俟命,甚至至死都没能明白,更无半点忏悔之意。前面引用的杜审言的《赋得妾薄命》本是一首乐府古题,即使已被强行夺爱,依然故情长留,说的就是这个意思。我一厢情愿地认为,这首诗是杜审言死不认输的真情誓言,而正是这种至死都不曾幡然醒悟的顽执,才是千百年来中国士人的悲剧之所在。

你不必怒其不争,但尽可哀其不幸。

他们求仕心切,又才华出众,不自觉地被搁置在了一个特定的场所,让所有不堪被无限放大以至于被指引到一个充满争议的境地。但仔细想想,历朝历代,又有多少文人真的就没有和当权者合谋共欢的意愿呢?李白让高力士脱靴,足以让中国文人津津乐道、欢欣鼓舞几百年,但李白想和玄宗皇帝眉来眼去的心思想必你也是轻易就能看出来的。即便杜甫这样的人不也为了求功名而向唐玄宗献上三篇大赋吗?你能因为他下半生潦倒苦痛就把这档子事忘得干干净净?

皇权以性别的优越和强势笼罩在士人头上,宠幸与否,从某种程度上说,只是女人的宿命,也是士人的宿命,是由不得自己的。

当这些文人拖着疲惫的身体往南、再往南,甚至一直走到现今越南境内的时候,他们仍然双眼迷蒙、执迷不悟。唯有诗歌中突然间多了些个人真性情的流露,多了些人生沧桑的感慨,也多了开阔的视野和空间上的展开。这些诗作才是后人记住他们的真正原因。

也正因为有了这样艰难的贬谪经历,他们才得以从自己充满荒诞的人生中获得某种赏赐。

三 从苏轼"乌台诗案"到蔡确"车盖亭诗案"

公元1067年,一个有富国强兵远大抱负的年轻皇帝继位,他就是著名的宋神宗。两年后,21岁的宋神宗任命48岁的王安石为参知政事。次年,王安石任同中书门下平章事,位同宰相,在全国范围内开始了大刀阔斧的改革,推行新法。因宋神宗年号为熙宁,这次变法又称"熙宁变法"。从此,北宋政治生态彻底改变。

变法内容在经济方面有均输法、青苗法、市易法、免役法、方田均税法、农田水利法等,在军事方面有置将法、保甲法、保马法等。随后又颁布改革科举制度法令,废除诗赋词章取士的旧制,恢复以《春秋》、三传明经取士,这算教育方面的改革。

法令颁行不足一年,围绕变法,新旧两党展开了激烈的论辩及斗争。旧党代表人物为司马光、吕公著、文彦博、韩琦、范纯仁等,新党得力干将为吕惠卿、章惇、曾布等。作为变法领导者的王安石执着无畏,固执往前,多次进言神宗要不畏流俗、迎难而上,但王安石也有实在无法说服神宗的时候,遂称病在家,请求辞官归隐。其间,神宗欲起用司马光任枢密副使,司马光趁机再提废止新法,神宗犹豫半天,最终还是没答应。司马光辞职离京。

这样反反复复,两派力量此消彼长,局势焦灼复杂。

1074年春,天下大旱,饥民流离,监安上门郑侠绘制了一幅流民旱灾困苦图献给神宗,并上疏,将百姓生活的惨状归咎于新法过失,力谏罢相王安石。同时,曹氏太皇太后和高太后亦向神宗声讨王安石的罪行。承受巨大压力的宋神宗终于罢免了王安石。

第三章 江山社稷和国家政治

在王安石短暂离开的日子里，其左膀右臂韩绛、吕惠卿一直在继续执行新法。罢相不到一年，再次回朝的王安石发现，自己已无法阻止新党内部因各种误会和权力之争导致的分裂。1076年秋，心灰意冷的王安石再度辞相，从此再也没有回到开封。

在新旧两党的争斗中，苏轼曾多次上书神宗，认为改革不能施行得太急。神宗充耳不闻。失落之余，苏轼只得请求外任，远离政治漩涡。他1071年离开京城，先任杭州通判，1074年知密州，1077年知徐州，1079年再调湖州知州。也就是说，在新党炙手可热的几年时间里，苏轼都在地方官任上。

1079年3月，苏轼任湖州知州后，例行公事给皇上写了一封《湖州谢上表》，文中有句：

> 知其愚不适时，难以追陪新进；察其老不生事，或能牧养小民。

让苏轼没想到的是，他以前正面反对变法的诸多不妥并未遇到不测，但一篇小文的只言片语却让他的人生发生了重大改变。

引文中出现了两个词，"新进"和"生事"。这原本是平常简单的普通用词，一些好事之徒却从中捕捉到了言外之意。

当年新党党魁王安石和旧党领袖司马光就新法问题展开论战，司马光给王安石写了三封《与王介甫书》，王安石回复一封《答司马谏议书》。司马光给王安石的书信中有"生事"二字，后来"生事"就成了攻击变法的专用语；"新进"则是苏轼在《上神宗皇帝书》里说的话，他说王安石"招来新进勇锐之人，以图一切速成之效"，结果是"近来朴拙之人愈少，而巧进之士益多"。这里，"新进"用来指代那些被王安石拔擢重用的巧进之士，含贬义。

在《湖州谢上表》里,苏轼再次把一些大家心知肚明的词语拿来说事,说自己难以追陪"新进",又因年老不能"生事",只能牧养小民,一副不屑和新党为伍的样子,这就让御史台里的一帮御史不满了。他们先摘引"新进""生事"等语上奏,说苏轼"愚弄朝廷,妄自尊大",然后又在苏轼的其他诗作里寻字摘句,说其"赢得儿童语音好,一年强半在城中"是讽刺青苗法的,"读书万卷不读律,致君尧舜知无术"是指责新法考试制度的,"东海若知明主意,应教斥卤变桑田"是在嘲讽新水利法的,"岂是闻韶解忘味,迩来三月食无盐"则是在讥讽新盐法。一连串的勾连指责汹涌而至,"指斥乘舆""包藏祸心""怨望其上",不一而足,如此讽刺朝廷,莽撞无礼,简直就是死有余辜。

身在朝廷的驸马王诜听闻消息,立即托人告诉苏轼。当朝廷派出的钦差来到湖州知州官衙的时候,已获消息的苏轼以为会接到一张赐死的公文,手足无措,在被押解至京城的途中,绝望的苏轼差点跳扬子江自尽。8月,苏轼抵达御史台监狱。10月,被正式提审后,苏轼很快承认了自己被指控的部分诗作确有针对新法、托事以讽的动机。神宗听说苏轼承认了罪行,遂下令彻查与苏轼相关的其他人等。

一时间,御史台抄获了苏轼寄赠他人的大量诗词,有近四十人因为受赠苏轼诗文而被牵连,其中官位最高的是司马光。王安石罢相次年,即1077年,苏轼曾寄赠司马光一首《司马君实独乐园》,其中有句:

先生独何事,四方望陶冶。
儿童诵君实,走卒知司马。
持此欲安归,造物不我舍。
名声逐吾辈,此病天所赭。
抚掌笑先生,年来效喑哑。

第三章 江山社稷和国家政治

苏轼对此诗写下的供词是:"此诗言四海望光执政,陶冶天下,以讥见任执政不得其人。又言儿童走卒,皆知其姓字,终当进用……又言光却喑哑不言,意望光依前上言攻击新法也。"(胡仔《渔隐丛话》)供词,就是认罪书。苏轼承认当时写这首诗的目的,是希望司马光不要独享独乐园的自足悠闲,应该像以前那样勇敢地站在庙堂之上,用自己的声名地位来和新法抗争。显然,这是在为司马光登相位鼓与呼,和御史台的指控一致。

牵连黄庭坚的则有《次韵黄鲁直见赠古风》二首。下面引用的是第一首:

嘉谷卧风雨,稂莠登我场。
陈前漫方丈,玉食惨无光。
大哉天宇间,美恶更臭香。
君看五六月,飞蚊殷回廊。
兹时不少暇,俯仰霜叶黄。
期君蟠桃枝,千岁终一尝。
顾我如苦李,全生依路傍。
纷纷不足愠,悄悄徒自伤。

苏轼对这首诗的供词是,前几句"以讥今之小人轻君子,如稂莠之夺嘉谷也",后面"意言君子小人进退有时,如夏日蚊虻纵横,至秋自息。比黄庭坚于蟠桃,进用必迟;自比苦李,以无用全生。又取《诗》云'忧心悄悄,愠于群小',皆以讥当今进用之人皆小人也"。这里,苏轼只承认该诗是泛指小人得势、君子难达的一种普遍现象,并未特别针对性地讥讽新党"新进"人士(胡仔《渔隐丛话》)。

整个诗案持续了四个多月,庭审期间有一百多首诗被呈阅,苏轼只承认了部分诗作有讥讽意。用一句老话来解释整个案件的性质,就是"欲加罪,何患无辞"。苏轼深知这一点,也就找了一些说得过去的诗词认罪伏法了,其他完全不沾边的连他自己也不知从何说起。

只说一件小事就能知道,苏轼此时的精神状态已近崩溃的边缘。在等待最后判决的日子里,儿子苏迈每天到监狱送饭。由于父子不能见面,遂暗中约定:平时只送蔬菜和肉食,如果有死刑判决的坏消息,就改送鱼,以便心里早做准备。一日,苏迈因故不能前来,遂找亲戚代劳。偏巧那个亲戚给苏轼送去一条鱼。苏轼见鱼,大惊失色,以为死期已到,绝望之际,为弟弟苏辙留下两首诀别诗:

圣主如天万物春,小臣愚暗自亡身。
百年未满先偿债,十口无归更累人。
是处青山可埋骨,他年夜雨独伤神。
与君世世为兄弟,更结来生未了因。

柏台霜气夜凄凄,风动琅珰月向低。
梦绕云山心似鹿,魂飞汤火命如鸡。
眼中犀角真吾子,身后牛衣愧老妻。
百岁神游定何处?桐乡知葬浙江西。

——《予以事系御史台狱,狱吏稍见侵,自度不能堪,死狱中,不得一别子由,故作二诗授狱卒梁成,以遗子由》

诗中,苏轼还在无力地呼唤圣主,同时哀叹自己愚暗无知,自蹈死命。青山似可埋忠骨,他年夜雨独伤神。御史台霜气笼罩下的夜色凄厉,他分明感受到了那手起刀落的阴森恐怖,命运如鸡,心悸惶然,愧对家人,黯然神伤。

第三章　江山社稷和国家政治

苏轼在狱中伤神辗转之时，外面的世界也炸开了锅。很多人为苏轼求情，不仅病重的曹氏太皇太后出面力挽，连一些新党人士也劝谏神宗。已罢相退居江陵的王安石对宋神宗言之切切："安有圣世而杀才士者乎？"幸而太祖早年定下不杀士大夫的国策，苏轼躲过一劫。12月29日，圣谕下发，苏轼被贬往黄州，充团练副使，轰动一时的"乌台诗案"就此销结。

受诗案牵连的人物有司马光、范镇、张方平、王诜、苏辙、黄庭坚等29位大臣名士，罪名是承受讥讽文字。具体说，因为接纳了罪人苏轼赠送的诗文，他们也必须有罪，其中驸马王诜、王巩和苏辙三人的处罚最重。

乌台，即御史台，是专门的监察机构，因汉朝时御史台中植有柏树，几千只乌鸦栖居其上，故至汉以来就一直称御史台为乌台，也称柏台。毫无疑问，苏轼在绝命诗里说的那个"霜气夜凄凄"的柏台成了他一生的梦魇。

1080年2月，苏轼贬黄州团练副使。下面是他给好友章惇的书信：

轼自得罪以来，不敢复与人事，虽骨肉至亲，未肯有一字往来。忽蒙赐书，存问甚厚，忧爱深切，感叹不可言也。恭闻拜命与议大政，士无贤不肖，所共庆快。然轼始见公长安，则语相识，云：子厚奇伟绝世，自是一代异人。至于功名将相，乃其余事。方是时，应轼者皆怃然。今日不独为足下喜朝之得人，亦自喜其言之不妄也。

轼所以得罪，其过恶未易以一二数也。平时惟子厚与子由极口见戒，反覆甚苦，而轼强狠自用，不以为然。及在囹圄中，追悔无路，谓必死矣。不意圣主宽大，复遣视息人间，若不改者，轼真非人也。来书所云：若痛自追悔往咎，清时终不以一眚见废。此乃有才之人，朝廷所惜。如轼正复洗濯瑕垢，刻磨朽钝，亦当安所施用，但深自感悔，一日百省，庶几天地之仁，不念旧恶，使保首领，以从先大夫于九原足矣。轼昔年粗亦受知于圣主，使少循理安分，岂有今日。追思所犯，真无义理，与病狂之人蹈河入海者无异。方其病作，不自觉知，亦穷命所迫，似有物使。及至狂定之日，但有惭耳。而公乃疑其再犯，岂有此理哉？然异时相识，但过相称誉，以成吾过，一旦有患难，无复有相哀者。惟子厚平居遗我以药石，及困急又有以收恤之，真与世俗异矣。

黄州僻陋多雨，气象昏昏也。鱼稻薪炭颇贱，甚与穷者相宜。然轼平生未尝作活计，子厚所知之。俸入所得，随手辄尽。而子由有七女，债负山积，贱累皆在渠处，未知何日到此。见寓僧舍，布衣蔬食，随僧一餐，差为简便，以此畏其到也。穷达得丧，粗了其理，但禄廪相绝，恐年载间，遂有饥寒之忧，不能不少念。然俗所谓水到渠成，至时亦必自有处置，安能预为之愁煎乎？

初到，一见太守，自余杜门不出。闲居未免看书，惟佛经以遣日，不复近笔砚矣。会见无期，临纸惘然。冀千万以时为国自重。

——《与章子厚书》

章惇，字子厚，是新党得力干将，但他在苏轼入狱期间全力出手相救，并不惜和宰相王珪翻脸。苏轼贬黄州后，他又很快送去书信安慰。作为朋友，苏轼对他的感激之情溢于言表，文章一开始就忙不迭地翻出早年对章惇的赞美之词，言及自己没看错人，有明显吹捧嫌疑。随即回首得罪往事，找出自己"强狠自用""少循理安分"的性格弱点，感念我皇宽大，谢不杀之恩，发誓今后要洗濯瑕垢，痛改前非，希望在朝僚臣章惇放心，自己保证绝不再犯。文章最后，言在黄州苦地艰难生活的境况，把自己"杜门不出""闲居看书"的精神状况向章惇作了简单陈述，还特别强调，他杜门不出闲居看书，看的还只是佛经，"不复近笔砚矣"，显然已对人生多有领悟，不再舞文弄墨、惹是生非了。

不管苏轼的悔悟是真是假，对当时势热如汤的章惇是否有所保留也未可知，但文章后面所说却是苏轼被贬黄州后真实的心情。

第三章　江山社稷和国家政治

离开黄州时，苏轼在《黄州安国寺记》里写道：

道不足以御气，性不足以胜习。不锄其本，而耘其末，今虽改之，后必复作，盍归诚佛僧求一洗之？得城南精舍，曰安国寺。有茂林修竹，陂池亭榭。间一二日辄往，焚香默坐，深自省察，则物我相忘，身心皆空，求罪垢所从生而不可得。一念清净，染污自落，表里翛然，无所附丽，私窃乐之。旦往而暮还者，五年于此矣。

"旦往而暮还者，五年于此矣"一句，虽是泛指他五年来隔一两日便来安国寺焚香静坐的行为，但其在黄州时期深自省察的内心转向却是明确无误的。文中，苏轼再次提到如何努力寻找"自新之方"以根除自己本质上的陋习，最后找到的自新之方就是一念清净，染污自落，以达到身心皆空、物我相忘的佛家境界。

可以说，以乌台诗案为界，苏轼逐渐由儒家思想所支配的仕宦进取的政治忧患转向了淡泊豁然的境界。以前，"奋厉有当世志"的儒家责任意识和担当意识在他身上呈现出鲜明的显性特征，有"笔头千字，胸中万卷，致君尧舜，此事何难"的大气磅礴，更有"如蝇在台，吐之乃已"的自信与豪情。现在却是"也无风雨也无晴"的淡泊，是"世事一场大梦，人生几度秋凉"的认命，是"惆怅东栏一株雪，人生看得几清明"这样宽和的识解。最后，小舟从此逝，江海寄余生。

1085 年，宋神宗去世，他 9 岁的小儿子即位，为宋哲宗，改元元祐，由高太后垂帘听政。高太后早年就反对儿子变法，现在终于有了扭转乾坤的机会。顺理成章，司马光在夹道欢迎的人流中隆重入朝，入朝后立即提出"以母改子"政策，全面废除新法，史称"元祐更化"，旧党人士为此欢呼雀跃。但此时的苏轼，昔日壮志已远，唯有因此可换来在常州太湖边居住的安定生活,让他大喜过望,"十年归梦寄西风,此去真为田舍翁",这是他当时心情的真实表露。

元祐年间,高太后在9个月内将苏轼连升三次,一直把他推到翰林学士、知制诰的显耀位置上。在野十多年的旧党人士重回朝廷,新党人士悉数被贬。时任宰相的新党领袖蔡确也在其中,先贬陈州,再改迁安州。极度苦闷中,他游览安州车盖亭,一气写下十首绝句。

车盖亭,本是一个不起眼的小地方,从那以后,湖北安陆的车盖亭四海皆知。因为这十首绝句引发了一起著名的文字狱事件,史称"车盖亭诗案"。

蔡确所写的十首绝句中被人抓住把柄的主要是最后一首:

矫矫名臣郝甑山,忠言直节上元间。
古人不见清风在,叹息思公俯碧湾。

——《夏日登车盖亭》

此处提到了一个敏感人物的名字。凭我们这一辈人的历史知识是不大可能知道其人的,但在北宋以降的士人官宦心目中,却是一个稍经提醒就恍然大悟的名字。这人叫郝处俊,因做过甑山县令,人称郝甑山。初唐上元年间,他官至中书令高位,当时唐高宗体弱多病,想让位于武后,郝处俊曾出面强烈谏止。

问题在于,并不是蔡确故意要生拉硬扯地提起这个上元时期的宰相郝甑山,而是郝甑山恰恰就是湖北安州人。蔡确在安州做知州,览景追怀,感念故人,刚好就有所抒发,这本来非常自然。但朝廷之上的高太后会作何感想呢?大家一定要知道,高太后可不是那种后宫乱政的普通女人,她甚至可以算得上武则天之后中国历史上的又一女杰,其政治倾向鲜明,为政作风果敢,

第三章 江山社稷和国家政治

正因如此,有人担心她会重蹈武后临朝称制之覆辙。难怪这首诗被人抓住了把柄,你蔡确这个时候怀念郝甑山"忠言直节上元间"到底是什么意思,明摆着是在怀疑宣仁太后要篡权吧!

蔡确很快就因"妄扇事端"再次得罪,在新党必须被连根拔掉的大背景下被判再贬新州,不久便死于贬所。

我前面说了,从王安石变法以来,北宋的政治生态发生了根本改变。在此以前,从来没有如此尖锐的政治冲突发生于朝廷之上,也没有如此势不两立的思想争斗对立于士人之间。在旧党人士被判服输的那几年,仗着有神宗撑腰,加上吕惠卿等人滥权,新党人士颐指气使,跋扈势熏。现在,风水转过来了,旧党人士立地翻身,仗着高太后的支持,反戈一击,全面清算新党人士。新党搞了个"乌台诗案",旧党还一个"车盖亭诗案",针尖对麦芒,看上去是礼尚往来的一件正常事。但这个车盖亭可是要比乌台的力量来得猛烈得多,以牙还牙,总是冤冤相报,变本加厉。"车盖亭诗案"是北宋开国以来打击面最广、打击力度最大的文字狱案。在诗案坐实、蔡确被贬新州时,旧党将其领袖人物司马光、范纯仁和韩维誉为"三贤",将新党党首蔡确、章惇和韩缜斥为"三奸",还将王安石和蔡确等党人名单张榜公布,以示警告。章惇、韩缜也和蔡确一样,被一贬再贬。

其间,仍有一些士人并未囿于自己的党派立场失去原则地整人害人,相反,还在政敌蒙冤时伸出援手,比如王安石、章惇曾为苏轼说情,司马光也曾为"车盖亭诗案"喊冤,但这依然不能阻挡怨恨、仇视、报复等狭隘情绪在朝廷弥漫,加上一些小人从中作梗,整个神宗朝和哲宗朝的政治生态渐渐散发出乖张、暴戾、卑劣的晦恶气息。

蔡确被贬岭南时,旧党的中坚力量吕大防和刘挚以蔡确母亲年迈、岭南路远为由劝说高太后,主张将蔡确改迁他处,但高太后义正词严地说:"山可移,此州不可移。"旧党大员范纯仁也曾出面相救,还敦请哲宗皇帝出面向高太后求情,无果。有记载,范纯仁对同党吕大防说,岭南之路长满荆棘已七八十年了,今日重开,凶多吉少,日后恐怕我们也会遭此下场!这话意味深长,大宋在真宗朝丞相丁谓被贬岭南后,这条死亡之路就再未开启过,蔡确被贬岭南,再次打开了一扇残酷之门,其政治后果不可估量。

  蔡确殒命岭南的这一年,即1093年,高太后也离开了人世,哲宗亲政,改元绍圣。高太后垂帘听政的8年,也就是著名的元祐年间,对旧党人士依附其祖母而忽视自己的行为,宋哲宗早就心中有梗,现在终于有机会吐一口恶气了,他马上召回章惇、蔡卞等人,重新扛起父皇改革的大旗,并严厉处罚那些打击新党、推翻新法的官员。

  哲宗亲政的次年,苏轼被贬惠州,过几年再贬儋州。范纯仁贬永州。

  忘说了,范纯仁是范仲淹的次子。看来他继承了其父的性格特点,常有遥远忧患,他早年的担心终于应验了。对范纯仁这位政治家来说,他的担心绝不仅仅是一种情绪上的隐忧,而是源于一种自觉的警醒。他目睹了一场由政见不同或思想认识不同导致的政治博弈,最终变成了一场血腥惨烈的党派之争。元祐年间,旧党对于新法,不论好坏一概废除;对于新党成员,不论是否能办事一概贬谪。现在新党人士上台了,更是变本加厉,深仇大恨一起结算。此时,章惇官至宰相高位,他的昔日好友、那个旧党中最理性、最温和甚至因批评旧党不当做法而不见容于旧党的苏轼,最终也逃不过被贬岭南的下场,这一年,苏轼已经62岁了。

  直到三年后的1100年,宋哲宗英年早逝,其弟宋徽宗即位,苏轼才遇大赦而返,但终因身体久被摧残,北返途中卒于江苏常州。

  事情还没完。

  历史上大名鼎鼎的宋徽宗即位后,高调继承其父宋神宗、其兄宋哲宗的改革思想,继续任用新党人士。不知道是历史的巧合还是历史的必然,就在

第三章 江山社稷和国家政治

这一时期，一个杰出的书法家受到了另一个杰出书法家的赏识。从某种意义上说，这种艺术家之间的惺惺相惜和政治结盟最终导致了北宋的灭亡，因为这位被赏识的书法家臣子担任了书法家皇帝的宰相，其人姓蔡名京。前面提到过的新党后期重要人物、同为著名书法家的蔡卞就是蔡京的弟弟，他还是王安石的女婿。只是，蔡卞虽也曾位至宰相，但名声比他哥哥好了许多。

即位不久，宋徽宗就和蔡京一起，做了一件让后人唾弃千年的事情。为了把那些在元祐年间活跃的旧党人士永远留在历史的耻辱柱上，他们命人把元祐党人名单刻在石碑上，并立碑于端礼门。

石碑上一共刻有309人的名字，其中有很多著名的名字：文彦博、吕公著、司马光、范纯仁、苏辙、吕大防、刘挚、苏轼、程颐、黄庭坚、秦观、晁补之、张耒等，他们因在元祐、元符年间有过激言行被列为奸党，而奸党的子孙是不许留在京师的，更不许参加科考。立碑当年，很多被列入名单的重要人物都已去世，尚在人世的则一律被判永不录用。后来，又将几个新党领袖的名字加入其中，如章惇、王珪、曾布。

伫立在端礼门前的那块碑因星变被毁。宋室南渡后，新法被弃，旧党卷土重来。此时，一些旧党人士的后裔以祖先曾经上榜此碑为荣，特地根据家藏碑刻拓本重新刻制了一些石碑。尚有两块元祐党籍碑留存至今，一块存于广西桂林桂海碑林博物馆，另一块在广西融水苗族自治县。

很遗憾，我三次到桂林都未能亲睹此碑，而最近一次去桂林还是在写作此书的过程中。这两块石碑属于宋代摩崖石刻的典型作品，有宋徽宗亲题手书"元祐党籍"四个字，碑序和党人名单则为蔡京手书。可以想象，此碑久经风雨侵蚀，文字已模糊不清，但依然挡不住人们前去瞻仰的步伐。2017年5月，桂林之行的最后一天，我差点就脱离大部队，转身前往碑林和晋王府，但最终还是罢了这个念头。去了，也只能看见一些模糊的字迹和淡淡的历史刻痕，不去也罢。

说实在话,蔡京将那一手漂亮的书法用来书写他心目中政敌的名字是可惜了点,这本是一般抄写匠就可完成的事情。反过来说,用一手漂亮的字把一些被人尊仰的名字书写镌刻于石碑上,也可算他一生做的最有价值的事。蔡京一生作恶多端,专权怙宠,最终也没能逃脱被贬岭南的下场,在金人入侵的战乱中为民唾弃,最后饿死于长沙。

当初,宋徽宗和蔡京立碑的目的意在"惩恶",后来,这块石碑却变成了名副其实的英雄榜,人们又开始一边倒地称颂被列名其上的人物的功绩。历史乖张而无常,在一个耻辱榜和英雄榜的宠辱轮变中,一个个具体的、有血有肉的人最终成了那一长串名单上面的几个字符,抚摸那块冰冷的石头,可能会真切体会到政治斗争的极度寒凉。

他们的人生由此发生更改和终结、沉浮和漂移,这既是王安石在倡导改革之初未曾料想到的,也是司马光在洛阳深自韬晦时不能预见的,同样,一腔热血的苏轼在写下洋洋洒洒的上皇帝书时,完全不可能料到自己的后半生会在颠沛流离中度过,而像黄庭坚、秦观这些甚至都没有进入政治核心的"余官",也在这场惨烈的政治斗争中被强行拖下水,直到最后也无法露出自己完整的身子。

"乌台诗案"可以算是中国历史上最早的文字狱事件,开启了深文周纳、断章取义、望文生义并以诗文治罪的极其恶劣的先例。好在这起事件没有流血,也没有杀人,不过使一些官员贬谪他乡而已。

宋之后,元代的蒙古统治者对汉文化压根儿就没有太大的兴趣,也因此,如奚如谷先生所说:"蒙元是汉代之后唯一一个不完全受儒家意识形态支配的王朝,蒙元也是一个没有任何文字狱的王朝。"①

---

① 奚如谷:《金末至明初文学》,见宇文所安主编:《剑桥中国文学史》(上卷),生活·读书·新知三联书店,2013年版。

· 第三章　江山社稷和国家政治 ·

元祐党籍碑

往后走，情况越来越糟糕。到明代，朱元璋一上台就采用了用文字狱惩治文人的残酷手段，这早已不是被贬谪或不准为官的问题。文人高启因为文中有一句"龙盘虎踞"貌似没有用对地方而被腰斩于市，年仅39岁。

从清代康熙朝始，明史案牵涉上千人，被诛杀者七十多人，凡作序者、校阅者及刻书、卖书、藏书者均被处死，开有清一代以文字治罪的先例；稍晚，戴名世《南山集》案，株连三百多人；到雍正时期，更有著名的吕留良案、屈大均案以及"清风不识字"案、"维民所止"案；乾隆时期，血雨腥风的文字狱案达一百三十多起，有将近五十个案件的当事人被处死。这里，既有清初统治者惧怕文人妖言惑众、导致民心偏移的恐惧心理在作祟，又有其压制异端、欲树立威权的防御本能在起作用，后世一些人一叶障目，一边倒地把康熙、乾隆誉为包容开明的皇帝，不过是对清初复杂的政治环境和思想背景的无知。

政治上或人品、行为上找不出问题或把柄，便在其诗歌文章或历史书写中寻找蛛丝马迹，即所谓文网密集，疏而不漏，欲加之罪，何患无辞。换了任何一个文人，也难逃这个深文周纳的大网。可以想象，在这样一种政治环境下，文人的处境何其险恶，人人自危，如履薄冰，谨小慎微，张皇心悸。而周围的人或为了自保，或为了获得进阶通道，乘人之危，落井下石，推波助澜，助纣为虐，政治生态和文人创作环境坏到了极点，望文生义，无中生有，穿凿附会，党同伐异，谁还能在这样的环境中畅畅快快地说上两句真心话？最后只得如龚自珍所说："避席畏闻文字狱，著书都为稻粱谋。"哪怕在政治上不犯错误，在私德上无可指责，但谁又能保证自己诗文中的每一句话都得体、每一个典故都用对了地方？文人们只有小心谨慎地取舍用字，或在修辞策略上下功夫，最终无非应了"清风不识字"案中的著名诗句所言，"清风不识字，何故乱翻书"，"明月有情还顾我，清风无意不留人"。

到了这时，回过头来再看一看苏轼经历的那一幕。所幸，政治争斗此起彼伏，翻来倒去，在苏轼不长的一生中，终于等到了风水轮流转的时候，所有这些都让苏轼有机会理性而通达地反省政治人生的本质要害，最终使自己脱胎换骨，到达宠辱不惊、履险如夷、临危若素的超然境界。相比那些不可计数的政治牺牲品和陪葬品来说，苏轼的经历更像是历险，而不是沦陷。

但是，到底有多少文人能够像苏轼那样，可以有在政治历险中重获新生的可能呢？有些文人因说错一句话或用错一个字，从此改变了人生路径，或被诛杀，或困顿终身，而劫后余生的大多数文人只有缄口不言，装疯卖傻，最终无奈消磨或慢性自杀般葬送掉自己的一生。

四　赵孟頫的非遗民写作

时间往后推移，我们会在中国文人传统中遭遇一种特殊的写作形式——遗民写作。

既是遗民写作，就要知道什么是遗民。广义而言，遗民泛指亡国之民，如清代思想家归庄所说，遗民是"在废兴之际，以为前朝之所遗也。"① 狭义而言，又特别指代一种改朝换代后不仕新朝的人，他们或抗争，或隐居，拒绝与新朝合作，呈现出一种鲜明的忠于前朝的精神和行为特征。我在此要说的就是这种特定意义上的遗民。

遗民，在频繁的改朝换代中并不鲜见。比如，周武王伐纣以后的殷遗民就是一个大群体，其中最著名的要数伯夷和叔齐。他们耻食周粟，采薇而食，最后饿死在首阳山上。虽然伯夷、叔齐所处是暴虐无度的黑暗王朝殷商之末，而周武王无论在何种意义上都代表着正义与解放之师，但中国文人仍然把伯夷、叔齐誓不食周粟看成是一种高尚行为，将他们视为有清名之人，如孔子所言，是"求仁而得仁""不降其志，不辱其身"之人。

中国历史上第二次大规模的遗民出现在宋元异代之际。以前西晋王朝被外族终结，终还有司马氏后裔在长江边上偏安一隅以承正统，大批北方难民南下，文化血脉得以延续；北宋被女真人征服，也还有赵宋后人杭州继位以和金廷南北相向，文化正朔保持始终。现在，赵家族人被赶进了大海，蒙古人的铁蹄跨越大江南北，兵马过处，鸡犬无声。汉人的礼仪文明悉被踩踏，

---

① 中华书局上海编辑所：《归庄集》卷三《历代遗民录序》，中华书局，1962年版。

民族尊严不复存在，完全不用费力去猜想，就可以理解大宋遗民会有怎样一种刻骨铭心的丧亡锥心之痛。

这时，出现了一大批遗民诗人，最重要的遗民诗作应该是文天祥所作诸首，如《正气歌》《扬子江》《过零丁洋》《金陵驿》。其中，"臣心一片磁针石，不指南方不肯休""人生自古谁无死？留取丹心照汗青"已成千古名句，凛凛义烈，气贯长虹。

还有一个著名遗民，叫郑思肖。这不是他的本名，因为他在宋亡后为自己起的新名字更加有名，思肖即思赵，简体字为思赵。此人一听见来自北方的消息，便掩耳疾走，坐卧也从不北向。他在房间里挂一匾额，上书"本穴世界"四字，以本字去掉十，加在穴字下面，就是"大宋"之意。他本来精于画墨兰，自从宋元更祚之后，他画兰就再不画土。人问其故，答曰："地为番人夺去，尚不知耶？"意味根无所着。其《画菊》诗有一名句："宁可枝头抱香死，何曾吹落北风中。"还有"一心中国梦，万古下泉诗""此地暂胡马，终身只宋民""终不求人更赏音，只当仰面看山林。一双闲手无聊赖，满地斜阳是此心"等句，让后人感受到极致的忠贞和决绝之心。

与郑思肖同时，谢翱、谢枋得、王炎午、汪元量、林景熙、仇远、戴表元也是著名的遗民诗人。

另外，著名词人王沂孙、周密、张炎和唐珏等十四人，在宋亡后作有《乐府补题》这样一本奇特的咏物词合集。词集中使用的典故和意象隐晦迷离，比如咏龙涎香、白莲、莼、蟹、蝉等物，后世论家一致认为其中寓有强烈的亡国之痛和故国之思，寄慨遥深，婉转多讽。这部合集源于一个悲切的故事：元兵南进，元僧杨琏真迦派人发掘在绍兴的宋帝皇陵，劫掠大量珍宝，还将宋室祖宗的尸体挖出来，暴其尸，残其肢。这激起了唐珏、林景熙等一帮文人的极度痛愤，在谢翱等人的协助下，唐珏私下组织人马偷偷收拾先帝残骨。过几日，杨琏真迦将宋室先帝余骨带到临安，将其与兽骨一起混杂填

第三章 江山社稷和国家政治

埋,并在其上建造镇南塔,以示对汉人帝王的羞辱,对百姓施以震慑。同时,谢翱、唐钰等人则偷偷把抢救出来的先帝骸骨埋葬他处,并移宋故宫的冬青树种于墓上,以为标志。后来,唐钰有句"只有东风知此意,年年杜宇泣冬青",谢翱有句"愿君此心无所移,此树终有开花时",其遗民之恸、沦亡之悲,凄然断肠,完全是泣血吞声之作。

这些典型的遗民写作或含有强烈的忠于前朝的忠义气节,对异族政权坚定的排拒和抗争情绪,或含有曲折深沉的愤怨以及对故国山河的缅怀与追忆,或雄迈,或激昂,或悲恸,或感伤,体现了强烈的民族主义情绪和文化优越感,以及杀身成仁、誓死终节的坚定的儒家价值观,当然,其中也有很多因世事变迁而遭逢个人命运突变的自殇自悼情绪。

与此同时,我们也能看到,就在一些遗民苦节矢志,归隐林泉,长吁短叹,含沙射影之际,总会有另一些士人文人急匆匆地前去赶赴新朝的典礼和盛宴,唯恐丧失了主流话语权和仕宦荣耀的机会。而不得不承认的是,出仕的士人总是比誓不仕元的士人要多出许多。

所谓"圣朝特旨试贤良,一队夷齐下首阳",大抵就是这样蔚为壮观的场面。

其中一个人物的出仕有着巨大的象征意义。

他原本是这个时代最不该出仕的一个人。换句话说,全天下的人都出来当官了,唯独他是绝不应该在元朝治下为官的。

原因很简单,他姓赵,是大宋赵氏皇室后人,和元朝统治者有不共戴天之仇。

1254年,赵孟頫生于浙江吴兴。他的祖上是宋太祖赵匡胤的儿子、秦王赵德芳,他的五世祖为南宋第二个皇帝宋孝宗的父亲。宋孝宗的即位是赵宋继统经过宋太宗赵光义(宋太祖之弟)后裔传承之后,再一次回归宋太祖赵匡胤的血缘,所以,赵孟頫的宗室地位不算边缘。由于被宋孝宗赐宅邸在吴兴,赵氏宗族在这一脉上,自孝宗朝始就一直居住在吴兴,后人又叫赵孟頫为赵吴兴。

赵孟頫,字子昂,未及冠即以荫补官爵,并通过吏部选拔,为真州司户参军。虽官位不高,但生活在自己姓氏统治下的地盘,怎么也不会太潦倒。但时间进入了1276年的早春,临安陷落,赵家天下轰然崩塌。文天祥、陆秀夫等拥立的南宋小朝廷又艰难抵抗了三年,1279年3月19日,陆秀夫身背8岁的小皇帝赵昺及赵宋宗室八百余人集体跳海自尽,南宋彻底灭亡。此时的赵孟頫,一个正宗的赵氏宗亲,在吴兴老家手足无措。

时间流逝。在两次拒绝仕元之后,32岁的赵孟頫迎来了他一生中最重要的一年,至元二十三年(1286),早年降元的侍御史程钜夫奉诏到江南征召宋代遗臣。据说,在其要征召的遗臣名单中,赵孟頫名列榜首。他作为赵氏宗室后裔而有可能被元廷收编,其巨大的象征和号召作用不容小觑。

在程钜夫的引见下,元世祖忽必烈在元大都第一次见到了外貌英俊的赵孟頫,他当即被赵宋后裔巨大的气场和光环吸引,极其欣赏赵孟頫的"才气英迈",以为赵孟頫乃神仙中人。次年,赵孟頫得兵部郎中职,正式入仕。几年后,赵孟頫升任集贤直学士,有更多机会和忽必烈见面。

据《元史·赵孟頫传》记载,忽必烈曾问赵孟頫:你是赵太祖的子孙呢,还是赵太宗的子孙?赵孟頫答:我是太祖十一世孙。忽必烈又问:那你知道太祖平时是怎么行事的吗?赵孟頫回答:不知。忽必烈说:太祖行事,很多都是可取的,这些我都知道。到底忽必烈是想夸赞赵孟頫的祖宗,还是真想知道赵孟頫的祖宗是如何处理日常事务的,抑或是在如今寄食门下的汉人皇族后裔身上体会一种特殊的快感,即使联系上下文,我也无从得知这段话的真实用意。只是,赵孟頫在京城为官的几年里,忽必烈虽未特别重用他,也还算真心诚意地礼遇他,赵孟頫得到一个从五品的闲职官位,心绪也一直

处于较为平静的状态。其间,他还写了诸如《钦颂世祖皇帝圣德诗》这样的诗歌:

> 东海西山壮帝居,南船北马聚皇都。
> 一时人物从天降,万里车书自古无。
> 秦汉纵强多霸略,晋唐虽美乏雄图。
> 经天纬地规模远,代代神孙仰圣谟。

一时人物从天而降,南船北马汇聚皇都,好一派南北统融的欢欣气象。看得出,赵孟頫从心底觉得,南北大统是好事一桩。在后来写给太傅伯颜的诗中,也可见他对元朝的称颂多集中在其完成大统的成就上,"舆地久已裂,车书当会同"。这里的车书,显然是指车同轨、书同文的制度划一。神州大地分裂已久,也就会对一统天下欢呼雀跃。

随后,忽必烈有意让他参与中书省政事,赵孟頫却怕久在君侧,受人嫉妒,故竭力请求外任。在京城待了五年后,1292年赵孟頫自请出任同知济南路总管府。就职前,他先回了一趟吴兴,作诗《至元庚辰,由集贤出知济南,暂还吴兴,赋诗书怀》二首:

> 五年京国误蒙恩,乍到江南似梦魂。
> 云影时移半山黑,水痕新涨一溪浑。
> 宦途久有曼容志,婚妻终寻尚子言。
> 政为疏慵无补报,非干高尚慕丘园。
>
> 多病相如已倦游,思归张翰况逢秋。
> 鲈鱼莼菜俱无恙,鸿雁稻粱非所求。

空有丹心依魏阙,又携十口过齐州。
闲身却羡沙头鹭,飞去飞来百自由。

到达济南任所又写下《初到济南》,以寄托胸臆:

自笑平生少宦情,龙钟四十二专城。
青山历历空怀古,流水泠泠尽著名。
官府簿书何日了,田园归计有时成。
道逢黄发惊相问,只恐斯人是伏生。

有了五年京城为官的经历,返回故乡时,看江南水痕,品鲈鱼莼菜,似有千般头绪,万番感慨。很多以前被封存的记忆和情感被唤起,他似乎突然知道了心之所向。五年京国仕宦无非是"误蒙恩",功名稻粱也绝非自己真正追求的东西,唯有故乡的田园呼唤自己归来。但,写诗归写诗。出京两年后,元世祖驾崩,朝廷需要有人来修《世祖实录》,赵孟頫又被召还京,他获得自由身的愿望又一次被无情断送。

到了1299年,45岁的赵孟頫赴杭州任江浙儒学提举一职,这才算过上了相对自由闲适的生活。

1309年,皇太子爱育黎拔力八达(后来的元仁宗)遣使召,赵孟頫在杭州待了十年以后回京。元仁宗在东宫时就仰慕赵孟頫,到他1311年即位后,对赵孟頫大加重用。他一直对赵孟頫只呼其字不呼其名,甚至将赵孟頫比作李白、苏轼,并夸赞赵孟頫身上有旁人所不及者七条:帝王苗裔,状貌昳丽,博学多闻,文辞高古,书画绝伦,旁通佛老,操履纯正。这是一个极其华丽的褒扬。

赵孟頫数月不到宫中,元仁宗得知是年老畏寒不肯出门之故,又赐他貂

第三章 江山社稷和国家政治

鼠皮裘,到后来更是一路加官晋爵,一直让赵孟頫官至翰林学士承旨、荣禄大夫,官至从一品,推恩三代。

1322年,69岁的赵孟頫病逝于吴兴老家,后追封魏国公,谥号文敏。

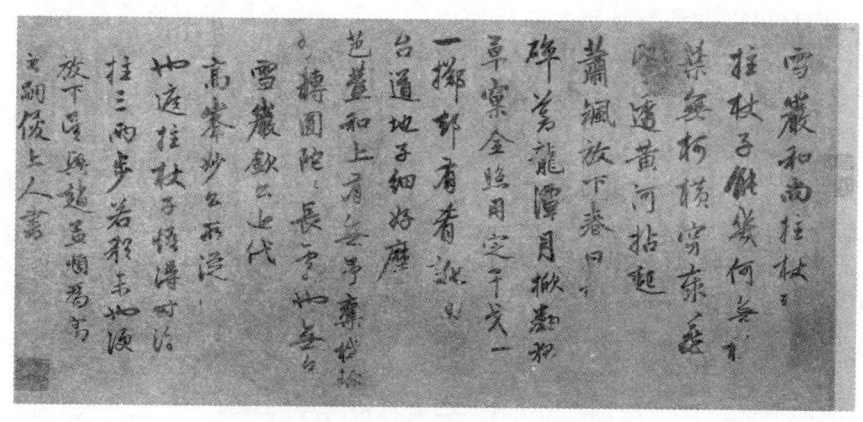

赵孟頫书法作品《雪岩和尚拄杖歌卷》

对今人来说,赵孟頫作为画家和书法家的名声太大,远远超过了其作为文人和诗人的名声,多数人也选择忽略甚至忘记他的仕宦经历。其实,赵孟頫死后的最初几百年里,对他人格的品评从未间断。明代文人王世贞对赵孟頫评价不高,甚至拿他和文徵明比较,说一个官至一品,另一个仅登一命,但一个不到七十而亡,另一个却高寿九龄,言下之意,二者有异,而且是大节之异;清初文人纪昀激赏赵孟頫的翰墨才艺和风流文采,对其作为大宋皇族而改节事元一事却耿耿于怀;到晚清康有为,更是咬牙切齿劝说后辈"勿学赵董流靡之辈",显然,他瞧不起赵孟頫身为帝胄而入元朝为官,对其书法功夫也极尽贬低之能事;20世纪初问世的那本《新元史》,引用《诗经·大雅》诗作"殷士肤敏,祼将于京"句,把赵孟頫"以宋宗室之后,委贽事元,跻于通显"的行为和殷商末年那些裸身献媚的士人相等同,可见其蔑视程度。不过,《新元史》的作者柯劭忞又补充了一句,说君子不应苛责赵孟頫,只需怜悯而已。

赵孟頫身为赵宋宗室后裔而仕元,无论如何都算不上光彩的事情。他的家族打下江山,后又被金人逼到南方建立政权,祖上蒙难不少,受辱多多,南宋灭亡时又有无数宗室成员跳水自尽以不辱祖宗之名。赵孟頫即使不以身赴难,也尽可以做到不赴新朝。即使潦倒一生,也能保持家族尊严,这对他来说并不是太难,因为在此以前,即南宋末年,其所在吴兴赵氏一脉已近衰落,进入元代,他实在是没有太多可失去的了。

也因此,赵宋王朝的覆灭又给了他一个契机。本没有沾上太多赵宋王朝的荣光,突然间,他的名字被列在元廷所要收编的大宋遗臣之首,他又阴差阳错因出身和姓氏的光环获得了咸鱼翻身的大好机会。尤其是元代初年废停科举的做法,几乎把南方汉人在政治上的出路完全堵死,赵孟頫在这样的背景下出仕,确乎有一种巧妙利用祖宗之名获得荣耀的嫌疑。

再者,他的被召入仕距离前朝灭亡不过6年时间,他的大部分文友同伴依然能耐得住寂寞,他却一副急不可耐、召之即来的模样,似也和其高贵的皇族身份相悖。

1286年那次征召,抚州名士吴澄也名列其中,他和赵孟頫一起北上,最终却执意南归。赵孟頫在送别吴澄时写下一篇名为《送吴幼清南还序》的文章,开篇这样写道:

士少而学之于家,盖亦欲出而用之于国,使圣贤之泽沛然及于天下,此学者之初心然。而往往淹留偃蹇,甘心草莱岩穴之间,老死而不悔,岂不畏天命而悲人穷哉!诚退而省吾之所学,于时为有用耶?为无用耶?可行耶?不可行耶?则吾出处之计了然定于胸中矣,非苟为是栖栖也。

赵孟頫必须要面对的事实是,吴澄南归不仕,自己却留了下来。他在文中决计不谈节义和忠贞问题,更隐匿了特殊的个人身份,仿佛是在探讨一种

第三章　江山社稷和国家政治

历史上屡见不鲜的出处进退话题。他强调，少时所有的学习和努力最终目的都是用之于国，使圣贤的光泽照耀天下，所以，他的出仕之路坚定于胸；同时，他又对吴澄的归去之志表示了足够的理解和赞赏，并在文章后半部分列举了自己一帮好友的名字，将其介绍给吴澄，希望吴澄回乡后和他们结交。文章到此，笔触突然轻松起来，完全没有了开篇宏大叙事的感觉，悠然诉说着昔日和一帮好友"放乎山水而乐乎名教之中"的读书弹琴生活。但这种悠然诉说已经变成了一种追忆似的告别，我们隐隐感到了其中的忐忑之情和对前景的担忧，"吴君之心，余之心也。以吾之不才，去吴君何啻百倍？吴君且往，则余当何如也？"赵孟頫思想深处的矛盾纠结，正是两种不同的价值观在冲撞相向。

大家也许记得，我在黄宗羲一节曾经提到过这个吴澄先生。他在和赵孟頫分道扬镳后，虽一再推却，最后还是无奈就召赴命，成了继大儒许衡之后元朝国子监又一面高高飘扬的旗帜，又一个对元代社会和民间思想影响颇深的著名理学家。

元代社会和我们熟悉的其他汉人统治的朝代有很多区别。南宋偏安后，中国北方被女真（金）人统治长达一百多年。在南宋被蒙古人推翻的40多年前，即1234年，蒙古灭金，继而统治北方，接手了不少归顺的北方汉人知识分子，也可称其为金遗民。和女真人相比，蒙古人对汉文化的理解和认识相差太远，他们将全国上下按照族别和地区划为四个等级：蒙古人为第一等，色目人（西域各族人等，如突厥人、粟特人、波斯人）为第二等，汉人（北方汉人，包括契丹人、女真人）为第三等，南人（前南宋统治地区的汉人）为第四等。虽然至今都没有找到该等级制度的相关法令文本，但这种制度关涉汉人在政治上的任用和升迁，关涉汉人在法律上的权利和保障，潜移默化在汉人日常生活的真切体会中，却是心照不宣的事实。这种族群和阶级上的蔑视源于蒙古统治者作为胜利者的傲慢,也源于其对汉文化的轻视和漠然。

如此,也可想见,赵孟頫以一介南方文人身份进入元朝等级森严的政治体系,其边缘化的失落是必然的。与其说南方汉人是以对汉人政治文化的熟稔操作而被任用,毋宁说其装饰性作用远远大过其功能性作用,任用南方汉人对蒙古人、色目人甚至北方汉人官员进行牵制的作用也是显而易见的。赵孟頫在京城待了五年就自求外放,一旦离开京城,回首往事,对当年行为的莽撞和幼稚,便不由得有所反省。

《罪出》一诗非常著名,人们通常用这篇诗作来诠释赵孟頫对仕元行为的反省和懊悔:

在山为远志,出山为小草。
古语已云然,见事苦不早。
平生独往愿,丘壑寄怀抱。
图书时自娱,野性期自保。
谁令堕尘网,宛转受缠绕。
昔为海上鸥,今如笼中鸟。
哀鸣谁复顾,毛羽日摧槁。
向非亲友赠,蔬食常不饱。
病妻抱弱子,远去万里道。
骨肉生别离,丘垄缺拜扫。
愁深无一语,自断南云杳。
恸哭悲风来,如何诉穹昊。

未出仕,被视作有"远志",而出仕新朝就变成了无足轻重的"小草";以前是自由飞翔的"海上鸥",现在却成为身陷囹圄的"笼中鸟"。这些道理

第三章 江山社稷和国家政治

古已有之,但自己为什么早年就体会不到呢?在笼中被困的小鸟,毛发日渐枯槁,成天哀鸣,可谁又愿意倾听呢?掩面恸哭,苍天可谅?

又如《岳鄂王墓》一诗:

鄂王坟上草离离,秋日荒凉石兽危。
南渡君臣轻社稷,中原父老望旌旗。
英雄已死嗟何及,天下中分遂不支。
莫向西湖歌此曲,水光山色不胜悲。

把这首诗理解为一首政治隐喻诗,应该是恰当的。借前代沦亡比附当今,故国已逝,山河依旧,沉吟苍茫,山水同悲。

而那首著名的《自警》诗就更加意味深长了:

齿豁头童六十三,一生事事总堪惭。
惟余笔研情犹在,留与人间作笑谈。

写作此诗时赵孟頫已是 63 岁高龄,离他去世也只有 6 年时间。这一年,他刚拜翰林学士承旨、荣禄大夫,官至一品,元仁宗对他恩赐甚厚,但他并没有太多的自得。这算光宗耀祖吗?显然不能,他是在祖宗的仇敌那里官至一品的,所有荣耀和奖赏都没法面对宗庙和祖宗。回首一生行事,他终于说出了"总堪惭"三个字,而自己真正用心用情之处,怕也只有笔墨丹青了,其余的一切就留与人间作个笑谈吧。

作为前朝官员而出仕新朝,赵孟頫是和遗民身份完全不沾边的。但是,如果把赵孟頫诗文中呈现的情感倾向和遗民写作完全划清界限,也是简单而偏狭的。

我把赵孟頫的写作称为典型的非遗民写作,以此和典型的遗民写作相对应。

非遗民,是一种政治和道德身份的规定,但其写作所透露的精神实质又和遗民写作有着千丝万缕的联系。他们的诗文除了没有遗民写作那种显而易见的道德制高点外,其展现的故国之思、丧亡之痛,一点也不亚于遗民诗文。具体来说,他们的诗作不可能具备遗民写作那种坚守政治贞操的优越感,更没有来自精神人格的傲然和自恃,但其中透露出来的对侍敌行为的自解色彩又含有一种特殊的调性。正因为已经投入敌营,其故国之痛就不可能比那些纯粹的遗民来得单纯、轻松,其内心的纠结和矛盾也要沉重和复杂许多。

在一种价值观的选择和人格的坚守上,非遗民们一直以来都不缺少基本的认知和判断,他们从来都知道怎样做才会被人认为是好的,而怎样做会被人称为不好。也就是说,他们太知道自己厕身新朝的行为是要被人鄙夷的,甚至是要被千夫所指、万世唾骂的。这也就难怪,几乎任何一个出仕的文人都会对自己的侍敌行为进行不同程度的申辩和解释,甚至自责和忏悔。也正因如此,我们需要谨慎地来看这些非遗民写作中所表露的情绪的真伪。毫不留情地说,有些人的行为其实就是一种煞费苦心的自我形象塑造,或者说是自我形象重构,既在新朝得到了好处,还想在精英或大众舆论中寻得一些理解和谅宥。既想出人头地,又想声名清洁,这类人脚踏两只船,虚伪透顶,不值一提;但也有一些遗民虽然身不能完节,但与前朝的精神和情感联系却一直存在,断不能轻易抹消。

那些典型的遗民文人,用清初学者邵廷采在其《宋遗民所知录》中的分类来说,主要有两种:一种是被称为"上者"的仁人烈士,他们"蹈白刃、赴水火",如文天祥杀身成仁,如谢枋得绝食而亡;另一种为次等,他们

第三章　江山社稷和国家政治

"亡形江海，隐迹深林，终身肥遁，晦明正志"，如谢翱、张炎、王沂孙等人。这些人的出现都被称为大宋养士三百年的累累硕果。前者云蒸霞蔚，英雄赴义，简单干脆，一了百了；而后者呢，他们到底承载了怎样一种心理压迫和声名累赘，不得而知。只是，我们确切地知道，很多异代之后再没进入官场的士人渐渐遁迹于主流话语之外，一些以前名声很大的文人渐渐沦为纯粹的江湖隐士。即便有些人依然在遗民圈子里享有威望和声名，但随着时间的流逝，随着元代社会的日趋稳定，他们的贞烈行为也不再被人视作可供景仰的高贵品质，而不仕导致的生活潦倒和边缘化更让这些人处于一种进退两难的尴尬境地。是继续自我苦节，逃避自虐，还是放弃坚守，接受现实，逐渐成为一种需要认真对待的生活考验，而不再仅仅是一种政治考量和道德选择，这不完全是靠一个人的品质或修养就能支持得住的。残酷一点说，死亡也可能成为一种成全，一种解脱，而高寿则意味着你还需要遥遥无期地忍受孤独和落寞。

出仕，是要被道义和名节苛责的；不出仕，则必然会遭受来自残酷现实和社会法则的嘲弄和讪笑。前者因在当朝获利，必须承担相应的道德和灵魂追问，似是必然；但让后者万万没有想到的是，他们曾经持守的政治贞操最终连一种精神获利的空间也没有，甚至还可能转换为一种欲罢不能的道德压迫，让人倍感煎熬，进而陷入一种深深的疲态。

据载，1286年那次著名的江南访贤，一些坚定的遗民或更改姓名，或紧闭门户以避征召，他们躲在一起作诗写文，互相监督各自的言行，以相互取暖和参照的方式来获得一种慰藉和支持。他们曾经以"遗"来获得一种政治和道德身份，但时间并未将这种身份加固或凸显出来，反而以很快的速度用讪笑或嘲弄的口气淹没了这一群人，让他们进退失据，左右为难。我非常同意赵园先生关于遗民叙述的一些观点，她说："遗民情景有赖于营造，赖有营造之后的不断提示、自我暗示，赖有意志与信念——在这一点上，的确近乎宗教经验。"① 设想一下，如果赵孟頫也躲起来杜门不出，和众多遗民文人一样散漫于乡野之中，结果会如何？以赵孟頫在南宋末年极小的声名而言，后来的人怕是没有机会知道一个叫赵孟頫的皇族后裔曾经如何生活，甚至赵孟頫会不会成为一个杰出的书画家和一个不错的文人也未可知。

遗民之要义在于不遗忘旧朝，但不遗忘旧朝就意味着被当朝或当世遗忘。我在前面几节中谈到了政治选择的残酷性，如刘琨、苏轼等，有可能是被误解、被排挤、被迫害，有一种惩罚却可能是被漠视、被抹消，直至被彻底遗忘，这才是遗民身份的终极悲剧。

殉了一个王朝，就是为一个王朝陪葬，确实近似于宗教经验。

正因为有以上诸多因素的搅扰，南宋遗民的政治身份和道德身份又是多重的，士人阶层的价值观也是复杂的、混乱的，甚至连其情感归宿也是飘忽不定的。有人刚刚写诗作文以明志，转过身就北上为官，即所谓"固有朝赋《采薇》之篇，而夕有捧檄之喜者"（顾炎武《日知录》）。即使是那些严格意义上的宋遗民，也有很多人依然和入仕为官的昔日好友保持着上佳的关系，甚至像方回这种被普遍认为大节有亏的文人依然在遗民圈里保有一定的权威，这就是例证。随着元代社会逐渐稳定，最初存在的非此即彼似的道德严苛逐渐让位于一种宽容和接纳，以前表现出的尖锐的二元对立逐渐被一种多元的人生哲学所取代。

这时，回过头去看那句"留与人间作笑谈"，仿佛又多了一层特别的深意出来。大多数论家认为这是赵孟頫所作的临终忏悔，是对自己以王孙之名侍敌行为的告解。这种推测不完全没有道理，"作笑谈"三个字蕴含了丰富

---

① 赵园：《明清之际士大夫研究——作为一种现象的遗民》，北京师范大学出版社，2014年版。

第三章 江山社稷和国家政治

的解读空间，尤其把他前面一些诗作拿来佐证，好像也是有内在逻辑的。但我个人以为，赵孟頫从来就没有真正忏悔过，"留与人间作笑谈"不过是一种轻松的化解，是一笑置之的漠然，以及回望一生行迹的轻松和淡定。如果说在出仕中期，尤其是他外放济南和杭州期间，有一种远离政治的身心放松感，继而产生了一种强烈的田园归梦，并由此对早年的草率行为有所自责，但到了晚年，他对一切都不在乎了。

如果真忏悔了，赵孟頫倒是矫情了。他这人其实是没有那么多情拿来娇纵的。纵观他的一生，他不过是一个写字画画很厉害的人，一个于节操没有太多严苛要求的散淡文人。一个连自己的祖宗天下都可以背叛的人，要谈忏悔，对他而言苛求了点。

家国河山，是他承负不起的东西。他的江山就是家乡吴兴的那一片天，是他纸张铺开之处，是他的笔墨天地，仅此而已。

我不愿意承认赵孟頫的忏悔，并不意味着我认为赵孟頫应该忏悔。相反，如果要强求一个不会忏悔的人去忏悔，只会是一种政治仿佛正确的道德绑架。

明末史学家谈迁在《枣林杂俎》中有这样一句话：

大抵一代之兴，必有攀龙附凤之臣。霞蒸云变，亦必有云壑鲐背之老。孰诗说礼，据梧而槁。盖以不有出者，谁共功名？不有处者，谁明节义？

"不有出者，谁共功名？不有处者，谁明节义？"这句话很高级，高级在把人世间可能拥有的尖锐对立放在了一个特定的维度上，相互印证，相互促成，相互塑造，最终消解了个人行为的极致精神性特质与社会世俗化属性的尖锐矛盾。

从当时来看，"出"意味着背叛，"处"意味着高洁，但从更远的历史视野去回望,纪昀哪里有资格骂方回,康有为哪里有资格骂赵孟頫。绝对一点说,所有在清朝为官的汉人都没有资格。

历史是一条无情的河,一路冲刷下来,锋利的石头变成了鹅卵石,人们把它们捡起来,捧在手里把玩品评,早已忘记它们曾经经历的疼痛和创伤。

我们生活在同一个空间,又未必生活在同一个时间。或者,我们生活在同一个时间,又未必生活在同一个空间。这是我们对待历史必须具备的一种态度,否则,很多人会以为自己身上具有一些其实并不存在的美德,可以轻易将时间和空间跨越过去。

这是不对的。

2018年春节,我们一行人在福建漳州的最后一天,前往一个叫赵家堡的地方。

赵家堡,是一座被城墙围起来的大院子,位于漳浦县湖西乡,这里生活着80多户人家,户主都姓赵。

和赵孟頫同时期,一个叫赵若和的赵氏族孙带着族人隐姓埋名生活在漳浦县佛昙镇。赵若和是宋太祖赵匡胤三弟、魏王赵廷美第十代孙,是赵孟頫的远亲,几百年前,他们是一家人。

明洪武年间,赵若和的十世孙赵范带族人移居至湖西乡,并于万历年间开始仿照北宋故都的立意布局,建造了这座同样设有外城、内城和大内的家族居住地,修建过程历经两代人,共20年。汴京的很多景象都以一种被想象出来的样貌复制于赵家堡中,其中汴派桥、聚佛宝塔是两个标志性景观。

赵家堡城池占地约135亩,呈方形,外墙四门只开三门,南门不开,是南宋灭亡后向南已无路可走的意思。祠堂里祭祀的祖宗除了赵若和一脉的各位列祖列宗,还包括大宋开国以来的十八朝皇帝。毫无疑问,这些人既是皇帝,也是赵家自家人。

· 第三章　江山社稷和国家政治 ·

最让赵家后人津津乐道的地方是位于城堡中心的大内——完璧楼。小楼门额上阴刻有行书"完璧楼"三个大字，"完"字，取"宋"字宝盖在上，"元"字在下，寓意"头顶宋朝天，脚踏元朝地"；"璧"字本是上下结构，这里却被书写成了左右结构，下边的"玉"字写成"王"，悄悄地躲在"辛"字旁，寓意王族历经艰辛的隐匿；"楼"字则把右上部分的"米"字用草书写成了"宋"字，又与"女"字自然连成了一个"安"字。这种藏有深意的书写，经由那个操着一口闽南普通话的赵氏后人为我们揭示出来，真有点天地倒悬的荒诞感和悲凉感。大宋皇室后裔，或东躲西藏，或安居乐业，或还有完璧归赵的希望，确乎已经在历史的洪流中被无情地抹消了，但他们依然固执地生活在时间的过往中，生活在一种隐含的荣耀中。

去赵家堡那天，连日来骄阳似火的福建，从一大早就下起了雨，而且是那种下出响声的雨。大概是春节，赵家堡几乎没有游客，就我们一群人，每人头顶上撑着一把临时买来的雨伞怪诞地鲜艳着、明亮着，在这个清静得略

显忧伤的地方，游魂一样飘来飘去，标识着一种抹不掉的外来闯入者的身份。石板路很滑，稍不小心就会滑倒，也不知咋回事，这景象搞得我有些不安。

中午，我们留在一间小饭馆里用餐兼躲雨，想都不用想，饭馆的老板一定是姓赵的。赵家媳妇把一本《汴京国族——赵家堡族谱》递给我，在等待一只活鸭从宰杀到炖得酥软的约一个小时中，我把这本族谱大体翻完了。

赵家菜很好吃，这户赵家人也很有教养。吃完午餐，雨小了很多，上路。从汽车的后视镜望出去，赵家堡渐行渐远，直至变成一个圆点，消失不见。这是一个古老家族最后的栖身之所。我看得出，如果可能的话，他们中有不少人愿意将四个城门永远关闭，外面是元也罢，是明也罢，都不重要，他们想把自己的记忆和身份永远定格。就像完璧楼那些书写告诉我们的，不管脚下是谁的土地，头顶上那片天，永远属于大宋的宝盖。

结　语

刘琨不忠，所以是有错的；宋之问、沈佺期、杜审言的错在于愚忠。忠还是不忠，这成了一个问题。

而赵孟頫的错，在于出。出和处，也成了一个问题。

不仅是忠与不忠、处与出的问题。苏轼和蔡确不过随便写了几句诗，他们的人生便因此发生中断、转向甚至终结。

巨大的苍穹下有一轮高悬的太阳。有人幸运一些，机智一些，总会适时出门，躲过骄阳，在温和的日照或阴云密布的天空下应付自如；有人却不那么幸运，他们几乎一出门就会和骄阳撞个正着，不管朝哪个方向走，都会在自己的前方或后方留下一摊阴影，无论如何都不能将其甩开。

政治，就是这样一轮太阳。

它不仅是宫阙和庙堂所代表的威权，是士人实现理想、施展才能的舞台，是可以实施法令、规范社会的制度，还是可以教化万民、影响百姓的意识形态，是无所不在的社会现实。人们在遵从、装饰或突破这些威权、制度和社会现实时自然而然会产生不同的情感、意图与作为。

它的维度实在太宽广了，宽广到你不一定知晓它会从何种方向、以何种方式介入你的生活，改变你的命运，缠绕你的内心，甚至撕扯你的灵魂，扭曲你的人格。如果不是习惯于昼伏夜出，也就是俗话说的习惯于走夜路，很难完全避免被太阳灼伤的危险。

第四章　南北、中心和边缘

——只是征行自有诗

一　北方：陆机之入北

我对三国故事中江东的记忆，印象最深的并不是几个姓孙的主子，而是周瑜、鲁肃和陆逊。陆逊的出现，已接近三国故事的末梢，经历了那个折节读书的吴下阿蒙，大家都感觉江东无人时，陆逊近乎从天而降，一亮相就弄出个火烧连营，并最终把刘备逼上了白帝城。这种智商级别的人自然会出将入相，官至三公，成为东吴地界最具声望的人物。他去世后，儿子陆抗也成为吴国的大司马，陆氏"一门有二相、五侯、将军十余人"（《世说新语》），显赫不可言喻。陆抗死后没几年，公元279年，早已收复蜀汉的西晋大军伐吴。次年，三国时代最后一个王国灭亡，如刘禹锡诗中所说，"王濬楼船下益州，金陵王气黯然收"。西晋统一中国，曹操没有完成的事业，在司马氏手中完成了。

这一年，作为东吴豪族陆逊的孙子、陆抗的儿子，陆机刚满19岁，弟弟陆云18岁，二人可以预见的仕途和人生道路呼啸间发生逆转，失去王国依托的二陆只得退居旧里上海松江华亭，闭门读书。

大家知道，华夏文明起源于中原大地，而春秋战国时期崛起于东南的吴越，在大多数传统士人眼中，一直是未开化的蛮夷之地。西汉开国之初，虽有吴王刘濞治下对江南的短暂复兴，因很快而来的吴楚七国之乱，汉帝国削藩的力度愈加增强，江东，因远离权力中心，再度成为被主流文化遗忘之地，北人对南人的蔑视经年日久。

孙坚出身于寒门豪勇，从小没读过什么书；孙坚之子孙策得以在东汉末年的军阀混战中入主江东，赖于其骁勇猛锐；相比父兄来说文化素养高出很多的孙权，励精图治，知人善任，终于在北方群雄争霸的杀伐中做大了自己，长江中下游一带尽归孙氏，偏安一隅，南北相望，长达八十余年。即便如此，江东孙吴也只能被看作乱世争霸中杀出来的一个地方土匪，熟读三国的人会记得，孙吴使者赵咨使魏，曹丕居然问赵咨："吴王颇知学乎？"曹丕是大知识分子，显然，他骨子里对孙吴是嗤之以鼻的。

晋灭吴后，吴之旧望太清楚自己的亡国身份，政治上不敢有造次之想，进阶之途堵塞，只能窥管以瞻天，缘木而求鱼，江东才俊多隐而不仕。

太康九年（288），晋武帝诏令"内外群官举清能，拔寒素"，诚邀江东才俊。次年，在闭门读书十年后，陆机、陆云兄弟应召入洛。

陆氏兄弟为何入洛，并不是一个值得探讨的话题。第一，在南宋朱熹以前，士人的儒家思想中没有太多教条框禁。为一个国家或一个王朝陪葬，做一个国家或一个王朝的遗民，在士人心中尚未形成普遍共识，更没有道德品评的累赘或压力。只要有赏识自己的主子，在哪里做臣子都不被视为不义之举。第二，从陆机、陆云的一些作品看，大致能感受到二陆始终存在的家族情结。相较他人而言，作为大族后裔，二陆更有一种光宗耀祖、克振家声的使命感，这也就不难解释当晋武帝征召令一到，他们头也不回奔赴洛阳的行为。兄弟二人在上海华亭十年闭关苦读，就是为了迎接这一天的到来，获皇帝征召，政治前途有望，对陆氏兄弟而言，无异于再生之恩。

但是，说这些行为逻辑清晰，顺理成章，并不意味着他们就毫无忧虑和畏惧。前往北方的路艰难而曲折，这是两位背负过多使命的才子心知肚明的一件事。

远游越山川，山川修且广。

振策陟崇丘，安辔遵平莽。

第四章　南北、中心和边缘

> 夕息抱影寐，朝徂衔思往。
> 顿辔倚嵩岩，侧听悲风响。
> 清露坠素辉，明月一何朗。
> 抚枕不能寐，振衣独长想。
>
> ——《赴洛道中作》其一

陆机《赴洛道中作》一共两首，这是其中一首。诗中的情绪是复杂的，有辞别故乡的不舍，同时诉说旅途险恶和自己的孤独无助，流露出明显的前途未卜的忐忑和担忧。明月间或朗照，悲风却一路哀号，陆机北上之路一直心绪不宁，顾影自怜。

入洛时，陆机30岁，陆云29岁。

一到洛阳，二陆便去拜会当时的文化泰斗张华。素爱人才的张华给予二陆高度评价："伐吴之役，利获二俊！"这话说得十分决绝，意思是，整个伐吴征战最大的收获就是这两位俊杰，其余皆可忽略不计。张华隆重地将二陆推荐给北方士人和官僚阶层，二陆的声名得以初步奠定，时有"二陆入洛，三张减价"之说。三张，指当时西晋文坛赫赫有名的张载、张协和张亢。

二陆入洛地位的初定，对江东士人影响很大。同时，兄弟二人积极举荐乡里，一大批江东子弟陆续入北，包括东吴丞相顾雍之孙顾荣。二陆也当之无愧地成为江东士人在北方的领袖。

"初入洛，司空张华见而奇之，曰皆南金也。"从此，入北之人被冠以"南金"的称谓，貌似很受欢迎、很受重用。金，是金子的金。

事实上，虽经过三国鼎立的分治时代，京洛显贵以华夏中心自居的传统意识和优越感依然顽固，在多数北人看来，江南乃蛮荒化外之地，习俗、风物稀奇怪诞，士人也愚陋可笑。加上南人来自战败之地，北人更是挟胜利者之傲，仍以南人为"远人"，斥之为"亡国之余"。所以，入洛南士依然多遭北人羞辱。

其一，在语音上嘲笑陆氏兄弟"音楚"。

随着中原文化优势地位的确定，继而东汉、魏、晋并都洛阳，以京洛为中心的王畿之地的语言渐为天下准则，形成所谓的雅言、正音，无论天南地北，士人用韵作文多以此为准。但汉末以来，南北悬隔八十多年，吴人习诵京洛之语自然会遇到障碍，交往中也会不自觉地带有吴地方音，二陆入洛后便因乡音未改屡遭人讥笑。

口头上流露出乡音还在其次，在作文中也因方言积习而用韵错误就可能成为笑话了。张华爱惜陆机才华，曾指出陆机行文中用韵多用楚音，希望他改正过来。陆氏兄弟也很快意识到了问题的严重性，专门找了当地人学习方言，迫使自己在语言修炼上更为精进。

其二，在风俗上嘲弄南人愚陋粗糙。

陆机有一次去拜会侍中王济。王济指着北方美食羊酪问："卿江东何以敌此？"陆机哑然失笑，答道："有千里莼羹，但未下盐豉耳。"这是《世说新语·言语》记载的故事。

《世说新语·简傲》还有记载：初入洛时，二陆兄弟前往大族豪门拜望，上面提到的王济是其中之一，刘沈也是其一。刘沈，字道真，嗜酒如命。二陆上门，他二话不说指着桌上的酒具就问，东吴可有长柄壶卢？陆氏兄弟哑口无言，只得悻悻离去。

一些时候，这种探奇和询问不过是一种无知，是善意。有些时候却是一种蔑视和轻谩，是不怀好意。相对于弟弟陆云，陆机的性格直接而暴烈，陆云忍住了，他却忍不住，经常拍案而起，反唇相讥。

据载，范阳卢志曾在众人面前问陆机："陆逊、陆抗于君近远？"言下之意，他从未听说过陆逊、陆抗，不知谁是祖父，谁是父亲，无非想通过这样的方式讥讽陆机：你自以为高贵无比的祖先在这里如同无名小辈。听完此话，

第四章 南北、中心和边缘

陆机没有正面作答，淡淡地说，我和陆逊、陆抗的关系"如君于卢毓、卢珽"。卢毓、卢珽是卢志的祖父和父亲。卢志是范阳大儒后代，颇以门第自矜，一听这话，气急败坏，因你来自偏远之地，我从未听说过你家祖上，才如此相问，你又何必辱我祖上呢？陆机反应强烈，立马正言道，我父祖名播四海，你怎可不知？

陆机性情执拗，被人说成"清厉有风格"，至少在嘴上功夫上从不肯输于他人，但也因逞口舌之快，与卢志从此结下梁子，埋下了日后被诛的祸根。

大多数人谈到陆机都要提及以上段子，言及陆机在北方所受屈辱，以及他的拍案而起和反唇相讥。我倒以为，陆机在很多时候显露出对江东故乡的眷恋和热爱，显露出对家族及自身学问才识的自尊和倨傲，无非也就停留在口头上和表面上，这不过是陆机这种性格和出身的人必然做出的反应，或者说是任何一个有自尊的人的一种本能反应和自我保护。

必须承认，虽有才华和功底，在入北前，陆机确实眼界有限，对自己江东首望出身的个人身份也颇为炫耀。《晋书·张华传》载："初，陆机兄弟志气高爽，自以吴之名家，初入洛，不推中国人士。"这里说的中国人士，指北方士人，就是说，当年的陆机志气高爽到连北方士人都不放在眼中。只是到后来，他才意识到，自己祖上的功绩在这里算不上什么，在北方，屡建事功、累世荣尊的家族门第多如牛毛。而作为一个有识见的文人，抛开一些本能的自尊，他也真切意识到，北方和南方在文化积淀和士人的整体水平上相差太多。在故乡，凭借自己的出身和才能可轻而易举睥睨江东，但要以同样的思想水平和作文水平俯视北人，不学习不努力是断断不可能的。陆机心中自有一杆秤，嘴上的自尊是在有意掩藏内心的自卑。这种自卑是双重的，既有对自己知识储备和知识结构的自卑，也有久居江东未曾和真正的高手过招的自卑，否则他也没有必要千辛万苦远赴京洛了。

他到这里是来实现家族复兴之望的,嘴上功夫无非逞一时之快,终是于事无补。在洛阳的前十年,陆机兢兢业业做了两件事。也正是这两件事,使他成了北方主流话语圈里拥有一定话语权的人物。

陆机,字士衡,《晋书》载其"身长七尺,其声如钟。少有异才,文章冠世,伏膺儒术,非礼不动"。大意是,陆机其人,个子高,声音大,学问好,文章强,服膺儒术,非礼不动。后面这句话,大家要注意,这里说的礼,是儒家之礼。

三国时期,魏、蜀、吴三国使者频繁穿梭于三地,也有士人游走于三国间更换主子,寻求见用,但这都是个体行为,三地真正的文化和思想交流并未形成格局。当南方知识分子还沉浸在东汉末年儒家思想的蹈袭之中,此时的北方风气已变,玄学有风靡之势,正始时期的何晏、王弼,竹林时期的阮籍、嵇康、向秀以及中朝时期的裴頠、郭象等代表人物已经把魏晋玄学推到一个历史高度。尽管陆机在江东已有相关学习和准备,但思想的底子还停留在儒家思想的格局中,其立身、行事、为政皆以儒家学说为准绳。

到北方后,陆机很快发觉自己落伍了,他沉下心来,潜心研习玄学,充满了吸附和学习新思想、新见解的冲动,对能在氛围活跃、思想开阔的北方文化界获得一席之地充满期待。有动力,就有成效,陆机渐渐获得了北方精英士人的认同。这种认同已经不是初来乍到时靠张华一两句推荐词来完成的。以前北人对南金的欣赏,多少有点从穷乡僻壤发现宝物的居高临下的把玩态度,而现在,陆机实实在在靠自己的作品和言论赢得了北人对他的尊敬。

潜心学习,最终使自己的话语体系和北方思想风气一致,这是陆机在北方做的第一件事,算得上一件深自韬晦的好事情,但是,他做的第二件事就有点受人诟病了,这里指陆氏兄弟"好游权门"之事。

大家熟悉的"金谷二十四友",也就是权丞贾谧之友,陆氏兄弟名列

第四章 南北、中心和边缘

其中。

个人以为,陆氏兄弟依附贾谧,并无须太过指责。首先,不管贾谧是一个如何专恣滥权的人,他确实也算一个附庸风雅之人,这已经在其他杰出文人竞相依附的行为中得到了解释,不管在潘安、左思,还是在刘琨那里,这都不关联政治动机和操守。其次,陆氏家族在江东就是豪门大族,一直有圈层社交的习惯。在京洛的圈层社交不过是二陆结交方式的一种自然延续。最后,南方士人零零星星入住京洛,人脉稀疏,根基不深,能够加入一个社交平台获得一些心理上的支撑和奥援,于陆氏兄弟而言,无异于找到了一个有用的朋友圈子,算是一件求之不得的事,更没有一些论家言及的不得已而为之的被迫和屈辱。

不能因为贾谧是坏人,就说陆氏兄弟好游权门,二陆从来就自认为是权门;也不能因为贾谧是坏人,就说陆氏兄弟被逼无奈,他们是自请入瓮的,并深以为傲。

做了这两件事以后,陆机在北方的地位已经确立。继而,"八王之乱"起。

"八王之乱"的大致背景我已在刘琨一节中作了介绍。在这场动乱中,绝大多数士人都逃不脱选边站队的考量。张华、潘岳先被赵王伦杀死,陆机得以保全性命。继而,齐王冏、成都王颖、河间王颙起兵讨伐赵王伦,掌握实权的齐王冏认为陆机早前参与了赵王伦政变,险些杀掉陆机,幸得成都王颖出手相救。陆机对成都王颖自然感恩戴德。

此时,南士的另一代表人物顾荣已经隐约嗅到了不祥的气息,或者说嗅到了杀机,他竭力规劝陆机离开这个是非之地,以保全自身。另一个江东名士张翰更加聪明,《晋书》载:"翰因见秋风起,乃思吴中菰菜、莼羹、鲈鱼脍,曰:'人生贵得适志,何能羁宦数千里以要名爵乎!'遂命驾而归。"这段著名的故事风雅至极。其实,大家心里明白,张翰哪里是因为秋风四起而思鲈鱼莼菜,不过是见祸乱方兴,以莼鲈之思为由,辞官而归罢了。

成都王颖是一个有门阀情结的诸侯,他所用之人大多来自南北大姓,而二陆家族世代领兵,英名卓著,司马颖甚为看重陆氏兄弟。陆机被他任命为大将军参军,又表为平原内史。吴亡后,陆氏家族风光不再,能够在司马颖军中获得建功立业的机会,正与陆机"负其才望""志匡世难"的志向相契合。处在大展拳脚之时的陆机,怎可全身而退?

太安二年(303),成都王颖与长沙王乂战,以陆机为后将军、河北大都督,统帅二十多万大军攻洛。此时的陆机以管仲、乐毅自比,立功心切,自期甚高,但事态的进展却出乎意料,陆机所率军队在洛阳郊外的大战中一触即溃,几乎全军覆没,士兵尸体堆若柴薪,让涧水不流。

司马颖恼羞成怒,将陆机处以极刑。

陆机之祸,表面上看是战败负罪,死本自取,但战败的深层次原因又绝不是简单几句话就能说清的。

三百多年后,出了一个十分欣赏陆机诗词文赋的皇上——唐太宗李世民,他亲自为《晋书·陆机传》撰写史论,这在整部《晋书》中也仅有四处。《晋书·陆机传》说,二陆三世为将,为道家所忌,这是《晋书》编撰者经验主义的一种善意强加,太宗并不以为可取。他说,二陆"进不能避昏乱,退不能屏迹全身"的深层原因是"智不逮言",是遇人不淑,遇到一个危邦,遇到一个庸主,"不知世属未通,运钟方否",这话倒有些道理,二陆兄弟所逢乃乱世庸主,自己又不识时务,不知变通,所以难逃厄运。

对陆机的不识时务、不知变通,太宗并未仔细分析,但将陆机之死和北人的陷害相关联,正是《晋书·陆机传》试图说明的事实。首先,陆机入司马颖幕后领重兵,即所谓"羁旅入宦"却位居北人之上,必定会引起北人将军的忌恨和不服;其次,那个早与陆机结仇的卢志也在成都王颖幕中,他寻机进言,

第四章 南北、中心和边缘

认为陆机志大才疏，不得要领。陆机的江东乡里孙惠看到了这一点，担心陆机因此致祸，劝陆机把都督位子让与北人，但陆机听而不悟。他没有意识到自己空有符节在手，真正到了战场，却并没有人听从指挥。不仅兵不是自己带出来的，连几个死忠于自己的中下级将领也没有，这仗要是打得赢简直就是妄想。

仗打败了，陆机头颅不保。在一帮与陆机有仇的北方官员卢志、孟玖等人的怂恿下，与此事毫不相干的陆云也被杀，同时遇害的还有陆机的另一个兄弟及陆机之子陆蔚、陆夏等。

陆机死时年仅42岁，陆云41岁。

14年前，不到而立之年的二陆兄弟，千里迢迢追逐功业而入北，14年后，终于在动乱中获得陪侍帷幄、剖符带兵的机会，没有料到的是，这样的功业连同自己的身躯与鲜血，一并祭奠于北方这片陌生而充满敌意的土地上。

他们出发前就已经料想到北上的道路崎岖曲折，充满艰辛，兄弟二人使尽全身之力，呼来江东故友，结交各路王侯，最终还是势单力薄，不成气候，败下阵来。二陆命丧北土后，顾荣等江南士人以避祸为名，沿着昔日张翰的足迹，相继归返江东故土。

南士入北求仕之路随着二陆的殒命就此中断。

具有讽刺意味的是，陆机被杀十多年后，西晋灭亡，琅邪王司马睿在建康即位登基，建立东晋。中原文明不再像以前一样，零零星星吝啬地施恩于江南，现在，大批北方精英豪族集体南下，文明之光突然普照江南。

晋室南渡，又称衣冠南渡。衣冠，就是古代士人穿的服饰、戴的冠，用以指代缙绅或士大夫，是文明礼仪的代名词。衣冠南渡就是文明的南渡。引用田晓菲教授的说法，这批北方移民"是殖民者，来到一块相对于'中原'地区被视为'边地'或者'瘴疠地'的土地，进行改造和征服。这种改造和征服既是政治和军事的，也是社会和文化的。他们必须把这块边地改造为一个具有文化意义的空间和正统汉文明的中心，这种文化需要和他们的政治需要相辅相成，不可或缺"①。此处，田晓菲教授将北方移民称为殖民者，而我倒更愿意将他们称为流亡者，二者心态有别。殖民者是征服的心态，其后方拥有一个强大的宗主国作为其军事和精神支撑；而流亡者是丧家之犬，随身携带的包裹就是全部的家当，他们必须在流亡地认认真真地活，兢兢业业地活，才可能复原家乡的风貌和品质。此时的晋元帝司马睿本人也时有"寄人国土，心常怀惭"的感叹，无奈北征受阻，收复无望，只有且认他乡作故乡了。通过东晋至宋齐梁陈近三百年的努力，南方，因为北人的入主，这个中华文明空间构成中的鄙质之地第一次拥有了和北方正面对垒的格局风貌。

不得不承认，晋室南渡，是携带北方文明成果和文化成就的一次大迁徙，对中国广袤土地上文明空间的拓展起到了巨大作用，最终将南方诸地改造成了具有相当文化意义的空间。

可惜，陆机不在了。当年，陆机所处为吴祚倾基、金陵毕气之时，君移国灭，家丧臣迁。何曾料想，历史同他开了一个巨大的玩笑，他昔日逃脱的那个王气黯然的建康城，居然等来了再度辉煌的轮回。如是看来，《晋书》说陆机命运中有天意的成分，也算是一种正见。

不管是殖民者，还是流亡者，不管是武力征服还是文化播迁，真正取得实质性成果的必然是群体性行为，而不是个人化的。更准确地说，是携带强力而来的群体性迁徙行为。

北宋苏门四学士之一的张耒曾写过一首诗："周瑜陆逊久寂寞，千年北客嘲吴语。莫徒彩笔云锦张，要是宝剑蛟龙舞。"（《次韵答天启》）这首诗写的是三国时期的周瑜和陆逊，但用在他们的晚辈身上也是顺气的。二陆与他们的前辈比起来，虽功业不成，但让人略感欣慰的是，此时，再没人敢嘲弄

---

① 田晓菲：《烽火与流星——萧梁王朝的文学与文化》，中华书局，2010年版。

第四章 南北、中心和边缘

陆机浓重的吴地口音了,用唐太宗的话说,陆机"文藻宏丽,独步当时;言论慷慨,冠乎终古",他用 14 年的人生履历为后人留下了一大堆可供诵读的彩笔云锦,这也算是对祖先的一种告慰吧。

而那个紧随二陆兄弟北上的顾荣呢?在北地,他获得了和二陆同样的殊荣,和二陆一起被称为"洛阳三俊",但与二陆兄弟最大的不同在于,他在正确的时间回到了正确的地点,最后成了司马氏政权南渡时颇为倚仗的江南士族首脑,荣耀终老。

已经说过了,此时,中华文明的太阳正冉冉升起于江东之地。而我猜想,也是此时,上海松江华亭的鹤必定会发出凄厉的鸣叫。

那是陆机的魂灵在呜咽。

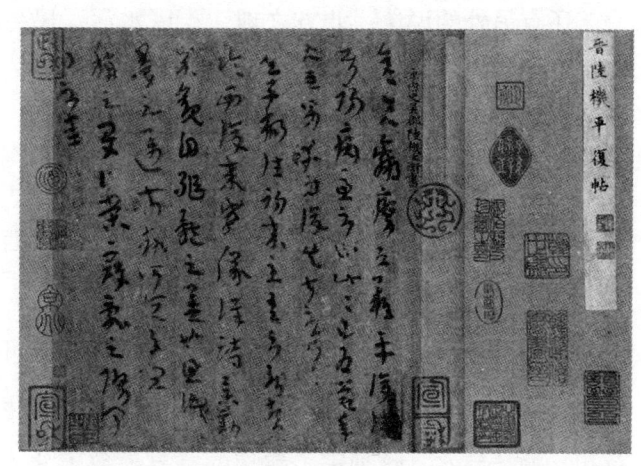

陆机这幅 9 行 84 字的章草书法作品《平复帖》现藏于故宫博物院,被誉为中国文物九大"镇国之宝"之一。

二陆等江东士人之入北,表面上看是一种地理上的迁徙,是从水草丰茂、渔网纵横的江南水乡迁徙到土地肥沃、四季分明的北方厚土之上,但严格意义上讲,这更是一次文化和政治迁徙。

地理概念从来不是一个单纯的概念。它首先是气候、水文、地貌、生物等基础性指标,同时还囊括了丰富的政治、军事、经济和文化、宗教概念,如要更深入地探讨这些概念中包括的人种、族群、农业、工商业、城镇、交通、教育、信仰等因素，那就更复杂了。

古时的人们相信，一方水土养一方人。每个地方不同的气候、生态、水系、土壤决定了一个地方族群的音声性情和好恶取舍。古来关于南人北人的性情殊异一直有各种说法和评价，总结起来不外乎如此：北地多陆少水，气候干冷，阳气常盛，阴气不足。往好了说，导致北人性格强悍质直，民风俭朴而好义；往坏了说，也导致其性情愚笨、麻痹、暴悍甚至鄙陋。东南多水少陆，气候湿热，阳气常泄，阴气常盛。往好了说，导致南人纤细灵敏，民风繁复而好礼；往坏了说，导致其性格懦弱，风尚轻薄，漂浮不定。西南地区则多水多陆，又与瑶侗苗黎等民族杂处。往好了说，导致其性情精巧柔脆，民风尚鬼而好斗；往坏了说，导致人性狡黠、诡谲而善变。

还有另外的说法，北方之地，土厚水深，民生其间，多尚实际；南方之地，水势浩洋，民生其间，多尚虚无。

或干脆说，山地之民近悍，江湖之民近黠。

还有，北方气候寒冷，谋生不易，人好勇好斗，有对力的讴歌和强烈的英雄崇拜的精神需要，所有可使其精神焕发的东西都是他们崇拜的对象，如狩猎、征战和烈酒；南方气候温热，谋生容易，人易滋生轻薄情绪，有对自由的赞美和以美人崇拜为代表的美的追求，所有可使其张开的毛孔感受到的刺激和享受，哪怕是一丝轻微的触动，也让人心生愉悦，如柳絮拂面、雨打芭蕉、蜻蜓点水。这种审美趣味的差异导致了北人对宏大叙事的喜好，对奉献和牺牲的崇拜，对地位、权力、荣誉的追逐，对尊卑秩序、平衡和谐的向往。比较而言，南人对细枝末节的把玩，对自由和个性的追求，对美、情趣、品位的欣赏，对出格冲撞、错落有致的理解和认知也别具一格。

总之，关于南方北方的区别大抵已成共识。到了唐代，不管是李延寿的《北史》还是魏徵的《隋书》都收录了下面这段话：

第四章 南北、中心和边缘

> 江左宫商发越，贵于清绮，河朔词义贞刚，重乎气质。气质则理胜其词，清绮则文过其意。理深者便于时用，文华者宜于咏歌。此其南北词人得失之大较也。若能掇彼清音，简兹累句，各去所短，合其两长，则文质彬彬，尽善尽美矣。

这段话实在太有名，它是对东晋之后南北朝文学差异的一句基调性总结。所有说到南北文学之别的人都必须提到它，很长时间以来，这种构建深度影响了中国人对南北文化差异的诠释和理解。

我一直以来都有一种强烈的确认感，地域风俗哺育一代文人甚至一代文风是必然的、天经地义的。它可能通过羊酪，也可能通过莼羹，可能通过北方漫天飞舞的杨花，也可能通过南方太湖边上的一捧莲子，穿过一个诗人的胃，浸入一个诗人的皮肤，或者改变一个诗人的作息，养成一个诗人说话用语的奇特习惯。在淫雨霏霏的地方度过一年，与在北风卷地白草折的地方度过一年，是有区别的。一个习惯狎波涛舟子的诗人和一个喜欢骑马舞剑的诗人也是不同的。所有这些，如露水和雾气一般沉浸在肌肤里，积蓄在眼神中。表现在举手投足中，它是时间的痕迹，是胎记，或只是父母和家族的陈年旧习，是脑海中偶尔闪过的邻居乡里的一颦一笑。这种哺育和滋养如此隐晦而微妙，甚至是不为人所见的一种下意识，更不是那么容易得到清晰梳理和体认的一种东西。

很多学者喜欢从诗人的出生方位去辨识他身上必然存在的方位特点，去探讨这一类诗人和地域文化的深层次关系，我钦佩他们的努力，但间或偶尔，我也会两眼失神，感觉这种对群体的武断性归类实在有些牵强。每一个诗人都是一个独立的个体，他出生在南方，会不可避免地携带一些来自南方的印记和气息，但如果把每个诗人都框禁在这种方位所决定的个人气质和文学气质上，又是武断而暴力的，至少套用在陆机身上是不充分的。他和那些来自南方的读书人一样,都是那个时代最追逐潮流的一帮人,如果真要归类,恐怕陆机、陆云和张华、潘岳的共同点要多过与江东父老的共同点,他们不是见识短浅的乡村野老,也不是顽固不化的地方乡绅。从吴国灭亡那天起,陆机就一门心思把眼光盯在了北方,而在北方的日子里,他所做的一切努力都是尽可能地把身上的地域色彩抹去,让北人彻底忘记他是一个从南边来的家伙。

李白《行路难》的其中一首,曾经用想象描摹过西晋时期蔚为壮观的北上故事。李白故意发问:"陆机雄才岂自保?""华亭鹤唳讵可闻?"其实,李白的结论早已在那里了。在李白看来,还是那个张翰老道而随缘,"君不见吴中张翰称达生,秋风忽忆江东行。且乐生前一杯酒,何须身后千载名?"(《行路难三首》其三)若一定要套用南北人性情志向的大致归类来解释陆机的话,李白这首诗堪称完美。如果陆机不忘所谓南方人的本色,像那个典型的南方人张翰一样,见秋风而思故乡,遂往而返,那么,所有的悲剧似可避免,但陆机却一门心思想像一个真正的北方人那样建功立业,最终,北风吹过,他人头落地。

陆机的悲剧在于,他所有的努力都是朝着抹消自己的地域原罪而去的。

北方,从吴国灭亡那天起,就成了架在陆机脖子上一把锋利的尖刀,把陆机的整个人生绑架了。北方的力量如此强大,它是中心,是权力,是盘根错节的关系网,是百年经营的雄厚根基,是群体,是气场,是心机和手腕,是陆机吃不惯的羊酪。而一个孤独的身影闪现于贾谧的席上,飞溅在张华的唾沫中,终不过是过眼烟云一般的锦绣昙花。

"京洛多风尘,素衣化为缁。"(《为顾彦先赠妇二首》其一)我以为,这是陆机写下的最有境界的一句诗。任何一个外来之人被裹挟进北方大地的风尘中,都逃不脱一样的下场。

第四章　南北、中心和边缘

古诗云:"胡马依北风,越鸟巢南枝。"此诗说的是心之所向。如果我说陆机的行为是一种背道而驰,是胡马依南风、越鸟巢北枝的一种相背而行,无异于自蹈死路,可是残酷了一点?

二　王畿：王维、孟浩然与杨维桢、高启

说实话，中国历史上长长的帝都赋名单中，我没有认真读完过一篇。即便是那些被鼓吹到天上云间的名作，我试着读了好多次，每次都无法读完，比如班固的《两都赋》、张衡的《二京赋》、左思的《三都赋》，包括北宋周邦彦的《汴都赋》。总觉得这些文章里充斥着一些诡谲的词汇，和我们的日常生活相距甚远，一读到这些词汇，身体便条件反射般地本能排斥。华阙，虹梁，栋桴，玉瑱，玉辂，凤盖，坤珍，金罍，玉觞，钟鼓铿鎗，管弦烨煜，如是等等。这些词汇密集地堆积在宫苑赋、狩猎赋、都邑赋里，如同一桌宴席中端上来的全是肥肉，让人难以下咽。

当然，肯定会有人喜欢，住在宫苑中的皇帝喜欢，在皇帝身边行走或试图在皇帝身边行走的臣子和文人也喜欢。《史记·高祖纪》中记载了一个故事，说开国之初，丞相萧何造未央宫，立东阙、北阙、前殿、武库、太仓。汉高祖刘邦见新造的城阙太过伟壮，发怒，但萧何义正词严地回应："天子以四海为家，非壮丽无以重威，且无令后世有以加也。"高祖一听这话，甚喜，乃悦。

可见，帝都赋，是君臣共谋的一桩盛事，是互相鼓励、心心相印才能共同抵达的高度。有人心中有需，有人笔下就会有，最后，这类被称为大赋的文辞被认为达到了汉代文学的极致高度，表现朝觐、巡狩、郊祀、大射、籍田等典礼，彰显文治武功，国势雄强，四方宾服，礼乐彬蔚，即所谓"增饰以崇丽""穷奢而极侈"。

用这些说辞来解释我没有仔细阅读帝都赋的原因，并不是一种狡辩。说

第四章　南北、中心和边缘

实在话,即使不去细读,只要大致浏览一下这些文赋中词汇的成色,也基本知道了天子的游猎盛况和宫苑的豪华壮丽。

我一直认为,汉字的象形性为中国文学提供了一种强烈的可视性。哪怕在一页文字上停留非常短的时间,我也能对随手拈来的一本书嗅出一大半的气韵,并做出是否认真阅读的取舍。或浓重,或绚丽,或疏朗,或平朴,汉字是颜料,汉字的组合是笔触,一幅文字的图画横陈在面前,汉字在这里所要传达的确切意义被忽略了,汉字形态的象形化和修辞性被推到了首要位置。而汉赋,就是最能代表汉语文字象形性和修辞性的一类文体。一段该堆砌的地方堆砌了,不管堆砌的是什么,哪怕是一堆肥肉,它也可以堆砌成一股气势,这就是帝都赋的要义所在。说穿了,这些辞赋压根就不是让人读的,而只是供人抚摸和感受的,是让人远观或仰望的。如果真要进入这个佶屈聱牙的文字宫殿,怕是要收命。所以,我自来认为,对帝都赋的欣赏仅仅停留在感官状态就好,切莫对具体的文字语词斤斤计较。

这是一个你大致能感知和想象的辉煌帝国的幻象,一个无法深入其间的帝都的大致轮廓,在我而言,是足够了。大概我这人从未向往过帝都,更没有深入其中的热切愿望,充满了在外省生活的自足和欢悦,对其标识出来的宏伟壮丽和气势威严从来没有深切体会过,所以,也就在心理上有疏离和淡漠的意味吧。

那个时代,文人士子从四面八方奔向帝都。

司马相如、扬雄从四川成都出发,左思从山东临淄启程,张衡从河南南阳、班固从陕西扶风收拾行装登上马车。他们来自不同的地方,和帝都的距离也不尽相同,但有一个共同点,他们所有的名声或荣耀都成就于帝都。司马相如若未被汉武帝发现,哪怕他曾写下《子虚赋》,说不定也只能在邛崃街头的一间烧酒作坊里和一个黄脸婆子终老一生;左思更甚,这个貌丑口拙连其父亲都嫌弃他的男人如果没有妹妹被选进宫的荣耀,即使十年磨一剑,写出来的东西未必就能得到帝都文人的特别嘉尚。

左思说,这个世道自古以来就是"世胄蹑高位,英俊沉下僚"。原因很简单,"地势使之然,由来非一朝"。地势重要到什么程度?"郁郁涧底松,离离山上苗。以彼径寸茎,荫此百尺条。"那些茂盛的松树长在山涧底,而风中低垂摇摆的小苗生在山头上。仅仅因为地势高低不同,山头上的小草就可凭径寸之苗,完全遮盖涧底挺立的百尺之松,所以,要出人头地,必须找机会换一个高一点的地势。这些句子出自左思《咏史》,在那个大赋抢尽风头的年代,这样的诗歌发自内心,没有华丽的辞藻,不虚矫,不顿挫,披露情怀,一咏三叹,真是好得不行。在左思看来所处地势的极大优势,已是决定一个人命运的关键。而帝都,就是这样一个所在。

这些早期的文人,对帝都极尽歌咏之能事以后,偶尔还要留一个尾巴讽谏一下皇帝的奢靡,或为自己向上攀爬的行为作一点辩护。到了唐宋,文人们已见识了太多沧桑往事,看见咸阳宫、阿房宫、未央宫、长乐宫、建章宫已成瓦砾,上林苑、梁园已是杂草疯长,昆明池已经干涸,台城早已不见踪影,王谢堂前燕也落寞地飞入了寻常百姓家,这个时候,他们关于帝都的诗歌就逐渐变了一种调性。

我年轻时代的阅读中,最早进入记忆的关于帝都的诗歌是初唐时期的两首:一首是骆宾王的《帝京篇》,一首是卢照邻的《长安古意》。后一首喜欢至极,能一字不错地背诵下来,现在,只能记住一些残句了。

> 长安大道连狭斜,青牛白马七香车。
> 玉辇纵横过主第,金鞭络绎向侯家。
> 龙衔宝盖承朝日,凤吐流苏带晚霞。
> 百尺游丝争绕树,一群娇鸟共啼花。

第四章 南北、中心和边缘

…………
自言歌舞长千载,自谓骄奢凌五公。
节物风光不相待,桑田碧海须臾改。
昔时金阶白玉堂,即今惟见青松在。
寂寂寥寥扬子居,年年岁岁一床书。
独有南山桂花发,飞来飞去袭人裾。

骆宾王的诗实在太长,但,还是好:

秦塞重关一百二,汉家离宫三十六。
桂殿嶔岑对玉楼,椒房窈窕连金屋。
…………
且论三万六千是,宁知四十九年非。
古来荣利若浮云,人生倚伏信难分。
始见田窦相移夺,俄闻卫霍有功勋。
未厌金陵气,先开石椁文。
朱门无复张公子,灞亭谁畏李将军。
相顾百龄皆有待,居然万化咸应改。
桂枝芳气已销亡,柏梁高宴今何在。
春去春来苦自驰,争名争利徒尔为。
久留郎署终难遇,空扫相门谁见知。
当时一旦擅豪华,自言千载长骄奢。
倏忽抟风生羽翼,须臾失浪委泥沙。

——《帝京篇》

京城的繁华和威仪任何朝代都不会变。"山河千里国，城阙九重门。不睹皇居壮，安知天子尊"，这是真实感受。只有亲眼见到皇居的壮观，才知道天子的尊贵和权威，让人有匍匐慑服之感。骆宾王和卢照邻都花了好些笔墨状写帝都的壮观，和汉大赋没什么区别，桂殿玉楼，椒房金屋。炊金馔玉，宝盖雕鞍。王侯贵人，京华游侠。如此等等。不同的是后面的句子，"桂枝芳气已销亡，柏梁高宴今何在""自言歌舞长千载，自谓骄奢凌五公。节物风光不相待，桑田碧海须臾改。昔时金阶白玉堂，即今惟见青松在"。这些诗句在唐朝初年出现，着实让人惊艳，而且写下这些诗篇的骆宾王和卢照邻正值盛年。这样的感慨和叹息大多来自耄耋之人，看过世事变迁和摧毁之后的通透之悟大抵如此。站在昔日金阶下，望门前无言挺立的青松，已是大彻大悟，只有南山远远飘来的一袭桂花的暗香，若隐若无地浮绕在那个感佩十足的诗人身边，这通常是感慨的要点所在。

司马相如、扬雄、班固、张衡、左思，是头也不回地奔赴帝都而去，在帝都这座城池之上倾尽了一生几乎全部的激情和理想，他们的文章和行为暗合无误。后来，更多的士子和文人尽管知道"倏忽抟风生羽翼，须臾失浪委泥沙"，也清楚"古来荣利若浮云，人生倚伏信难分"，诗可以这样写，感叹也感叹得让人心如死灰，让无数人深以为是，但这依然不能阻挡他们奔赴帝都的坚定步伐。

坚固高耸的城墙，流光溢彩的宫殿，有掖庭椒房之尊贵、离宫苑囿之壮观。这里汇聚了天底下见所未见的丰富物产，有天底下闻所未闻的音声歌曲，还有天底下智商最高的奇才怪才。皇帝距离自己如此之近，他要定期不定期地大宴宾客，庆功宴、立春宴、祓禊宴、狩猎宴、七夕宴、重九宴、幸某亭某楼宴、生日宴、迎来送往外族使节宴，不一而足。春幸梨园，赐细柳；夏游葡萄园，赐朱樱；秋登慈恩寺，赐菊花酒；冬幸新丰，游白鹿观，上骊山，赐浴汤池，给香粉兰泽。大多数宴会以行幸游乐为名，集中在宫殿、庭院、

第四章　南北、中心和边缘

园林、寺塔等名胜之地。皇帝在大宴开始前对群臣说，天下无事，朕心甚欢，大家无须惜醉！想都能想象臣子会如何回答，我们被受皇恩，荣邀至此，既陪天欢，不敢不醉！这话若用今天那些盛大宴会的场景来理解，似是简单了，现代大宴中举起手中酒杯文质彬彬说的"干杯"二字，不过是一句囿于礼节的客套话，这饭吃得，也是拘谨而官方的，而在古代，皇帝在大宴上指着满桌珍馐命臣子不要惜醉的时候，那可真就是臣子不敢不醉的意思！于是，秦筝赵瑟，丝管齐鸣，白云起而帝歌，翠华飞而臣赋。冠缨济济，鸾凤锵锵，其声色富丽，光华启旦。

　　想象一下，一个外省青年站在楼台殿阁之外，看车马盈路、紫袍鱼贯、飘香坠翠，听里面丝管齐鸣之时，会作何感想？他会瞬时被巨大的威严震慑，陶醉于其蕴藏的丰富和繁华。他会颊赤耳热，他会大脑充血，他会以百米冲刺的速度冲回驿馆，再次捧起手中书本，凿壁借光，断齑画粥，头悬梁锥刺股。他立下志向，一定要成为皇帝下次宴席中的座上宾，这是大多数士人和文人一生的梦想。

　　翰苑主恩重，曲江春意多。

　　在中国古代，文人中少有未到过帝都的。

　　进阶上路的第一步是赶考，赶考就意味着到帝都，否则终是不能入流的人物。对士子文人来说，帝都是他们人生的起点，或终点。那些虹梁栋桴、巍巍翼翼的宫殿静静地伫立，默默地观看着无数怀着忐忑前来赶考的士子，又冷冷地目送那些失魂落魄的人收拾行李，与帝都挥手作别。这一去，不仅在空间上远离了帝都，大多数没有进士及第的文人从离开帝都那一刻起，就已经知晓了自己人生的后半截是怎样一种基本形态，他们完蛋了，再也没有进入殿堂和皇帝推杯换盏的机会，从此以后，他们的人生和这个城市象征的一切都没有任何关系了。

而及第者,却由此进入了另一个圈层。每次几千人几万人应考,剩下仅仅百十来人,他们是天子选中的人杰,所谓跻身台辅,居官魏阙,他们将从帝都开始人生的辉煌前程。

可以说,在很多士人心目中,他们对自己国家的空间概念最远所到达的地方,就是帝都。或者说,一辈子能想象的最远距离,就是家乡和帝都的距离。

俗话说,山高皇帝远。所处僻地,皇帝就远吗?未见得。其实,每个士人都把皇帝放在了心房正中央。

常建说:"恐逢故里莺花笑,且向长安度一春。"(《落第长安》)故乡着实是莺飞花笑的好地方,但士人心中真正的春天恐怕只能在长安城里才能找到。

薛能说:"关东归不得,岂是爱他乡。"(《下第后春日长安寓居三首》其一)滞留京城,哪里是因为爱上他乡的缘故,而是这里有一种东西让我不得归去啊!

崔涂说:"青云如不到,白首亦难归。"(《言怀》)无奈滞留帝都的人满腹心事如何说得出口?正因为有一种东西只有在帝都才能获取,所以不归,无法归,无脸归。从故乡到帝都的遥远距离可以是一生的距离。

总结起来,用杜荀鹤的诗句说,就是"无论南北与西东,名利牵人处处同"(《途中有作》)。不管身在何处,只要你从小读了一些书,心中有那么点出人头地的意愿,或者说有一点匡扶社稷为国尽忠的志向,最终必然只有一个身体的朝向。

在中国历史上,以首都为中心向四周延伸的地界,沿用周制,通常被称为王畿之地或京畿之地。

其中,长安和洛阳成为首都的时间最长。

第四章 南北、中心和边缘

很多朝代，出于国家太大、难以控制以及经济文化发展等理由，不仅有首都，还设陪都。陪都，指首都以外另设的副都，通常用以补充首都在地缘政治和军事防御上的缺失，有的朝代也将其祖先建都之处或祖先龙兴之地列为副都。副都或陪都的地位仅次于首都，或与首都地位相同，也称辅都、留都、陪京、别都、别京等。这些副都一般都设有皇城、宫城，有的还有皇陵和宗庙。有些时候还有和首都一般建制的行政机构，有不少皇帝喜欢到陪都办公或祭祀。比如东汉，所谓的两京，指东京洛阳和西京长安；隋唐两代多数时候也以洛阳为东都；到北宋，首都为东京开封府，同时又有西京河南府；到南宋，大家都知道其首都为临安（今杭州），但是，临安一直被正统人士称为陪都，它的命名也取"临时偏安"之意，因为此时的北方还有一个真正的首都汴梁（今开封）被金人占领，称临安为陪都，是不忘北上收复失地的国家尊严之故；明朝朱元璋建都于南京，明成祖朱棣迁都北京后，将北京称为北京顺天府，将南京称为南京应天府；到清朝，其祖先发祥地沈阳被称为盛京奉天府，而首都被称为北京顺天府。

一般来说，做官必须要做京官才算显赫，做陪都的官，只能算闲职。虽然在有些朝代，太子被安排在陪都练习执政，身边也聚集了一帮人才，在陪都所设的行政官职也和京官一样称谓，但所有人都清楚，在陪都担任尚书一职是虚，在首都担任尚书一职是实，二者有天壤之别。比如，北宋新旧党争激烈时，司马光和宋神宗赌气，坚决不就枢密副使一职，最后任职西京留司御史台，就是担任陪都洛阳的御史中丞一职，虽官居三品，但和汴京的御史中丞有质的区别，司马光这是到洛阳养老来了。当然，陪都的有些官职也有例外，比如明朝的南京兵部尚书一职，表面上看，这是一个和应天府其他官职没有任何区别的闲职，事实上，南京兵部尚书却是大权在握。明朝有两个著名人物都曾担任过这个重要的官职——王阳明和史可法。到明末，史可法在担任这一职务期间，崇祯自杀，宗室南面而立，南京兵部尚书的职务竟然阴差阳错重要到领一国之兵的程度。

要特别强调的是，相对于其他陪都或副都，洛阳，在很多时候一直有着超过大多数陪都的崇高地位。或许因它孕育过三皇五帝，地理位置又居"天下之中"，自古以来，以洛阳为中心的河洛地区就被认为是华夏文明的发祥地，甚至可以算作华夏民族的精神首都，还有人说，洛阳在汉人心中一直有圣都的象征意义。也难怪，在中国古代的一些主要朝代，如隋、唐、宋，洛阳虽为陪都，但一直以来都受到一些皇帝的垂青和偏爱，很多文人雅士也喜欢将洛阳作为生活和工作的首选之地，其受欢迎程度及其所起的特殊作用甚至在一些时候超过了首都长安或开封。通过阅读古诗文，我们学到了一个简单的知识，无论什么时代，不管首都是否在洛阳，都可用"京洛"这个词汇来指代首都，而"赴洛"一词也成了一个特定的名词，指奔赴京城。

还有一个奇特的时期存在过一个奇特的地方，位于当时西汉首都长安城北部，这里被称为汉陵邑。

我2012年到西安，曾远眺过这片奇特的地域。大概只是远远地眺望，不知何处为边，心中有些茫然。据说，这个地方大约有500平方千米，被西汉皇帝视作风水宝地，它是西汉的皇家陵墓区，一共葬有五位皇帝。2017年我再到西安，去了五陵中的其中一陵——汉武帝的茂陵。对各种各样的陵墓，中国人见多了，现在我们能看到的很多文物也是从陵墓中挖出来的，中国人对浩大的陵墓从不以为怪，之所以说这个地方奇特并不是说陵墓奇特，而是说陵墓旁边住的人特别。

这个地方又叫五陵邑，是依陵而设邑建县的结果。汉高祖刘邦在大肆修建自己的陵墓长陵时，将关东地区的达官贵人及其家眷迁徙至陵墓旁，他们到这里并不是来祭拜的，而是来侍奉长陵的，就是举家居住在长陵附近。长陵邑设置以后，以后的惠帝、景帝、武帝、昭帝在修建陵墓时也竞相效仿，

第四章　南北、中心和边缘

相继在各自的陵园附近设安陵邑、阳陵邑、茂陵邑和平陵邑。贵族们不断迁来,"五陵"便成为富豪权贵聚居的地方,到后来,有钱有势人家的子弟就被叫作"五陵少年"。还记得李白那首著名的《少年行》吧:"五陵年少金市东,银鞍白马度春风。落花踏尽游何处？笑入胡姬酒肆中。"还有白居易的《琵琶行》:"五陵年少争缠头,一曲红绡不知数。"

大多数时代,守皇陵的都是些失意落魄之人,是和其服务过的主子同生共死,虽算不上一种形式上的生祭或活祭,也有点同赴黄泉、默默以寂的意思。但在西汉,住在皇帝的陵墓旁,却是一件无比荣光之事,并非所有人都可有此殊荣。那个得宠于汉武帝的司马相如,在老病退休后,就获得了居住在茂陵邑的殊荣,从此,司马相如又被称为"茂陵先生"。

西汉把国都由咸阳迁至渭河以南的长安,所以,渭河北岸的五陵与长安隔水相望,也就部分担负着防御匈奴的威慑任务,同时,设陵邑还兼有强干弱枝的政治意图。其实,这个巨大的陵墓区不止五陵,而是九陵,只是其他四陵没有修建陵邑而已,另外还有两个陵墓处于渭河南岸。

在科举制度施行后的中国古代社会,多数进士及第的士人从帝都出发,各自赴官就任。如果外任做官,按很多朝代都有的考核制度,通常是三年一任,到时间就要回京城接受考察。若顺利过关,会有拔擢的机会,不过关则会被降职使用。京城也就成了所有外任做官的人一个必过的关卡,或者说,成了各级官员的集散地。

一般来说,任何朝代都不允许官员原籍任用,你出生于四川便不得在四川任职,以抵御各种家族或社会关系的牵绊。既不得在家乡任职,在帝都任职就是最佳之选了。而且,只有在帝都任职,自己的声音才可能以最快的速度、最准确的方式被宰辅或皇帝听到。同样,宰辅或皇帝的声音也可以最快的速度和最准确的方式到达自己的视听范围,这样,官员们才可以最快的速度调转船头,或调整方向,以使自己的行为举止符合最新的潮流动向。人们相信,在京城听到的宫中或朝中消息甚至可能比一个官至地方刺史或地方知州的人都要多。打一个不恰当的比喻,我的舅舅的老挑的妹妹嫁给了鸿胪寺一个下级官员,明天英国使臣进京的消息也会在天津港的轮船刚刚停稳时就传到我耳朵里。

久而久之,生活在王畿之地的人便养成了一些习惯。他们不仅见多识广,还见惯不惊,对外省人士甚至是在外省做官的人士表现出一种不明由来的优越感,这是皇城根下的人才有的优越感;另外,有各种渠道和机会知晓一些似是而非的官场或宫禁秘闻,也就对官场或皇宫的政治权术和争斗抱有匪夷所思的兴趣,由此也养成了一种或隐或现的价值观,好儒家价值取向,好权术,好官场争斗逸事,好揣摩上意,不自觉地也开始选边站队,呼朋结党,这当然不只是在说那些普通老百姓。他们既有强烈的优越感,又有一种不可名状的紧张;既有俯瞰天下的成就感,又有被皇权直接钳制遮蔽下的猥琐;既有往上攀爬的强烈欲望和狠辣手段,又有如履薄冰的谨慎和顺服。这种既是人上人又是门下走卒的矛盾身份奇特地融合在一起,就体现出一个王畿之地的官员特有的气质来,具体表现在作诗作文上,便是少放逸之风,多肃然自警,貌似把人情世故看了个烂熟,藏锋敛锷,稳妥练达。

所以,我们看到很多在京城做官的文人成了皇帝的座上宾,成了台阁体的红人,他们即使才高八斗,也无法摆脱巨大的宫阙城墙在他们身上投下的厚重阴影,最终以点头哈腰和匍匐迎奉完成了对那种不可对视的权力的极致称颂和跪伏。在这里,很多值得珍视的东西变得不足挂齿,很多廉价的东西却让人趋之若鹜。它是冷漠的秩序和规则,也是涌动的暗流和黑幕,它让梦想实现,也让欲望横流,人们舞而蹈之,弦而歌之,歌舞相喧,行为失据。

他们看似处在中央,处在权力的恢宏之处,但也因头顶上的空间实在逼仄得可怜,如同屋中架屋,有时候直接就成了套在身上的一个笼子,让很多

第四章　南北、中心和边缘

人无法从里面抽身出来，甚至连稍微远距离观看的视角也不曾找到过。他们身上的才情也就这样一点点被蚕食、被扭曲，直至最后成了那个病恹恹的躯体上的一个脓疮或肉瘤，自己却浑然不觉。

但历朝历代，在帝都这个特殊场域中，也一直存在一种高人，一种个人气场极其强大之人，他们不仅撷取了王畿之地的各种菁华，还成功阻挡了这个空间对个人生活的绑架和腐蚀，最大限度地减少了帝都暴戾之气对个人生活的粗暴干涉，最后得以脱颖而出。

唐代的王维就是一个例子。

王维早期诗歌中多流露出京城士人特有的那种对帝王和权威的服膺和仰止之情。比如这首《和贾至舍人早朝大明宫之作》：

绛帻鸡人送晓筹，尚衣方进翠云裘。
九天阊阖开宫殿，万国衣冠拜冕旒。
日色才临仙掌动，香烟欲傍衮龙浮。
朝罢须裁五色诏，佩声归向凤池头。

"九天阊阖开宫殿，万国衣冠拜冕旒。"九天阊阖对万国衣冠，开对拜，宫殿对冕旒。"阊阖"指宫门或京都城门。"冕旒"指帝王帽子前后垂挂的珠帘。早朝大明宫，即使梵心深厚如王摩诘，他还是真真切切被帝王宫中那种宫阙大开、万邦来朝的气势所感染，也还是真心实意而绝不是言不由衷地发出了深为臣服的感叹。

慢慢地，王维诗作的调性变了，其后期诗作中流露出的静穆空疏的田园气质和宁静致远的文字风格已是一派绝尘而去的淡然。不过，王畿氛围孕育出来的中庸和圆熟，以及作为京城文人特有的精巧雅致做派依然有所保留。

这样的两相统一其实是很难的。

与此同时,一个来自外省的乡村野老也曾两度走进京城。

他叫孟浩然。

孟浩然出生于湖北襄阳,早年且隐且读,一派林中高士的模样,写得一手好诗,在荆楚之地渐获声名。及壮,开始辞亲远行。因玄宗在东都洛阳,孟浩然又往洛阳以求汲取,但滞洛三年,并无所获。直接说,在不短的一段时间里,孟浩然广交朋友,四处干谒公卿名流,也没能拿到一封含金量十足的推荐信得以让他摆脱粗褐布衣的身份。无奈之下,接近40岁的孟浩然下决心前往长安应试,这是他第一次踏上长安的土地,考试却不中。在京城晃荡一段时间后,他再次南下,四处访山问水。过五年,再次前往长安应试,无奈又不中。最终,他决意拂袖而去,直到51岁在家乡辞世也再未踏上京城一步。

孟浩然第一次到长安,和王维相交甚欢,可以说他在长安最大的收获就是结交了王维这样一位京城诗人。他们相互赏识,相互影响,直到五年后再见于长安。从那以后,因为二人的友谊,也因为其诗歌内容和风格有相似之处,后来的论家习惯把二人以王孟合称。

在我看来,二人诗歌中不管有多少相似性,但有一点差异,作为阅读者是一定能够感受到的。王维从来就算不上玄宗跟前的大红人,也比不上那个让高力士脱靴、让玄宗喂浆的李白,但你不得不承认,王维诗作中一直弥漫着一股浓郁的京城气质。这种气质是周全的、圆熟的,甚至是八面玲珑的。它既精巧雅致,词秀调工,又端庄大气,从容平和,有一种不经意间流露出的居高临下的优越感;而孟浩然诗作中散发出来的山野气质却实实在在地充盈了泥土和野草的味道,诗中来回走动的乡村野老也是具有人间气息的,你甚至能感受到其地方口音的粗糙和生动。这些都是王维诗歌中没有的。

同是田园诗,同是归隐诗,孟浩然是外省的、乡野的,他是在泉即为泉,

第四章　南北、中心和边缘

着壁即为壁；而王维，却是王畿之地的声响和风景，是京城诗人的雍容和高贵，它是在泉为珠，着壁成绘，是铅华之后的点石成金。

也是从这个意义上来说王维和孟浩然的区别，我自来认为王维的人格和诗歌要高级一些，襄阳先生较之王摩诘还是略逊一筹。简单说，你身在僻地而傲然皇权并不见得能说明你有多勇敢，因为你压根儿就不知道什么是皇权。同样，你未获所用而表现出卧月赏花的志趣未见得是一种真正的自觉，有可能只是无路可走。反而是那些行走在天子身旁的人竟然可以买书筑室、以老泉石，方可以称得上是一种清醒的立场和强烈的自我意志。即使以最客观的立场和态度去品评人物，你也需要看清一个人所处的位置以及这个位置所导致的行为本质。

王维在京城宫廷与山间别墅之间是来回游走，不是奔波；是享受，不是无奈。如秋水芙蕖，依风自笑。所谓韵外之致，是有韵，再来谈韵外。若一直在外，就是另外一种气质了。

但总的来说，在唐代，王畿气质和外省气质的分别只是一种微妙的显现，因为这个时代的气质实在太鲜了，它目空一切也扫荡一切，把不管生活于何地的文人一网打尽，任何文人身上带有的个人气质无非是这个时代气质的特殊注脚而已。

唐代李白说："总为浮云能蔽日，长安不见使人愁。"（《登金陵凤凰台》）

唐代高适说："二十解书剑，西游长安城。举头望君门，屈指取公卿。"（《别韦参军》）

唐代孟郊说："昔日龌龊不足夸，今朝放荡思无涯。春风得意马蹄疾，一日看尽长安花。"（《登科后》）

唐代张籍说："洛阳城里见秋风，欲作家书意万重。复恐匆匆说不尽，行人临发又开封。"（《秋思》）

唐代韦庄说:"忆来唯把旧书看,几时携手入长安。"(《夜夜相思更漏残》)

宋代欧阳修说:"行人莫羡长安道,丹禁漏声衢鼓报。催昏晓。长安城里人先老。"(《暖日迟迟花袅袅》)

元代陈草庵说:"晨鸡初叫,昏鸦争噪。那个不去红尘闹?路迢迢,水迢迢,功名尽在长安道。"(《山坡羊》)

长安或洛阳,汴梁或临安,北京或南京。这些地方或北或南,或西或东,在几千年中国文人的心目中承载了怎样一种理想和志向、荣华和富贵?又承载了怎样一种苦痛和无奈?它们是中心,是很多知识分子心向往之的地方,或者说,是他们一辈子魂牵梦绕的精神故乡,但事实上,这些地方从来不曾成为他们真正的故乡,他们几乎需要一辈子的努力或试错才能接近这个精神故乡所昭示的一切本质。

它,是冒险家的乐园,也是失败者的葬身之地。它从来不是任何人的故乡,只是无数飘荡的游魂途经之地。

还想说说元末明初的几段往事。

后世的人出于心知肚明的一些原因,讳于谈及元朝治下的汉人精英文人,多把火力集中于探讨元代散曲和杂剧。唐诗、宋词、元曲,成了中国古代文学史的标配结构,仿佛整个元朝近一百年间的文人诗歌毫无可取之处,只能靠民间文艺来占领半壁江山。这种文学史的叙述相当偏颇,因为元代是出了不少优秀诗人和文人的。

其中,杨维桢和高启就是绝好的例子。

杨维桢出生在元灭南宋之后,也就是说,他是一个没有任何赵宋情结的纯粹的元代文人。其父在家乡绍兴诸暨的铁岩山麓筑楼藏书,让杨维桢在楼中苦读,每天的饭食也是用辘轳传到山上,如是苦读五年,人们又称杨维桢为"杨

第四章 南北、中心和边缘

铁崖",他的作品也因其个性,被人叫作"铁崖体",备受时人推崇。杨维桢一辈子所行之路不远,进士及第后为官之地也多在南方,后因兵乱居浙西。到元末红巾乱起时,率先占领吴浙的起义军领袖张士诚称王自立,召杨维桢出山,但杨维桢屡召不赴。后来,张士诚令其弟上门求教,杨维桢修书一封,算是为张士诚贡献了一点谋略。信中,杨维桢对张士诚"反复告以顺逆成败之说"。

后来,张士诚果然亡于另一起义军领袖朱元璋。杨维桢在江南名声太大,当了皇帝的朱元璋也派人来敦请他入朝。杨维桢故技重施,婉辞不就,说这世道上"岂有老妇将就木,而再理嫁者耶?"用此话昭明自己不仕两朝之意。他说了这话还不够,还要跑,还要躲起来。在跑往家乡的路上遭遇兵丁,他故意将"紫旸宫"三字念作"柴汤官",兵丁以为这是一个大字不识的农夫就把他放走了。

洪武三年(1370),杨维桢再被有司敦促,无奈赴京,途中赋《老客妇谣》一首再明不复出仕之意。抵南京,见朱元璋,上书称:"皇帝竭吾之能,不强吾所不能则可,否则有蹈海死耳。"这话说得更绝了,说皇上你真是强人所难啊,如果你再勉强我做不想做的事情,我只有自蹈一死了。朱元璋无奈,碍其名望太大,也就放了他一马。杨维桢离开南京前,朱元璋身边那个著名谋士宋濂赠诗杨维桢,表示了赞赏之意:"不受君王五色诏,白衣宣至白衣还。"据说,杨维桢至家而亡,终年75岁。

不杀杨维桢,且放他回故乡而死,这不像朱元璋做的事情。朱元璋杀人自来就有杀一儆百的意思,大概是他看出来了,杨维桢已是垂死之人,属于老弱无用人士,杨维桢才算从缝隙中获得一线生机,至少获得了寿终正寝的机会。

另外一个叫高启的诗人就没有杨维桢这样的好运了。

高启较杨维桢年轻,名声也不如杨维桢大,但他的诗写得好极了。杨维桢诗被人说成是如秋潭老蛟，凌厉险怪，高启诗被后人誉为才气超迈，音节响亮。几百年之后的毛泽东极其欣赏高启，称他是"明朝最伟大的诗人"。

高启也是在张士诚帐下混过一水的，朱元璋即位后，他在洪武元年（1368）授翰林院编修，参与纂修《元史》。洪武三年（1370），朱元璋擢其为户部右侍郎，但他却以年少不敢当此重任为由，辞退不赴，返回吴淞江畔的故乡青丘，教书治田以自给。这个事情显然让朱元璋脸面上挂不住了，但当时还是隐忍不发，慨然允诺，将其赐金放还。

不久，苏州知府魏观在张士诚原宫址上建知府治所，邀请高启为这座建筑写了一篇《郡治上梁文》。这下就把朱元璋心中积压的怨怒给释放了出来。首先，张士诚是当年朱元璋的死敌，魏观的苏州知府治所居然选在张士诚宫殿遗址之上；其次，高启写的《郡治上梁文》中有"龙蟠虎踞"的字眼。张士诚曾经称王，统治苏浙达11年之久，"龙蟠虎踞"四个字不明摆着是为张士诚招魂吗？显然，魏观有反心，高启也难逃其责。很快，朱元璋下令将魏观和高启逮捕。

高启不长的一生中写有很多诗文，有些诗算得上是称颂朱元璋的，至少算得上是称颂其恢复汉代衣冠的功劳，比如"四塞河山归版籍，百年父老见衣冠""知尔西行定回首，如今江左是长安"（《送沈左司从汪参政分省陕西汪由御史中丞出》），再比如"我生幸逢圣人起南国，祸乱初平事休息。从今四海永为家，不用长江限南北"（《登金陵雨花台望大江》）。看得出，高启对朱元璋赶走蒙古人、恢复汉制、建都南京这些举动还是持正面态度的。在其他诗作中，要说高启有明确的影射意味，真是极其勉强，包括那句"龙蟠虎踞"也多有牵强之嫌。但是，和杨维桢不同，高启年纪轻轻，居然敢在朱元璋刚刚登基最需要人给面子的时候，却给脸不要脸，那就惹事了。

　　竭来京师每晨出，强逐车马朝天阙。

第四章 南北、中心和边缘

归时颜色暗如土，破屋暝作饥鸢蹲。
…………
书生只解弄口颊，无力可报朝廷恩。
不如早上乞身疏，一蓑归钓江南村。

——《京师苦寒》

这首《京师苦寒》写于高启早年在南京为官时。南京是京都，距离高启老家苏州不过四百来里，若只说气候，南京能比苏州苦寒多少？显然，绝不是在说气候上的不适应，倒是每天上朝归来后"颜色暗如土"一句是要点，他把自己比喻成柔弱书生，一副自惭形秽的模样，说实在没有能力报效朝廷，乞求皇上准许他一蓑归钓江南村。

再读读他那篇著名的《青丘子歌》：

青丘子，臞而清，本是五云阁下之仙卿。何年降谪在世间，向人不道姓与名。蹑屩厌远游，荷锄懒躬耕。有剑任锈涩，有书任纵横。不肯折腰为五斗米，不肯掉舌下七十城。但好觅诗句，自吟自酬赓。
……不忧回也空，不慕猗氏盈。不惭被宽褐，不羡垂华缨。不问龙虎苦战斗，不管乌兔忙奔倾。
……江边茅屋风雨晴，闭门睡足诗初成。叩壶自高歌，不顾俗耳惊。欲呼君山老父携诸仙所弄之长笛，和我此歌吹月明。但愁欻忽波浪起，鸟兽骇叫山摇崩。天帝闻之怒，下遣白鹤迎。不容在世作狡狯，复结飞佩还瑶京。

高启，号青丘子。他在《练圻老人农隐》一诗中还写道："我生不愿六国印，但愿耕种二顷田。田中读书慕尧舜，坐待四海升平年。"这是最平常不过的梦想了，甚至连梦想都算不上，不过是一种卑微的念想，不愿像苏秦那样配六国相印,"不惭被宽褐,不羡垂华缨。不问龙虎苦战斗,不管乌兔忙奔倾"。只愿在家中读书耕田,看四海升平,和歌月明,恍惚间也是一派社稷清明、人民安居乐业的好景致。但是,高启忘了,隐,在有些时代有些人身上,是需要皇帝发放许可证的,并不是随便什么人在随便什么时候都可以拥有隐的权利的。

杨维桢老家在绍兴诸暨,后居住在上海松江,高启的老家在苏州吴江,这些地方距离帝都南京都不远,但就是这一段路程,却不是任何一个士人都可以轻松走完的。

来时的路,任由你独自去走,走得两鬓斑白,走得精疲力竭,走得走投无路也没人管你。但是,既然你走到了,走到了我跟前,从此以后就不再是自由身了,从此以后,你的身份不再是一个普通读书人,而是一个深受恩泽的奴隶或仆人。皇帝需要你请剑出山你就得拔剑上阵,皇帝默许你良弓深藏你才可以扁舟一叶。说白一点,皇帝要你留在京城,你就得留下来,要你离开京城,你就得以最快的速度离开我的视野。

京城,从来就不是一个简单的地理概念,这个道理,高启应该是懂得的。

据说,高启被腰斩的这天,朱元璋亲自前往监斩,其对高启的仇恨可见一斑,其欲借此震慑天下文人的居心也昭然可见。还有传说,说高启的身体被砍成两截后,并未立即死去,有人见他将半截身子伏在地上,用手蘸着自己的血,一连写下三个"惨"字,方才断气。其状之血腥惨烈,让人无法目视。

高启被腰斩时年仅39岁,被腰斩之地在帝都。他万万没想到,这个他曾满怀激情写下赞美诗篇的地方最后成了自己的葬身之地。

一年多前,高启怀着忐忑之情前往帝都,曾写下《夜闻雨声忆故园花》:

第四章 南北、中心和边缘

帝城春雨送春残，雨夜愁听客枕寒。

莫入乡园使花落，一枝留待我归看。

暮春时节，帝都下雨了。想来，这雨也会下到故乡去吧？这雨也会把故乡的花朵吹得残破不堪吧？这个春夜，我担心惆怅，心中默念，故乡青丘的花朵啊，你们千万不要被这雨吹残了，至少要为我这个远在他乡的游子留下一枝，让我回归故乡时还能看到。

是的，帝都的雨确实下到了故乡，故乡的花朵无一例外被这场暮春的雨吹打得飘散零落。朱元璋说过，普天之下莫非王土，率土之滨莫非王臣。苏州吴江的书生高启啊，就是一棵挺立在石头城上的青松也会被连根拔起，何况青丘之上一株寂寞开放的小花呢。

你说，"落日登高望帝畿，龙蟠山下见龙飞"。你还说，"每忆上方谁请剑，空嗟高庙自藏弓"。你，和中国千千万万知识分子一样，何尝不懂得其中道理，但到最后，到底还是像很多不识时务的人一样，在该藏弓的时候请剑，在该请剑的时候藏弓，最终没能调适好和庙堂共同舞蹈的节奏。

"石头城下涛声怒，武骑千群谁敢渡？""枝头谁见花惊处？袅袅微风簌簌霜。"这都是这位才华横溢的诗人为这座冷风热血、饱蘸炎凉的城市留下的诗句。

三 江南：张岱的梦魇

隋开皇八年（588），年仅20岁的隋文帝之子、晋王杨广率大军南下伐陈，踏平建康，俘获陈后主及皇族一干人。过两年，一场反隋叛乱在旧陈境内爆发，杨广奉命镇压叛乱，于590年接手其兄秦王杨俊治下的旧陈之地，任扬州总管。从此，这位被痛骂为"罄南山之竹，书罪无穷；决东海之波，流恶难尽"（《旧唐书·李密传》）的暴戾皇帝和江南有了难以言说的关联。

其实，他和江南的联系是从14岁迎娶西梁公主萧氏开始的。南梁昭明太子萧统的曾孙女、西梁孝明帝萧岿的女儿知书达理，聪颖无比，她出现在少年杨广身边，确为征战中原的北方杨氏大族平添了一丝优雅的江南气息。出镇扬州后，杨广在妻子的熏陶下孕育的江南情结终于落地开花。实在地说，南北分治近三百年的江南大地，迎来了才华横溢的晋王杨广和他那个有着萧梁皇室背景的妻子，算得上幸事一桩。

隋文帝统一中国后推行的关中本位政策，对江南人士不免有排斥和歧视。杨广深知，分裂隔绝了近三百年，那道横亘在南北间无形而巨大的裂痕在短时间内难以弥合，收服江南人心的工作举步维艰。这个时候的杨广确实算得上励精图治，他剿抚并重，攻心为上，不仅学习江南方言，亲近江南学子，并重用学者整理典籍，竭力和佛教高僧靠拢，渐次消融了南北士人间的文化隔膜和政治偏见。这既出于统治的需要，也源于杨广高超的施政能力和政治素养，同时，也绝不能忽视杨广对江南发自内心的热爱。

在江南待了十年后，杨广回长安为太子，36岁时登基即位，后被称为隋炀帝。他即位后做了很多事，最为后世熟知的大事是在迁都洛阳后，征召百

第四章　南北、中心和边缘

万人马修建大运河。表面上看,大运河的开通是一种经济行为,极大地促进了运河沿岸城市的发展和繁荣。同时,这也是政治行为,对中央集权的加强及南北文化的交流融合产生了巨大作用。换言之,隋炀帝修大运河是因其胸有韬略并有强烈的南北融通的战略考量。但是,千年来也一直有人揣测,说隋炀帝修大运河不过是为了更加便捷地到达那个他曾经镇守十年之久的扬州。这一动机极其隐晦,甚至不可能拿上台面来说。

在修运河的过程中,杨广命人在运河沿线修建了四十多座行宫,同时,无数劳役还在没日没夜地为他赶造龙舟,目的只有一个,可以经常地、舒适地到达那个让他迷恋不已的江南。

大业元年(605)夏,杨广终于登上那艘前所未有的巨大龙舟,从洛阳出发,向江南挺进。据说,龙舟有四层高,有供皇帝接见百官的正殿,有供皇帝休憩的内殿,有供百官办公用的朝堂,还有供宦官宫女居住的房间,一艘龙舟有一百多间房子。随行包括皇后嫔妃、百官大臣、僧尼道士及外来宾客乘坐的各种船舶数千艘,供禁军官兵乘坐以及装载各种物资的船只还有数千艘。而且,数千艘船只前行全部不用桨篙,只用纤夫,共动用拉纤民夫八万余人。这支规模空前的船队绵延两百余里,距离第一艘船驶出港口50多天后,最后一艘船方才驶出,骑兵夹岸护行,旌旗招展。船队所经州县,五百里范围内的各级官府都要奉献食品,佳肴丰盛,铺张浪费,直接参与人数多达二三十万人。沿途百姓摩肩接踵,争相观看,天子威严,彰显淋漓。

江南百姓第一次亲眼见到了皇帝从北方乘船而来,昔日南北阻隔的状况通过一条河流的畅通、一个皇帝的临幸产生了一种现实的确认,世界再一次回到了几百年前天下一统的现实中。船队仪仗丰盛浩大,规范考究,也让那些以文化自傲的江南士人暗自服膺,慑其精湛。可以说,不管这次南巡有多么不惜靡费,有多么劳民伤财,隋炀帝下江南这一行为所起的巨大作用是不可低估的,他意在安抚江南,也意在威仪江南,山河一统,举国澄清,炫耀功业的心理昭然若揭。它向运河沿岸百姓昭示了天子威仪的极致和不可侵犯，试图由此获得一种政治上的稳定和人心的凝聚，并最终确认一种从形式到精神的真正统一。

而对那座注情甚多的城市——扬州，称帝后的杨广也没少给予特别的优惠，基本上等于把扬州当作隋朝的陪都。炀帝一生三下江南，最后死也死在了扬州。江南诸地都留下了为他修建的各式各样的宫殿，包括那座谜一样的迷楼，至今像扬州的琼花一样，存活于江南百姓丰富又隐秘的想象中。可以说，扬州逐渐成为江南第一大都会，后来又成为唐朝最重要的港口城市，并成为与长安、洛阳并称的"三京"之一，没有隋炀帝之于扬州的特殊情感，是断然不可想象的。

至于那条拖垮了隋王朝、葬送了隋炀帝的大运河，用唐代诗人皮日休所作的《汴河怀古》来解释，可能比较公允："尽道隋亡为此河，至今千里赖通波。若无水殿龙舟事，共禹论功不较多。"不管人们如何骂，如何恨，这条人工挖掘出来的河流千年来一直润泽着沿岸的百姓，滋养着沿岸的城市，让中华文明不断地浸润、沟通、交融，从北到南，日久经年，生生不息。

一千多年后的清顺治三年（1646），一个50岁的中年男子拖家带口，带着不多的家什细软和祖上留下的数箧藏书，走进了远离城市的深山老林，与他熟悉的风流生活挥手作别。

他叫张岱，字宗子，号陶庵。

在此之前，他是一个典型的晚明江南公子，出生于浙江绍兴，祖上皆饱学之士，门第清华。家中自来有善歌诗、蓄声伎的传统，又好古玩，爱收藏，懂鉴赏。张岱一生并未考取过功名，多数时候居住在杭州，和一帮文人雅士游山玩水，弹琴制曲，读书作文，品茗看戏，日子过得风雅而奢华。

第四章 南北、中心和边缘

自古以来，中原乃兵家必争之地，历代英雄好汉皆以逐鹿中原进而定鼎中原为目的，以获得政权的合法性。获得江南之地并没有特别的政治意义，但其昭示的文化合法性却是别的地方不能代替的。尤其是在遭逢北方民族侵扰的时期，江南所具有的象征意义陡然上升，每每会被蒙上一层特殊的隐喻色彩，此时，它通常被标记为华夏文明和异质文明抗衡的最后堡垒。简单说，如果武力摄取中原获得了政治合法性，也必须通过文化征服江南才能确保其政权获得真正意义上的文化统治的权威，否则，它终究是一种未获授权的异质文明，不管其政权在军事上有多强大，最终也是被汉人士大夫鄙夷的未开化文明。

东晋，司马氏携北方贵族仓皇逃窜到江南，华夏文明之光通过他们的薪火相传才得以有再度燎原之势；隋炀帝对江南文化匪夷所思的迷恋以及大运河的开通，让江南之地几百年来孕育的特殊文化气质得以晕染到北方，华夏文明的南北整合由此真正开始；蒙古人入主华夏大地，江南士人表现出的对华夏文明的坚守已经显示出和这个风花雪月之地的气质迥然不同的刚烈和顽执。而此时，张岱所处的17世纪中叶，北方民族再一次渡过长江，华夏文明的最后一道防线已被突破，面对气势汹汹的异质文明，江南，再一次以一种特殊的气质呈现于北方民族面前。

不用我冗述，每个人心中都自有关于江南的特殊印象或感受，总的来说，它是柔美的、纤细的、湿润的、内敛的，甚至是羸弱的、苍白的、退缩的、奢靡的，它和中原大地上那种阳刚的、宏大的、进取的、粗放的、俭朴的气质有着天壤之别。大概没人会想到，这样一种气质，却在明清异代时孕育了一大批为前朝殉节也为中华文化守节的士人，其数量之多可谓空前绝后，远远超过了以文化中心自诩的中原人，这不得不令人对这个地域所孕育的文化质地另眼相看。

当然，不能排除客观原因。大多数王朝陷入绝境时，多以长江为天险，作为其政权偏安一隅的特殊屏障，比如东晋、南宋和南明，就是说，通常一个王朝的彻底倾覆都是以江南的沦陷为标识的，江南灭即王朝灭。即使一些王室后裔还拖着一帮遗老遗少在西南或南方地界四处举旗称帝，终究只是苟延残喘，不具备标识性作用了。所以，江南士人一直充当着王朝覆灭的最终见证人，他们或亲自参与或直接见证了和王朝共死的惨烈战斗，那种天崩地裂的幻灭感和同生共死的悲壮感尤为真切直观，继而更容易走向一种极致和决绝。但是，如果把江南士人的反抗和持守仅仅归结为他们见证了王朝最后的覆灭，恐怕理由尚不足以服人。就情感参与的强烈程度而言，那些身处京畿之地的朝廷重臣恐怕要比江南士人更有亡国之痛的切肤之感吧？

如是，我们要好好理解，江南，对于中国文人到底意味着什么。

江南，不只意味着一个狭义的被称为江南的州府管辖地，不仅指苏、松、常、镇、杭、嘉、湖七府之地。很多时候，它除了指苏浙两省的地界，还包括湖北、福建、江西、安徽等周边地区。这里曾经诞生了朱熹、陆九渊，十家之村，不废诵读。明中后期，阳明之学箕裘不坠，其弟子高举旗帜，猎猎风响。这里，在北方民族杀得血流成河的三百年中，东晋至宋、齐、梁、陈承续汉文化光辉，酒扇歌舞，芳馨不歇；在北方被辽金夏元侵占之时，北宋至南宋一直我行我素，不染尘埃；这里，茶坊酒肆，星罗棋布，书院林立，林泉潺潺，读书弹琴，采莲织锦，稻香鲤肥，轻舟鼓吹，千年不绝。

它不仅仅是一个风花雪月之地，还代表着一个固定的意象，它是中国士人文人心灵的港湾，是一种文明的象征和文化的尺度。换言之，文化意义上的江南使得江南士人始终秉承着浓厚的身份意识和历史记忆，在外来民族和异质文化入侵时，它必然也必须以一种强烈的抗拒姿态，来昭示一种情感上和心理上的优越感和先进性。也因此，江南士人文人这种最后的坚守，也就不可避免地带有一种文化殉节的峻烈意味。

第四章 南北、中心和边缘

张岱,是一个典型的江南文人,他和黄宗羲、顾炎武、王夫之不同,与钱谦益、吴伟业、龚鼎孳也不同。黄宗羲、顾炎武、王夫之是思想家,在明亡前即表现了对政治社会的浓厚兴趣及扎实的儒家修养和功底,明亡后,更是深刻反思,韬光晦迹,最后以其思辨和哲学的高度完成了对中国几千年来社会积习和政治制度的理性批判;钱谦益、吴伟业、龚鼎孳早年在生活方式上也是醉酒声色,风流不羁,但他们身上强烈的功名心和管领风骚的愿望一直强烈而明显;而张岱,不过是一个市井里巷的花花公子,一个斗鸡摸狗的欢场纨绔,活得仿佛和王朝和社稷毫无干系。按理说,这样一个醉生梦死的闲散文人,在明亡之际,应是大脑无甚反应,依然可以毫无痛痒地唱戏听曲、没心没肺地度过下半生才是。

但此时的江南,已容不得任何一个人独善其身。它不仅来自清初统治者对江南的高压和钳制,也来源于亡国之耻所激发的江南士人对自身的忏悔和反省。这种反省,上至政治制度、行政结构、意识形态,下到士大夫的精神状态、思想根源直至行为方式,各个方面,可谓全面而深刻。几乎一夜之间,殉节的殉节,出家的出家,隐居的隐居,那个花红柳绿的江南突然间肃杀清正了许多,像张岱这样的人即使想串门也不一定找得到路径,就是找上门去好不容易和人坐下了,一口热茶下肚,也是千里家国、半壁河山的凄凉。

江南士人对自身群体作出的反省大致有三个方面:

第一,糜烂的城市造就了糜烂的文化;

第二,结社、讲学、收授门徒等现象造成了士大夫集体性的群聚成风、不实学风和朋党倾向,间接导致了明末官横而士骄的社会风气;

第三,阳明学说风靡晚明,强调个人修为,忽视担当天下的责任,极坏地影响了晚明士风。

明末的政治空气和社会风气乖张险恶,宦官擅权,特务横行,党争酷烈,戾气十足。王学左派大行其道，更形成了江南士人在反礼教的旗号下纵欲于声色、纵情于奢靡的士风，"人情以放荡为快，世风以侈靡相高"（张翰《风俗记》），这是避世，是玩世，也是傲世和愤世，这种精神和生活状态间接导致了明末知识精英的积极力量在政治和社会生活中的集体失语和缺席。那些责任感极强的明季遗民十分确认，这种集体失语和缺席是导致明朝灭亡的根本原因，江南士人必须也必然要为此担责。一般来说，人们会比较认同河堤决口而鱼虾死的因果，而明季遗民却更愿意强调鱼烂而致河决的逻辑。这里有个先后次序问题，先有鱼烂而有河决。正是因为明末知识分子作为鱼之烂，才最后导致了明朝和汉文化的河堤决口。"政事之乱，乱于是；官邪之败，败于是；人心之溺，溺于是；风俗之敝，敝于是。"（张履祥《纪交赠计需亭》）基于这种沉痛教训，明亡以后，很多江南士人不仅在思想上也在行动上表现出强烈的反省姿态和纠正错误的愿望，这种纠错行为看上去千奇百怪，但指向的精神特质却是一致的。

这中间，一些精神姿态较为轻松随意的人仅仅以不断的怀旧来忏悔，而那些精神气节或使命感更为顽执之人则多以自残自虐的方式来沉淀心中的隐痛。城市，在某些人心中变成了一个恐怖的意象和符号，它是奢靡和堕落的代名词，是名缰利锁的象征，是和文人的精神世界对立的享乐世界，是需要彻底摒弃的罪恶之源。他们或托隐逃禅，或归隐乡间，深山耕种，粗茶淡饭，以苦节甚至自伤自虐作为对以前放纵生活的回应和忏悔；还有人焚弃儒服，不入县庭，不赴讲会，不结社，不收门徒，杜门谢客，独处不言，仅以密度极低的书信交往和走动维持着与外界简单的沟通，试图以个人的反思和修炼来达到对知识分子精神特质的寻觅和重拾。昔日，士人胜衣冠，谈社事，树党援，较胜负；现在，却选择近农事、崇古礼、复三代这些最古老、朴素的生活方式，以苦节替以前的奢靡赎罪，以农耕辛劳替浪荡的身体赎罪，以独处和不拜客、不赴宴席为昔日的群聚成风和"靡然从之"赎罪。

第四章 南北、中心和边缘

这些人不管采取了何种乖僻自虐的生活方式,我们都不能单纯地将之理解为一种知识分子的个人姿态;相反,这些方式都具有从自己做起进而引领整个社会风气的自觉理性要求,具有找寻"修补药方或试图修复文化根基的实际意义"①。直接说,他们试图通过难免矫枉过正的方式来扮演一个拯救社会及汉文明的角色。

但是,就我个人的理解,张岱虽然也在这样的反省背景下没有例外地归隐深山了,但他的行为并不具备精神自觉,包括他从深山返回绍兴老家以后,一直过着艰难的穷困生活,也并不足以将他的行为归于一种有意为之的主动选择。张岱和前面提及的名字不同。那些人或是被清室征召,深感身体不洁,遂辞职归乡,如钱谦益、吴伟业;或直接拒绝了来自皇室的征召,自隐于山,如黄宗羲、顾炎武。但张岱不是,他以前不过是一个风月江湖里有些才气的文人,其烟红柳绿的气象甚至都不可能引来新朝统治者的注意,他连被征召的机会都没有。他的退隐深山实在是家里资费被他悉数耗尽,已不够支撑他服食豪奢的生活了。再者,因父辈的关系,他一直和鲁王行朝保持着较为紧密的联系,但现在,鲁王已绝不可能是那个恢复大明江山和汉家文明的可供寄托的对象。他之隐遁深山,也有故意躲避鲁王行朝的一些因素。

张岱的放纵是骨子里的放纵,他天生就喜欢繁华,喜欢热闹,喜欢器物戏曲,喜欢华裳美食。他心头挂念的是某个必赴的宴席,脑海中翻腾的是某个美少年的一颦一笑。他喜庙会香市,观潮赛舟,喜元宵观灯,中秋赏月。他的耳朵听得见曲中的喧闹和悲欢,却未曾真正关心过人间的坎壈和政治的倾轧;他懂得世间浩大的宿命和浮沉,却从未将自己的人生置于现实的巨变

---

① 杨念群:《何处是"江南":清朝正统观的确立与士林精神世界的变异》,生活·读书·新知三联书店,2010年版。

空间。他整个中年之前的人生,就是让小仆摆弄戏具,于灯火大殿中盛装出演的一幕锣鼓喧阗的折子戏。

鼎革之前,他并非故意用沉溺和放纵来显示自己避世愤世的高韬,鼎革之后,自然也不可能用归隐来标榜自己对社会的批判,更没有拨乱反正的内心要求。他以前的生活基调不过是玩世,现在,如果一定要把这种精神特质提升到避世、傲世甚至愤世、救世上来,就非常勉强了。直接说,张岱身上所有的爱恨情仇都是私人的,单纯的,和时代的风云际会无关。但也是这种单纯,代表了那个时期江南士人最典型的精神和生活状态。

蜀人张岱,陶庵其号也。少为纨绔子弟,极爱繁华,好精舍,好美婢,好娈童,好鲜衣,好美食,好骏马,好华灯,好烟火,好梨园,好鼓吹,好古董,好花鸟,兼以茶淫橘虐,书蠹诗魔,劳碌半生,皆成梦幻。年至五十,国破家亡,避迹山居,所存者破床碎几,折鼎病琴,与残书数帙,缺砚一方而已。布衣蔬食,常至断炊。回首二十年前,真如隔世。①

这段话出自张岱《自为墓志铭》,所有人提到张岱必引用之。社稷倾覆时,他坦言自己"既不能觅死,又不能聊生",只能在白发婆娑之年避迹山居,以羸弱之身,舂米担粪。此时再来悔恨少年时不识稼穑农耕之事,好像为时已晚,家里已经没有呼之即来的仆人婢女了。

"学书不成,学剑不成,学节义不成,学文章不成,学仙学佛,学农学圃俱不成,任世人呼之为败家子,为废物,为顽民,为钝秀才,为瞌睡汉,为死老魅也已矣。"想想看,一介锦衣玉食的纨绔子弟,一个风雅任性的文人名士,在放下肩上那一担又臭又重的大粪的时候,望满目青山,想自己曾

---

① 张岱:《陶庵梦忆》,中华书局,2020年版。

第四章 南北、中心和边缘

经拥有的古玩玉器，耳边响起家中苏小小班、茂苑班的声光凌乱，或是《擘破玉》唱响时妓女阔少们那一声声谑浪嬉笑，该是何等酒醉方醒之后的刺痛和荒诞。

劳碌半生，皆成梦幻。二十年前，真如隔世。

于是，我们在张岱最著名的作品《陶庵梦忆》《西湖梦寻》中看到了各种各样的梦境。甲申之变后，沉醉方醒，噩梦始觉，千壑万顷的苍茫感和尖刺的嘲讽意味一直持续，直到终老。

张岱在《陶庵梦忆》的序言中自云：

陶庵国破家亡，无所归止。披发入山，骇骇为野人。故旧见之，如毒药猛兽，愕窒不敢与接。作《自挽诗》，每欲引决，因《石匮书》未成，尚视息人世。然瓶粟屡罄，不能举火。始知首阳二老，直头饿死，不食周粟，还是后人妆点语也。

…………

鸡鸣枕上，夜气方回。因想余生平，繁华靡丽，过眼皆空，五十年来，总成一梦。今当黍熟黄粱，车旋蚁穴，当作如何消受？遥思往事，忆即书之，持问佛前，一一忏悔。不次岁月，异年谱也；不分门类，别《志林》也。偶拈一则，如游旧径，如见故人，城郭人民，翻用自喜。真所谓痴人前不得说梦矣。①

"鸡鸣枕上，夜气方回，因想余生平，繁华靡丽，过眼皆空。五十年来，总成一梦。"这是张岱梦醒之后忆梦记梦的基调。

文中，张岱沉重地将自己前半生的豪华生活和如今的艰难生活作对照，

---

① 张岱：《陶庵梦忆》，中华书局，2020年版。

并将之归结为佛家的因果报应。用竹笠作为对头的报应,用草鞋作为对足跟的报应,以此和从前华美的冠履相对;以衲衣作为对皮裘的报应,以麻布作为对细葛布的报应,以此和从前又轻又暖的衣服相对;以豆叶作为对肉食的报应,以粗粮作为对精米的报应,以此和从前美味的食物相对;以草席作为对温暖床褥的报应,以石块作为对柔软枕头的报应,以此和从前温暖柔软的物品相对;以绳枢作为对优质户枢的报应,以瓮牖作为对明亮窗户的报应,以此和从前干燥高爽的居室相对;以烟熏作为对眼睛的报应,以粪臭作为对鼻子的报应,以此和从前香艳的享受相对;以长途跋涉作为对脚的报应,以背负行囊作为对肩膀的报应,以此和从前的轿马仆役相对。

以前种种罪孽,从种种果报中均可得以见之。

既然以前全都是罪,那如今的恶报就是必然,好像也不能有什么怨艾。即使把自己呼作败家子,为废物,为顽民,为钝秀才,为瞌睡汉,为死老魅,也没有沉痛至极的剧痛,无非咎由自取的孽报。

因为如梦方醒,所以遥思往事,忆即书之,持向佛前,一一忏悔。这句话应该是张岱写《陶庵梦忆》的初衷,仿佛写忆梦文字就是将过往呈现出来在佛前忏悔的事情,反省得够彻底了。但呈上的未必都是忏悔。虽是"邯郸梦断,漏尽钟鸣",虽是"追忆少壮秾华"之作,但细读《陶庵梦忆》,作者的怀旧念旧之情溢于言表,情景再现、以慰寸心的心思也毫不隐晦,其中诸如诙谐、把玩、津津乐道、沉醉其中甚至自喜自夸的情绪若隐若现,不可回避。

简单说,张岱不断重复自己沉醉方醒,其实并非全然梦醒,不断强调要把罪孽袒露在佛祖面前,一一忏悔,其实这种忏悔又有自喜甚至得意扬扬的自傲。这里有悔,也有不悔;有梦,更有非梦,微妙地传达出张岱复杂矛盾的内心状态。

"二梦"中的另一场梦《西湖梦寻》也是张岱的代表作。张岱自述,在

第四章 南北、中心和边缘

阔别西湖的 28 年间，西湖无日不入梦中，但当再次面对西湖时，"梦中所有者，反为西湖所无"。失落之余，他只能以"反不若保吾梦中之西湖"作为自慰，写下《西湖梦寻》72 则，欲为后世留存真正的"西湖之影"。文中谈及梦所故有，其梦也真，还说梦中说梦，非魇即呓，一副亦梦亦真、似呓也魇的迷蒙。既是忆旧情感的集中爆发，又是往事成空的不得不说。《西湖梦寻》中《柳洲亭》一文有句：

今当兵燹之后，半椽不剩，瓦砾齐肩，蓬蒿满目。李文叔作《洛阳名园记》，谓以名园之兴废，卜洛阳之盛衰；以洛阳之盛衰，卜天下之治乱。诚哉言也！余于甲午年，偶涉于此，故宫离黍，荆棘铜驼，感慨悲伤，几效桑苎翁之游苕溪，夜必恸哭而返。

这篇文章的情绪就更强烈了。张岱以北宋李格非的《洛阳名园记》为托，说明《西湖梦寻》的主旨就是借西湖之兴废来卜杭州之盛衰，以杭州之盛衰来卜天下之治乱。看故园荒寂，荆棘丛生，感慨悲伤，只有恸哭而返。

也难怪，后世有人猜测《红楼梦》的作者可能是张岱。不只是写作年代相契合，而是张岱的经历和身世实在太适合写这部小说了，他才气斐然，更足以胜任。更关键的还有，从《陶庵梦忆》到《西湖梦寻》，再来一个红楼一梦，岂不刚好修成正果？

用张岱的话说，他之苟活人间而不去寻死，唯一原因是自己的巨著《石匮书》未成，所以只得视息人世。我相信张岱的辩解，因为在如此艰难的物质条件和恍惚梦游的精神状态下，张岱坚守了近十年，五易其稿，最终撰成《石匮书》这部 220 卷的纪传体明史，后又续撰《石匮书后集》补记崇祯及南明史事。这种皓首穷经以明其志的行为没有一种持守的顽强是很难做到的。

说穿了，张岱不是在怀旧，他本身就是一个旧人。

明季遗民对前朝习气和士林的反省,随着时代往前,其与生俱来的文化自信和优越感渐次减弱,对异质文明的厌恶和轻视也不那么强烈了,伴随着国破家亡而来的被伤害了的自尊心也平复了许多,也就是说,这种反省具有的挑衅姿态和叛逆心态越来越不那么明显了。

而清朝统治者挟胜利者之威,对前朝灭亡原因的阐释看上去是真理在握,掌握了足够的话语权,同时又流露出一种防止汉文化继续侵蚀社会、腐蚀新朝的警觉和自卫姿态。他们既有对明显先进于自己的汉文化的向往和倾慕,又有保持和坚守自身文化气质的意愿;既要学习异质文化中先进的部分,又要剔除异质文化中堕落的部分,绝不允许那些造成前朝灭亡的深层次因子侵吞大清王朝的肌体,这是清初几代统治者的共识。所以,清初统治者的心态相比那些落败的汉人士人来说更加复杂,他们不仅要和汉人士人一起找出前朝落败的原因,还要充分利用异质文化中的优秀资源,做到适度的容忍和借鉴,以收拾前朝士人残破不堪的内心,并最终取得文化意义上的合法性,这是一件需要足够智慧和策略的大工程。说穿了,这是来自北方的异质文明和汉文明进行的深层次的心理较量。

也是这个时候,江南,再一次显露出它非同一般的意义。不管是康熙,还是雍正、乾隆,都非常清楚江南之于汉文化意味着什么。它意味着这里的士人"掌握着对基层礼仪话语的深层诠释权"①,意味着这里从南宋以来就是汉人知识精英的汇聚之地,是思想之源,是文化浸化之地。

俯瞰虎丘之背,田畴林木,望若错锦,苏民仍列酒坊茶肆各安生业,管弦竞奏,觉有升平景象,然徒事纷奢,罔知务本,未若东北风俗之朴实耳。②

---

① 杨念群:《何处是"江南":清朝正统观的确立与士林精神世界的变异》,生活·读书·新知三联书店,2010年版。
② 黄之隽:《江南通志》卷首二之二《南巡笔记》。

第四章 南北、中心和边缘

这是康熙皇帝站在苏州虎丘山上发出的一句感叹。"徒事纷奢,罔知务本,未若东北风俗之朴实耳",这既是一个出生于东北的蛮夷之君面对陌生的江南大地发出的感慨,也是一个有宏观见地的君主俯瞰江山一统后的帝国作出的判断。

又过了几十年,雍正皇帝面对那个狠狠冒犯了自己的死刑犯曾静时,和他父亲一样,也十分确认,这个出自湖南山野穷僻之地的乡绅不过是一个冥顽无知者而已,他所有的罪过皆是读了江南名士吕留良之书的结果。雍正皇帝毫不犹疑地认定,罪大恶极者是吕留良之流,而不是曾静,所以决定不杀曾静,而把已死多年的吕留良拿来鞭尸问罪。这种指桑骂槐的举动见出了清初统治者的真正用心,他们的恐惧之源从来不是一些无知书生的疯狂叫嚣,也不是山民黔首的揭竿而起,他们真正惧怕的是绑架和指涉人心的异动之源,是思想文化和礼仪的力量。直白地说,雍正得出"浙省风俗浇薄,人怀不逞"的结论,源于他对江南作为文化浸化之地的极端仇视和厌恶。

我们可以在很多史料中读出清初统治者对江南的关注。可以说,历史上没有任何一个时期的帝王表现出如同清初统治者那样对江南非同一般的兴趣。

乾隆皇帝曾尖锐地指出了江南民风不正的诸多现象,告诫地方官吏要循循善诱,引导江南百姓逐渐改掉恶习。他说:"江苏两浙之地,俗尚侈靡,往往家无斗储,而被服必极华鲜,饮食靡甘淡泊,兼之井里之间,茶坊酒肆,星列棋置。"看似以民生为念,实则以风尚浇薄来诠释民生之艰的深层次原因,而后指出,新朝崇尚的社会风气应该是"布帛可安,不必文绮也。粗粝可食,不必珍馐也。物力可惜,毋滋浪费。终身宜计,毋快目前",就是应该崇尚"以俭素相先,以搏节相尚"的风气,这和他的爷爷康熙皇帝心中理想的朴实的东北风尚一脉相承。

不管康熙帝还是乾隆帝,他们提出的种种对江南士风的批评以及对从简抑奢社会风气的提倡都暗合了那些正处于反省状态的江南士人的所思所愿。

早在甲申之变后,清将多铎率大军南下,江南士人领袖钱谦益就曾对多铎进言:"吴下民风柔弱,飞檄可定,无须用兵。"看来,江南士人和异族皇帝对江南的认识完全相同。只是,这样的话从一个士人领袖口中说出来,与从一个异族皇帝口中说出来还是有点不同。康熙、乾隆的言词,字字句句,如针刺在江南士人的心上,让他们很难不为之尴尬和自惭形秽。

鼓乐笙歌,靡费终日。这是张岱以前过的日子,也是他五十岁酒醒之后幡然醒悟、深自忏悔的事情。虽然我一直强调,张岱的忏悔未必是主动为之的一种觉醒,不过是生活突遭变故后对生命无常的一种哀悼,与同一时代那些清醒的知识分子相比,其思想的深刻程度相差千里万里。但是,至少从物极必反的生命轮回来看,任何罪恶都是有渊薮的。从这个意义上说,张岱的忏悔又含有一种宿命的意味。

这是江南的美,也是江南的丑。或者说,是江南的美,也是江南的恶。如此矛盾又复杂地体现在张岱其人的肉体和精神中,让人不能全然辨别江南的真正意味。

它既是张岱痴迷其中的歌舞升平的江南,又是乾隆厌恶训斥的民风冶荡的江南;既是明代文人引以为傲的诗文书画的江南,又是清初遗民深以为耻的骄横佞妄的江南;它曾经是士大夫的精神家园,最后却成了文人为自己提早准备的生圹一穴;这里走出来的文人从来都是中国文人中的佼佼者,最终却成了自己王朝的掘墓人。

当康熙、雍正、乾隆对江南世风和民风的指责达到了这个地区所能承载的极限时,这里的知识分子群体也完成了对这片土地所孕育的社会和精神风尚的深刻检讨。他们终于明白了,以前任何的喧闹和耀眼都必须为如今的沉寂和黯淡担责。

从隋炀帝下江南开始,持续了千年之久的繁华江南,经历了它在中国文

第四章 南北、中心和边缘

人历史上特殊的起起伏伏，直到乾隆帝悄悄收拾好自己对江南既厌恶又防范的心情，毫无遮掩地向大家袒露出对江南文化追慕的用心，一次、两次、多次地在江南大地上以一个异族统治者的身份行走、巡视，江南，在明亡将近一百年的深自韬晦后，才缓过劲来，重新回到了自我调适过的方位感中，从那以后几百年间，再也不曾偏离过统治者为它制定的坐标。

500多年前，女真人的第四位皇帝完颜亮读到北宋词人柳永《望海潮》一词有"三秋桂子，十里荷花"之句，对江南景象的渴慕油然而生，据说他因此萌生南下攻宋的心思，并写下"提兵百万西湖上，立马吴山第一峰"的诗句。但是，面对南宋军民的拼死抵抗，金军屡攻不前，伤亡惨重。在后院起火的情势下，完颜亮在一个冬天的拂晓被部下杀死于长江边的瓜州渡口。

大家一定知道，金人是满族人的祖先。

这个暴虐淫荡又才华横溢的金朝皇帝最终横尸长江北岸，没有到达他朝思暮想的江南。即使最终抵达了，我想，那个有着三秋桂子、十里荷香的江南也不会善待这个家伙，但500多年后，他的部族后人不仅以武力征服了这片土地，并最终在文化上确立了不可争辩的合法性。

诚如明季遗民所说，必须有人要替此后果担责并赎罪。江南就是这样一个所在，而张岱，毫无疑问就是其中的一员。

四　岭南：屈大均从广州启程的旅行

中国古代，关于自然和文化地理的认定或划归非常仔细。黄河流域，从西而东，依次有陇右文化、关中文化、三晋文化、河洛文化、燕赵文化、齐鲁文化；长江流域，自西向东，依次有巴蜀文化、荆楚文化、湘文化、赣文化、江淮文化、吴越文化；更北有河朔文化、辽河文化，更南有滇文化、岭南文化。总的来说，相距越远的文化差异越大，尤其因国家分裂导致的文化悬隔的差异性更大。大多数时期，人们会认为南北之间的文化差异大过东西之间的文化差异。人们也相信，任何文化的形成都要经过长时间的积累和沉淀，绝不是一两天就能改变的，只有社会组织和思想教化的深层次影响才能逐渐改变一个地区的历史和文化结构。也是基于这样的认识，大家认可的文明之邦大多集中在中国版图的中心地带，远离中心地带的文化都有一种非主流的意味。

在这样一种文化认知的作用下，大多数文人的流徙和活动都是沿着由外向里、由低处流向高处、由边缘流向中心的路径。

在交通不发达、信息不畅通的时代，一个文人要从一个地方到达另一个地方需要付出相当的时间、体力和金钱，因而，所谓"乡土观"的养成其实也是一种自然和社会现实造成的必然结果，没有外出的机会，只有固守家乡，乡土观不重都不可能。但是，除开那些特殊原因所造成的一批远游者（使者、商人、脚夫、差役等），中国的士人一直以来都是几千年封闭社会中地理空间和文化空间最有力的挑战者。

从求学开始，一直到赶考，再到异地做官，甚至包括遥远的贬谪之路，

第四章　南北、中心和边缘

士人们几乎没有一个是待在故乡原地不动的。在古代，大多数对自己家族有要求的士绅之家的孩子都有一个外出求学的阶段，求学的地方离家乡不远，最远也不过百里开外，很多士人人生中的第一次远行多发生在青少年求学阶段。第二次远行通常是赶考，先前往州府治所所在地，然后到京城，这是人生中最有标志意义的远行，多发生在青壮年时期。第三次远行则是进士及第后的为官之路，这种远行就身不由己了，目的地是朝廷指派的任职地点。剩下的远行无非四处做官，南来北往，并无定处。如果加上可能发生的贬谪事件，其行足之遥远就完全是不可控的人生事件了。此外，士人的人生中途还会面对父母去世的现实。"丁忧"，是中国古代官员尽孝的固定形式。作为子嗣，不管官职有多高，职责有多重要，都需要斩断政治结构中的一切牵连，停职守制，国家也不可强招丁忧之人为官。"丁"是遭逢、遇到的意思。27个月并不短，很多时候，这个时间是需要在家乡度过的。也就是说多数士人的人生中途都会有返回故乡的一段时间。

我讲的是大多数士人一般的行走和归家路线。当然，还有很多奇特的行走和旅行经历为特殊个案。这不是一种群体性的迁徙，不同于因战争或殖民所导致的大规模的文化侵略，只是一种无痕的、动静甚小的个人流动。它像一粒小石子轻轻投掷到一顷平静的湖水中，半天没有回响，随之而起的涟漪却可能或多或少地触动岸上某个充满好奇心的少年。很多年后，那顷依然平静的湖水旁，某个已经成人的青年也许会带着心中满腔起伏，启程出发。

死水微澜，总是需要一个或几个闯入者的。

1644年，崇祯帝在北京殉难，福王在南京即位，为弘光帝。此时，年仅15岁的广东番禺人屈大均求学于在广州越秀山讲学的陈邦彦名下。次年，得补南海县生员，就是中了秀才。

1645年，清军跨过长江，弘光帝被俘，潞王在杭州监国。随后，潞王被清军杀害,唐王在福州监国后即位,为隆武帝。由于消息闭塞,几乎同时,鲁王在绍兴监国,出现了两王并在、唐鲁争锋的局面。

1646年,鲁王在张煌言的帮助下逃往海上避难,隆武帝为清军所杀。随后,桂王在广东肇庆监国,后即位,为永历帝。12月,永历帝出逃广西,广州被清军攻陷。1647年,18岁的屈大均投奔到授业老师陈邦彦的抗清队伍。各路义军拼死巷战,最后兵败,陈邦彦殉国。

1648年,以前投降清军的前明将领复归南明,永历帝借力复还肇庆。屈大均到肇庆行在谒见永历帝,并呈上《中兴六大典书》,授中秘书职,因父亲病危,急归而未任。

1650年,清军再破广州,局势急转直下。为避祸,屈大均不得已入雷峰海云寺,削发为僧,并将居所命名为"死庵",以示誓死不臣清廷之意。

1653年,屈大均北上庐山,这是屈大均第一次北游。

1655年,屈大均返回粤中,于罗浮居住。1657年,浙西词派领袖朱彝尊南游广东,结识屈大均,将其作品介绍给江南诗界,屈大均声名鹊起,即所谓"未出梅关名已香"。也是这年秋天,屈大均以化缘为名逾岭北上,这是屈大均第二次北游。他到北京,登景山寻崇祯死所哭拜;出山海关,凭吊袁崇焕督师故垒;随后至济南,谒孔陵,登泰山;到南京,谒明孝陵与东陵,匍匐阶前,与人相向而哭;在江南,认识了文坛盟主王士祯和钱谦益,他的诗歌再次得到主流诗坛的认可。其间,他还数次往来会稽山阴,参与了魏耕、祁班孙的抗清活动。这二人曾遣人密送情报,欲引导郑成功、张煌言的舟师沿海路进攻南京。1659年,郑成功、张煌言率大军入长江,攻破很多城市,南方为之一振。1662年,永历帝于云南被杀,郑成功去世,继而魏耕被杀,祁班孙被遣戍宁古塔,屈大均则逃往浙江桐庐,后回广东,还俗为儒。也是这一年,鲁王死于金门。

在广东待了不到三年,1665年,屈大均再度出岭,这是他第三次北游,

第四章 南北、中心和边缘

先从苏浙抵陕西,在陕西认识李因笃,又与李因笃同赴山西代州,与顾炎武等人同游五台山,在太原又结识傅山。其间,屈大均在一帮著名遗民的见证下,娶北方抗清将领之女王华姜为妻。这以后,他登华山,过灞桥,再上北京,下南京,会老友王士祯、朱彝尊,四年后归返番禺故里,后移居东莞。

在东莞待了三年多,1673年,吴三桂、尚可喜、耿精忠起兵反清,屈大均随即赴湖南参与其事,这是屈大均第四次北上。在向吴三桂做出"上书言兵事"的举动后,很快被吴三桂委任为广西按察司副司,监督孙延龄军。两年后,因各种原因,也因对吴三桂和孙延龄之流的极度失望,他决意离开,从广西返乡,开始了几年较为安静的写作生活。1678年,"三藩之乱"平定后,屈大均为避祸,携妻儿入江西。未几,又只身赴南京,在雨花台自建衣冠冢,并作墓志铭,直至风声渐平,于1682年回到番禺,从此不复远游。

从1653年24岁时逾岭北上,一直到1682年53岁时回归故里,一共30年。屈大均活了67岁,也就是说他大半辈子都在路上,至少他的整个青壮年时期都在外面行走。

这种行走的性质是多重的。

首先,政局的巨大变化使这个南方知识分子不可能继续他的学习仕宦道路,也不可能把振兴家族的个人志业放在首位。社会乱了,他的心也乱了。此时,朱明王室后裔纷纷逃亡南方,在各路遗臣的拥戴下建立了无数的临时行在。以前遥不可及的皇室近在眼前,极大地刺激了南方知识分子"尊王攘夷"的使命感和责任感,而郑成功、张煌言势力的顽强存在以及后来吴三桂的反清,都给那些坚定的反清人士提供了希望的火种。可以说,屈大均逾岭北上、四处奔波的路径其实就是寻找机会以图恢复中华的路径,包括失败后的逃亡或避祸,都可解释屈大均整个行走的性质。

这是一生寻求希望甚至是寻找梦想的行走,这种行走有强烈的政治动因,有知识分子以个人力量担当社会责任的内在要求。"今天降丧乱,日月颠其行。……忠诚夙所立,九死吾何伤"(《咏怀》),即使险阻艰难,备尝其苦,也要百折不挠,勇往直前,欲扶龙旗于倒悬,这是屈大均不断北上的心之所向。我们不必在意屈大均的行为到底有多少实际的成效,或者说,屈大均一路上寻访先烈,拜访遗民,凭吊前朝遗迹,不过是发泄情绪、寻找知音、相互舔伤或相互取暖的一种心理需要的表现,但它至少表露了一种以出走来抵抗现实的抗议姿态。屈大均多次将他的行走比喻为"宗周之行",其具有的文化隐喻性实在大过现实意义,反映出他思想和意识深处对汉文化及其政权的极度眷恋,也试图以此表明自己的精神姿态和坚定立场。

其次,这种不间断的行走也反映了南方知识分子长久以来对外界社会和空间的倾慕和向往。岭南,在中国主流文化传统中被标识出来的偏僻和蛮荒性质,不用我赘述,即使到晚明时期,它依然是被主流话语忽略或漠视的一处所在。可以说,屈大均等一批南方知识分子一直潜藏着一种深层的自卑感和边缘心态。岭南岭北,不仅是翻过一座山、越过一座岭的距离,而是中心和僻地、主流和边缘的距离。从某种意义上讲,屈大均的北上既怀有政治上的希望和理想,更有以此汲取主流文化营养的文化动机。1657年,朱彝尊南下结识屈大均,不遗余力地夸赞他的才华,这让屈大均精神为之一振,也使他确认了自己可能拥有的更广阔的天地。他不再在岭南地界盘桓流连,他相信,外面的世界才能使他获得更为充足的养分,并得到个人修养和智慧的提升。

再次,这种远游也源于中国古代知识分子的一种壮游传统。所谓读万卷书行万里路,也是很多知识分子自觉的人生规划。

人生非麋鹿,安能恋山林。翩翩袭马子,四澥求知音。

——《示李总戎》

第四章　南北、中心和边缘

万里求知己，从君旅雁门。佳期那再得，歧路竟何言。

——《送天生》

回到广东时，屈大均已过知天命之年，在阅尽千山万水之后，他出奇地安静，安静得有些不可思议。他甚至没有花时间来对过去30年的行走生涯作一个总结，而是把所有的心思都停留在故土之上，其注意力之集中，情感表达之强烈，和他前面30年的行走完全南辕北辙。

这种安静就像从未出走过一样。

首先，他编撰了浩大的《广东文集》和《广东文选》，收入汉至明代粤籍名人如张九龄、湛若水等人的各种体裁作品，以此反映广东文教之昌盛，体现了强烈的家乡情结。

其次，他花了很多时间集中于对广东文献、方物、掌故的收集整理，编成《广东新语》，记述广东的天文、地理、矿藏、草木、动物、文化、民族、习俗等。这本书被认为是一部百科全书性质的有关广东的笔记体著作，因其强烈的主观意识和诗性特质而具备一般史志所没有的文化价值。

最后，他将明崇祯及南明弘光、隆武、永历四朝殉难人物的死节事件记录成书，撰写了《皇明四朝成仁录》，为抗清志士歌功颂德，在明末遗民中引起较大反响。

在屈大均沉浸在编撰历史掌故的家居岁月时，他的昔日好友王士禛、朱彝尊、李因笃早已归附清廷。1685年，王士禛奉旨南来广州，欲荐屈大均，但屈大均借口"著书未竟"婉辞荐举。

我行逾万里，彷徨思故乡。黄鹄虽失所，不从燕雀翔。
驾言登孤竹，东北望边疆。惊沙如白雪，杀气为严霜。
…………

白日何昭昭,浮云复茫茫。吁嗟命之衰,挥涕归首阳。

——《孤竹吟》

英雄从来无私仇,悲歌往往崩玉壶。屈大均一生行逾万里,慷慨一杯酒,飞扬万里途,但终归国仇未报,只得吁嗟岁月悠悠,命运蹉跎,眼泪随风沙而下,白发如严霜相逼,人生如车轮转蓬。他一路上写了无数诗作,日月山川,亭台楼阁,鲜花鸟雀,无不有感而发,情感炽烈,意象繁复,典故多多。后世有学者将屈大均的行走生涯与明末另外一个著名人物徐霞客并论,把屈大均称为"广东的徐霞客"。个人以为,这样的称谓似是赞誉,其实是偏颇的。

徐霞客的行走和屈大均的行走有质的区别。前者是旅行家或地理学家、生物学家、社会学家的行走,屈大均的行走却带有强烈的政治和文化动机,这是一个典型的古代儒生的行走。他的行走不在于观看和记录,而在于行动和参与,重心不在山水风光,而在路上的人和人所代表的社会现实或理想。

一路上,他都是客。"龙蛇四海归无所,寒食年年怆客心。"他一直用一种羁旅之客的心思看待路上的山水风光,虽登临胜迹,即景抒怀,但总是万里客愁,山水苍茫。

山山黄叶尽,残雪响枫林。
天入群峰小,泉归一壑深。
高松寒立影,明月正栖心。
冉冉岁华暮,谁来问玉琴。

——《冬日英州山中》

回到故乡,终于不再是客了,他想尽办法要找到主人的感觉,他把故乡

第四章 南北、中心和边缘

的文人搜罗出来，把故乡的民风民俗搜罗出来。

在阅尽天下山水之后，在感受到各地不同的风俗民情之后，他最终确认，一个行走的灵魂依然牢牢依附在某一片水土和文化之中。这是随着年纪渐老自然滋生出来的一种叶落归根之感，是身心疲惫时不再遥望远方的内心归宿，同时，也是千山万水之后对一个民族和一种文化观看角度的主动调整。换言之，只有一个走过万里路的人回过头来认真审视脚下这片土地时，才会比那些足不出户之人多了更多俯瞰的视角，多了另外一种意义上的心领神会。

它如此艰难，以至于必须也必然要屈大均这样的人来完成。也难怪，后人居然在他的《广州竹枝词》中找到了这样的诗句：

洋船争出是官商，十字门开向二洋。
五丝八丝广缎好，银钱堆满十三行。

不错，屈大均写的就是十三行，那个后来名扬世界的广州十三行。这首诗成为广州十三行最早的文字记录，至今仍是研究十三行起源和中国近代社会经济变化的史实依据。

因为身处偏僻之地，才格外想远走高飞，这就是岭南的知识分子。或者说，因为对外界充满了超乎一般人的向往和出走的愿望，他们才可能在经历社会巨变时，对自身所处以及外界的变化有敏锐的感知，并具有一种主动调适的自觉和能力。后来，大概谁也没有料到，广东，这个昔日的蛮荒化外之地因其特殊的地理位置变成了最早接触西方文明的前沿之地。最落后的地方遭遇最开化的文明，二者近乎一对欢喜冤家，就这样稀里糊涂地操着谁也听不懂的粤语和洋文双双携手北上了。

几千年来，在中国辽阔的土地上从南方撕裂开一个巨大的口子，这是第一次。

在屈大均逝世一百多年后,也是岭南地区,走出了康有为和梁启超这两个深度影响近代中国的广东人。随后,以孙中山为代表的一大批广东人,最终成了几千年帝制的掘墓人。

屈大均,是中国传统知识分子壮游传统的践行者,也是近现代岭南知识分子找寻外部世界刺激和冲撞的先驱人物。从19岁剃发开始,屈大均一生都以秃头示人,但他从来不是僧。虽写过不少游仙诗,他也算不上道。他思想中还有显而易见的墨家因子,崇尚刺客侠客,主张非攻,但说他以墨家思想为重,正如说他以儒家思想为重一样,都不能解释屈大均思想的复杂和多变。他视自己为屈原后人,又极度崇拜李白,但后世的人除了肯定他的诗歌兼具屈原和李白的风格外,更愿意把他和杜甫相提并论。

一路走来,结交甚广,见识够多,风景殊异,人文隔膜,最终造就了这样一类诗人,他们既不属于故乡,也不属于他处,各个地方的山川风物、思想和力量附着在身上,让他们最终呈现了一种奇特的多重性和复杂性,这是大多数喜欢远游的中国知识分子身上必然显露的特性。也是他们,以强烈的好奇心和挑衅性,成了中国社会变化或进步过程中一根根锋利而尖锐的芒刺,狠狠地戳穿了那些看似稳固却极其脆弱的包裹和装饰。

结　语

　　公元前 500 多年，齐国上大夫晏婴使楚。楚王闻之，想借机侮辱一下这个来自齐国的使臣，让大臣做了一个局。

　　晏子到，楚王设宴欢迎。酒酣耳热之际，士兵捆绑一人来到席间，询问楚王该如何处理。楚王问，所缚者何人？答：是齐人，因盗窃被抓。楚王转而问晏子：齐人自来就喜欢偷盗吗？晏子避席对曰：我听说，橘生淮南则为橘，生于淮北则为枳。树叶看似相同，但果实的味道却不同。这是什么原因？是水土不同的原因。百姓生活在齐国不会偷盗，但到了楚国就喜欢偷盗，大概是楚国的水土使百姓喜欢偷盗吧？楚王一听，哑然失笑，知道自己聪明反被聪明误。

　　这则记载见于《晏子春秋》。"橘生淮南则为橘，生于淮北则为枳"一句成了指代一方水土养一方人的最古老的比喻。

　　几千年来，这个道理为无数人认同，很多人愿意将之作为一个地域之风俗文化潜移默化地影响一个地域之人格、行为甚至文学风格的尺度。这既是不同的地貌、水文、气候、生物所呈现的不同自然环境的区别的尺度，也是不同的生活和生产方式、宗教信仰、习俗习惯、语言等不同文化积淀和文化传统的区别的尺度。简单说，这既是一种自然地理，也是一种文化地理。

　　胸怀天下的文人士人，操着浓厚的乡音，带着家乡的土特产和固执的口味，从南到北，从东到西，从偏僻之地到中心之地，再从中心之地前往偏僻之地，一路上，他们将故乡的文化和习俗展现于陌生人面前，又不断采撷那些陌生的地域山水的风俗与气息。正是他们这种或被迫或主动的游历和行走，得以将各个地方的文化和气息相互融通，哺育或浸染了一个又一个完全不同于自己故乡的地域风尚，或者，通过一种奇特的方式反哺故乡。

这种行走，塑造了许多杰出文人，也拓宽和延展了中华文明的江山版图。

第五章 家族、宗族和社会关系
——乡人莫相羡,教子苦读书

一 从颜回到颜延之，从《颜氏家训》到颜体

"一箪食，一瓢饮，在陋巷，人不堪其忧，回也不改其乐。"

这是《论语·雍也》里一段十分著名的话。大家知道，这个被孔子极力称道的颜回，好学自省，忠厚老实，安贫乐道，不迁怒，不贰过，敏于事而慎于言，他一生没做过官，年寿不永，但孔子一声"贤哉，回也！"已将颜回的品行永远定格。他被誉为孔子最有德行的弟子，被后世尊称为"复圣"。

后来，这个出生于鲁国的圣人被天下所有颜姓人视为自己的祖先，其中，最值得大书特书的一族人是从一个叫颜盛的人开始的。曹魏初年，颜回第23代孙颜盛把自己的族人从鲁国迁往齐国，遂有琅邪颜氏一支。到西晋末年，一个叫颜含的颜盛后人带领琅邪颜氏随司马睿南渡来到建康，官至三品，算得上渡江琅邪颜氏一族的始祖。从此，琅邪颜氏在江东站稳了脚跟。

琅邪颜氏，属于随晋室南渡的士族，比起高门甲第王、谢、桓、庾、郗等家族和江南望族顾、陆、朱、张而言，不过是一门低级士族，居江东两百多年，也有过片刻荣显，但始终未跻身大族一列。

琅邪颜氏从颜盛起，便开始对族人子弟有了各种各样的道德要求和行为规范，强调忠君、孝顺，注重谦恭、礼让，不要做非分之想，少欲知足，脚踏实地，不依附权贵，更不屈节求官，以此维护家族尊严，继承世代家业。总的来说，这是一个老老实实的家族，一个恪守儒家道德规范不越雷池半步的家族。

直到刘宋时期，琅邪颜氏出了一个著名的文学家，稍微改写了颜氏家族

基本面的些许颜色。

颜延之,字延年,是颜含的曾孙。祖父为零陵太守,官五品。父亲为护军司马,居六品。由于父亲官职甚微,又去世较早,在颜延之这一辈上已到"少孤贫"的地步。《宋书》载,颜延之少年时居陋巷,好读书,无所不览,文章之美,冠绝当时,与谢灵运并称"颜谢"。

颜延之的妹妹嫁给了权臣刘穆之之子。在外人看来,颜家好不容易和当朝权贵沾亲带故了,而刘穆之也真心想引荐这个才华声名皆有的通家之亲,颜延之却断然拒绝。等到自己的儿子颜竣权倾一朝时,颜延之还是改不了不愿见权贵的脾气。凡儿子所资供之物,颜延之一无所受,器服不改,宅宇如旧;他常乘羸牛笨车遨游里巷,偶遇儿子豪华的车马仪仗,也立即屏往道侧;他平生嗜酒,好骑马,路上遇故旧知己,把缰绳随便找地方一系就向对方索酒喝,一喝酒便颓然自得。所以,《宋书·颜延之传》说他"好酒疏诞,不能斟酌当世"。

他甚至对儿子颜竣说:"平生不喜见要人,今不幸见汝。"这话也是绝了。不喜见权贵,即便儿子成了权贵,也不喜见,但他和陶渊明却私交甚笃。东晋末年,年轻的颜延之在江州任后军功曹时,二人便有交往,当时,陶渊明初归田园。到刘裕代晋建宋后,颜延之先为太子舍人。宋少帝即位后,他又被贬始安太守,路经浔阳,颜延之常往陶渊明处喝酒。每往必酣饮至醉,自晨达昏,临行前以两万钱相赠渊明,渊明则赠以自酿家酒为谢。

陶渊明死后,颜延之写《陶徵士诔》以祭。这篇诔文是现存史料中第一篇描述陶渊明的文字,诔文中"赋诗归来,高蹈独善。亦既超旷,无适非心。汲流旧巘,葺宇家林。晨烟暮霭,春煦秋阴。陈书辍卷,置酒弦琴。居备勤俭,躬兼贫病"等语,算得上是对陶渊明生活方式最早的赞赏言辞。

宋文帝即位后,颜延之被征为中书侍郎,转太子中庶子,领步兵校尉,赏遇甚厚,但很快,又因言语冒犯权贵再遭贬谪,为永嘉太守。这是谢灵运

第五章　家族、宗族和社会关系

被贬官时曾担任的官职，而颜延之到达永嘉之前，谢灵运已被宋文帝杀死。此时此地，和谢灵运交情不浅的颜延之有感而发，写下了他一生中最为人称颂的《五君咏》。

"竹林七贤"共有七位，他只吟咏"五君"，即嵇康、向秀、刘伶、阮籍、阮咸，对另外两位人物山涛、王戎因其位尊而不咏。其中，咏嵇康曰："鸾翮有时铩，龙性谁能驯。"咏阮籍曰："长啸若怀人，越礼自惊众。"咏阮咸曰："屡荐不入官，一麾乃出守。"咏刘伶曰："韬精日沉饮，谁知非荒宴。"咏向秀曰："向秀甘淡薄，深心托豪素。"这些句子既显出他对五位君子放诞抗俗行为的模仿崇尚之意，也可看成颜延之的自况之词。

再后来，颜延之罢官，屏居里巷达七年之久，俸禄全无，靠他人接济为生。闲居无事之际，心中有感作《庭诰》一文。

简单说，《庭诰》就是家诫、家训。《庭诰》之所以有名，并不在于它写得有多好，而是这类文章本不应由颜延之来写。就像更早时期的嵇康写了一篇《家诫》也让人匪夷所思是相同的原因。原本这二人都是落拓不羁、不护细节之人，说穿了，他们是外人眼中最不会做人的一种人，正因为不会做人才导致其多犯权贵，没有获得世俗意义上的家族荣光，而这种最不会做人的人如何能写出告诫家人怎么做人的家训呢？虽然颜延之的地位及其在刘宋时期的影响力远不及嵇康的地位及其在曹魏时期的影响力，颜延之模仿竹林君子的行为也只能用步其后尘来形容，但毕竟，和嵇康一样，他的很多行为方式早已越过了一般士族家庭所倡导的基本行为准则和道德规范。所以，人们每每在揣摩嵇康写《家诫》的动机时，也会对颜延之写《庭诰》表露出同样的不解。

我个人理解，颜延之和嵇康一样，用所有乖张行为肆无忌惮地表露出自己的所爱所恨之后，在静下心来时，会有一种黯然神伤的空虚和失落。

第一，傲视权贵、特立独行这些外人称颂的品质看上去高大无比，但真正这样行事作为却是需要足够强悍的内心力量作支撑的。即便嵇康或颜延之本人，也对自己所能坚持的时间和行为极限有所担心，哪怕会一门心思走到黑，脚步不会有丝毫踟蹰，但这种赴汤蹈火所要付出的精神代价，他们并不愿意自己的下一辈再去承受。所以，他们一定是不会对家族后辈提出过高要求和希望的，有些事是自己可以做而别人不可以做的。

第二，他们深知，这个社会杀机四伏，处处机关，要在复杂的环境中立身进取或取得常人认可的世俗成就，就必须对自身言行有所自律，这样才不至于因生活细节处理不当、太不顾及周围环境而导致人际关系失调，也才不至于付出惨痛的现实代价。嵇康是在被处死前的羁押中给儿子嵇绍写下这篇《家诫》的，颜延之是在身无官职、屏居里巷的孤寂中写下《庭诰》的，也只有在这样的时候回望一生，才会更真切地体会到人生和社会的残酷。只要做到小心谨慎、明哲保身就行了，不必立场鲜明，更不必疾恶如仇，这是他们对后辈的殷殷期望。

第三，不管嵇康和颜延之有多少英雄情结或名士情结，或者说他们思想中接受了多少玄学或佛道的影响，骨子里仍然是不折不扣的儒家知识分子。按鲁迅先生的说法，魏晋时代，"而实在是毁坏礼教，不信礼教的，表面上毁坏礼教者，实则倒是承认礼教，太相信礼教"①。嵇康和颜延之当属此列。

总之，一个父亲不希望儿孙像自己那样生活，无论如何，都算得上是对复杂乖张的人生和社会法则的一种低头和俯首。这不是缴械投降，但至少可视作一种反省，一种百感交集的人生感悟。所以，他们在暂时收敛自己显露于外的激烈情绪之后，认真而踏实地为家族子弟留下了一些行为规范的劝勉

---

① 鲁迅：《鲁迅全集》第三卷《而已集·魏晋风度及文章与药及酒之关系》，人民文学出版社，1981年版。

第五章 家族、宗族和社会关系

之词,笔笔谨慎,苦心尽出。颜延之还写有《颜含碑铭》,记叙了祖上颜盛率族从鲁到齐、曾祖颜含率族南迁的家族渊薮,梳理了家族成员代传恭孝、声驻乡里的精神脉络。既要积极入世,立身清洁,与义相交,又要慈孝悌友,处事中庸,克己复礼,达观地看待贫富,待人宽恕等,这些儒道互补的思想皆为颜延之心中的立身之本、修养之方和立家之法。

屏居里巷七年后,颜延之重获启用,任御史中丞。但他依然故我,做事为人都没大的改变,所谓"在任纵容,无所举奏",就是在任上放纵自己,提不出也不愿意提出任何治国方略,有点像阮籍,混日子罢了。其间还四处求田问舍,霸山占水,被人弹劾贬官。后复任秘书监,依然饮酒祖歌,肆意直言,狂不可及,了无应对。不过,也因门第较低,他的这种性情和脾气并没有太多政治危害性,也就跌跌撞撞,平安以终,最后卒于73岁上。

颜延之在当时的诗坛声望很高,和谢灵运并称"颜谢",但他的诗歌水平与谢灵运相比,确实不尽如人意。据载,颜延之曾问鲍照,自己与谢灵运孰优孰劣。鲍照答:"谢五言如初发芙蓉,自然可爱。君诗若铺锦列绣,亦雕缋满眼。"(《南史·颜延之传》)延之闻之,终生不悦。

"铺锦列绣"和"错金镂采"这几个字很好地说明了颜延之的文风,他风流,但文才不高,作品凝练规整,喜用古事,堆砌辞藻,流于艰涩,读起来往往缺乏韵致,滞塞而无趣。

据《南史·颜延之传》记载,一次,宋文帝召见颜延之,问他的几个儿子各有什么才能。颜延之答,四个儿子分别得臣笔,得臣文,得臣义,得臣酒。有人嘲笑着问他,那,哪个儿子得卿狂?延之回答,我之狂谁也不可及也!

颜延之共有四个儿子。长子颜竣因支持宋孝武帝即位,功高不可一世,但终因谏诤和居功而被孝武帝杀死,其子也连带遭祸。颜竣那个比他地位更高的族兄颜师伯也在随后的政治变故里没能逃脱一门六子被杀的悲惨下场。

所谓宗族,是拥有共同祖先、共同姓氏的人群集合体,它应该算是历史上最古老、存在时间最长、流布最普遍的一种社会组织。

班固在《白虎通义》中曾说:"宗者何谓也,宗者尊也。为先祖主者,宗人之所尊也。《礼》曰:'宗人将有事,族人皆侍圣者,所以必有宗。何也?所以长和睦也。大宗能率小宗,小宗能率群弟,通其有无,所以纪理族人者也。'……族者何也?族者凑也,聚也,谓恩爱相流凑也。生相亲爱,死相哀痛,有会聚之道,故谓之族。"一个宗族可以包括很多家族,即以一成年男性为中心,按照父子相承的继嗣原则上溯下延,这就是宗族的主线。主线旁又有若干支线,支线排列的次序根据与主线之间血缘关系的远近而定。随着时间的推移,宗族越来越大,一些从宗族中分化或迁徙出去的家族又独立成宗,所以,"宗族"和"家族"也常常混淆使用。

简言之,宗族是人们为了满足自己的历史感、归属感、道德感和责任感而建立的一种社会单位。它通过修族谱以名本源,续昭穆以收族睦族,以此完善组织化程序;同时建宗祠,立牌坊,完成仪式化程序;再通过撰写家规家训、族规族训完善道德化程序。

中国的宗法制起源于西周。周王分封,即所谓封土建国制度,被后人称为封建制度,即共主(周天子)把自己管辖的王畿以外的土地分封给王室成员和功臣,授予爵位,让他们建立封国,以保卫中央。这些被封之地称为"诸侯国""封国"或"王国",诸侯国的统治者称为"诸侯王""国君"或"国王"。因爵位高低不同,有人称公,有人称侯,有人称伯,有公、侯、伯、子、男五等。在封建制度下,土地不完全是周王室的,而是由获得封地的诸侯所有。他们拥有分封土地的所有资源和收益,只需向周王室进贡,定期朝见天子并带兵随天子作战,即可尽其义务。同时,西周还建立了一套宗法制度以配合和维系封建制度的发展,规定天子、诸侯等只有嫡长子才有资格继承,其他儿子或功臣则被分封为次一级的职位,所以,这些诸侯王又在

第五章 家族、宗族和社会关系

封国内继续分封。通过逐级分封，下级对上级履行缴纳贡物、军事保卫、服从命令等义务，遂有卿大夫和士。

简单说，周天子和诸侯拥有的是国家统治权，卿大夫和士拥有的是族权，一般庶民则只可能拥有家庭内部的家长权。

春秋末期，周王室衰微。秦始皇统一中国后，取消封建制，推行郡县制，即派行政官员前去管理原来诸侯的封地，封地不再世袭。

刘邦与项羽相争时，先后分封八个异姓王。称帝后，汉高祖又用各种方法铲除异姓王，改封同姓九王，分封制又回来了。而在诸侯王封国之外的其他地方，仍采用秦代的郡县制。这种"郡国并行"的情形称为"郡国制"。

汉文帝、景帝时期，诸侯势力日盛，汉景帝平定吴楚七国之乱。景帝死后，汉武帝颁布"推恩令"，改变诸侯只能把封地和爵位传给嫡长子的制度，要求诸侯把封地分为几部分，用来传给诸位儿子，这样就使诸侯的疆域越分越小，势力大为削弱，出现"大国不过十余城，小侯不过十余里"的状况，藩王不再对中央构成威胁。

以上简单勾勒了中国封建制度的缘起和衰落，是想说明一个道理。在这个过程中，不管是中央政权，还是分封王室成员建立的诸侯国，或是卿大夫和士拥有的一些社会单元，其实都是一种类型化的宗族，只不过有大有小、有强有弱而已。管理这些社会组织的目的都是承续它的长盛不衰，免于遭受外力侵扰或至不保。姓姬的想永葆姬姓江山，姓刘的想永葆刘姓江山，这是宗室成员的愿景；虽然大多数诸侯的理想不过是想保全自己的封地，但也不排除有人野心十足，想得陇望蜀，寻思有没有问鼎天下的可能性，吴王刘濞举兵反叛就是一例；同样，卿大夫也有卿大夫的愿景。春秋末期，晋国被几个外姓卿大夫把持，最终晋公力所不及，落得个被三家分晋的结局。卿大夫终于鲤鱼跃龙门，最后迫使周天子将他们三个分封为诸侯王。韩、赵、魏瓜分晋国是一个标志性事件，中国历史自此从春秋进入战国。

天子有天子的愿景,诸侯王有诸侯王的愿景,卿大夫有卿大夫的愿景,士有士的愿景,庶民也有庶民的愿景,概是同理。前者有法律和国家机器作为保障,以维持其统治。后者呢,如此弱小的社会单元,怎样维系自己的宗族或使家族在严酷的现实争斗中代代相生,遂成为一件必须认真思量的事情,族训、家诫这一类思想指导和行为准则的应运而生,也就顺理成章了。

颜延之去世 70 多年后的 531 年,琅邪颜氏出了一个叫颜之推的人。颜延之是琅邪颜氏第 30 世传人,颜之推是第 35 世,他写下的《颜氏家训》,不仅成为琅邪颜氏一族的传家之宝,还成为中国历史上最著名的一部家训。

颜之推和庾信是同时代人,比庾信略小一些。"侯景之乱"后,他也和庾信一样到江陵,在梁元帝身边做了一小官。西魏攻陷江陵,颜之推被西魏军俘虏,被迫迁移至长安。听说到北齐可以寻找途径返还故乡,他遂趁黄河水涨,偷渡到北齐。但此时的南方,陈已代梁,他的南归终未如愿,只得在北齐安顿下来,任官。后来,北齐为北周所灭,他又做了北周的官。再后来,北周被隋取代,他又做了隋官,直到 60 岁终老长安。

和先辈颜延之一样,颜之推也是一个"好饮酒,多任纵,不修边幅"之人,一生曾仕梁、北齐、北周和隋,所以他自嘲"予一生而三化,备荼苦而蓼辛"。大概正因为"生于乱世,长于戎马,流离播越,闻见已多"(《颜氏家训》),入隋以后,便本着"务先王之道,绍家业之业"的宗旨,结合自己的人生经历,写成《颜氏家训》一书训诫子孙。

全书共二十篇,是颜之推一生关于士大夫立身、治家、处世、为学的经验总结,动机是"教人诚孝,慎言检迹,立身扬名""以整齐门内,提撕子孙"。最终愿望是要把家族子孙培养成修身以求进、行道以利世的有用之人,以达到"治国有方、营家有道"的目的。

颜之推强调气节的培养,告诫子女,"上士忘名,中士立名,下士窃

· 第五章　家族、宗族和社会关系 ·

名"。

他强调为人之道首先要"厚重",认为"自古文人,多陷轻薄",而忠君、孝顺、谦恭、礼让是"厚重"的主要品质。

他主张"少欲知足",忌剩讳满。如果"不知其穷",便会自取败累,更联系自己的仕途经验说"仕宦称泰,不过处在中品,前望五十人,后顾五十人,足以免耻辱,无倾危也。高此者,便当罢谢,偃仰私庭"。

他有观点,"无多言,多言多败;无多事,多事多患"。而"论政得失""献书言计"都属多言性质。同理,如非份内之事,就算多事。至于主持公道,打抱不平,那更是"游侠之徒,非君子之所为也"。

他主张宽仁、节俭,不贪荣求利,婚姻更不可"卖女纳财,买妇输绢",认为先祖颜含一再重申的"汝家书生门户,世无富贵;自今仕宦不可过二千石,婚姻勿贪势家"是需要终身服膺的家族规矩。

他认为学习应以读书为主,兼备琴棋书画。同时,工农算卜医等知识也很重要。这些知识和技艺虽为"杂艺",但"杂艺"可使人在社会动乱的非常时期,在"无人庇荫"的情况下"得以自资",以保全个体生存和家族血脉。

他强调,人的一生都应该学习,早年学习"如日出之光",前途无量,老人也"不可自弃",虽如"秉烛夜行",但总比"瞑目而无见"要好很多;在学习方法上,主张博习广见,要"观天下书未遍,不得妄下雌黄";他还鼓励相互切磋,认为"独学而无友,则孤陋而寡闻",主张"学贵能行",反对高谈虚论、不务实际的学风。

他认为家庭教育应从严入手,父母在子女面前要严肃庄重。"父子之严,不可以狎;骨肉之爱,不可以简。简则慈孝不接,狎则怠慢生焉""父母威严而有慈,则子女畏慎而生孝矣"。如果一味溺爱和放任,"无教而有爱",必将铸成大错;不仅强调"慎择友""慎交游",还强调优良的社会环境对孩子成长的重要性,"是以与善人居,如入芝兰之室,久而自芳也;与恶人居,如入鲍鱼之肆,久而自臭也"。

在颜之推看来,"治家之宽猛,亦犹国焉"。治家过宽或失度,都不行。做所有事情都要慎之又慎,将前人之错引以为戒。

《颜氏家训》既"述立身治家之法",又"辨正时俗之谬",在家庭伦理和个人道德修养的塑造上见解颇多,直接开后世"家训"之先河,被人说成是篇篇药石,言言龟鉴,凡为人子弟者,均应家置一册,奉为明训。

我前面说了,嵇康写《家诫》、颜延之写《庭诰》,总有一丝难以理解的情绪充斥其间,颜之推写的这个泽被后世的《颜氏家训》,同样也和他的人生有不少矛盾冲突处。这种矛盾还体现在他一生最大的文学成就《观我生赋》中。

《观我生赋》是一篇大赋,人们爱将它和庾信的《哀江南赋》相提并论。它是颜之推为人生所作的一个宏大总结,对自己身经亡国丧家的变故痛哭流涕,慷慨陈词,而我倒更愿意把它看作颜之推为自己不那么圆满的人生所作的聊胜于无的辩护。

颜之推一生历仕四姓,从萧梁王朝到高氏北齐,再到宇文氏北周,又到杨氏隋朝,"三为亡国之人"。他既在《家训》中提倡"不屈二姓,夷齐之节也",自己却朝秦暮楚,随例变迁,"往来宾主如邮传";时而说"神仙之事,未可全诬",时而又说"归周、孔而背释宗,何其迷也";也难怪,他在《序致篇》中写道:"每常心共口敌,性与情竞,夜觉晓非,今悔昨失,自怜无教,以至于斯。"这是由衷的自白。心口共敌,性与情竞,难免矛盾重重,无法自圆其说。既要用一些高尚的道理为家族装点门面,又要对家族成员晓以利害,处处见出圆滑世故和明哲保身之秉性。

此即所谓,立身之道与文章异。

第五章 家族、宗族和社会关系

和颜延之一样，颜之推的文学才华也甚是有限。《观我生赋》和《哀江南赋》绝不在同一水平线上，黏滞迟重之气明显，这可能是颜家人的文学资质使然，或者说是颜氏族人的家风使然。哪怕故作名士，骨子里依然性情板结，雅正繁缛，并无真正的旷达遗世之志，这样的人到头来写点家训之类的文字倒是刚刚合适。

从颜之推被迫北上始，琅邪颜氏一部分人随之迁至北方，在关中立足。其中，颜之推的长子生颜师古。颜师古后来成了著名的训诂学家，因对《汉书》的研究而名垂千古，他是琅邪颜氏第37世孙。

到颜师古去世50多年后，琅邪颜氏在天宝年间出了两个惊世骇俗之人，足以让人对琅邪颜氏刮目相看。

颜真卿，又称颜鲁公、颜文忠、颜平原、颜太师。他3岁丧父，由母亲抚养成人，登进士第后，经几次升迁任监察御史，迁殿中侍御史。因受杨国忠排挤，于天宝十二载（753）被调离京师，任平原太守。就是在这个位置上，颜真卿书写了他人生中最为辉煌的篇章。

颜杲卿，比颜真卿略长，是颜真卿的族兄。二人同为颜之推的五世孙、颜师古的堂曾孙。"安史之乱"时，颜杲卿是代理常山太守。

天宝十四载（755）十一月，安禄山在范阳起兵，"安史之乱"爆发。叛军所到之处，河北州县官军望风瓦解。远在长安城中72岁高龄的唐玄宗听闻消息，惊吓震怒至极，"河北二十四郡，岂无一忠臣乎？"

谁也没有料到，这个时候，竟然是一个小小的代理常山太守站出来刹住了安禄山所向披靡的势头。常山郡位于河北中部，在安禄山大本营通往洛阳的路上。土门，是常山郡所在的一处交通要冲。作为安禄山的部下，颜杲卿在大部分安禄山中下级将领投降叛变的当口，义无反顾地站在了朝廷一边，他杀掉土门守将，树起了勤王大旗。占领土门后，他又发檄文传告黄河以北各郡县，说朝廷即将派大军 30 万出兵土门，前来救援。

这是在河北出现的第一次勤王行动，极大地鼓舞了周围各郡县官员，点燃了河北地区反抗的火种。此时，事先就多次遣使和族兄商议组织义军的平原郡太守颜真卿也举起勤王大旗，任命将领，征召士兵。河北局势大变，24 郡中的 17 郡同日归顺，推举颜真卿为盟主，聚集了近 20 万兵力。

消息传到长安，唐玄宗喜极而泣："朕不识真卿何如人，所为乃若此！"唐玄宗的话语中感激内疚兼而有之。南宋徐钧有很多首咏史诗，其中一首《颜杲卿》这样写道："一曲霓裳失太平，渔阳鼙鼓暗风尘。君王只识杨丞相，不识平原老守臣"[①]。平原老守臣就是颜真卿。随即，朝廷任命颜真卿为户部侍郎，辅佐河东节度使李光弼讨伐叛军。一时间，常山、平原二郡军威大振。后方吃紧的安禄山不得不命史思明回师，北渡黄河而返。

颜杲卿，终于还是没能等来翘首以待的 30 万援军。天宝十五载（756）正月，史思明攻打常山郡。颜杲卿率兵昼夜苦战，终因兵员短少，粮矢耗尽，六天后，城池陷落，颜杲卿被叛军俘获，送往洛阳。

安禄山见了颜杲卿，气急败坏："是我提拔你才到今天的常山太守，我什么事有负于你，你居然背叛我？"颜杲卿义正词严："我家世代为朝廷大臣，信守忠义，虽得你奏请署官，难道还应跟着你反叛？你本是营州一个牧羊的羯奴，因窃取皇恩才有今天，天子又有什么事有负于你而竟反叛朝廷呢？"安禄山恼羞成怒，命人绑颜杲卿于柱上，肢解其肉并食之。颜杲卿骂不绝口，叛军又钩断他的舌头。最后，颜杲卿在含糊不清的骂声中死去，年 65 岁。颜杲卿的幼子颜季明、侄子颜诩及部将都被截去手脚，身上的肉被一块一块地割下来，剧痛而亡。

---

① 徐钧：《史咏诗集·下卷》。

第五章　家族、宗族和社会关系

族兄的去世，让颜真卿悲痛不已，为求援军，他甚至用十岁的儿子做人质。虽多次征战得胜，终因孤立无援，颜真卿只得放弃平原郡，渡黄河，到凤翔拜见新登基的唐肃宗李亨。李亨任命他为宪（刑）部尚书，又调任御史大夫。

这以后，颜真卿的仕途之路并不顺畅。人说他四任御史大夫，这是事实，在"安史之乱"前他就任此职，而在动乱时担任这一职务，本意味着无事可干，人人都在思忖战争的事情，哪有心思来管你的行为规范？但颜真卿不，即便在这样的当口，他也照样直言劝谏、弹劾官员，甚至还弹劾王公贵族，连唐肃宗对他也敬畏三分。

颜真卿耿直得不近人情的性格在一些人看来是迂腐憨直，但在另一些人看来就是一种故意冒犯了，他因此得罪了不少人。他在收复长安后不断降官，从中央到地方辗转多年，回朝任太子太师一职时，已是70岁高龄。

建中四年（783），淮西节度使李希烈举兵反唐。一向与颜真卿有隙的宰相卢杞建议派颜真卿为使者，前往李希烈军中传达朝廷旨意。朝臣们听此提议，大惊失色，颜真卿这一去明摆着是送死，卢杞的做法分明是公报私仇的下作之举，大家都劝他不要前往，颜真卿却蹈之无贰色。

颜真卿到叛军营中后，李希烈软硬兼施，使尽各种手段，先是在厅堂内外布置手握刀刃的千人兵将，让颜真卿无法顺畅宣读圣旨，又逼迫他写信给德宗皇帝替自己洗刷罪行，颜真卿不听，李希烈又派颜真卿的侄子颜岘到朝廷继续请求。一次宴会上，与李希烈一起叛乱的另外四个藩镇使者都在座，他们对李希烈说："闻太师名德久矣！你不是想当皇帝吗，刚好太师在此，如果要选宰相的话谁能超得过太师呢？"闻此话，颜真卿大声斥责："你们听说过颜常山吧？那是我的兄长。安禄山反叛时，他首先起兵抵抗，最后怒骂叛贼而死。我如今官至太师，会至死保持我兄弟的名节，怎会屈服于你辈的胁迫！"李希烈后来称帝，派人向颜真卿询问登基礼仪，颜真卿正色道："老夫年近八十,曾掌管国家礼仪,只记得诸侯朝见皇帝的礼仪!"

在被李希烈羁押两年之后,颜真卿终被缢杀,终年76岁。

半年后,叛乱平定,颜真卿灵柩回京,葬于京兆万年颜氏祖坟。唐德宗为颜真卿废朝五日,追赠司徒,谥号文忠。300多年后,宋室南渡,宋高宗赵构御赐颜真卿庙额为"忠烈",尊其为神。

500多年后的1279年,南宋丞相文天祥在被元军俘虏押解到大都的途中,经过昔日颜真卿所在的平原郡,心潮澎湃写下《平原》一诗,容我全文引用,这也是文天祥面对自己所崇仰的先烈以死明志的心迹表露:

平原太守颜真卿,长安天子不知名。
一朝渔阳动鼙鼓,大江以北无坚城。
公家兄弟奋戈起,一十七郡连夏盟。
贼闻失色分兵还,不敢长驱入咸京。
明皇父子将西狩,由是灵武起义兵。
唐家再造李郭力,若论牵制公威灵。
哀哉常山惨钩舌,心归朝廷气不慑。
崎岖坎坷不得志,出入四朝老忠节。
当年幸脱安禄山,白首竟陷李希烈。
希烈安能遽杀公,宰相卢杞欺日月。
乱臣贼子归何处,茫茫烟草中原土。
公死于今六百年,忠精赫赫雷当天。

这是一首歌咏颜真卿一生事迹的高亢史诗。而在另一首更加著名的《正气歌》中,文天祥再一次提到了"颜常山舌",将颜杲卿临难之前的坚强视

第五章 家族、宗族和社会关系

为长贯日月的人间正气。

"安史之乱",人们记住了很多为国靖难的将领的名字,如李光弼、郭子仪,但很多人都忽略了在遥远的黄河北岸、在安禄山的势力范围内还曾出现过两个姓颜的兄弟。颜杲卿不用说了,即使到现在依然默默无闻,无非是历次战争中都会出现的无数英雄中的一个,但颜真卿不同啊,他的声名大得几乎所有中国会写字的人都知道他。他写的字被人称为"颜体",与柳公权并称"颜柳",与赵孟𫖯、柳公权、欧阳询并称为"楷书四大家"。但是,即使大多数临摹了颜体的人也仅仅知道这是一个写字写得极好的大书法家,并不一定知道他还是一个在国家处难时起身扶危的铁骨铮铮的汉子。

从小到大一直觉得自己的字写得不够漂亮,到了大学,我还曾疯狂临帖。整整四年,吃罢午饭,我们寝室一共7位同学都开始正襟危坐临摹字帖,有人临柳帖,有人临欧帖,我临的是颜帖。

必须要说的是,直到现在,我的字仍然写得难看,自然是辜负了大学四年午后那一段宝贵的时光。偶尔,我会产生一种怪异的想法,如果换了临柳帖或欧帖,兴许会进步大一点,而我竟鬼使神差地去临了颜帖。直到写这一节的时候,我才有些释然。颜真卿的字可不是随便什么人都能得其要领的。我骨子里的东西和颜真卿实在相去甚远,也难怪,即使花上四年之长,连个皮毛也没能学到。

颜真卿的字看上去极粗壮,但方中见圆,圆转藏锋。横画略细,竖画、点、撇、捺略粗。纸上留白很少,字把空间都占满了,整幅字看上去茂密深稳。人们说,他的字看上去并不是骨力十足,却筋力丰厚,遂有"颜筋柳骨"之誉。还有人说,他的字大气磅礴,遒劲郁勃,恰好体现了盛唐风度。我倒不愿把他的字和那个时代结合起来,在我看来,一个人的字和一个人性情的紧密程度远远超过了和他所处时代的联系。所谓字如其人,比文如其人更是至理名言。

  颜体整密而端庄,宽绰而厚重,丰腴而雄健,这是颜真卿用一生的经历百般锤炼而得。颜鲁公从来没有花花肠子,意直气壮,光明磊落,正直笃实,崇礼尊礼,尤崇忠孝。而这个忠孝,实实在在地体现在他的行为中,不像他的祖先颜延之和颜之推,总有点自相矛盾的荒诞感笼罩其中。说穿了,他心眼太过实诚、淳厚,甚至是一根筋走到黑的憨直。在"安史之乱"爆发的最初一个月中,叛军所向披靡,河北列郡并陷,任何与之为敌的行为都是以卵击石,无异于自蹈死路,但颜真卿站了出来。无怪乎有人说,遭此国难之际,能为国守者,独常山、平原二郡,唯杲卿、真卿二颜。北宋思想家石介作有《颜鲁公太师》诗一首,标举颜氏兄弟在大厦将倾时的赤胆忠心:"唐家六世树威恩,外建藩翰御不宾。二十三州同陷贼,平原犹有一忠臣。"同样,晚年受命赴李希烈部也是如此。所有人都明白这是必死无疑的一次远行,但耄耋之年的颜真卿却能极忠不避难,临难不违义,蹈汤火而不辞。这样一个人,仅仅用一个文人或一个书法家来形容实在是太过轻飘,他服务四朝皇帝,一生遭逢百难,乌合抗胡,白首陷贼,甘蹈鼎镬,杀身成仁,从一个书生变成一个战士,再从一个战士变成一个统帅,又从一个统帅再次成为一个文官,他用一生的耿直和不屈铸就了一个完美无缺的琅邪颜氏子弟。

  我三次到西安,三次都去了城墙脚下的碑林博物馆。最近一次去时,我正在写颜真卿。在这个游客不多的僻静所在,除了看见他的《多宝塔碑》,还仔细瞻仰了《颜氏家庙碑》和《颜勤礼碑》。关于颜家的祖上和前辈,他为我们留下的不比颜延之和颜之推更多。

  唐肃宗评价颜真卿用了四个字:"立德践行"。该评价极其中肯。颜家的祖先们不断要求后辈立德修身,但自己的行为却乏善可陈,或多有名不副实之处。颜真卿并没有为后人留下洋洋洒洒的家训文字,但他用行动为子孙后代做了一个最好的榜样。在被李希烈扣押时,子侄被送回长安,和他常有书

第五章　家族、宗族和社会关系

信往来。颜真卿明知自己大限将至，也只是在信中告诫晚辈要敬奉祖宗，抚养孤儿，寥寥数句，并没有煞有介事地提醒训诫；同样，关于礼制示范，他也没有一二三形成训诫文字，只是将之融入行为的方方面面，一刻也未疏忽过。在为官的几十年中，他一直以安君厚俗为务，以奖善罚恶为志。也难怪，皇帝除了表扬他"山公启事，清彼品流"之外，还不忘补充一句，说他"叔孙制礼，光我王度"，"为百氏之宗"。

所以，欧阳修要说，颜鲁公的字"如忠臣烈士，道德君子"，"颜公忠义之节，皎如日月，其为人尊严刚劲，像其笔画"。

此乃知言。

在台北故宫博物院，至今尚可看到一幅颜真卿留下的行草真迹。

这幅作品纵28.2厘米，横72.3厘米，加上删减过的字，一共有268个字，作品全称是《祭侄季明文》。

"安史之乱"平定后的758年，颜杲卿之子颜泉明到河北寻找到常山死难将士遗属300余人，同时收回其父颜杲卿和其弟颜季明的尸骸。听闻消息，颜真卿再也无法抑制满腹创痛，挥泪写下这幅文稿。

这幅行草被后世称为"天下第二行书"，排在"天下第一行书"《兰亭序》之后。王羲之的《兰亭序》大气雍容，如行云流水。而颜真卿的这幅《祭侄季明文》并非郑重其事的书法作品，只是急就而成的一篇快书。看得出，写下此书时，颜真卿情绪极度起伏，用墨疏淡和结构全篇都未必考量得那么周密，写错的地方不少，有很多涂抹，但整幅作品如洪水倾泻，浑朴苍茫，让人有撕心裂肺之感。稍稍知晓当年平原和常山发生的惨烈故事，便会在览此书时百感交集。

长歌当哭，壮阔磅礴。

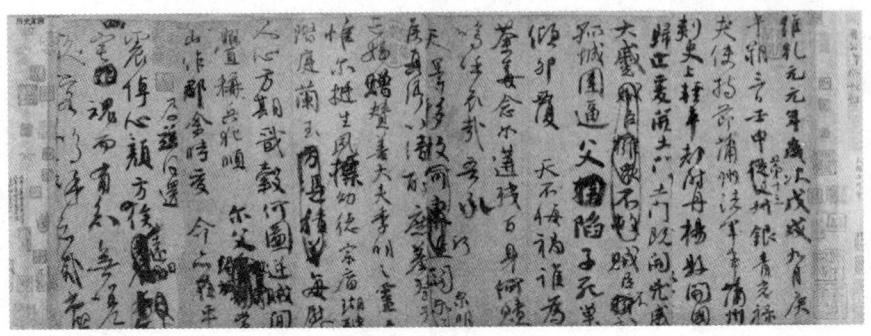

颜真卿《祭侄季明文》

二　范仲淹和义庄

宋真宗大中祥符八年（1015），乙卯科殿试结果出炉，一个叫朱说的男子榜上有名，进士及第，随即授广德军司理参军一职。虽为九品官，也算有了俸禄，供养家人毫无问题，这个27岁的年轻男子很快将母亲从山东老家接到自己就任的安徽广德军处所，赡养侍奉。

两年后，朱说擢文林郎，任集庆军节度推官，从九品到了八品。也是在这一年，他向皇帝写下《奏请归宗复姓表》，完成了这几年来最想完成的一件大事。从此，这个叫朱说的男人复归本姓本名：范仲淹。

范仲淹出生于苏州吴县（今江苏苏州）。

范墉和妻子陈氏一共育有四子。陈氏死后，范墉和谢氏结婚，生下范仲淹。范仲淹两岁时，父亲范墉死。也许陈氏留下的孩子是父母双亡的缘故，所以被族人收留抚养。而续弦谢氏尚年轻，可以改嫁，范氏族人便对范仲淹母子弃之不管。守孝三年后，母亲谢氏带着范仲淹改嫁平江府（苏州府）推官朱文瀚，范仲淹也随之更名为朱说，母子随为官的朱文瀚四处漂泊。又几年，朱文瀚到任山东淄州，范仲淹母子也跟随其回到了淄州长山县老家，断绝了和苏州范氏家族的一切往来。

继父朱文瀚对范仲淹甚好，范仲淹在少年和青年时期也得到了一个下层官员出身的父亲所能提供的最好教育。但在朱家，朱文瀚和结发妻子共育有二子三女，范仲淹在朱家排行第六。母亲谢氏又和朱文瀚育有三子，也就是说，范仲淹有五个没有血缘关系的哥哥和姐姐，还有三个同母异父的弟弟。

范仲淹非同寻常地早熟,留下了在醴泉寺读书时"断齑画粥"的著名传说。对后人来说,这是一个寒微奋进的励志故事,但仔细想想,一个家境并不单薄的青年只煮一碗粥供其一天的食粮之需,对自己未免也太苛刻了点。于此也可看出范仲淹从不向家里伸手的懂事和体贴。直到23岁时,因看不惯朱家兄弟大手大脚,浪费钱财,范仲淹数度劝止,兄长们被惹得不高兴了,遂讥笑范仲淹,说我们用朱家的钱,关你何事?范仲淹听闻此话,疑骇之至。情急中,兄长们不慎把他的身世抖搂了出来。

范仲淹如雷轰顶,愧愤之下,含泪离家。

据说,他离家出走时,母亲追赶而至。范仲淹拉着母亲的手泣不成声,甩下一句话:待日后我进士及第前来接您!

用欧阳修的话说,范仲淹"知其世家,感泣去之南都。入学舍,扫一室,昼夜讲诵,其起居饮食,人所不堪,而公自刻益苦"(《资政殿学士户部侍郎文正范公神道碑铭并序》),范仲淹一气之下离家出走,前往应天府(今河南商丘)求学。一般人不能忍受的苦和累,他全都挺受过来了,五年后,终于进士及第。

改回范姓,对范仲淹而言不过是想回归正朔,认祖归宗,况且他已进士及第,身份也足可光宗耀祖。没想到,当他提出改姓要求时,苏州范姓族人竟拒绝了,认为他既随改嫁的母亲改了姓就不应复姓,更有范姓同父异母兄弟怀疑他复姓归宗的动机是图谋范氏家产。范仲淹十分无奈,多次表明自己只为复姓,绝不牵扯财产事务,并承诺,若族人日后有难,自己会当仁不让站在族人一边。经多次协商,范氏族人方才同意他恢复范姓。

复姓之后的范仲淹先为官泰州,后任兴化县令。宋仁宗天圣二年(1024),范仲淹娶妻。婚后,因范仲淹的职田在宁陵,妻子李氏和范仲淹母亲也就一直居住在应天府宁陵。

第五章 家族、宗族和社会关系

天圣四年（1026），范仲淹的母亲去世，他辞官守丧，居应天府。当时，晏殊知应天府，邀范仲淹执掌应天书院教席。在这个昔日寒窗苦读近五年的地方，范仲淹勤勉督学，以身示教，书院学风焕然一新。不久，范仲淹向朝廷上万言书，奏请改革吏治。在晏殊的大力推举下，仁宗召范仲淹入京，他算是正式进入了仁宗皇帝的视野。

这以后，范仲淹的政治履历可谓颠簸坎坷，因谏言太后还政，疏入未报，只得自请外放，为河中府通判，又调陈州通判。仁宗亲政后，召范仲淹入京，拜为右司谏，但很快因废后一事与宰相吕夷简闹出矛盾，他先贬睦州知州，后任苏州知州。也是在这个时候，45岁的范仲淹在离家多年后第一次回到了故乡吴县。

次年，因在苏州任上治水救灾有功，范仲淹调回京师，为吏部员外郎、权知开封府。任上，范仲淹大刀阔斧整顿官僚机构，开封府"肃然称治"，为后任包拯成就包青天的威名奠定了基础。

景祐三年（1036），范仲淹和吕夷简矛盾激化，"朋党之争"起，范仲淹被罢黜知饶州，后再贬润州，又贬越州。在饶州时，妻子病逝，留下三个儿子、两个女儿。子女尚年幼，范仲淹就让自己同母异父的朱姓兄弟一家到宁陵来照看孩子。可以说，此时的范仲淹已经成为朱姓族人的大家长，朱姓一半人马都已投靠在他的门下。

过两年，党项人李元昊建立大夏，率兵进犯大宋边境。范仲淹奉调西北前线，与韩琦同为陕西经略安抚副使，担任安抚使夏竦的副手。这期间，虽职务多有变化，但范仲淹一直致力于更改军队旧制，修葺城池；同时，对羌人各部诚心团结，赏罚分明，使其安心归宋。这些措施的施行使西北防务形势发生了很大的变化，边境局势大为改观。

庆历三年（1043），边事稍宁，仁宗召范仲淹回京，授枢密副使。未几，再拜参知政事，即副宰相。也是这一年，针对内忧外患的现状，范仲淹上疏

《答手诏条陈十事》，提出十项改革主张，开启了著名的"庆历新政"。新政实施后，官场中利益受损者日渐增多，毁谤范仲淹等为"朋党"的议论再度兴起。次年六月，边事再起，范仲淹趁机请求外出巡守，任陕西、河东宣抚使。随着范仲淹、富弼等人的离京，历时仅一年多的"庆历新政"以失败告终。

庆历五年（1045）冬，范仲淹因病上表请求解除四路帅任，以避边塞严寒，获准。次年，范仲淹抵达任所邓州。三年后调杭州，后赴青州。皇祐四年（1052），从青州调任颍州，范仲淹扶疾上任，途径徐州时病重不治，终年64岁。

前面引用过欧阳修的一篇文章，全名是《资政殿学士户部侍郎文正范公神道碑铭并序》，这是欧阳修为范仲淹写的神道碑。神道，即墓道。神道碑就是立于墓道前记载死者生平事迹的石碑。古人墓前大多立有此碑，算是对死者一生盖棺论定之说。

欧阳修写的神道碑这样评价范仲淹：

公少有大节，于富贵、贫贱、毁誉、欢戚，不一动其心，而慨然有志于天下，常自诵曰："士当先天下之忧而忧，后天下之乐而乐也。"其事上遇人，一以自信，不择利害为趋舍。

…………

公为人外和内刚，乐善泛爱。丧其母时尚贫，终身非宾客食不重肉，临财好施，意豁如也。及退而视其私，妻子仅给衣食；其为政所至，民多立祠画像；其行己临事，自山林处士里闾田野之人外至夷狄，莫不知其名字而乐道其事者甚众。

第五章　家族、宗族和社会关系

范仲淹死后，谥号文正。

所谓谥号，简单说，就是皇帝颁发的勋章，既是为了表彰此人之功劳，也是为了彰显其人之地位，所谓大行受大名，细行受细名。在所有谥号中，文正最显（宋仁宗以前为文贞），其次为文忠，还有文成、文敏等。可以说，在唐以后的朝代中，所有当官之人梦寐以求都想得到一个文正的谥号，而皇帝又是绝对不会轻易将这个谥号赠予人的，它是被称为"人臣之极美"的谥号。

唐时，魏徵、陆象先、宋璟、张说共四人得文贞（文正）谥号，裴度、郑从谠、韩休、颜真卿获文忠谥号；宋代，李昉、范仲淹、司马光、王旦、王曾、蔡卞、黄中庸、郑居中、蔡沈共九人得文正谥号，苏轼、欧阳修、周必大、王尧臣、真德秀、富弼、张九成、江万里获文忠谥号；元朝得文正谥号的有吴澄、耶律楚材、刘秉忠、许衡、廉希宪共五人，张养浩、王磐、郝经、王结、陈天祥、耶律铸获文忠谥号；明朝得文正谥号的有方孝孺、李东阳、谢迁、倪元璐共四人，张居正、杨廷和、叶向高、陈子壮、范景文、张璁、孙承宗获文忠谥号；清朝得文正谥号的有汤斌、刘统勋、朱珪、曹振镛、杜受田、曾国藩、李鸿藻、孙家鼐共八个人，索尼、傅恒、林则徐、文祥、周天爵、骆秉章、胡林翼、李鸿章、沈兆霖、荣禄、梁鼎芬获文忠谥号。

每个时期封谥号都有每个时期特殊的价值观在起作用，或者说有每个时期特别需要通过谥号来达到的阶段性目的，一言以蔽之，得到文正谥号的人，就是那个时期皇帝和大臣共同认同的德才兼备之人，是为国家为社稷为民众贡献颇丰之人，是立身立德为万世楷模之人。

范文正公首先是著名的政治家和军事家。在朝主政有"庆历新政"，出帅戍边有辉煌战绩，任地方官时，在泰州留下"范公堤"，在苏州留下治水方略泽被后世，在开封府剔除弊政，在邓州修花洲书院。不仅如此，他还是一个卓越的文学家和教育家。文章文质兼备，诗词意淳语真，一生处处兴学，传道授业，为士林领袖，开风气之先。

他用自己的一生践行了"先天下之忧而忧，后天下之乐而乐"。这是一种仁人志士的节操和品德，进退安危，不易其志，鞠躬尽瘁，死而后已。元好问在《范文正公真赞》中说："文正范公，在布衣为名士，在州县为能吏，在边境为名将，在朝廷，则孔子之所谓大臣者，求之千百年间，概不一二见，非但为一代宗臣而已。"后人把范仲淹和诸葛亮、杜甫、颜真卿、韩愈一起合称为"五君子"，大书特书其光明正大的磊落品质和光辉不朽的功业文章。也有人将其和张良、诸葛亮、狄仁杰并称，或将其与诸葛亮、陆贽、文天祥并称，言即这些人皆具备贞金粹玉、风节峻厉、霜松雪竹的纯备德行。

还有人说，北宋初年韩、范并称，清朝末期曾、左并称，然而，韩琦和左宗棠皆"办事之人"，唯范仲淹和曾国藩是"办事兼传教之人"。清朝纪昀更说"古之所谓大儒者，有体有用，不过如此"。

有体有用，既做事还传教，正是精准的评价。历朝文正公中，范仲淹和曾国藩当属此类。

范仲淹的一生受到后世太多褒扬，几乎没有负面评价。用王安石的话说，他是"一世之师，由初起终，名节无疵"，一个人一生都无瑕疵，这个评价实在是太高了。

其实，仔细分析范仲淹的行为特征，也会发现其个人性格中的矛盾和纠结。既有一往无前、凌厉柱直之处，又有宽厚仁慈、隐忍退让之时，既有杀伐果敢、得理不饶人之处，又有心思缜密、周到妥帖之时。很多矛盾最终得以化解，在于大家都看明白了，范仲淹是一门心思为国家殚精竭虑，毫无私心可言。

先来看看他和宋仁宗及太后的关系。

天圣七年（1029），仁宗年仅19岁，其母章献太后主持朝政。冬至那

第五章 家族、宗族和社会关系

天,仁宗欲率百官为太后祝寿,范仲淹认为这一做法混淆了家礼与国礼,竟全然不顾太后的威仪和感受,坚决反对。而后,范仲淹又上疏,请求太后还政仁宗。这个举动把范仲淹的举荐人晏殊吓得仓皇失色。不得已,范仲淹言辞恳切地写了一封长信给恩师,解释这样做的理由:"某鄙拙之效,不以富贵屈其身,不以贫贱移其心。倘进用于时,必有甚于今者,庶几报公之清举。如求少言少过自全之士,则滔滔乎天下皆是,何必某之举也?"这就是著名的《上资政晏侍郎书》。

所有这些行为都可理解为范仲淹是太后垂帘听政的强烈反对者,但到太后驾崩,仁宗亲政,一些臣子开始指责太后为政之失的时候,仁厚的范仲淹却站出来主持公道,认为太后秉政多年,有养护仁宗之功,应该掩饰太后过失,成全其美德。

再来看看他和宰相吕夷简的矛盾冲突。

范仲淹在奉命戍边之前的三次遭贬都与吕夷简有关,虽然他以此赢得了"三光"的美誉,但这三次冲突皆由范仲淹主动挑起。当时的吕夷简大权在握,属强势一方,面对范仲淹的穷追猛打,开始也还隐忍不发,后来最激烈的行为也仅属正当防卫范畴。在两两相持的较量中,吕夷简还是给范仲淹留有退路的,识趣一点的人本可顺着台阶缓缓下来而不必伤及筋骨,但范仲淹一意孤行的性格太强烈了,不仅不示弱,还有得寸进尺之嫌,连梅尧臣都看不下去了,作文《灵乌赋》力劝范仲淹少说话、少管闲事。范仲淹回作《灵乌赋》,强调"宁鸣而死,不默而生",再次表明自己一往无前、当无所避的执着,确实有点得理不饶人,好善恶恶,不容纤毫。

不久,西夏战事起。吕夷简认为范仲淹是大才,竟能摒弃前嫌,推荐范仲淹加官一级,经略西事,这让范仲淹感动不已。他感叹吕公乃一忠厚长者,西行前还专门前去拜谢吕夷简。吕夷简后来避居郑州,范仲淹也前去探望。到吕夷简逝世时,范仲淹正在边关,闻讯后撰文:"得公遗书,适在边土,

就哭不逮，追想无穷，心存目断，千里悲风。尚飨。"（《祭吕相公文》）

后来，欧阳修在《神道碑》中有一段记述，言及吕范二人矛盾冰释："及吕公复相，公亦再起被用，于是二公欢然相约，勠力平贼。天下之士皆以此多二公。"可以说，这段话是欧阳修绞尽脑汁所写，但范氏后人在刻《神道碑》时，并未将这段话刻上去。人们猜测，范氏后人大概仍然对二人之间曾经的恩怨心有所梗，这也让费尽心思写下这段文字的欧阳修殊为不乐。天下之士皆以此多二公，唯范氏后人不以为是。

而范仲淹一生中最被人称颂的善意，是晚年知杭州府时，在家乡设义田、义宅、义学，统称为设义庄。

范仲淹一生清廉俭朴，用钱公辅《义田记》中的话说，就是"公虽位充禄厚，而贫终其身"，他对家人严格要求，甚至到了严苛的地步，对外人却一以贯之地乐善好施，对族人更是慷慨到无以复加。这既可理解为范仲淹借此行为以达到正心修身、积德行善的个人境界，也可看作他青少年时期悲苦命运的必然反映。

前面讲了，范仲淹的求学之路可谓艰辛，这使他非常清楚教育的重要性，后来，他到任何一个地方为官都要兴办学堂，不仅请来名师，还亲自执鞭讲学，是当时官员中极其少见的。

义学，就是他出钱给教授者束脩，对范姓族中子弟实行免费教育，鼓励族中孩子读书，以使"子弟知读书之美"。

义宅，就是购买宅邸供那些住不起房子的范氏族人借居。

义田，就是他拿出几乎全部的积蓄，在家乡吴县买下上好的良田千亩，以其收益来保证族人天天有饭吃，年年有衣穿。每天的饭，一人供给一升米；每年的衣服，每人分给一匹细绢。还规定，族人在嫁、娶、凶、葬等方面有额外支出时皆可按标准领取一定的资助。如族人有需，还可向义庄借贷。按

第五章　家族、宗族和社会关系

照这些规定，范氏族人的生活基本所需皆可无偿获得，重大事项的经费也不用发愁。所有住在本乡的范氏族人都有权领取义庄物资，不分贫富，一视同仁，但领取制度有严格规定，比如那些出仕做官的人就停止供给，丁忧、候选在家者则可支领。

当时，范氏族人有九十多口，义田每年收入的粮食用来供应族人的基本所需，绰绰有余。所以，钱公辅在《义田记》中这样感慨：一般位尊至三公者，享万种禄。其宅邸之雄，车舆之饰，声色之多，妻孥之富，仅一人享受而已，而自己的族人不能入其门者，难道还少吗？同样，那些为卿者，为大夫者，为士者，廪稍之充，奉养之厚，也仅止于一人受用，而族人四处讨饭，成为沟中饿殍者，难道还少吗？范仲淹却能倾其所有，将富贵荣华与族人共享，实在难得。

中国有句老话，不以良田遗子孙。这话之意，大概是良田难以保有之故吧。但范氏宗族的义田倒还保有了不短的时间。范仲淹死后，二儿子范纯仁、三儿子范纯礼、四儿子范纯粹分别官至宰相、尚书右丞和侍郎，他们继承父亲的遗志，不仅未将义庄视为私产，还拿出自己的俸禄添置新的田亩，继续赡赈，周济宗亲。尤其是范纯仁官至宰相高位，俸禄丰厚，将父亲留下的义田从原来的一千多亩增至三千多亩，还十次增改义庄管理制度，获皇帝特许，族人子弟中有违反规定者可获官府协助法办，这就让义庄管理获得了更多法律上的支持，为义庄的延续提供了社会保障，所以，范氏义庄一直延续了两百多年之久，君子之泽五世而不斩。

难怪后人要感叹，那个早年对范仲淹孤儿寡母弃之不管的家族，到后来，则阖族受解衣推食之恩。

有论者喜欢将范仲淹办义庄一事往儒家"修身、齐家、治国、平天下"的境界上提升，认为这是范仲淹欲以一己之力服务社会的大功德，或将之归结于范仲淹的仁爱之心。而在我看来，范氏义庄的设立不过是范仲淹以自身力量体恤族人、强化家族凝聚力的一种手段。义庄不完全是慈善机构，它是一种人人有份的基本保障，就是要保障族人衣食无忧，以达到宗族强盛的目的，骨子里是一种族属意识的体现。同时，我也不惮于去猜测范仲淹这样做的其他心思，甚至不排除有其少年时期的阴影在隐隐作祟。

范仲淹的故乡情结并不是单纯的。有人说他在更改姓名阶段曾回过一次故乡，但史料不完全支持这一说法。真正得以坐实的是，他在45岁知苏州府时第一次回老家，时间甚是短暂。他对故乡既没有体肤相亲的儿时情感，也没有关于街巷邻里、鲈鱼莼菜的太多记忆，甚至连乡音也不会说了，促成范仲淹认祖归宗的动机从来就不是情感性的，而是来自宗族名声、姓氏正宗这些宗法制度的理性认识，以及作为一个男人关于身世出处的基本尊严。当年认祖归宗时，被范氏族人疑其谋财的侮辱，曾尖刀一样刺痛过这个四处漂泊的青年，到他知杭州府时，已是天下闻名的高官显贵，他终于有了光宗耀祖的能力，用这个能力抚恤乡亲、救济族人，既是足可告慰祖先的荣光之事，同时也给早年所受的屈辱找到了一个尽情发泄的出口。不管是对一个范姓族人而言，还是对一个有志气的男人而言，他都功德圆满，足可含笑九泉。

同样，对那个有养育之恩的山东长山，他也并未因改回范姓就一路绝尘而去。他一直与朱氏兄弟有往来，《范文正集尺牍》就收录了他与朱氏兄弟的十几封通信，其情谊可见一斑，对子侄辈的关心和叮嘱也见于笔端。对过世较早的养父，他更是心存感激，曾祈求皇上追赠朱姓父亲为太常博士，朱氏子弟因范仲淹而以荫得官者也有三人。后来，范仲淹还在河南置义田四顷三十六亩，以赡朱族。

去世前一年，范仲淹赴青州。到任途中，他专程绕道来到长山。长山万人空巷，扶老携幼迎接范仲淹于十几里开外。据说，范仲淹轻车简从，不顾身体微恙，下车问候父老乡亲，礼参甚恭。后来这个地方就更名为礼参店，

第五章 家族、宗族和社会关系

沿用至今。范仲淹作《留别长山父老》一诗纪念：

> 长白一寒儒，荣归三纪余。
> 百花春满路，二麦雨随车。
> 鼓吹罗前郡，烟霞指旧庐。
> 郡人莫相羡，教子苦诗书。

给范氏族人购置了一千亩良田，给朱氏族人仅购置四顷三十六亩田地（约合436亩），看得出来，范仲淹心思有偏。其实，这不是数字多寡的问题，而是二者本质有别的问题，我更愿意把前者看成是范仲淹一种深思熟虑的理性选择，是一种该做且必须做的事情。而后者，则是范仲淹情之所至的一种自然流露。如果说心思有偏，不过是理智和情感的偏颇。

个人以为，范仲淹所设义庄开创了中国古代宗族慈善（救济）组织的先河，有着聚合、扶持宗族的巨大意义，这种以富济贫的举动当然称得上高风义行，但究其动机和出发点，也绝不可无限拔高。这其中隐藏了一部无法言表的血泪史。

故乡，是一个曾经背弃自己的地方，是一个势利之地。而一种势利必须要另一种势利才能彻底修补。

一个受尽磨难的老者在回望自己一生时所能想到的最感快慰的举动，莫过于此。

但另一个问题也出来了。

既然故乡的意义如此巨大而沉重，家族的意义如此具有仪式感和象征性，那范仲淹逝世时，为什么却叮嘱后人将他葬于洛阳伊川，而不是故乡吴县的范氏祖先身旁呢？

答案很简单，范仲淹的母亲谢氏就葬在洛阳伊川。

问题又来了。洛阳伊川既不是范氏祖坟所在地，也不是朱氏祖坟所在地，为什么范仲淹要将母亲葬于此？

谢氏是范墉续妻，且改嫁为朱家人，苏州范氏家族不允许改嫁的谢氏葬于范氏祖坟，这是肯定的；而长山朱氏家族也十分为难。谢氏为朱家续妻，其中一个儿子又恢复了范姓，谢氏到老以后也没有居住在长山老家，显然已经从了那个姓范的儿子，说她是朱氏的媳妇好像又说不过去，因此，也不可能让谢氏与朱文瀚合墓。

我以为，范仲淹根本就不曾有过选择苏州祖坟的念头。在他的潜意识中，总有对故乡苏州"风俗太薄"的认识，对其族人也一直潜藏着一种复杂的心态，既有对宗法制度和家族伦理的认同，其屈辱身世孕育的隐秘情绪也时时在起作用；同样，不能葬在朱家祖坟也是范仲淹乐见之事。如果母亲真的葬在朱家祖坟，范仲淹倒是尴尬了。范仲淹已是改了范姓的人，他本人是绝不可能葬在朱家祖坟的。虽然一直对成长之地长山怀有美好的感情，但"性至孝"的范仲淹是绝不可能接受母子死后分葬的事实，所以，范仲淹决定将母亲葬在应天府宁陵自己的职田中。

几年后，范仲淹来到距宁陵300多千米外的伊川，看到了盛唐著名贤相姚崇的墓地。姚崇和范仲淹有一样的身世，母亲也是改嫁之人，受其启发，他决定将母亲迁葬到洛阳伊川姚崇家族墓地侧。这样做的意义还有一点，范仲淹多次建议皇帝迁都洛阳，对洛阳一直怀有向往之意，而伊川离洛阳很近，迁葬一事也间接地圆了他一个梦。

所以，范仲淹在徐州病逝后，儿子们将其归葬洛阳伊川，守护在他母亲身旁。后来他的四个儿子、九个孙子、六个曾孙也葬于此地。宋室南渡后，范氏族裔纷纷南迁，从此附葬中断。

地处河南伊川的范仲淹墓现在成了全国重点文物保护单位。而在苏州天

第五章　家族、宗族和社会关系

平山，也有一处江苏省文物保护单位，名叫范坟，安葬着范仲淹的曾祖父、祖父、父亲三代人。范仲淹生前官居高位，死后殊荣，他的祖先也分别被追封为徐国公、唐国公、周国公，赠予太师衔，所以，范坟又被称为太师坟；同样，在山东省邹平市长山镇，也有一处范公祠，被评为国家 AA 级旅游景区，范仲淹的养父朱文瀚葬于此地。

第一次回到故乡苏州时，范仲淹心中有感作《苏州十咏》，下面引用其中之一，名叫《南园》：

西施台下见名园，百草千花特地繁。
欲问吴王当日事，后来桃李若为言。

范仲淹一生仅仅做官的地方就不下十余处，若要计算他到过的地方，更是难以计数。这是一个四处为家的人，一个命中注定的游子。终其一生，连续住得最久的地方还要算他的第二故乡山东长山，其次是应天府。但终归，浪迹一生之后，范仲淹还是把自己的身躯留在了母亲身旁。

母亲一生历经磨难，到头来，范氏墓地不容纳她，朱氏家族也不容纳她，那就让我来陪您吧。母亲在哪里，我就在哪里。

欲问吴王当日事，后来桃李若为言。

范仲淹的故事是一个特殊的个案。

也许正因为有了这段特殊的难以言表的伤痛和曲折，他才可能在晚年作出决定，倾其所有设立义庄，回馈族人。这种隐秘而复杂的心思任人作何种程度的揣度也不为过。

但无论作何心理剖析，结果已经摆在那里了，范氏义庄以一种具体的存在形式获得了宗族记忆、宗族权力最成功的表达。

南宋以后,理学昌盛,朱子著《家礼》,首倡祠堂之设。当时修家庙、建祠堂也有等级之限,一般庶民并未得到允许。明朝洪武年间颁布的《大明集礼》也规定品官准祭四代,庶民只准祭父祖二代,并不得建祠堂。嘉靖十五年(1536),嘉靖皇帝借"大礼议"事件"推恩"于天下官民,允许所有臣民皆可祭祀祖先。事实上,自唐朝始,由于敬宗睦族的需要,社会上一直存在违制祭祖的行为,嘉靖十五年以后,大建宗祠、祭祀始祖遂成普遍现象,"皇族有太庙,百姓有祠堂"一说就成自然之理了。

从朱熹《家礼》开始,各种家诫、家训、家范层出不穷,每个家族都有家谱,每个宗族都有族规。这些文本的出现反映了一个最基本的动机,即希望宗族作为一个社会单元能有章可循,有范可守,以善承家志,勿玷家声。其基本内容也大致相同,主要是尊祖睦族,敬老慈幼,孝悌传家,具体形式包括庆吊必通,患难必救,困穷必周,鳏寡必矜,婚嫁无力者必助之资,子弟可造者必加培植,等等。这是一种知恩图报的报本返始心理,也是一种抱团取暖的集体意识,对加强民间监督、促进社会稳定和社会教化起到了很好的作用,是基层社会中人与人之间一剂极好的润滑剂。

同时,这样的组织形式也赋予了很多人一种确实的身份感和归属感,尤其对普通人而言,更是如此。国家太大,大到和自己无关,但宗族不同,它通过祠堂、祭祖、家规、乡约等形式为人们提供了一个看得见摸得着的生存空间,这个空间既是物质的,也是精神的,既是秩序和规矩,也是一种生活的维度。

我是谁?我从哪里来?又将到哪里去?这是一个人人都会问的问题。

而宗族会告诉你,你是谁,你从哪里来,又会到哪里去。

宗族给予一个人历史的渊薮,又给予一个人未来的指引。人死后,除了在墓碑上会刻有名字,在祠堂的牌位里,在家谱的记叙里,在每年祭祖的烟熏火燎中,他会被确认,一个人曾经在这个世界上存在过。

·第五章 家族、宗族和社会关系·

但是，这种宗族意识或宗族规则，是以一种封闭和保守的文化心理作为其内在支撑的。它的内核建立在一种生物学意义之上，本质是血缘，而在此基础上建立的分享、扶助的基本价值观以及派生出来的道德伦理规范又是一种族群性的，而非个人性的。这就有可能导致宗族家诫或族规的名义与个人利益发生冲突，或直接对个体产生深重的压迫，甚至扼杀人的一生。

三　顾炎武的北游

很多年以后的明万历四十一年（1613），距离范仲淹的故乡仅30千米开外的昆山，一个男孩在江东望族顾氏家中降生。

男孩名叫顾绛，生父为顾同应。堂叔顾同吉去世时未婚无子，就将顾绛过继了过去。早年聘给顾同吉当媳妇的王氏，尚未过门就遭遇丈夫过世，仍坚持为亡夫守节养子，于是，这个刚烈贞孝的叔母就成了顾绛的嗣母。

顾绛14岁取得诸生资格，认识了同窗归庄，从此成为终生至交。二人一起前往南京参加应天乡试，并共入复社。但顾绛屡试不中，27岁时终于弃绝科举帖括之学，开始把精力放在历代史乘、郡县志书的研读中。崇祯十四年（1641），嗣祖顾绍芾去世，家族财产纷争激烈，族叔顾叶墅、族兄顾维让人纵火烧了顾绛母子的房子。无奈之下，顾绛将祖产800亩半价典给当地豪族叶方恒，换来一些银两，带着嗣母离开家乡昆山千墩镇，来到常熟东南的唐市居住。此时，顾绛31岁。

崇祯十五年（1642），清兵入关。弘光政权在南京成立后，由昆山县令杨永言举荐，顾绛投入南明朝廷，任兵部司务。也是在此时，一腔复国怀抱的顾绛因追慕南宋文天祥的老乡王炎午，正式改名为顾炎武。

这里，有必要拐一个弯出去，说说这个王炎午。

他是南宋末年大名鼎鼎的文天祥的一个原本默默无名的江西老乡。

祥兴元年（1278）十二月，右丞相文天祥在广东海丰被元军俘虏。次年三月十九日，左丞相陆秀夫背负8岁的南宋末帝赵昺在崖山投海殉国，南宋

第五章 家族、宗族和社会关系

覆亡。此时,距离文天祥被俘已过去几个月,南宋遗民仍然没有听到文天祥舍身成仁的任何消息,他们坐不住了,担心文天祥会苟且偷生或投诚变节的人开始增多。这时,王炎午写下了一篇旷世奇文——《生祭文丞相文》。简单说,写这篇文章的目的就是希望文天祥速死,更直白地说,就是希望文天祥自杀!不仅要尽快死,而且要死得其所!以死来成就一世英名,以死来为王朝的士大夫们找回最后的尊严。所谓生祭文丞相,就是把没有死的文天祥当作一个已经死去的人来祭奠。写完文章后,王炎午还让人将此文抄录数十份,沿元军押解文天祥北上的必经之路赣州、吉安、南昌、九江等地,张贴于驿站、山墙、店壁等醒目处。据说,抄录的文字大如手掌,生怕文天祥看不见。

至元二十年(1283)一月,在王炎午的文章出笼四年后,文天祥在元大都赴刑。没有史料证明文天祥曾经看到过《生祭文丞相文》,但是,以当时这篇文章惊天地泣鬼神的知名度而言,在狱中的文天祥一定是听说过它的。

我们只能说,这个王炎午的胆子实在太大了,竟然敢拿一个自己崇仰的长者的生命来说事,这是冒天下之大不韪了。但从另一方面说,王炎午不过是把很多士人想说却不敢说的话说了出来,他心中已经没有任何关于生死的忌讳,彼时彼刻,一个落败民族的尊严和气节才是唯一要紧的事,文天祥责无旁贷,既然人生自古谁无死,就必须留取丹心照汗青!

显然,顾炎武认同这样的决绝,也认同王炎午的做法。

顺治二年(1645)五月,改了名字的顾炎武赴南京就职,尚未到达,南京已被清兵攻占,弘光帝被俘,清军剑指苏杭。其时,江南各地抗清斗争纷起,顾炎武和归庄、吴其沆参加了其中一支义军,保卫苏州城,终因寡不敌众,遇伏而溃。随后,顾炎武潜回昆山,又与杨永言、归庄等守城拒敌。不日昆山失守,死难者多达四万人,吴其沆战死,归庄以僧装避祸得脱,顾炎武生母何氏右臂被清兵砍断，两个弟弟被杀。九天后，常熟陷落。顾炎武嗣母王氏闻变，绝食十五天殉国，临终前嘱咐顾炎武："我虽妇人，身受国恩，与国俱亡，义也。汝无为异国臣子，无负世世国恩，无忘先祖遗训，则吾可以瞑于地下。"①

顺治四年（1647）闰六月，唐王在福州称帝，遥授顾炎武为兵部职方司主事。由于嗣母新丧，他一时难以赴任。不久，参加抗清的复社好友陈子龙、杨廷枢及同宗族人顾咸正父子相继遇难。

其间，顾炎武早年抵押出去的田亩开始出现纠纷。先前，为躲避族人间的财产之争，顾炎武将祖产800亩良田贱价抵押给昆山豪族叶方恒。叶方恒拿到田契后，只支付了240亩的钱。顾炎武打算将田亩赎回，这就让叶方恒不高兴了。顺治五年（1648）和顺治七年（1650），本来就和顾炎武有财产纠纷的族兄一干人又与叶氏串通，穷追猛打，将顾炎武在常熟语濂泾的住所洗劫一空。顾炎武在是年所作《流转》一诗中写道："畏途穷水陆，仇雠在门户。故乡不可宿，飘然去其宇。"国破家亡，仇人相追。为避仇避祸，顾炎武被迫剃发，暂别新娶的小妾和出生不久的幼子，伪作商贾，独自离开昆山，即所谓"稍稍去鬓毛，改容作商贾"。

此后五年中，他改名换姓在镇江、南京、淮安、苏州、太仓之间往来奔波，时而改名蒋山佣，时而化名顾佣、王伯齐。后来，亭林先生留下一本《蒋山佣残稿》，这个蒋山佣就是他的曾用名。这一时期，顾炎武和归庄还加入了惊隐诗社，表面上相与共遁林泉，实则惊隐诗社也是一个故国遗民暂作逃避而图再举的组织。

不久，发生了一件大事。

----

① 顾炎武著，华忱之点校：《顾亭林诗文集·亭林余集·先妣王硕人行状》，中华书局，1983年版。

第五章 家族、宗族和社会关系

一个服务顾家长达三世之久的名叫陆恩的仆人，随顾家典卖出去的良田成了叶方恒的家仆，他见顾家门第日益没落，主人又久出不归，遂伙同叶方恒，声言手中握有铁证，欲以"通海"罪（与南明行朝有联系）控告顾炎武。目的很明显，想逼迫顾炎武放弃田亩。顺治十二年（1655）春，得知消息的顾炎武心急火燎地回到昆山，抵达当晚，就带了几名亲族壮汉把陆恩抓起来，将其痛打致死，沉尸水中。

叶方恒被激怒了，伙同陆恩的女婿带了一帮人将顾炎武抓住，并囚禁起来。事情越闹越大，私了是不行了，顾炎武很快被移至昆山县衙，被判"杀无罪奴"。一时间，士林大哗。危急关头，顾炎武的好友归庄、路泽溥等人纷纷出面营救。与叶方恒相交颇好的归庄直接写信给叶方恒，陈以利害，晓以大义，但叶方恒却在给归庄的回信中痛骂顾炎武"机械满腹"，绝不善罢甘休。

归庄计无所出，只得向老师钱谦益求援。钱谦益是文坛领袖，在江南地界名声甚望，自从委身清室后，一些反清人士就不再与他交往了。但归庄与他仍然保持着师生关系，常去看他，黄宗羲也经常去找钱谦益，顾炎武的另外两位惊隐社好友吴炎、潘柽章和钱谦益也保持着联系，但顾炎武却因钱谦益的一度失节，再也不肯和他有瓜葛。当归庄向钱谦益提出帮忙的请求时，钱谦益只有一个条件：如果顾炎武愿意承认是他的学生，他就方便替学生说话了。为救人，归庄明知顾炎武不会同意，还是自作主张，假冒顾炎武的名义书写了一张门生帖给钱谦益，拜谦益为师。

最终，钱谦益以老师的身份为学生说情，加上路泽溥、路泽农兄弟与松江兵备使相识，多次斡旋说项，顾炎武得以从昆山县衙移送至松江府审理，最后以"杀有罪奴"的罪名结案。简单说，杀"无罪奴"就是杀无辜者或故意杀人，杀"有罪奴"则是为民除害或正当防卫，两者意义不同。按清律，仆告主不赦，这就是有罪的前提。

次年春，顾炎武被释放。出狱后的顾炎武不仅不领钱谦益的情，反而去向钱谦益索要归庄写的那张门生帖。钱谦益不给，顾炎武就在大街上四处张贴告示，声明自己不是钱谦益的学生，这让钱谦益极为尴尬。顾炎武并不知道，此时的钱谦益、柳如是夫妇早已在积极从事反清复明的秘密活动。

仇人叶方恒见顾炎武被释放，气急败坏。尽管归庄等同邑名流极力排解，叶方恒仍不甘心，竟派遣刺客跟踪。顾炎武在出狱后的当年仲夏返回南京钟山，行经南京太平门外时，早就埋伏在路边的刺客从树林间窜出，击其头部，顾炎武受伤坠驴，幸亏有人相救，捡得一命。

随后，叶方恒又唆使陆恩女婿等人抄了顾炎武的家，将其家产洗劫一空。经历了如此多的事情，顾炎武早已心力交瘁，疲惫不堪。顺治十四年（1657），他返回昆山，将家产全部变卖，换成一大堆钱，在秋天不间断的淫雨中，孑然一身，掉首故乡，避祸北游。

是年，顾炎武45岁。

此后25年，顾炎武游踪不定，足迹遍及山东、河北、山西、河南、陕西、直隶，开始了他与众不同的行旅生涯，直到老死他乡。

在这25年间，顾炎武成就了自己为后世所崇仰的两大声名。

第一，成就了一个著名遗民的身份。

顾炎武一生能完节自守，从始至终保持绝不仕清的名节，从当时的时局和顾炎武的影响力而言，是极难做到的。他曾数次至孝陵哭吊开国皇帝朱元璋，到长陵哭吊明成祖朱棣，到思陵哭吊末帝朱由检，访田单田横祠，谒孔庙，拜夷齐庙，访山海关，并结交遗民，整个北游过程从没间断过表达对故朝和先贤的怀念和崇仰，继而标识出自己鲜明的遗民身份。

面对康熙十七年（1678）那次著名的征召，他的好友朱彝尊、李因笃等无一幸免，悉数被清廷招安，他却以死坚拒，辞曰："刀绳具在，无速我

· 第五章　家族、宗族和社会关系·

死。"次年，清廷开明史馆，顾炎武又上书"请以身殉得免"（全祖望《亭林先生神道表》），言辞激烈，以死抗争。

我在前面的章节说过，黄宗羲因把学生和儿子送入史馆而为后世诟病，但顾炎武在不与清廷合作这件事上从未有过一点瑕疵。在大多数人汲汲营营、仓促奔竞的年月，他若无所闻，寸心不失，得以完身而逝，实属不易。

第二，成就了一个著名思想家和著名学者的身份。

已经数次强调过，在那个时代，既然选择做一个坚定的遗民，就意味着被抛弃和被遗忘的必然下场，保持气节需要付出被彻底边缘化的惨重代价，二者很难有融通的现实可能性。但是，在如此尴尬的处境下，顾炎武并没有活得遁形匿迹，了无建树，而是比好多人都活得精彩和高级。长期旅行，容易陷入一种呼朋唤友、漂泊不定、既琐碎又虚无的蹉跎状态，稍不留意，一生就在推杯换盏和迎来送往中废掉了，但顾炎武竟能在旅居生涯中埋首学问和著述，可见内心的笃定。

可以说，没有行万里路、读万卷书的经历，顾炎武充其量就是千千万万遗民中的一个，没人会知道他的存在，但他在旅居生涯中，载书随行，日日课读，拜访贤豪长者，考察地理地形，览山河，吊营垒，穷本溯源，精力绝人，写下了50多种共上千万字的著作，其中《日知录》《天下郡国利病书》《肇域志》《音学五书》《韵补正》《古音表》《诗本音》《唐韵正》《音论》《金石文字记》等涵盖经史百家、音韵训诂、金石考古、方志舆地乃至国家典制、郡邑掌故、天文仪象、水利河漕、兵农田赋等内容，为清代学术开辟了众多门径。

他认为，明朝的覆亡乃王明心学空谈误国的结果，所以极端反对空谈虚无，注意广求证据，四处访问人物，查勘山川地形，询其曲折，对勘修正史料。他的训经明道的学术理念、考史鉴今的鲜明旨趣、广求证据的考据方法，终结了晚明空疏的学风，开启了一代朴实学风的先河，被公认为乾嘉学术的开山鼻祖。虽然后来的乾嘉学者多沉溺考据,埋首故纸,博古而不通今,论史而不议政,有洁身避祸的一面,多少泯灭了顾炎武的济世情怀,但究其本末源流,不难发现他们共同的学术理念和相似的学术心态。

最终,顾炎武成了著名的思想家、经学家、史地学家、音韵学家,成了中国文化史中一个绝不能忽略的人物。

顾炎武的成就和思想我不再冗述,这里,只想谈谈顾炎武一生尤其是他中年到晚年这25年中生活的一个空间结构。

和同时代人黄宗羲、王夫之、归庄、陈子龙、朱彝尊、傅山、李因笃、屈大均、钱谦益一样,顾炎武生活在一个政治和民族矛盾空前激烈的空间中。但是,在这个空间中,每个个体又各自拥有自己特殊的一片生活场域。这片生活场域不仅仅是政治的或族群的社会空间,还是构成顾炎武作为个体伸展的人际和生活空间。

第一,家庭和家族,对顾炎武而言,既是一种积极的能量,也是一个阴影笼罩的噩梦;既是一个早年促其背井离乡的沉痛因素,也是让他晚年获得温暖和安全的所在。

对顾炎武产生影响的第一人是他的嗣祖顾绍芾。可以说,顾炎武的经世情怀和对时务的兴趣,几乎来自嗣祖的影响。这个从未取得功名的乡贤一直坚持抄写邸报,让顾炎武了解国家和朝廷发生的大事小事,使其从小就拥有一种居乡间而怀天下的心胸和大志。

对顾炎武一生产生重大影响的还有他的嗣母王氏。

王氏出身于书香门第,勤奋好学。她白天纺织,夜晚读书至二更,尤其喜欢读《史记》《资治通鉴》和明朝的政纪诸书,在顾炎武十来岁时,就开始教授其读书。很难想象,一个里巷寡妇能够在劳作之余保持嗜读史书的习惯,其心胸气象可见一斑,从其未嫁而为夫守节养子的行为,也可看出其人

第五章 家族、宗族和社会关系

性情的刚烈。她还曾因断指疗姑的事迹获朝廷旌表，得到一个节妇义女之类的称号。清兵入关后，应杨永言之辟，顾炎武加入昆山义兵。王氏对儿子说："我虽妇人哉，然受国恩矣，果有大敌，我则死之。"（全祖望《亭林先生神道表》）她鼓励顾炎武勇往直前，千万不要因顾念母亲而脚步踟蹰，其家国怀抱和义烈器识胜过了好些苟且偷生的男人。

我们历来非常重视中国宗法制中的父权因素及其影响，对母亲在一个人成长道路上潜移默化的作用多有忽视。在我看来，优良的母教在很多时候可能比父亲的影响还要大，它不一定像父权那样具有权威、思想或学问的指导意义，有可能只是细水长流的言传身教，但其中透出的情感的温度，却通过润物细无声的方式，深深地潜藏在一个人内心最隐秘、最柔软的角落，甚至可能决定一个人的一生。

写作此书的过程中，我儿子刚好处于大学本科和研究生的 GAP 阶段，非常难得在成年后还有和父母同处的一年时间。用我先生的话说，这期间，我"母性大发"，有失控之嫌。毕竟孩子成年了，这种机会以后不会有了，我清楚这点，也就无比珍惜，有故意放纵之嫌。儿子似乎对这种放纵的母爱有点消受不起，干脆把我的这种失控揶揄为"低级爱"，并通过理论佐证，言及它不过是一种本能的动物性的萌发。我暗自窃笑，儿子是聪明的，用这样的方式来消解一种爱，自然就可以心安理得而又毫无思想负担地照单全收。我也乐于接受这种揶揄，既然是一种低级的本能，所有的夸张和滥情就显得顺理成章，也就更可以肆无忌惮地任性而无节制。

母爱自来就没有被言说的那般伟大，它本质上是一种低级爱，是一种动物性的本能，我同意这样的定位。但低级的东西却是一种人性的宿命，没有任何高级的人能够摆脱这种低级的东西对人生的侵扰。何况，顾炎武的嗣母孤身一人来到顾家，和其他媳妇是不一样的，她连丈夫都没有，身边只有一个年幼的儿子。顾炎武，是王氏的全部，是她的整个世界。在顾炎武身上，她倾注了一个女人全部的情感,既包括低级的,也包括高级的。

而这种母爱在一个父亲缺失的家庭里,要转换成一种携带着强烈爱的因素的母权,是自然而然的事情。

王氏替夫守节,可谓贞;断指疗姑,可谓孝;国破身殉,可谓忠。在王氏身上,早已不是低级爱的问题,她所有行为传达出的信息,都达到了一个旧时代女子甚至是男子所能达到的最完美的道德和伦理高度。王氏在顾炎武那里,既扮演着一个完美的母亲的角色,也扮演着一个称职的父亲的角色。一种高级爱夹杂着低级爱的表现形式,彻底把顾炎武笼罩其中,让他终生也逃不脱对母亲的崇敬和遵从,甚至成了一种难以承受之重。

这是一种温暖的母爱,也是一种严厉的母权。

康熙十八年(1679),顾炎武在《答次耕书》中表明自己不参与纂修《明史》的原因就是嗣母的临终遗命。他说:"鄙人情事与他人不同。先妣以三吴奇节,蒙恩旌表,一闻国难,不食而终,临没丁宁,有无仕异朝之训。"

在《与叶讱庵书》中,顾炎武表示,嗣母不仕异代的遗命绝不可违,若当局相逼,他唯有以死相殉。他说,嗣母"国亡绝粒,以女子而蹈首阳之烈。临终遗命,有无仕异代之言,载于志状,故人人可出而炎武必不可出矣"。

康熙十九年(1680),顾炎武的原配夫人、嗣母王氏的侄女逝世时,顾炎武作《悼亡》五首,再次提到:"地下相烦告公姥,遗民犹有一人存。"诗中,他托付妻子在黄泉之下告知嗣母,母亲临终遗命,炎武念兹在兹,须臾不敢或忘,一直坚守毛发直到今天。

即使我愿意相信,顾炎武拿母亲遗训做挡箭牌不过是他逃脱征辟的一个借口,但这个带着情感温度的借口如此冠冕堂皇,如此合理,让所有人不得不三缄其口。面对征召或机会,顾炎武和其他人一样,不可避免会有犹疑或动摇的时候,嗣母不仕异代的忠烈遗命也成了激励他坚守底线的最后支撑。

第五章 家族、宗族和社会关系

换言之，顾炎武成为如此坚定的遗民固然是他的思想和观念起了决定性作用，但嗣母的影响却让他多了一些情感上的确认感和一往无前的笃定。

不谈忠，就只谈孝，顾炎武也内心无愧了。何况，这种孝，最终的指向还是忠。

这是顾氏家族留给他的精神遗泽。

但是，顾炎武所处的家族和乡里环境却并不是一直充满善意的。

首先，他过继过来的那个大家庭的族人对他就百般刁难。嗣祖去世后，和他争夺财产而官司相见，还多次烧毁其房屋；叶方恒一族，和顾家一样，都是昆山望族，还和顾家沾亲带故，但两家人竟闹得刀刃相见。顾炎武的北上，不管从何种意义上讲，都是被其族人和家乡人给活生生逼走的。用归庄给顾炎武的信中文字来说："使兄不遇讼，不避仇，不破家，则江南一富人之有文才者耳，岂能身涉万里，名满天下哉！"① 这些话是在辩证分析顾炎武被逼出走的所谓祸兮所伏，但可以想象，那种被族人抛弃，被乡里背叛，在偌大的吴地竟无立锥之地的感受何其悲怆！

所以，北游之后的顾炎武，只和亲生父母家的兄弟姐妹及子侄保持着较为紧密的联系。对故乡，总有种隔膜、怨怒甚至惧怕的情绪潜藏于心，这也是他到老也不愿归返故里的原因之一。北游期间他曾多次返还故乡，叶方恒也早已举家迁至京城，仇家已解。但不管友人如何劝说，顾炎武终究没有叶落归根的任何动念。

全祖望说："先生虽世籍江南，顾其姿禀颇不类吴会人，以是不为乡里所喜，而先生亦甚厌裙屐浮华之习。"（《亭林先生神道表》）说顾炎武的姿秉不类吴人，确实。顾炎武性情笃实，做事有计划，生活节俭，作息时间雷打

---

① 中华书局上海编辑所：《归庄集》卷五《与顾宁人》，中华书局，1962年版。

不动,可以说严谨有余,和那时期江南士人身上的浮华之气挨不上边。他自己也一直不喜欢散漫轻佻的吴中风气,身为南人,却"性不能舟行食稻,而喜餐麦跨鞍"(江藩《国学汉学师承记》)。出游伊始,先到山西,他马上就喜欢上了山西朴实的民风和士风,想在山西定居;再到陕西,又喜欢上了陕西"慕经学,重处士"的氛围,并拿它和故乡的风气相比较,顿时便觉找到了终生可托之地,又决心要在陕西定居。

故乡,在顾炎武内心深处一直是一个被刻意排拒的所在。

好在,到顾炎武晚年时,他的家族中出了三个位高权重的大人物,一下子把顾炎武在外漂泊的流浪感消解了许多。

这三人分别叫徐乾学、徐元文、徐秉义,他们是三兄弟,我在黄宗羲一节已提到过。他们是顾炎武亲姐姐的儿子,也就是顾炎武的外甥。

其中,老大徐乾学探花及第,官至刑部尚书、侍讲学士、内阁学士;老二徐秉义也是探花,官至吏部右侍郎,后擢内阁学士;老三徐元文最早状元及第,官至文华殿大学士兼翰林院掌院学士。他们早年都曾受到舅父顾炎武经济上的扶持,在顾炎武停滞北方时,三人纷纷状元或探花及第,荣耀不可一世。徐元文还曾在弘德殿为康熙皇帝讲经史,康熙对徐元文的喜爱非同一般。到康熙十八年朝廷开史局时,徐元文成了编修《明史》的总裁官,后来大哥徐乾学也担任了《明史》总裁一职。简单说,三人中,徐元文官至副总理一级,徐乾学和徐秉义分别官至部长和副部长。清初年间鼎鼎大名的"昆山三徐",是当时苏吴之地在朝廷最有权势和影响力的三个大人物。

顾炎武频频往来于山西、山东和陕西等地,常在京都外甥家歇脚,有时一歇就是几个月或更长时间。几个外甥都有相当的学问和见识,又周旋于朝廷和以顾炎武为代表的民间学者中间,尤其是徐元文在康熙身边伴驾侍讲的经历,也多多少少刺激了顾炎武的好奇心,这给他提供了一种不同的观看

第五章 家族、宗族和社会关系

角度。

总之，顾炎武是越来越喜欢往京城跑了。一个著名的前朝大遗民堂而皇之地住在当朝达官贵人家中，无论从何种角度看都是一件不搭调的事情，顾炎武却不以为然，甚至还多少有点享受和得意。对那些为官清朝的人，他一直耻于与之为伍，即便钱谦益这种有短暂入朝经历的人，顾炎武也唯恐和他沾边，但现在，三个外甥不仅当朝为官，而且官职还一个比一个大，顾炎武竟不避嫌，还因此结交了很多新贵红人，在京城过得开心而惬意。看得出来，他逐渐在用一种温和的态度去理解周遭发生的一些事情。

顾炎武早年生的孩子都夭亡了，又长期和结发妻子分隔两地，除了四处置地以获得一种心理上的安全感，他还多次买妾。对那些买来的小妾，顾炎武自来就把她们视为一种传宗接代的工具，说离开就离开，说遣散就遣散，和买卖田产一样轻松。只有到了晚年，每每回到京城外甥家的时候，他才似乎真正找到了回家的感觉。

长年无嗣的空虚在外甥庞大而热闹的家庭中得到了某种程度的补偿，虽不是顾姓家人，但这种有血缘关联的亲情还是带给他不少满足和欢畅。而且，外甥们都是位高权重之人，他在这里还获得了一种难以言说的安全感，这是一个在民间漂泊几十年的旅人所能找寻到的一种奇特的归宿。

如此讲来，他在北京已经找到了家族和家园的感觉，实在是没有回故乡的必要了。

第二，顾炎武整个人生尤其是后25年都是由朋友的扶助所构建和支撑的。

在家乡和吴地往来居住的青壮年时期，顾炎武就喜结交，归庄、吴炎、潘柽章、朱鹤龄、陈济生、戴笠、王锡爵、路泽博、路泽农、陈子龙、万寿祺等和他过从甚密，还认识了钱谦益、黄宗羲等人。这些人多是他参加复社和惊隐诗社时认识的,他第一次家难也全靠一帮好友相助才得以化解;顺治十四年(1657),顾炎武决心北游,前复社和惊隐社的同仁杨彝、顾梦麟、万寿祺、归庄等21人为他起草了为后人所熟知的《为顾宁人征天下书籍启》,这在现在看来就是一封介绍信或推荐信。他们用书信的形式向人推荐顾炎武的人品和学识,呼吁各地友人为顾炎武北游问学提供帮助。

顾炎武带着这封书信北上了。他十分确认,他身后站着一大帮朋友,而在前方,也有一大帮朋友在等着自己。

25年的行走中,顾炎武有很多时候住在朋友家。这样的居住长则几年,短则几个月甚至十来天。住的时间长一点,有可能是主人家有他平时看不到的书,或这里有他喜欢结交的朋友。通过朋友的介绍,他又结交了很多新朋友。仔细阅读亭林先生的生平年表就知道,和顾炎武交道颇深的朋友起码不下30人,来往频繁或有过结交之人也应该有100多人,包括后来的著名人物孙奇逢、傅山、李因笃、朱彝尊、屈大均、阎若璩、张尔岐、施润章、汪琬、王弘撰、程先贞以及孙承泽、曹溶、李颙、王山史、熊赐履、叶方蔼、李光地等。这中间,既有著名的遗民文人傅山、一代大儒孙奇逢,也有很早就出仕清朝的施润章、曹溶,还有以前和顾炎武有共同志向但后来入朝做官的朱彝尊、李因笃,以及被称为贰臣的孙承泽和朝廷新宠熊赐履、李光地。

北游第一站,顾炎武到的是山东,身上有变卖家产所得的钱款,到章丘后,他就把钱借贷给章丘人谢长吉。过了几年,谢长吉还不出钱,只得将自己在章丘的十顷田地典给顾炎武。虽是薄田,但从来不缺经济头脑的顾炎武将这些田地委托给当地农民耕种,收取田租以贴补生活用度。三年后,谢长吉欲违反合同收回田亩而不得,遂起构陷之心,于康熙七年(1668)将顾炎武卷入莱州黄培诗案。顾炎武得知此事,星夜奔赴山东济南投案,随即入狱。这个时候,又是顾炎武的朋友们尽心奔走,尤其是李因笃前后奔波,朱彝尊不吝辞费,加上外甥徐元文、徐乾学的鼎力相救,他方得以出狱,出狱后通

第五章 家族、宗族和社会关系

过官司赢回了那十顷田产。

从那以后,顾炎武不再对山东怀有美好感情,用他的话说,"齐齐重钱币,恩情薄兄弟",随即也放弃了在山东置产定居的计划。也可能是官司的阴影,顾炎武害怕日后又生变故,遂将这十顷田产转至外甥名下,并借徐元文的权势,让章丘县令协助派人管理田产,控制庄田的经济效益。

康熙十年(1671),顾炎武再入山西。此时,他仍膝下无子,医术日渐精深的傅山替他把脉,规劝他娶妾,说他还有生子的希望,于是,备受鼓舞的顾炎武又在山西娶妾,此时的他已接近60岁。

不久,一直居住在家乡的夫人王氏去世,顾炎武并未回家奔丧。顾炎武的姐姐、也就是徐家兄弟的母亲去世,顾炎武也并未一同返乡。康熙二十一年(1682),顾炎武在山西曲沃去世。从顾氏家族中过继给他的嗣子顾衍生和徐家兄弟一起,把他的遗体送还故乡昆山安葬。

一个从未入过官场的书生,一个没有拿过朝廷俸禄的文人和学者,在如此长的人生中,没有悬壶行医,也没有授徒入幕,竟能顽强地生存下来并保持一定的生活水准,这并不是一件容易做到的事情。可见,顾炎武身边从来不缺少喜欢他的朋友、倾慕他的朋友、帮助他的朋友。这既得力于他的人格魅力,实在而不虚妄,同样也得力于他的学识、学问和思想魅力。

旅居是非常花钱的。在或走或停的25年间,一个朋友邀他到此地住半年,另一个朋友请他到彼地住十天。如果是稍微长时间的居住,顾炎武也只接受一点朋友提供的时蔬接济,其他餐飨用度全部由自己承担。顾炎武精于算计,对钱财锱铢必较。早年在南方隐姓埋名时就做过商人,到北方后,每到一处,总能在合适的时候嗅到合适的商机,既买妾,还买田置地,有点狡兔三窟的意味。多数时候雇人耕种收取田租,偶尔亲自垦田耕种,也低买高卖,赚取差价,还有人说他曾在山西做过票号生意,这成了旅行期间顾炎武很大一部分的生活来源。

他一生都有仆从相随，还用钱款请人刊刻自己写的书，偶尔借钱给他人，却从未借过别人的钱。当然，投资或放贷也不无风险。除了和谢长吉的纠葛被连带入狱外，在山西也曾和友人闹出一些经济纠纷，颇让人不快。但总的来说，因为保有经济上的独立，从未出现过资斧告匮的尴尬局面，也没有将自己沦为一个寄人篱下的丧家犬。顾炎武在朋友圈子里一直都能游刃有余，从容裕如，用他的话说，就是"意南而至于南，意北而至于北"（《答李紫澜书》），如神仙一样，飘荡在一些人庸常而单调的日常生活中，记录在一些人琐碎而唠叨的日记里。

"独学无友，则孤陋而难成。久处一方，则习染而不自觉。"（《与人书一》）这是顾炎武学习颜之推《家训》得来的著名言论，也是他异常清醒的自我告诫。

"国家无杀士之名，草泽有容身之地"（《答李紫澜书》），这个草泽就是顾炎武选择的栖身之处。它最初仅仅由一个遗民群体组成，环绕在顾炎武身边。这是一个丰富的场域，正因为是民间的、草根的，也是丰饶而尖刺的，尤其在朝代更迭和文化较量的复杂环境中，其和朝廷、政权对峙的充满强烈批判精神的野性力量，让顾炎武获得了充足的营养和滋润，使其心甘情愿置身其中，并得以沉淀出一种完全不同于庙堂之上的思想。

随着时间的推移，和顾炎武往来结交的群体越来越庞杂，成分越来越复杂，他也在和各色人等结交的过程中获得了更多观看和思考角度的拓展或转变。对那些行为和思想大异于自己的人，对那些不得已选择另一条道路的人，他都能采取一种宽容甚至理解的态度。他清楚，自己选择了处于民间、处于草泽的生存状态，但不必然就要排拒那些选择处于庙堂的曾经的同道，社会和人世的丰富与饱满也因此构成。他在身边每天上演着的各种光怪陆离的故

第五章　家族、宗族和社会关系

事中获得了宽广的人生视野和喂养。

生平不拟托诸侯，吾道仍须历九州。
落落关河蓬转后，萧萧行李雁飞秋。

——《亡友潘节士之弟耒远来受学，
兼有投诗，答之（二首）》其一

顾炎武算不上一个出类拔萃的诗人，读他的诗歌就可以轻易得出这样的结论，并不是说他文学才华不够，而是因为他自来视韵语为余事。"纵有登楼篇，何能荡怀抱"（《广昌道中》），这是顾炎武一贯所想，他一辈子所有的心思都放在一种隐痛的沉淀和思考中去了。顾炎武的魅力来自他断然拒绝了中国古代文人从来无法逃脱的和统治者合谋的身份宿命，也没有走向或隐或禅的消极状态，而是在一种游走或游离状态中成为一个冷静的观看者和真理的阐释者。

不在权力游戏格局中，也就能一直葆有一个文人所必需的怀疑和批判精神，这使他获得了其他文人所不曾拥有的纯正的立场和阔大的精神自由。

这是一个孤独的流浪者漂泊不定的一生，也是在波涛汹涌、鱼鸟俱乱的大格局中保持不乱的一生，更是一个明季遗民与清初主流、边缘文人社交圈共同托举出来的非典型文人的一生。而这样一个人物的诞生，也只有进入明清这样一种社会格局中才可能实现。

四　从东林党到复社

上一节说顾炎武，是在说他的家庭、家族对他生活的影响，在说他的朋友和社交圈对他的帮衬和支持，这是一种血缘上和情感上相勾连的社会关系。在中国古代，这样的社会关系非常复杂，千丝万缕，很难理出头绪来。父族，母族，妻族，同姓，同乡，这是基于血缘、宗族、故乡、地缘的一种社会关系。而师承，同门，同年，同好，同党，则是另外一种不带血缘和地域关系的社会关联。

相对来说，前者更容易理解。诛九族这一刑罚就从反面证明了宗族和血缘关系的重要性，证明了由血缘、地缘关系导致的共同文化和情感认同所产生的一种强大共同体的力量，所以，这种刑罚试图用一种连根拔起的方式斩断族群存活于世的一切物理形式，从根本上杜绝这种关系对未来持久的危害；而后者，更多的是一种社会化和政治化的疏淡联系，它看上去没有血缘关系那样强大，也不具备波及甚远的伤害性，但这种关系在统治者或政治家眼中，却是一种现实力量的威胁，有时甚至比血缘关系更具杀伤力和威慑力，因为它有可能涉及一种共同的价值和思想认同。

朋党，是很多朝代都会出现的一个词，它泛指同道，是一种带有价值认同或共同利益关系的群体或社会、政治组织。中国历史上比较厉害的朋党之争，如东汉晚期的"党锢之争"、中唐至晚唐的"牛李党争"、北宋中期的"新旧党争"，其持续时间之长，牵扯人群之多，为历史罕见，我们熟悉的许多文人士大夫都深陷其中。

北宋"庆历新政"期间，范仲淹、尹洙等人曾被反对改革的吕夷简、夏

第五章　家族、宗族和社会关系

竦等人污为朋党，于此，欧阳修站在范仲淹一边，写下了著名的《朋党论》。文章不讳言朋党自古有之，同时指出，朋党和朋党也是有本质区别的，"君子与君子以同道为朋，小人与小人以同利为朋"，小人以利为朋，是因为小人所好所贪为"禄利""财货"，为了这些利，不过"暂相党引"，必然"见利而争先，利尽而交疏"，甚至"反相贼害"；君子则不然，他们所守所行所惜为"道义""忠信""名节"，为了这些道义、忠信、名节，则"同道而相益，同心而共济"，始终如一。最后，欧阳修通过引用事实，希望人君要善于辨别，人君用小人之朋，则国家乱亡；用君子之朋，则国家兴盛。

欧阳修的话听上去非常在理，现实却未必如此黑白分明。一旦党派门户之争出现，不管是清是浊，是对是错，是君子还是小人，都说明人心分裂，价值观已水火不容。在这种情势下，敌对双方内部不可避免鱼龙混杂、良莠不齐，所谓"树党必争进退"，继而出现互相攻伐、势不两立的态势。

明朝末年的东林党人，就是中国历史上一群站在道德制高点上的君子，他们以"道义""忠信""名节"的名义，和他们的敌人一起，最后葬送了国家，却浑然不知。

东林党，指明末以江南士大夫为主体形成的一个政治集团。最初的首脑为无锡人顾宪成，他又被称为泾阳先生或东林先生。顾宪成中进士后一直在京城任官，早年为争立皇太子事引起神宗反感，后又在"会推阁臣"时彻底触怒了神宗，被削去官籍。革职回家的顾宪成决定从事讲学活动。因在士大夫中声望很高，在地方名流和官府资助下，他与弟弟顾允成一起，修复了宋朝著名学者杨时曾经讲学的东林书院，万历三十二年（1604）十月，顾宪成会同高攀龙、钱一本、叶茂才等人发起东林大会，制定了《东林会约》。

这一年，通常被认定为东林肇始之年。

东林书院开始只是一个讲学的地方，而后逐渐变成了一个议政的地方，这源于顾宪成等一批失意官员强烈的士大夫情怀,"讲习之余,往往讽议朝政,裁量人物"(《明史·顾宪成传》),也因此,东林书院不仅吸引了很多年轻人前来求学问道,也吸引了许多因批评朝政而被贬斥的下层官员。他们不顾道路远近,纷至沓来,人数之多,使东林书院的学舍都容不下了。慢慢地,一些在朝任职的中上层官员也同东林讲学者遥相应和,东林书院逐渐成了一个舆论中心,参与其中的人物因此被称为东林党人。

与其说这是一个所谓的"党",不如说更接近于一个帮派,或者说,是一个政治见解大体相同的思想结盟。

万历年间,朝廷中就已出现党派林立的现象。最初以浙党势力为大,浙党首领沈一贯、方从哲先后出任内阁首辅,擅权自恣,党同伐异,朋党之争愈演愈烈。经"争国本"事件和"梃击案""红丸案""移宫案"三案之后,东林党占据上风。神宗驾崩后,神宗长子朱常洛即位,为明光宗。光宗即位不到两个月就离奇去世,由光宗十六岁的长子朱由校继位,为明熹宗。杨涟、左光斗等东林党人拥立朱由校继位有功,赵南星、高攀龙、顾大章等一批东林党骨干被重新启用。而后,在数次争"京察"的较量中,东林党再次重拳出击,获得了更多人事上的保障,势力越来越大,进入了东林党"众正盈朝"的辉煌时期,几乎掌握了天下的舆论。浙党落败,转而投效宦党首脑魏忠贤,所以,后来所谓的东林党争概指东林党与包括宦党、浙党、齐党、楚党、昆党在内的全国所有党派之争。

东林党人的政治态度和主张概括起来大致是:改革朝政,反对宦官干政,主张"政事归六部,公论付言官,天下方欣欣望治"(《明史·于孔兼传》),即要求以内阁为代表的皇权和以六部为代表的行政权力分开;提出"天下之是非,自当听之天下"(顾与沐《顾端文公年谱》),主张开放言路;竭力反对皇帝派遣矿监、税使到各地横征暴敛,主张重视工商业,提出惠商恤民、减轻赋税等经济变革主张。

第五章 家族、宗族和社会关系

所有这些言论和诉求不可能不触动皇权,最后,明熹宗终于下了狠手,以魏忠贤为其打手,仿照《水浒传》排名一百单八将的样式,将东林党一百零八人编入《东林点将录》,其中:

开山元帅:托塔天王南京户部尚书李三才(晁盖);

总兵都头领二员:天魁星及时雨大学士叶向高(宋江),天罡星玉麒麟吏部尚书赵南星(卢俊义);

掌管机密军师二员:天机星智多星左谕德缪昌期(吴用),天间星入云龙左都御史高攀龙(公孙胜);

协同参赞军务头领一员:地机星神机军师礼部员外郎顾大章(朱武);

正先锋一员:天煞星黑旋风吏科都给事中魏大中(李逵);

左右先锋二员:天暗星青面兽浙江道御史房可壮(杨志),地周星跳涧虎福建道御史周宗建(陈达);

马军五虎将五员:天勇星大刀手左副都御史杨涟(关胜),天雄星豹子头左佥都御史左光斗(林冲),天猛星霹雳火大理寺少卿惠世扬(秦明),天威星双鞭将太仆寺少卿周朝瑞(呼延灼),天立星双枪将河南道御史袁化中(董平)。

另外,在当时或后世影响甚大的一些人物也列名其中,如天究星没遮拦吏科给事中阮大铖(穆弘),地短星出林龙大学士孙承宗(邹渊),天伤星武行者左都御史邹元标(武松),天巧星浪子左春坊左谕德钱谦益(燕青),天异星赤发鬼左通政使刘宗周(刘唐)等。

《东林点将录》的编撰可谓荒唐之至。除了党魁顾宪成已经逝世,不在其中,东林诸人悉数被归纳列名。宦党是按照自己对东林党人性格和能力的判断、对其在东林党中地位和作用的理解编撰的这个名单。当时,《水浒传》是被列为禁书的,宦党把东林党人和梁山贼寇相提并论,本来是将东林党人妖魔化、组织化的一种阴毒手段,实际上,《水浒传》中的一百单八将,个个都是深入人心的英雄豪杰,宦党的做法不仅为东林党人的声名在民间的传播起到了意想不到的宣传作用,也为东林党人提供了一个从来没有如此完备的名次排序,让后人在理解东林党人和宦党的关系上多了一个参照的角度。

明熹宗于天启五年(1625)下诏,烧毁全国书院。次年,东林书院被拆毁。东林党骨干成员杨涟、左光斗、袁化中、魏大中、周朝瑞、顾大章六人被捕入狱,受尽酷刑,悲惨而亡,时称"东林六君子";过一年,魏忠贤再兴大狱,逮捕东林党高攀龙、周顺昌、周起元、缪昌期、李应升、周宗建、黄尊素七人,除高攀龙投水而死,其余六人皆受尽折磨,冤死狱中,时称"后七君子"。

经过魏忠贤在天启年间的血腥清洗,东林党损兵折将,偃旗息鼓,陷入困境。直到明思宗朱由检即位,东林党人才终于等来了平反昭雪的一天。这一年,崇祯帝发布诏书,将宦党魏忠贤诸人分为六等,重者处死,轻者终生不用。魏忠贤"逆党"案的案犯人数、案犯名单、罪名种类、量刑标准,悉由朱由检亲自敲定,史称"钦定逆案"。至此,东林党人恢复名誉,东林书院得以重修,这场惨烈的党争才暂时画上了一个逗号。

东林党人号称"清流",其言论和主张也可称为"清议"。他们多为进士出身,或在职,或罢官,在东林书院讲习环境中有过关于学术和政治思想的相互濡染和探讨,政治理想和人生态度趋同,有强烈的重建道德文化秩序和政治法律秩序的诉求。尤其在"公私"之争、"阁部"之争中的鲜明观点,呼吁更多的行政权力和士人权力,表达反抗和抑制皇权的愿景,这是士人阶层试图掌握政治权力的明确信号,自然会让皇权感到紧张和不安。抛开魏忠贤个人作恶多端的品行而言,宦党站在东林党的对立面,其实是代表了皇帝的意志。所以黄宗羲说:"天下君子以清议归于东林,庙堂亦有畏忌。"(《明儒学案》)庙堂就是指皇帝。换言之,东林党最大的敌人不在宦党,而在皇

第五章　家族、宗族和社会关系

权。此其一。

其二，东林党是江南工商利益集团的代言人。他们反对对工商、盐业、采矿业征税，并不是反对万历皇帝将这些税收缴至内库（皇帝私库）而没有上缴至户部（国家财政），他们反对的是税收本身。熹宗即位后，东林党人实权在握，终于废除了多项工商税收，这在某种程度上确实对发达的江南工商业和中国资本主义的萌芽起到了保护和促进作用。但偌大一个中国，仅靠税收维持运转显然是不够的，以李自成为代表的北方农民被压榨得活不下去了，加上连年天灾，饿殍遍野，只有揭竿而起；在辽东前线和满人作战的将士拿不到军饷，丢盔弃甲，边境吃紧也就在所难免。

东林党人的这些诉求和做法既缘于他们对国家经济财政制度缺乏足够的理解和全面的认识，也源于他们思想结构中简单的道德主义和地缘认知。总之，一叶障目，在维护少数人利益的同时，侵犯了更多人甚至是国家的利益，他们始料未及的是，为这个浅薄认识担责的竟然是大明帝国的轰然倒塌。

其三，这是一帮站在道德至高点上指点江山的人。他们中大多数人有强烈的政治热情和理想，有传统的儒家价值观，有正直的操守和品行，有不畏强暴的抗争意志，甚至有基督式的殉难精神，因此也往往流露出一种道德优越感。当时，天下士人，凡不入东林者，每被唾斥，似乎东林党人就垄断了世间所有的真理与道义，与"清流"相对应的必是"浊流"。这种道德优越感严重遮蔽了东林党人对政务国策的清醒认识，导致他们对真正需要重点关注的国家大事选择性失明，仅仅把目光聚焦在一些小事小节上，陷于迂腐和偏执。比如，辽东军官屡有克扣军饷、作战不力的事情发生，东林党人不去考察边境将士斗志不高的根本原因，不去思索北方大地上沉重的税收如何压制百姓而让富庶的江南工商业主优哉游哉的症结所在，只是不断弹劾和指责将领，进行道德说教，唾沫四溅。

这群人个个满腹经纶，伶牙俐齿，还一副政治正确的形象，着实让人不好对付。齐、楚、浙党是一个庞大的群体,他们并非服膺宦党,但一时被东林党人逼得走投无路,也不得不投靠魏忠贤。当"以道自任"的理想并没有通过一种对症的改革良方来实现的时候,东林党人与宦党、浙党的斗争,最终就沦为一场权力派系之争,不仅于事无补,反而加重了朝政的紊乱,不再对社会政治具有积极的推动意义。

以政见不同而归类党群的行为使他们在复杂的政治环境下简单粗暴地划界,最终也走向了党同伐异的不归路,而以社会良心和士人价值观挑战权力的野心又使他们难以避免意气用事,成为一帮夸夸其谈的空谈家和道德家,最后,他们或被人认为是一帮理想主义的殉道者,或被人与他们小丑一样的政治对手一起,拉上了历史的审判台。

我相信,这都不是他们愿意看到的结果。

难怪有人说:"夫明之亡,亡于门户;门户始于朋党;朋党始于讲学,讲学始于东林。"(《王学质疑》)这是基于最终结果而追本溯源推演出的一个原因分析,有相当的偏颇之处,但历史的书写自来有它不可违背的规律和法则,无论理想多么正确,人品如何高尚,动机和出发点如何纯粹,若词不达意,事与愿违,事实终究只有一个:对明朝的灭亡,东林党人应该和宦党一样,负有责任。

崇祯即位后,魏忠贤被流放,东林党人恢复名誉,东林书院得以重修,这场党争暂时画上了一个逗号。之所以说是逗号,是因为在崇祯年间,在江南地界,又出现了一个复社。

崇祯二年(1629),复社成立于吴江,由云间几社、浙西闻社、江北南社、江南应社等十几个民间文学社团联合而成。主要领导人为张溥、张采,他们都是太仓人,又曾同窗共读,二人形影相依,声息相接,乐善规过,互推畏友,人称"娄东二张",因主张"兴复古学,将使异日者务为有用",名

· 第五章　家族、宗族和社会关系·

曰"复社"。

复社建立之初以制艺选文为宗旨，也就是一个供士子读书会文的社团。创始人张溥是一个手段高超的社会活动家和有领袖资质的人物，其操作能力不凡，个人魅力超群。崇祯三年（1630），张溥和成员杨廷枢、吴伟业、陈子龙、吴昌时同时高中举人。次年，张溥和吴伟业又高中进士，吴伟业更是以会试第一名、殿试一甲第二名登第，也就是以俗称的榜眼登第。这样骄人的战绩如神迹出现，朝野震动，全国各地要参加试举的青年士子络绎不绝投奔复社，学习八股考试要义。

从那以后，复社如日中天，炙手可热。据传，复社大佬通过公荐、独荐、转荐等方式推荐自己的学生，士子入复社门者"必速售"。有好事者还根据二张之荐在考前私拟考试名次，发榜后竟八九不离十。传说越来越神奇，自然有夸大之嫌，但纵观复社人等在崇祯年间的考试战绩，中进士和中举人者多得实在让人叹服，也是事实。复社逐渐成了科举利益联盟的寡头，其刊印的考试复习资料也获得了巨大的经济收益，仓廪充实，被"保送"进入朝廷的复社成员还暗中操纵朝廷官员的任命，这样一来，复社不仅可以解决金榜题名的问题，还可以解决进入仕途后的官运亨通问题，完全成了一个人才培养和输出中心，甚至成了一个民间组织部，对国家体制的渗透越来越深，"迨至附丽者久，应求者广，才隽有文、俶傥非常之士虽入网罗，而嗜名躁进、逐臭慕膻之徒亦多窜于其中矣"（陆世仪《复社纪略》）。所以，越来越多的朝中人士和生员投入张溥门下，鼎盛时期核心成员达2000多人，从者几万人。

复社在崇祯年间社集频繁，1629年的吴江尹山大会、1630年的南京金陵大会和1633年的苏州虎丘大会，规模盛大。尤其是1633年的虎丘大会，四海名流学子齐聚虎丘，各路船只将姑苏河道挤得水泄不通，春秋之集，衣冠盈路，盛况空前。

可以说,在中国历史上,一个民间知识社团拥有如此巨大的规模和影响力,前所未有。

复社的势力越来越大,终于招致高层的警惕。年仅40岁的张溥在明清鼎革之前三年离奇病死,复社的鼎盛期一去不复返。

表面上看,复社是一个文社,或者说是一个生员集中的考试培训中心,并没有东林党那样鲜明的政治观点,也没有直接介入政治权力争斗,但是,它却和东林党保持了千丝万缕的联系,不管从人员身份、地域构成,还是从其背后隐藏的政治和思想诉求来说,都是和东林党一脉相承的。

我想从四个方面来说说二者之间的关联:

第一,复社成员鱼龙混杂,不乏嗜名躁进、逐臭慕膻之徒,但复社的幕后人物和宗主级人物多是东林党人,这是不可回避的事实。如复社大佬黄道周、文震孟、刘宗周、倪元璐都是东林党人。再如复社的宗主级人物钱谦益。东林党创始人顾宪成死后,钱谦益在天启年间就成了事实上的东林党领袖。其次,复社不少成员是东林党后裔,如顾宪成之孙顾皋、高攀龙之孙高永清、左光斗之子左子正、魏大中之子魏学濂、黄尊素之子黄宗羲、文震孟之子文乘、方孔炤之子方以智、陈于廷之子陈贞慧、侯恂之子侯方域,有点像东林党的党二代。再次,很多复社成员或为东林党人的学生,或和东林党人早有结交。如黄道周的学生吴应箕、邹元标的学生刘同升,如张溥、张采与文震孟、姚希孟的交结。这些人物或被复社推为宗主,或成为复社的活跃力量,和东林党人可谓血肉相连。

第二,复社不仅在血缘上和东林党保持了千丝万缕的联系,他们中很多人一以贯之地继承了东林党人的理想主义和治学思想,继续高调充当江南大族和地方利益的代言人,面对朝廷剿灭李自成和抵御清军所需的高昂的战争经费,复社人士坚决抵制,让崇祯对江南之地又恨又怕。

·第五章　家族、宗族和社会关系·

第三，他们和东林党人一样，虽没有统一的政治诉求和主张，甚至很多时候抓不住国家的主要矛盾和问题所在，但攫取权力的路数却一脉相承，甚至有过之而无不及。万历年间，推李三才入阁就是东林党试图扶持其内阁党援的一个典型例证。到崇祯年间，东林党大佬钱谦益和复社大佬张溥结盟，直接操作了周延儒复相，而周延儒乃张溥、吴伟业同年高中的座师。在推动周延儒复相的过程中，被东林党人认定为叛徒的阮大铖欲重归东林，慷慨解囊扶助。周延儒复相后，也知恩图报，想顺势推阮大铖为官，但复社中人不肯罢休，成功阻止了阮大铖上位。无奈，阮大铖只好推马世英取而代之。这些行为当然有试图掌握话语权并参与体制操作的正当动机，也有良币驱除劣币的美好愿望，但客观上说，其党同伐异的手段与他们的政治对手相比，并无实质区别。

第四，东林诸人有强烈的道德优越感，他们是一群矜名尚节的君子，是一群对个人声名的珍视重于对国家利益维护的个人主义者。复社同仁也高调继承了东林党人的衣钵，不仅如此，他们拉声势、兴舆论、造阵仗的手段和方法更加高明，无不显露出操之过急、除恶务尽、痛打落水狗的偏执和极端。复社不少人为东林后裔，有血仇在身，也更容易意气用事，不依不饶。比如，吴应箕、陈贞慧、冒襄等人策划的《留都防乱公揭》就是一把直刺阮大铖的尖刀，在此公揭上署名的共一百四十多人，包括东林后人和天启死难遗孤顾杲、魏学濂、黄宗羲等，使东林和宦党之争再一次于国难当头时上演。

"诸奔走附丽者，辄自矜曰：吾以嗣东林也"（《明史·张溥传》），这是很多人的共识。从东林党到复社，在万历年间，表现为东林党和浙党的斗争；在天启年间，表现为东林党和宦党的斗争；在崇祯年间，表现为复社和温体仁的斗争；崇祯末年至南明，则表现为复社和阮大铖的斗争。总之，战斗从未止歇。

很久以前,孔子说,君子"群而不党"。所以,在中国古代政治格局中,"结党"是有原罪的,政治势力因为政见相同而结成一种强大力量,是对皇权的挑战,历来为皇权所忌惮和不容。东林党一直以来将其正当性和合法性建立在"天下万世之公议"上,他们相信,有一种公共良心并不唯皇帝所独有,也不可能仅仅被皇权所把持和操纵,试图以一种群体的力量、以一种结党的形式来达到和皇权分庭抗礼的理想状态。这种结党并不像现代政党那样具有清晰明确的纲领和目标,但其思想的自觉性、组织的凝聚力以及维护这种意志所表现出的斗争和献身精神,与以前如牛李党争、新旧党争相比较,已不可同日而语。前二者均是在皇权庇护下的两党之争,东林党争却是与皇权分权的挑战。他们甚至以被皇帝斥责或剥夺官职为荣,有一种不惮于被皇权边缘化的勇气。这种为天下和公众代言,而不仅仅服从于皇权的强烈意志,已经有点现代社会在野党的意味了。所以,东林党又被视作现代政党的一种雏形。

这是进入近代社会以后,中国知识分子的一种自觉。

这种结党或结社的形式至少显示了一种与统治者平等相向的横向关系,而不再是自上而下的有着强烈等级之分的纵向关系,不再是一种绝对支配和绝对服从的关系,而是一种朝野合谋、共同治国的合作关系。士人不在庙堂,而在民间,就能通过一种类型的组织获得一种社会价值的认同,获得一种干预社会甚至干预政治的巨大空间。

这样的组织在民间是以书院讲学或学习的形式形成的,通过同道、同好、同党相互的交流和支援形成的。士人可以不参加科举,也可以不到朝廷任官,依然能获得经世治国的机会,达到用言论影响社会的目的。复社老大张溥终生"曾未一日服官",里居在乡,却可"遥执朝政",这在以前的政治格局中是不可想象的;钱谦益身为东林党后期党魁,又兼复社的资深顾问,虽因投靠清廷而被人诟病,但其一直以来在江南的影响力无人能匹;顾炎武在被逼

第五章 家族、宗族和社会关系

无奈之际,带着复社旧友的一封推荐信北上,热情接待他的北方诸人几乎全是昔日东林旧人、复社同仁。

而最让人印象深刻的一件事,是围绕那个被称为东林党叛徒的阮大铖展开的。

康熙年间,著名戏曲家孔尚任写有《桃花扇》一戏,就是以阮大铖作为反面人物,和戏中主人公侯方域、李香君及复社诸友陈贞慧、吴应箕等人相对立。

戏中,风流公子侯方域一出场就自称"先祖太常,家父司徒,久树东林之帜;选诗云间,征文白下,新登复社之坛"①。这是一个豪华的身份亮相,他是前东林党人侯恂之子,又参加云间社和复社,一派"大事已不可问,我辈且看春光"的悠闲自得;而阮大铖,曾经在"东林里丢飞箭,西厂里牵长线",是上了"逆案"名单的有劣迹之人,因为有投靠魏忠贤的经历,他在周延儒复相后被推荐重新起用,也被东林后人硬生生拉下马来,一直处于小心从事、伺机而动的状态。

但复社文人对阮大铖死而未僵的状态并不满意,对阮大铖在闲居时居然常常置酒高会、图谋再起的行为也是绝不能容忍的,于是,东林子弟和复社文人顾杲、魏学濂、吴应箕、陈贞慧等人,联合署名炮制的一篇《留都防乱公揭》出笼了,其目的是"挟清议以攻之,负众力以撼之",本着宜将剩勇追穷寇的战斗精神,以痛打落水狗的气势,彻底揭穿阮大铖的宦党身份,致使阮大铖如过街老鼠,只得夹着尾巴做人,甚至外出赏景也只敢半夜出门。倒是复社文人的灯笼上大张旗鼓地写着"复社文会,闲人免进"的字样,深恐雅集时有俗人阑入。阮大铖不慎遭遇这灯笼,也是惊慌失措,赶快歇了笙

---

① 孔尚任:《桃花扇传奇·上本》,以下引用皆同。

歌,灭了灯火,悄然而去。

而阮大铖偏偏又是一个才华横溢的戏剧大家,他写了著名的《燕子笺》一剧,赢得很多喝彩。复社文人不可能买账,刚好找到切入点,以此戏为评说对象,日日以笑骂阮大铖为乐,《桃花扇》整整用了两场戏写阮大铖被复社文人侮辱和嘲弄的场面。其中著名的"观剧骂座"一场,主角就是有"复社四公子"之称的陈贞慧和冒襄,再加上吴应箕。阮大铖了解到,东林旧友侯恂的儿子侯方域已是大名鼎鼎的复社四公子之一,此时正和秦淮名妓李香君恋爱,于是心生一计,想通过为李香君出梳拢之资的方式撮合二人的恋情,结其欢心。这样,或可让心存感激的侯方域从中牵线斡旋,在吴应箕和陈贞慧之间两处分解,以瓦解复社同仁对他的成见,达到消弭仇恨的目的。在阮大铖看来,"吴次尾是秀才领袖,陈定生是公子班头,两将罢兵,千军解甲矣",吴次尾就是吴应箕,陈定生就是陈贞慧。出人意料的是,妓女李香君比书生侯方域更加坚决地拒绝了阮大铖的拉拢腐蚀。阮大铖尴尬之至,就这样在南京度过了被复社同仁玩弄于股掌的一段屈辱时光。

进入南明弘光朝,曾被阮大铖推举上位的马世英投桃报恩,将阮大铖推到兵部尚书的高位。此时,阮大铖心中堆积的满腔仇怨也找到了发泄的机会,唯恐不能将对手绝杀务尽。依据当年《留都防乱公揭》的署名,阮大铖编撰了《蝗蝻录》,把东林党人比为蝗,把复社文人喻为蝻,更说"照得东林老奸,如蝗蔽日;复社小丑,似蝻出田。蝗为现在之灾,捕之欲尽;蝻为将来之患,灭之勿迟"。一时间,南京城里血雨腥风,复社人员或逃亡或被抓,党祸再起。手握重兵的南明将军左良玉也利用东林后人和马世英、阮大铖的矛盾,趁机以"清君侧"为名,于武昌反水,领大军直逼南京。

直到王朝覆亡,陈贞慧、吴应箕们到了无路可走的时候,这才恍然大悟:"日日争门户,今年傍哪家?"侯方域和李香君听闻消息,也是"冷汗淋漓,如梦忽醒",戏中最后,二人双双遁入道观。

第五章　家族、宗族和社会关系

《桃花扇》作为中国历史上最伟大的一部戏剧，几百年来长演不衰，我也曾在少年时代对王丹凤和冯喆出演的电影《桃花扇》情动于衷，不能释怀。那时，心有所牵的是侯方域和李香君的爱情悲剧，而此出戏的精髓却是字里行间透露出的士人内心深重的残破感，以及国家民族的兴亡。

"眼看他起朱楼，眼看他宴宾客，眼看他楼塌了！"这是东林党人和复社中人所处的时代大环境，他们身在其中却无法力挽狂澜，即所谓养文臣帷幄无谋，豢武夫疆场不猛。时过境迁，人去楼空，身为孔子第64代孙的孔尚任花费半生精力写下的这部《桃花扇》，上演后引起巨大轰动。不出所料，这一定是一部让康熙皇帝浑身上下极不舒服的戏，随后，孔尚任以疑案罢官而去，抑郁而终。

"芳草烟中寻粉黛，斜阳影里说英雄。"这是孔尚任对那些偏狭而傲慢的文人士人留下的喟叹。

回到现实世界中，清兵攻破南京，复社土崩瓦解。钱谦益、吴伟业、李雯入仕清朝；侯方域参加了顺治年间的乡试；陈子龙、夏允彝、杨廷枢、吴应箕起兵抗清而死；顾炎武、黄宗羲专心著述；方以智、陈贞慧削发为僧，归庄、冒襄隐居遁世；黄道周壮烈殉国，刘宗周绝食而亡，倪元璐自缢殉节，左光斗的学生史可法成了保卫扬州的大英雄，钱谦益的弟子瞿式耜战死桂林。

"风声、雨声、读书声，声声入耳；家事、国事、天下事，事事关心。"这是东林首脑顾宪成撰写的一副对联，至今镌刻在无锡东林书院的大门口。它昭示了近代知识分子试图以一种独立的群体力量参与社会政治格局的强烈动机，体现了知识群体和皇权平等分享权力的朦胧意识，更显示出民间知识力量获得了更宽广的发声渠道和舆论空间。

他，不再拥有廊庙之望，其振臂一呼，依然可以呼啸南北，其著书立说，照样可以声达朝野。可以说，从这个时期开始，压抑许久的被皇权笼罩的天空终于撕开了一道小小的缝隙，让中国的知识分子长长地吐出一口恶气。

"我本东林复社孙"，这是一个叫冒广生的文人在 1911 年写下的诗句，他自认为是复社成员冒襄的后代，诗句中，有自豪，更有荣光。但东林复社之后至冒广生所生活的时代，中国知识分子面对的是越来越逼仄和残酷的社会空间，知识群体再一次进入了集体失语的状态。在朝就是在朝，在野就是在野，二者泾渭分明。在野仅仅意味着一地鸡粪，两间茅舍，三五好友，闲言碎语，终和国家政治不相干涉。他们再也不可能找回那个随意裁量人物、指点江山的自由空间，也不可能以公众良心自居，遥执朝政，影响舆论，他们曾经以东林党和复社这样的形式存在于中国古代社会的晚期，达到了这个群体所能伸展其肢体、晾晒其筋骨的最大限度。

所以，"我本东林复社孙"这句话，某种意义上来说，更像是一首挽歌，或一句祭词。

结　语

这一章的前两节，我都在谈血缘关系所主导的宗族或家族的历史承续、校正或恩怨。这是古代社会最基本的社会关系，它们经过反复累积，形成了不同家族或宗族不同的价值观，或直接或间接地影响、支配了许多文人的人生。

而那种并非血缘和地缘关系所主导的同道、朋友、朋党所结构的社会关系也不可忽视，这是后面两节涉及的内容。它不仅像血缘存在那样，有共同的文化和情感认同构成的历史记忆，还有一种共同的思想认同和价值认同所构成的自觉意识，前者可能让人产生私密性的、情感性的甚至情绪性的反应，后者则有可能构成一种强大的思想共同体的力量。

这些关系，表面上看，都是人与人的关系，是儿子和父亲的关系、嗣母和继子的关系、同乡或同族的关系、同道和同党的关系，实际上，这些个体所要面对的，有可能是一个古老家族的家规和家训，也有可能是一个族群或一个群体的偏见或意识。

它可能是我整本书中讲述的空间结构中最柔软的一部分，是肌肤相亲的充满温度的关系，但弄不好，也是最让人难以应对的一种关系。

任何人，都会在这些关系中留下相互交往或摩擦的印记。或是在厮杀肉搏中留下伤疤，或是指甲划过肌肤后留下的淡淡的划痕，或是完好如初的身体下，一颗早已残破不堪的心脏。

第六章　家和园

——花径不曾缘客扫，蓬门今始为君开

一　陶渊明的田园

这是南方最普通的一处乡村。

田地十余亩，草屋八九间。堂前有桃树李树若干，院子后面榆树柳树，遮阴蔽日。

鸡鸣树颠，晨曦初露，起身，扛一把锄头到田间整理杂草。

等到月亮在天边显露了身影，黄昏的露水也浸湿了衣衫，是该回家的时候了。

路上，狗吠深巷，远处的人家已冒出缕缕炊烟，遇到同样荷锄而归的农人，互相聊聊今年桑麻的长势，然后分手道别。

回家，放下农具，轻掩柴扉，饭菜已经上桌了。一家老小围坐桃花树下，斟上一壶自酿的家酒。此时，已月上枝头。

这是从古到今都可在乡间寻得的景色，它代表了最原始、最古老的躬耕田亩的生活场景，普通平常得不需任何赞美。千百年来，人类就这样日复一日的劳作，继而获得生存的滋养，代代相生。

义熙元年（405），一个41岁的中年男子写下一篇著名的文章，辞去了他人生中最后一个官职，挂冠而去，回到乡间。从此，此乡村不复同于彼乡村。从此，田和园连在了一起，成了田园，它成了中国文人士大夫一个可以不断复写的精神家园，成了中国文学史上绝不能回避的文化修辞和象征符号。

这个男人叫陶渊明，他写的这篇文章叫《归去来兮辞》。

陶渊明,字元亮,浔阳柴桑（今江西九江）人。

不管大名鼎鼎的陶侃是不是陶渊明的曾祖,陶侃确为陶渊明同族祖先这是肯定的,但到陶渊明父亲这一代,家境已相当衰败。陶渊明少年时家境贫困,留下一个同父异母的妹妹,嫁给程氏为妻。

少年至青年时期的陶渊明习六经,有猛志,又性娴静,爱丘山,是一个不流时俗之人。因为"猛志逸四海",成年后的陶渊明没有例外地开始了游宦生涯,又因"性本爱丘山",在这十多年仕宦生涯中也难免有点三心二意,进退失据。29岁出任州祭酒,很快便不堪吏职,辞官归家。后州里召做主簿,他依然不就。隆安二年（398）,入桓玄幕,不出三年便因母丧回浔阳。三年丁忧期满,他怀着"四十无闻,斯不足畏"的想法再度出仕,任镇军将军刘裕参军。义熙元年（405）三月,出任建威将军刘敬宣参军。八月,陶渊明最后一次出仕,为彭泽县令。在十多年断断续续的仕宦生涯中,他的诗作充满了各种矛盾,一会儿"目倦川途异,心念山泽居",一会儿又"园田日梦想,安得久离析",动荡于仕与耕、都市与田园之间,有身在曹营心在汉的感觉。该年十一月,程氏妹卒,陶渊明前往奔丧,终于下定决心,作《归去来兮辞》,解印辞官,开始了向往已久的归隐生活。

陶渊明的归隐田园是他从小养成的性情所致。性本爱山丘,这是一种根深蒂固的对土地、对耕作、对简单生活的向往和喜爱,而在官场的游走,更加深了他对政治倾轧和复杂人际关系的抗拒和排斥,那种为了五斗米就一定要折腰的官场生存法则不是他可以忍受的,唯有回到乡村,过一种简单的生活,才能让他摆脱羁押,感到踏实、心安、愉悦和幸福。所以,陶渊明归乡后的生活总的来说是愉快的,这可以在他的诗文中得到印证。义熙四年（408）六月,陶渊明家中遇火,宅院尽毁,他不得已被迫迁居。义熙十一年（415）,朝廷诏征他为著作佐郎,他称病不应。这以后的隐居生活,他留下了并不太多的几个故事供后人把玩。其中,王弘做江州刺史时,二人间留有

第六章 家和园

"量革履""白衣送酒"的轶事；颜延之为始安太守时，与陶渊明结交，有颜公赠其酒钱的轶事；檀道济慕陶渊明之名，前去看望他，赠以粱肉，并劝他出仕，但陶渊明拒绝了，所赠粱肉也未收下。另外，还有"葛巾漉酒""无弦琴""我醉欲眠卿可去"等故事流传下来。

刘宋文帝元嘉四年（427），渊明卒于浔阳，终年62岁。他去世后，友人私谥为"靖节"，后世称陶靖节。

陶渊明在世时，是一个无甚名气的小诗人，他之被列入《晋书》《宋书》，都是被列入《隐逸传》。隐逸或隐士，在中国文人心目中从来都不是一个被轻视的身份，但这类人如果不是因特殊的政治气节和立场而归隐，终是一种不能有贡献于国家和社会的退避之人，是一群自私自利的个人主义者，是现实生活的逃兵。即使得道颇高，也仅是个人修为的圆满，不具有对社会的垂范作用，于儒家价值观终还是有扞格抵牾之处。这种类型化的隐士，也少有人会从一个文人的角度去欣赏，稍后时代的钟嵘在《诗品》中谈到陶渊明，也仅把他作为"隐逸诗人之宗"，将其诗列入中品。但盛唐以后，从王维、孟浩然到李白、杜甫，再到白居易，这些人对陶渊明的认识就慢慢到了另一个层次，到北宋，苏东坡对陶渊明的"独好"更是把陶渊明推到了历史的高位，陶渊明在宋时的地位早已超过与他同时代的大师级人物谢灵运。从那以后，一个文人如果没有读过陶诗或者不欣赏陶诗，则一定是心志和气象都有所欠缺的，是低级的。

在陶渊明走完他清静又平淡的一生后，一千多年来，他的诗文一而再再而三地触动后世文人士大夫敏感的神经，他在中国文人精神建构上产生了一种非同寻常的影响，绝不是他下定决心归家那一刻所曾想到的。

我以为，从后人对陶渊明诗文的接受角度来理解陶渊明的意义，比单独谈陶渊明本身也许更具意义。

它更像是一部中国文人的心灵成长史。

第一,陶渊明的存在再一次将"渔樵耕读"中"耕"的意义提升到了一个非同寻常的境界。

"渔樵耕读"是文人爱挂在嘴边的一句话。"渔"指东汉的严子陵,他是汉光武帝刘秀的总角之交。刘秀当了皇帝后曾多次请严子陵做官,但严子陵拒绝了,一直隐于浙江桐庐,垂钓终老。"樵"指汉武帝时的大臣朱买臣,他出身贫寒,靠卖柴为生。妻子不堪其穷而改嫁他人,他仍埋头读书,后来当了汉武帝的中大夫。"耕"指的是舜帝在历山下教民众耕种的场景。"读"则指战国时期的苏秦,他埋头苦读,有"锥刺股"的典故流传于世。

"渔樵耕读"代表了中国古代社会几种基本的生活方式,"耕""樵"针对农人而言,"读"针对读书人而言,都是农人和读书人生活的本来面目,预示着一条通过埋头苦干而终获生存或成功的必然之路。所有人都知道,这是一条根本的道路,也是一条常规而笨拙的道路,它并不是一条精神之路,其间充斥着汗水、泪水和苦水。文人士大夫将它们视作一条别人应该去走、却不一定是自己应该走的道路。下地耕种或上山砍柴只是农夫樵夫干的事情,勤勉读书也是达到成功的最基础的一步,和知识分子的心志风骨比起来,只能起到打底的作用。

孔子说:"君子谋道不谋食。耕也,馁在其中矣;学也,禄在其中矣。君子忧道不忧贫。"(《论语·卫灵公》)《论语》中还有一个"樊迟问稼"的典故,说一个名叫樊迟的学生,想请教孔子稼穑的事情,孔子非常不屑。我们这一代人在"文化大革命"中曾经历过一场声势浩大的"批林批孔"运动,这期间批评孔子的很多说法都毫无道理、荒唐可笑,但说孔子是一个"四体不勤、五谷不分"之人,却是较为准确的评价。孔子的身份感实在太强了,或者说,他想让全天下的读书人都要明确自己的身份,你们的职责是

第六章 家和园

懂礼、知义、重信、传道,你们应该做一些形而上的高尚的事情,而不要去做那些形而下的低级的事情。所以,陶渊明说,"先师有遗训,忧道不忧贫",他深知自己躬耕田亩的做法有违先师的训导。

而"渔樵耕读"中的"渔"不同,它就有孔子说的高尚感。"渔",在中国文人士大夫心目中自来就是一个复杂的词汇,或者说具有多重意思。这里的"渔"不是指以打鱼为生,而是指钓鱼。严子陵什么也不做,每天在富春江上钓鱼,不事王侯,高尚其事,这种举动代表着一种傲然,是一种违世异俗的骨鲠,一直受到文人前所未有的标举。它既隐含有一种被统治者看重却不去就职的傲然和淡泊,还有一种待价而沽的满足感充斥其中。

关于"渔",有很多相关故实。更早,有许由颍水洗耳的故事,有姜太公钓鱼的典故,有范蠡功成身退、泛舟五湖的故事,还有渔父和屈原一次流誉千古的对话。后来,大家都熟悉中唐文人柳宗元"孤舟蓑笠翁,独钓寒江雪"的诗句,还有北宋理学家邵雍有关人生的诸问诸答,即所谓"渔樵对答"。想都不用想,回答问题的那个人绝对不可能是樵夫,一定是渔夫。直到现在我们还能听到一首名为《渔樵问答》的古琴曲,直到现在我们也能吟咏杨升庵著名的诗句,"白发渔樵江渚上,惯看秋月春风。一壶浊酒喜相逢。古今多少事,都付笑谈中"。

渔,是智慧,是清高,是超脱,是一种姿态。或者说,渔所代表的水,是道,是叹,是生命的哲理。

钓鱼,是江海之志,俯钓长流。人说,石使人古,水使人远。而远,是中国文人士大夫向往的最高境界。

陶渊明所处的时代,文人大多出身高贵,仆从一大帮,妻妾一大群,别业宅子方圆几里甚至几十里,出门车轿相从,回家锦衣玉食,大家聚在一起,觞酌序行,琴咏间作,群情萧散,衎然以乐。士人的心志是高韬的、虚无的,指向是远方,而不是当下,是精神,而不是身体。他们托志于山水,在一种飘离于尘世的自然景物中获得心灵的寄托和愉悦,或者说在一种完全不同于日常的所在中获得一种精神的释放。这种高韬和虚无,是以强大的经济基础做后盾的,他们以躬耕为耻,以风流为荣,以无财为病,以享受为福,如此,才可能拥有超凡出世的境界与品格。耕种稼穑是埋头,垂钓远望是高广;汗流浃背是辛劳,烟岚林泉是闲适。陶渊明出身不显,官位不高,他从来没有进入过这样的门阀士族圈子,也没有足够的经济背景使他可以不事稼穑就能活下去。这既是客观景况使然,也是陶渊明的性情使然。

锄下一抔土,种下一颗豆,流下一身汗,摘下一株菜,所有这些动作都是让陶渊明感到欢喜而踏实的事情。他是一个不折不扣的农人,他相信四时有序,花开有度,他明白风调才能雨顺,耕作才会有收获,大汗淋漓之后才能得到身体的舒畅。他写有一首《劝农》诗:

悠悠上古,厥初生民。
傲然自足,抱朴含真。
…………
舜既躬耕,禹亦稼穑。
…………
卉木繁荣,和风清穆。
纷纷士女,趋时竞逐。
桑妇宵兴,农夫野宿。
…………
民生在勤,勤则不匮。
宴安自逸,岁暮奚冀。
儋石不储,饥寒交至。

第六章　家和园

鸡鸣桑树颠，狗吠深巷中，晨兴理荒秽，戴月荷锄归，这都是让人感觉心安的景象。带着粪草味道的土地是厚实宽广的，夹带阳光气息的收获的稻田是富饶温暖的，被早露浸润的菜蔬是茁壮丰沛的，而一声声父母的呼唤，回家了，吃饭了，在夕阳中的村庄里响彻开来，又是亲切而勾魂的。这是最古老的农耕文明传承下来的东西，它根植在陶渊明记忆的深处，像庄稼一样长在心里，他实在没法拒绝这种诱惑。

是陶渊明，以一个文人的角度，而不是隐士的角度，为我们开发了一片被知识分子完全忽略的所在，那是上古时期最原始的审美佳境，是男耕女织最和谐的画面。它是单纯的，当下的，踏实的，同时又是干净的，清爽的，美丽的，以前的文人从来没有如此深切地体会到耕作的乐趣，以及其中蕴含的诗意。

从此，田竟然和园勾连在了一起，或者说，田竟然成了园。而这个园，是文人士大夫精神的家园。

陶渊明在晋宋时期的文人潮流中另开一桌，让后人眼前一亮，从此激发起他们对那个陌生的乡村和田园超乎寻常的胃口，口味大开，兴致高亢，直至把田园诗弄成中国文学传统中最重要的一种类型诗歌。

这里，天气澄和，风物闲美，春服既成，景物斯和。暧暧远人村，依依墟里烟。采菊东篱下，悠然见南山。山气日夕佳，飞鸟相与还。或有数斗酒，闲饮自欢然。秋菊有佳色，裛露掇其英。一觞虽独进，杯尽壶自倾。啸傲东轩下，聊复得此生。

"瞻望邈难逮，转欲志长勤"，瞻望实在是太过虚无缥缈的事情，恐怕像我这样的人力有未逮，我还是转而去寻求一种笨重的辛劳吧。"人生归有道，衣食固其端"是最基本的道理，这是靠营生而获得"自安"的一种方式。开春即开始"理常业"，年末"岁功聊可观"。晨出勤，日入还。逢霜露，风气寒，田家当然苦，四体诚乃疲，但是，汗流浃背是痛快的，"此事真复乐，聊用忘华簪"。因为没有其他不相干的忧患来打扰，"野外罕人事，穷巷寡轮鞅。白日掩荆扉，虚室绝尘想"。虽然孔子鄙视樊迟问稼穑之事，大儒董仲舒也三年不窥园，但我不一样，"但愿长如此，躬耕非所叹"。这种欢愉简直难以言表，"此中有真意，欲辨已忘言"。

"羲农去我久，举世少复真。汲汲鲁中叟，弥缝使其淳。"陶渊明自谓"羲皇人"，在他看来，从伏羲以后，世间已经越来越缺少纯真了，他想做的唯一一件事情，就是将这些东西弥缝起来。

辛弃疾在《鹧鸪天》一词中有句："晚岁躬耕不怨贫，只鸡斗酒聚比邻。都无晋宋之间事，自是羲皇以上人。千载后，百篇存，更无一字不清真。若教王谢诸郎在，未抵柴桑陌上尘。"在辛弃疾眼中，陶渊明甚至都不属于他那个时代，"都无晋宋之间事"，晋宋时期，王羲之们只是找一些山清水秀的地方喝酒吟诗，谢灵运们四处访山问水，访的也是那些不带世俗气息的人间仙境。但陶渊明，却属于一种古老的生活方式。这是箪瓢之乐，贫士之咏，绝非王谢那些玄虚之士所可望也。

南宋刘克庄更是将陶公之出看成是"醴泉出，祥瑞至"。

明朝陆时雍说："素而绚，卑而未始不高者，渊明也。"

后来的文人，如果一辈子都没有写下乡居日志或田园风景，则无异于干瘪无趣之人，无异于境界逼仄的苟营之士。即或只是到乡下吃了一顿农家饭，或收到乡下亲戚送来的一筐野货，都要兴味十足地摆弄几句，方能显示自己的朴实趣味。实在不济，无田园可居，无耕种机会，甚至无乡村友人，至少也要在自家宅院门前栽下两棵果树，种上几株菜蔬，收获之际对着新鲜蔬果吟咏几句，也算是趣味的一种。到后来，甚至只有家近青山，门垂松柏，才算得上有云水之志，而归山买田、开畦种地也逐渐成了士大夫竞相效仿的一种高尚的生活方式。

第六章　家和园

田园，成了生活中实实在在的醴泉和祥瑞。从那以后，田园是素，更是绚；是卑，更是高。如北宋诗人李之仪《鹧鸪天》所云："从今认得归田乐，何必桃源是故乡。"这些感叹的得来都源于陶渊明的功劳。

是陶渊明，把"耕"的意义提升到了可以和"渔"媲美的境界。

第二，如果说人们效陶、拟陶、和陶、尊陶，只是因为陶渊明为我们塑造了一个平静而美丽的田园，是他让人重新发现了平淡简单的乡居生活的乐趣，那这样的话，陶渊明真就平淡得不见了踪影。陶渊明的意义还在于，他让中国文人在不得志的时候，有了一个极好的去处。这个去处不是一个简单的地方，它既是一个身体的朝向，也是一个精神的归宿。

直接说，这是一个极其体面的去处。

中国的文人士大夫长期受儒家思想的浸染和熏陶，如果没有在江山社稷中建功立业，或没有在事功中有所成就，都是士人之为士人的耻辱，即使受千茬苦、万重罪，它也是必须迎难而上的唯一通途，没有其他道路可走。但是，陶渊明以他的生活和诗篇告诉大家，人生还有另外一处归宿，它不仅是简单的、踏实的、美丽的、诗意的，还是高尚的、伟大的，更是有尊严的。

在陶渊明的田园，没有官场倾轧，也没有政治博弈，不需危坐达旦，揖让周旋，更不需绞尽脑汁，算计谋划，在等级森严的门阀社会里，这样的单纯和清静是极难寻觅的。他不用衣冠整肃去迎接督邮，也不用为五斗米向乡里小儿折腰，独自扛起锄头下到田里就有饭吃，和乡邻笑酌黄花菊就足够打发月上树梢那段美好时光。他用一种自食其力的方式与食君之禄划清界限，用一种自我作古的方式把自己和尔虞我诈的现实隔开。它意味着，高尚的灵魂不必然沉陷在废话和空话充斥的宫阙庙堂之中，意味着，转身离去甚至比羁因于庙堂更加接近于一种高尚。

关键是，陶渊明的做法是一种清醒的自我选择，是一种真性情的自然流露,毫无矫饰成分,更没有任何将其作为话语策略的图谋。用苏轼的话说,靖节先生"欲仕则仕,不以求之为嫌;欲隐则隐,不以去之为高。饥则叩门而乞食;饱则鸡黍以迎客"(《书李简夫诗集后》)。肚子饿了,则叩门乞食,家有余粮,则杀鸡宰牛而待客,这样的人植节于板荡之秋,游心于名利之外,不染尘俗,无为而为,是真贤人。后来的人却未必如此,他们机智地利用了陶渊明,把陶渊明作为偶像或榜样,并不全然是想跟从或模仿陶渊明的真实生活行迹,居于乡间,田亩耕作,自食其力。他们只是借用陶渊明身上的一些符号化象征,来达到一种与朝廷、官场和世间群小的对立和排拒。

田园成了一个巨大的象征符号。它意味着和朝廷的对立,和权力的对立,和喧嚣、鼓噪的对立,和出仕的对立。

他们把田园看成一处干净的所在,以此和肮脏对立,和污浊对立,以凸显自己心灵的洁癖。

最后,田园成了这样一处所在,只要官场失意,或政治争斗失败,人们无一例外地打着归隐田园的旗号,显出自己绝尘而去的勇气。但即便是学,也不是人人都可以学得像的,或者即便形式上像了,本质上未必是一回事。到北宋,洛学传播者杨时说:"陶渊明诗所不可及者,冲澹深粹,出于自然。若曾用力学,然后知渊明诗非着力之所能成。"(《龟山集》)这是在说诗,说人也同样,陶渊明的自然绝不是用力学就能学成的。赵孟頫的话就更绝:"纡青怀金,与荷锄畎亩者殊途;抗志青云,与徼幸一时者异趣。"(《松雪斋集》)他坦言后来的那些人不过是东施效颦者,与陶渊明完全殊途异趣。王世贞也说,渊明托旨冲淡,非后人轻易就可学得,虽"取其形似,谓为自然,谬以千里"(《增补艺苑卮言》)。顾炎武更是说那些"汲汲于自表暴而为言者,伪也"(《日知录》)。

这些人或遇到了困难,或只是无能也无力战斗在官场,或是怯懦胆小,心理承受能力太差,于是便以陶渊明自居,打出归隐田园的旗帜。所有人都

第六章 家和园

知道，这样的旗帜在任何时代任何地方高高举起，都是不会犯错的，甚至会换来无数崇敬的目光。在边斗边退的过程中，他们知道，身后一直是存在一个收容所的，真到无路可退的那一天，这个所在会把他们遍体鳞伤的身体接住，这样才不至于成为行尸走肉或过街老鼠。归隐田园，最终变成了一种有效的政治斗争手段，或者是一种不怀好意的话语图谋。士人们终于找到了一个借口，而且是一个极其高尚的借口，这个借口可以让怯懦和胆小变成一种绝尘而去的高蹈，让走投无路变成一种义无反顾，让平庸变成一种骄傲，让无能变成一种不屑。这都是陶渊明给后世文人提供的精神食粮，像自助餐一样堆满了一桌子，任何人在任何时候，都可以随意取走其中一两样，以满足自己的口腹之需。

这是何等有意思的事情，陶渊明确实功德无量。如焦竑所说，靖节先生"譬之岭玉渊珠，光彩自露，先生不知也"。写到此处，着实想长啸两声，先生生前躬耕田亩，受苦不少，质本洁来还洁去，岂知他那个充满艰辛的田园最终竟成了后世文人的后花园？

当然不否认，这里面一定有很多清醒之人，他们不甘于自己在一种趋同的社会化生活中被淹没，不甘于自己的真性情在俗不可耐的人生纠缠中被扭曲，也不甘于自己的满腔才情在晦暗无聊的政治斗争中被消磨殆尽。不媚俗，可以归田园。媚俗，也可归田园。这里，春酒园蔬和驷马高盖相对应，哪怕履道坦坦，也是幽人贞吉。

这是一种另类的人生。这些人主动放弃了可能拥有的观众，试图用自己人生的另一面来赢取另一类观众，更绝对一点说，他们是在吁请另外一种眼光的认可。

幸运的是，在这里，他们找到了越来越多的知己。

青松在东园，众草没其姿，凝霜殄异类，卓然见高枝。孰若当世时，冰炭满怀抱。百年归丘垄，用此空名道！

第三,陶渊明让后来的中国人明白了一个简单的道理,没有必要用自己的试错来提醒和指引后人。既然明白了这个道理,就应该按照自己愿意的方式去践行人生的本质。

很多人,在青壮年时期磨刀霍霍,志存高远,为国家为社稷赴汤蹈火在所不辞。其实,他们知道,已经有无数人用自己没有例外的生活经历提醒和告诫过后人,即使奋力而为,好不容易越过那道梁,艰难爬过那座山,山后面的风景也不过大抵如此。但是,这样的劝解没人听,也没人信,如陶渊明所说,"昔闻长者言,掩耳每不喜"。大多数人不愿听过来人的训诲,更愿意用自己的脚步去丈量那座山的高度。他们固执地相信,翻过那座山以后,会得出和前人不同的结论,再不济,至少可以获得对后人感叹"大抵如此"的资格和权利。所以,才会有一代又一代人前赴后继。但最后得出的结论却如此残酷,所有翻过这座山的人看到的风景如出一辙,没有两样,大家得出的结论都是"大抵如此"。问题是,这一天真正到来的时候,大多数人的身体和心灵早已伤痕累累,千疮百孔,此时再回望来时的路,一种一事无成、荒废人生的感叹油然而生,也在此时,当他们在有了资格对后人重复感叹"大抵如此"之时,才对人生的悲剧感和荒诞感体会尤深。

无怪乎古人常有感叹,总角闻道,白首无成。这道,这成,含义是多重的。

于是,有那么一些稍微聪明一点的人,一些愿意接受前人指引的人,会稍稍放慢脚步,停下来想一想。或许,那些前辈说的是真的?哪怕半信半疑,脚步也会有所踟蹰,不那么卖力了。这中间有可能是一些刚刚背起行囊准备出发的人,也有可能是一些站在半山腰上累得气喘吁吁的人,已不全是站在山顶上弓腰驼背的老人了。

历史用无数人的人生故事和感悟来提醒后来者,人生所有的奋斗不过如此。而最初用一些充满诱惑的文字为后世文人开天眼之人,就是陶渊明。随

第六章 家和园

着历史的重复往前,越来越多的人在陶渊明那里找到了自己人生的要义。

未必要越过那么多道梁,翻过那么多座山,才能抵达人生的圆满。人生有可能没有高峰,只是田园。未必一定要去攀爬,把自己累得半死,才可以对后人发出那句"大抵如此"的感叹,如果从一开始就知道不过如此,为什么还要迎难而上,自蹈死路?

陶渊明的田园人生就是一部乐天安命的人生哲学。

人生似幻化,终当归空无。行止千万端,谁知非与是。是非苟相形,雷同共誉毁。一生复能几,倏如流电惊。鼎鼎百年内,持此欲何成!衰荣无定在,彼此更共之。寒暑有代谢,人道每如兹。达人解其会,逝将不复疑。荣华难久居,盛衰不可量。日月还复周,我去不再阳。前途当几许,未知止泊处。

北宋诗人黄庭坚说:"血气方刚时读此诗,如嚼枯木。及绵历世事,如决定无所用智,每观此篇,如渴饮水,如欲寐得啜茗,如饥啖汤饼。今人亦有能同味者乎?但恐嚼不破耳。"(《书陶渊明诗后寄王吉老》)

元代诗人虞集说:"田园归来,凉风吹衣。窈窕崎岖,遐踪远微。帝乡莫期,乘化以归。哲人之思,千载不违。"(《跋子昂所画陶渊明像》)

血气方刚时读陶诗,通常感觉和黄庭坚差不多,如嚼枯木。等到绵历世事,再来读陶诗,则有如渴饮水之感。

原因很简单,田园归来,凉风吹衣。哲人之思,千载不违。

第四,最有意思的还在于,陶渊明远不止只有属于自己的田园,属于一个文人的田园,他心中还藏有一个天大的梦想,存有一个理想的大同社会的蓝本和模型,这就是他的《桃花源记》。

这是几百年来都被选入小学课本的一篇经典文章。

这是一篇多好的文章啊。如果一个孩子从小就能背诵这篇文章,想来,到老了,他是绝不会忘掉的,至少不会忘记,在这个世界上还可能存在这样一个鸡犬相闻的芳草鲜美处。只是,随着时代的前行,我们距离这个桃花源已经越来越远了,当时,得知这处所在的太守遣人寻,就未找到入口,后来,南阳的刘子骥也欣然规往,依然未果而归。

以前,我们在陶诗中读到的是陶渊明关于自己进退出处的思考和行动,是他个人的人生选项和行为实践,但在《桃花源记》中,他为我们展现了一个理想的大同社会,一个近似于乌托邦的人间仙境。这个仙境既不是仙人居住的地方,也不是圣人居住的地方,它是由一群不知有汉、无论魏晋的普通人建设起来的人间天堂。

每见桃花逐流水,无回不忆武陵人。

从那以后,中国人心中有了一个属于自己的理想社会。

二 白居易、司马光、邵雍和洛阳的那些园子

陶渊明去世200多年后，距离长安城一百来里的蓝田县南的辋川，40岁的王维买下了初唐诗人宋之问的蓝田别墅，改造成他私人的乡间别业，从此和好友往来于京城与辋川之间，过起了"晚年唯好静，万事不关心"的闲适生活。

这里山岭环抱，奇花出于幽谷，溪流婉转于草涧。王维依据辋川的山水形势植花木，堆奇石，造亭台，筑阁榭，建起了孟城坳、华子岗、文杏馆、斤竹岭、鹿柴、木兰柴、茱萸沜、宫槐陌、临湖亭、南垞、欹湖、柳浪、栾家濑、金屑泉、白石滩、北垞、竹里馆、辛夷坞、漆园、椒园20处景观，把20余里长的辋川山谷修造成一处综合性的园林胜地。

后来，王维和好友裴迪各自为辋川20处景观的每一景写下一首五言绝句，两人合计刚好40首，取名《辋川集》。以下两首诗，题目分别为《竹里馆》《鹿柴》，它们都是辋川二十景中的一景：

独坐幽篁里，弹琴复长啸。深林人不知，明月来相照。
空山不见人，但闻人语响。返景入深林，复照青苔上。

王维的辋川别业在长安附近，这样，就可以一边当官一边寄情山水，来回在长安和辋川间游走。但毕竟还是有百十来里的路程，在那个交通不甚方便的年代，这样的来回也是要耗时间耗精力的，后来，更多的文人干脆直接把当官的地方当成了隐居的地方。而在唐宋，可二者兼备的优选之地非洛阳莫属。

洛阳，在唐宋两朝的大多数时间里都是陪都，又被称为帝王东宅（相对于长安）或西宅（相对于汴梁），因其历史文化的深厚积淀，一直是文人士大夫理想的栖身之所，或者说，一直是这两朝文人的后花园。加上它的地理位置居天下之中，土圭日影，得阴阳之和；嵩少瀍间，钟山水之秀。名公大人、优游闲暇之士在此建馆榭池台，供其岁时嬉游，诗酒风流为一时之盛。尤其是一些不得志的官员，或自愿退避三舍的官员，特别喜欢在洛阳建园。当然，这些建园的人即使不再处于官场主流，依然还是位尊名显之人，更是一些财力雄盛者。据载，唐贞观、开元年间，公卿贵戚开馆列第于东都者，号千有余邸，后来经"安史之乱"的兵车蹂践，很多高亭大榭或化为灰烬，或废为丘墟，一直到中唐，文人们才又开始在一些废墟基础上再次造园。

唐穆宗长庆四年（824），白居易任太子左庶子分司东都。这年秋天，他在洛阳城东南的履道里购了一处宅子，随后因出任苏州刺史等职一直在外奔波，直到唐文宗大和三年（829），白居易在58岁时以刑部侍郎告病，在洛阳城才终于安居下来。这以后，白居易先任河南尹，后因病免，再任太子宾客分司东都、太子少傅分司东都，70岁时以刑部尚书致仕，直到846年病故于履道里宅院，终年75岁。

也就是说，白居易晚年居住在洛阳达18年之久。其《池上篇并序》记载，他在履道里的宅院"地方十七亩，屋室三之一，水五之一，竹九之一，而岛树桥道间之"，他在67岁作《醉吟先生传》时，也曾描述过园子的大致情况："所居有池五六亩，竹数千竿，乔木数十株，台榭舟桥，具体而微。"宅园南面是园林和水池，宅第居东北。水池是园中比较大的部分，池中设三岛，中有环池路，路边置天竺石、太湖石，叠明月峡和白蘋州，池中有小船，还养有白莲、菱角、华亭鹤等植物和禽鸟，池塘四周也种有植物和菜蔬，周围还建有粮仓、书库、廊榭、小楼、草亭，一般人可以想象的中国典型园林的模样大致如此。

第六章 家和园

与此同时，洛阳城还有当时许多朝廷权重大僚的宅院或别业，如刘禹锡、裴度、牛僧孺、崔玄亮、令狐楚、李德裕等人也都在此筑园。

元稹死后，刘禹锡成了白居易来往最密的朋友。尤其在唐文宗开成元年（836）任太子宾客分司东都后，刘禹锡大多数时间居住在洛阳，除短时间回长安任秘书监外，大概在洛阳待了六七年。白居易在《池上早春，即事招梦得》一诗中说："偶游难得伴，独醉不成狂。我有中心乐，君无外事忙。经过莫慵懒，相去两三坊。"既然你我平时皆无事，何不经常走动走动，一起喝一杯呢？我们两人的宅子也不过相距两三个街坊而已。

权高一时的宰相裴度在距离履道里不远的集贤里也有个大宅院，同时还在洛阳郊外的午桥庄营造了绿野堂。尤其从大和八年（834）开始，他担任东都留守，即洛阳的最高行政长官，他的这两处宅子就成了洛阳贤达集会的中心。白居易、刘禹锡经常到裴度的园子"酣宴终日，高歌放言，以诗酒琴书自乐，当世名士皆从之游"（《旧唐书·裴度传》）。其间，刘禹锡《酬乐天请裴令公开春加宴》这样写道：

高名大位能兼有，恣意遨游是特恩。二室烟霞成步障，三川风物是家园。晨窥苑树韶光动，晚度河桥春思繁。弦管常调客常满，但逢花处即开樽。

真是一幅人生恣意的畅快景象。"弦管常调客常满，但逢花处即开樽。"可以想象，园子几乎随时处于歌舞喧哗、开樽酣醉的地步，天天有局，几无虚日。

还有一个著名政治人物牛僧孺也于开成二年（837）在洛阳建造府第。这座府邸建在归仁里，距离白居易在履道里的宅院很近。牛僧孺和白居易的关系自来就很好，他到洛阳，白居易自然免不了和他混在一起。同时，牛党另一个大人物令狐楚也来洛阳修了一处宅院。

后来,李党的著名人物李德裕也来洛阳了。他的平泉山庄算得上当时洛阳规模最大、也最有名的一处宅院。李德裕的父亲李吉甫曾两任宰相,李德裕是以门荫入仕的,到开成元年(836)李德裕迁太子宾客分司东都时,他正式入驻这座位于洛阳城外30余里的宅子中。

牛僧孺和李德裕是已处于矛盾初期的"牛李党争"的重要人物,他们来洛阳之前就曾拜相,到洛阳不过是党争受挫后短暂的左迁而已,后又再次出镇藩镇并拜相,所以,二位在归仁里或平泉山庄待的时间并不长。从其诗作可以看出,他们一回到这里,便会花很多时间亲自打理园子,而一到长安或镇所,就开始怀念自己心爱的园子。略显不同的是,裴度、白居易之流是彻底放松地、逍遥地居住于洛阳并享受洛阳带来的清闲和雅致,而对牛僧孺和李德裕来说,洛阳的宅院不过是他们在激烈的政治斗争间歇中一处暂时的休息处,或仅仅是再次出发的一个起点。

这几个人的关系称得上复杂而微妙。

白居易和牛党领袖牛僧孺是亦师亦友的关系,但他和牛党另一个重要人物令狐楚的关系就难说了,而在政治上,白居易显然更倾向于裴度和李德裕;刘禹锡不管是在个人友谊还是政治上都倾向于李党,尤其和裴度关系密切,所以和牛僧孺、令狐楚的唱和就有些言不由衷。即便如此,白居易也并没有经常到李德裕的平泉山庄赴宴,而刘禹锡跟随白居易在牛僧孺归仁里的场合中混得倒是密集得很。

可以想象,在几处大园子中,李德裕是一定不会去牛僧孺家的,牛僧孺也是不会去李德裕家的。当然,他们在洛阳见面的机会也不多,李德裕归东都,一定是牛僧孺得势的时候,这个时候的牛僧孺肯定是在长安皇帝身旁。而牛僧孺回洛阳,李德裕则一定是取代牛僧孺成了皇帝身旁最重要的那个角色。好在裴度算是前辈,早已出局,不跟他们争。白居易和刘禹锡也不过是

第六章　家和园

三品或从三品的闲官，看到身边朋友们处在一种微妙的政治格局中依然此唱彼和，言不由衷，也就睁一只眼闭一只眼，浮光掠影般应酬一番，还是算得上游刃有余的。

毕竟，这里是洛阳。既然到了洛阳，就意味着已经离开权力斗争的漩涡，不管是一种深自韬晦的暂时休息，还是心灰意冷的彻底退避，大家都有一种心境上的超然或淡然，身心极度疲惫之后产生的休养生息的愿望才是洛阳气场的重心所在。

几人中，裴度年纪最大，去世也较早，在839年就去世了。刘禹锡去世于842年，白居易去世于846年，牛僧孺去世于847年。李德裕是最年轻的一个，比白居易要小上15岁，去世也最晚，到850年去世时，这些文坛和政坛大佬们已经离开人世好多年了。

白居易在裴度和刘禹锡去世后并没有闲着。唐武宗会昌五年（845）春，白居易已74岁了，他还在履道里府邸举行了著名的"七老会"。与会者虽文名不高，但都是一些官位不低的退休贤达，且每位的年龄都在70岁以上。为此，白居易作诗一首：

七人五百八十四，拖紫纡朱垂白须。手里无金莫嗟叹，尊中有酒且欢娱。
吟成六韵神还壮，饮到三杯气尚粗。岿峨狂歌教婢拍，婆娑醉舞遣孙扶。
天年高过二疏传，人数多于四皓图。除却三山五天竺，人间此会更应无。

次年，增加了两人，"七老会"变成"九老会"。白居易组织的这两次聚会又被称为"尚齿会"，参加聚会的老人被诗酒歌舞环绕，婆娑醉舞，狂歌举酒，一派癫狂。后来，人们也把参加这个风流聚会的老人称为"香山九老""洛中九老"或"会昌九老"。

总的来说，通过在洛阳买地筑园的方式，一些东都留守、分司和致仕官员、老人耆旧共同居住在东都，完全把东都的气场弄成了一个退守者的天堂，这样的景致持续了相当长一段时间。

到北宋中期，洛阳再次迎来了它名流辈出的繁盛时期。

宋哲宗绍圣二年（1105），一个叫李格非的人写了一篇《洛阳名园记》，记述了他所亲见的洛阳著名园林宅院，共19处。这些园林宅院大多是在唐代废园的基址上建起来的，包括富郑公园、环溪、湖园、苗帅园、赵韩王园、大字寺院、董氏西园、董氏东园、独乐园、刘氏园、丛春园、松岛、水北胡氏园、东园、紫金台张氏园、吕文穆园、天王院花园子以及归仁园、李氏仁丰园。这是一部有关北宋洛阳私家园林的重要文献，对所记诸园的总体格局和园林景观的描写具体而翔实。其中，归仁园为牛僧孺留下来的园子，湖园为裴度留下来的宅子，李氏仁丰园为李德裕以前的平泉山庄。

这个写园记的李格非，也许大家不熟悉，但他有一个大名鼎鼎的女儿李清照，却是尽人皆知。此时，作为旧党一份子的李格非正处在罢官阶段，也就有了闲心和时间写这篇园记。

李格非记述的这19处宅院是以"富郑公园"开篇的。"富郑公园"的主人是著名宰相富弼，称富郑公。文中记载："洛阳园池，多因隋唐之旧，独富郑公园最为近辟，而景物最胜。"就是说，富弼的园子不是在隋唐旧宅基础上翻新改造的，而是新建的。又说："郑公自还政事归第，一切谢绝宾客。燕息此园几二十年，亭台花木皆出其目营心匠，故逶迤衡直，闿爽深密，曲有奥思。"

《洛阳名园记》还记载了一处名叫"东园"的园子，它是著名人物文彦博的宅院。文彦博称文潞公，和富弼同年拜相，也同样历仕仁宗、英宗、神宗、哲宗四朝，出将入相50年。李格非写这篇文章时，潞公90岁，文中记："今潞公官太师年九十，尚时杖履游之。"过三年，潞公去世，终年93岁。

第六章 家和园

李格非所记的洛阳名园中面积最大者要数"环溪",它是被追赠为开府仪同三司的王拱辰的宅园,人们又称王拱辰为王开府,他的孙女是李格非续妻。用李格非的话说,环溪"凉榭锦厅,其下可坐数百人,宏大壮丽,洛中无逾者"。

书中还记载了司马光的园子,司马光将其取名为"独乐园"。

司马光,字君实,号迂叟,又称涑水先生。

他于宋仁宗宝元元年(1038)进士及第,步入仕途。宋英宗治平二年(1065)任龙图阁直学士。次年,长于历史研究的司马光将著述的《通志》一部分书稿进呈宋英宗。英宗看后大为赞赏,准许他可"自择馆阁英才"编修《通志》。不久,司马光擢翰林学士,为御史中丞。

神宗即位后,于熙宁二年(1069)起用王安石,主持变法。司马光和王安石政见不同,他苦口婆心地给王安石写了几封长信,却换来王安石一篇400字的《答司马谏议书》,二人矛盾激化,司马光成了反对派的精神领袖。熙宁三年(1070),司马光坚辞枢密副使,请求外放。次年,他再为好友范镇鸣不平,退居洛阳,任职西京留司御史台。随后,他在洛阳尊贤坊北关买地20亩筑园,在这个取名"独乐园"的地方住了下来。

相对于王拱辰那个巨大奢华的"环溪",司马光的园子被人戏称为"王家钻天,司马家入地"。《洛阳名园记》也说独乐园"园卑小,不可与他园班"。具体说,"其曰读书堂者,数十椽屋;浇花亭者,益小;弄水种竹轩者,尤小;曰见山台者,高不过寻丈。曰钓鱼庵,曰采药圃者,又特结竹梢蔓草为之。公自为记,亦有诗行于世。所以为人钦慕者,不在于园耳"。

下面是司马光写的《独乐园记》的部分文字:

孟子曰:"独乐乐,不如与人乐乐;与少乐乐,不如与众乐乐。"此王公大人之乐，非贫贱者所及也。孔子曰："饭蔬食饮水，曲肱而枕之，乐亦在其中矣。"颜子"一箪食，一瓢饮""不改其乐"，此圣贤之乐，非愚者所及也。若夫"鹪鹩巢林，不过一枝；鼹鼠饮河，不过满腹"。各尽其分而安之，此乃迂叟之所乐也。

熙宁四年迂叟始家洛，六年，买田二十亩于尊贤坊北关，以为园。……

迂叟平日多处堂中读书，上师圣人，下友群贤，窥仁义之原，探礼乐之绪。自未始有形之前，暨四达无穷之外，事物之理，举集目前。所病者，学之未至，夫又何求于人，何待于外哉！志倦体疲，则投竿取鱼，执衽采药，决渠灌花，操斧剖竹，濯热盥手，临高纵目，逍遥徜徉，唯意所适。明月时至，清风自来，行无所牵，止无所柅，耳目肺肠，悉为己有。踽踽焉，洋洋焉，不知天壤之间复有何乐可以代此也。因合而命之曰"独乐园"。

或咎迂叟曰："吾闻君子所乐必与人共之，今吾子独取足于己，不以及人，其可乎？"迂叟谢曰："叟愚，何得比君子？自乐恐不足，安能及人？况叟之所乐者，薄陋鄙野，皆世之所弃也，虽推以与人，人且不取，岂得强之乎？必也有人肯同此乐，则再拜而献之矣，安敢专之哉！"

文中说，虽然我知道君子之乐在于与人同乐，但我一个迂阔的老人，怎可以君子自比呢？自己的乐都不足，安能推及他人？何况像我这样的人所感到的快乐，无非是一些薄陋鄙野之乐，都是世人所丢弃的东西，即使我想与人同乐，怕也没人愿意吧。如是，也就只有独乐了。当然，若真有人肯与我同乐，我又哪敢专享呢？显然，司马光所谓的独乐，自有一种不为当道所重的失落感隐匿其中，其自我寻欢的自尊和傲慢显露无遗。

据这篇《独乐园记》，再辅之以李格非的《洛阳名园记》，我们知道，独乐园占地20亩，有采药圃、钓鱼庵、种竹斋、浇花亭、弄水轩、见山台，其中读书堂藏书有5000卷之多。从结构上看，园子中央为水池，水池中间有岛，岛上

第六章 家和园

植竹。其他景物花木均是环水而置，园内还有多条小渠。司马光平时主要在读书堂看书写作，志倦体疲的时候，或投竿取鱼，执衽采药，或决渠灌花，操斧剖竹，临高纵目。明月时至，清风自来，行无所牵，止无所拘，自然是踽踽焉，洋洋焉，其乐融融也。

司马光在独乐园中的生活，在后世许多画家笔下都有表现，其中明代著名画家仇英的画作《独乐园图》长卷保存在美国克利夫兰美术馆。明代另一位著名画家文徵明在89岁高龄也画有《独乐园图并书记卷》，现存于台北故宫博物院。

仇英《独乐园图》局部

司马光写了《独乐园记》后，将之寄给很多好友。远在江南的苏轼在收到这篇园记后，回诗一首，名为《司马君实独乐园》：

青山在屋上，流水在屋下。中有五亩园，花竹秀而野。
花香袭杖屦，竹色侵盏斝。樽酒乐余春，棋局消长夏。
洛阳古多士，风俗犹尔雅。先生卧不出，冠盖倾洛社。
虽云与众乐，中有独乐者。才全德不形，所贵知我寡。
先生独何事，四海望陶冶。儿童诵君实，走卒知司马。
持此欲安归，造物不我舍。名声逐吾辈，此病天所赭。
抚掌笑先生，年来效喑哑。

苏轼并未到过独乐园，这首五言古诗是根据司马温公的文字想象出来的。司马光分明在园记中说了，自己的园子有20亩大，但苏轼诗中却说"中有五亩园"，显然，苏轼是想说这个园子实在太小，与司马温公的地位极不相称。司马光是什么人啊，"儿童诵君实，走卒知司马"。在那个年代，皇帝要赐予枢密副使官职的人只有一个20亩的宅子，着实小得可怜。

但这个小，小得也是有高致的。聪明如苏轼，作为晚辈，也作为官阶低很多的人，写这首诗是费尽心思的。诗作前部分，苏轼恣意想象司马温公居于独乐园，一派悠然自得的心境，这样德才兼备的大人物即使高卧不出，"冠盖"依然"倾洛社"，那是肯定的。但从"持此欲安归，造物不我舍"一句开始，诗作的调性有些变化了，背负盛誉的人到底又能逃往何处呢？一个丧失了斗志的领袖人物把自己困在一个狭小的园子中，独自用"樽酒"和"棋局"来"乐余春""消长夏"，苏轼心中只有失望。"喑哑"这个词用在此处，说的岂止是装聋作哑的隐忍，也不只是收声结舌的逃避，完全就是自暴自弃的缴械投降！我在前面写苏轼的时候说过，这首诗也成为"乌台诗案"中苏轼供认不讳的一首诗。他在"供词"中坦承，知道司马光退居洛阳后"自是绝口不论事"，写这首诗是希望司马光能够像以前一样在皇帝跟前坚持自己的观点。无数的士人在等待着领袖的召唤，无数的百姓在等待着有人为他们奔走呼号，你可不能这样不战而降啊！

何况，你还退到了一个仅仅五亩之大的小园子中，真是丢人现眼。

司马光在隐居期间写下了很多诗作，其中有《独乐园七咏》《独乐园》二首。下面是其中一首：

独乐园中客，朝朝常闭门。端居无一事，今日又黄昏。

第六章　家和园

他说自己常常闭门谢客，端居无事，其实不是的。这里的无事，是说没有朝廷中的事。

司马光在洛阳是有官职的，且官位不低，居三品，任职西京留司御史台，就是任陪都洛阳的御史中丞。但这个在陪都的官职是一个闲职，说白了，皇帝是把他放在这里养老来了。朝廷没事，并不意味着自己没事，司马光在洛阳一直都是有事的。在洛阳，加上之前的4年著述时间，共19年，他和他的写作团队完成了长达294卷、300多万字的著述，这就是前面说的那部叫《通志》的著作，后来更名为《资治通鉴》。这部中国历史上体量最大的编年体通史，记述了从战国到五代共1362年的历史，被后世称为"帝王教科书"。也因这部书，司马光与司马迁并称"两司马"，成为中国历史上的史家双绝。

拜表归来抵寺居，解鞍纵马罢传呼。紫衣金带尽脱去，便是林间一野夫。

——《独步至洛滨二首》

独乐园中，最让人印象深刻的是藏书数千册的读书堂，这里成了司马光读书和修史的重要场所。《资治通鉴》写作团队除司马光外，几个重要人物分别为刘恕、刘攽和范祖禹，后来司马光的养子司马康也承担了部分工作。

司马光在独乐园著史的故事流传下来的很多，大多都是赞叹其勤俭节约、艰苦朴素、好学如饥的品质。他对衣食住行的要求自来很低，锦绣之奢，膏粱之珍，从来不以为意，他相信"藜藿之甘，绨布之温，名教之乐，德义之尊，求之孔易，享之常安"（胡仔《渔隐丛话后集》）。同样，对"权宠之盛，利欲之繁"也无甚兴趣，倒是以颜乐箪瓢为百世师模，所以，好友范镇来独乐园看望他，就带了一床布衾作为礼物。司马光的助手范祖禹在《司马温公布衾铭记》中还记述了司马光以"以圆木为警枕，小睡则枕转而觉乃起读书"的故事,后来,人们爱用"圆木警枕"来形容刻苦学习的一种状态。还有人讲了一个更好听的故事,说洛阳的夏天非常热,司马光实在热得受不了,就在地下挖一个洞,以此为室,并常读书著述于其内。同样居住在洛阳的富弼,有一次问邵雍,洛中最近可有新事?邵雍回答说:"近有一巢居,一穴处者。"

这个穴处者就是司马光。同样,那句"王家钻天,司马家入地"也如此戏谑了司马光生活的寒酸。

对于这样的日子,司马光的夫人张氏难免觉得闷。一次元宵节,她提议出去看灯,司马光问:家里点着灯,为何要出去看?夫人说:也顺便看看游人啊!司马光来了一句:难道我是鬼不成?

除了对物质享受很淡漠,日常用度极少,司马光也没什么爱好。他一生无子,张氏多次想为他纳妾,被他拒绝了。独乐园园子小,筑造得也粗糙,被人说成是寒碜,未必是他真没钱,只是他对身外之物无甚兴趣而已,一辈子粗茶淡饭,麻葛粗布,连友人也看不下去了,拟用 50 万钱请婢女来侍奉司马光,但司马光却复书谢绝:我几十年来,食不敢常有肉,衣不敢有纯帛,多穿麻葛粗布,何敢以五十万用一婢乎!到司马光妻亡故时,《宋史·司马光传》记载,司马光竟然无钱安葬亡妻,只得将在洛阳的三顷田亩卖掉,这就是"典地葬妻"的故事。按司马光的俸禄计算,他是绝不至于这样作践了自己到头来还拮据如此的,很大的可能是他自己都不知道自己到底有多少钱。

司马光被人称道的品质实在太多,孝顺父母、友爱兄弟、忠于君王、取信于人,同时克制、节俭、温良谦恭,做每一件事都有法度,说每一句话都符合礼节,所谓左准绳,右规矩。人说他"畏天爱民,守祖宗法度",其人严而正,可谓完美无缺的道德楷模和儒家典范。

在洛阳"手携筇杖着深衣",居住了整整 15 年,一直到元丰七年(1084),《资治通鉴》编撰完成,此时的司马光已经 66 岁了。他在《进资治

· 第六章　家和园 ·

通鉴表》中向皇帝叙说写作此书耗尽心力的情状："臣今骸骨癯瘁，目视昏近，齿牙无几，神识衰耗，目前所为，旋踵遗忘。臣之精力，尽于此书。"神宗皇帝以其书"有鉴于往事，以资于治道"，赐书名《资治通鉴》，并亲为写序，擢升司马光资政殿学士，迁范祖禹为秘书省正字。此时，司马光另外两个合作者刘恕、刘攽已经离开了人世。

写完《资治通鉴》后，司马光的好运也一并到来。次年，神宗病逝，年仅9岁的哲宗继位，由其祖母高太后当政。太后是新法的坚决反对者，她一上台就把司马光拔擢为门下侍郎，司马光也顺理成章打着"以母改子"的旗号，把老臣吕公著、文彦博以及旧党同仁刘挚、范纯仁、李常、苏轼、苏辙等召回朝中。随后，司马光升任尚书左仆射兼门下侍郎，正式拜相，王安石新法被彻底废除。

但好景不长。不过两年，司马光就因病不治。死后获赠太师、温国公，谥号文正，哀荣极盛。掐指一算，写完《资治通鉴》两年后，司马光离开人世，说他是因著述而积劳成疾的话，应不为过。

独乐园成了司马光一生中最重要的居所。他在这里完成了一部伟大的著作，要说司马光在这里堪称快乐，那是一定的。同时，我们也不要忽略一个事实，在洛阳，他并不是孤单的。想想李格非的《洛阳名园记》吧，那里记载了19处宅院，各式各样的非凡人物此时也在洛阳居住。

北宋理学的几个开山级人物此时竟鬼使神差般聚集在洛阳，包括张载、二程（程颢、程颐）兄弟和邵雍。以程颢为代表的一帮人因为特殊的政治归类，被称为"洛党"；旧党大佬富弼、文彦博、司马光、吕公著等人的汇聚也是不可小视的一股政治力量。用当时政治或学术上的归类来说，他们都是儒家学说的忠实拥趸，也可称为醇儒；而张载和二程兄弟在洛阳的汇聚也可理解为宋代理学中"洛学"的最初出处。

还有一段著名的佳话发生在此时,这就是仿照两百多年前白居易"九老会"的旧事而兴起的"洛阳耆英会"。这是由文彦博召集的,时间是宋神宗元丰年间,他们在资圣院建了"耆英堂",称为"洛阳耆英会"。参与者富弼79岁,文彦博与席汝言77岁,其余人物年纪稍小,也都在70岁以上,只有司马光还没到70岁,算是年轻人。参会的13人都是旧党分子,虽然政治上暂时失意,但依然德高望重,声名远扬。想象一下,洛阳城的几处大院子里,一群须眉皓白的老人聚在一起,诗酒唱和,月旦人物,也算是一道和这个城市气象丝丝入扣的美好风景。

几乎与此同时,一个叫邵雍的人走进了洛阳。

邵雍比司马光大8岁,字尧夫,谥康节,人称康节先生。他少时曾居苏门山下,就是我在第一章提及的隐士孙登长啸的苏门山。《宋史》载,邵雍年轻时欲树功名,书无所不读,坚苦刻厉,"寒不炉,暑不扇,夜不就席者数年"。后师从李挺之,开始钻研《周易》和性命之学。

宋仁宗皇祐元年(1049),在门生的帮助下,邵雍迁至洛阳,开始在天宫寺讲学,虽平居屡空,而怡然有所乐。

嘉祐七年(1062),那个在洛阳城拥有"环溪"宅院的王拱辰,将天宫寺西边、天津桥南一处旧宅加以改造,建屋30间。有水竹花木之胜的园子改造好了,王拱辰慷慨地邀请邵雍居住其间。邵雍一生从未做官,曾两度被举,均称疾不赴,即使是那种被人称为闲差的官位,他也婉言谢绝,坚持"愿同巢许称臣日,甘老虞唐比屋时""鹓鸿自有江湖乐,安用区区设网罗"(《谢富丞相招出仕二首》)。没有俸禄,以讲课授徒为业,仅给衣食,能够得到一处不小的宅子居住,邵雍对王拱辰感激有加,并作诗相谢,将房子起名为"安乐窝",自号安乐先生。

熙宁七年(1074),随着王安石变法的推进,朝廷行买官田之法。邵雍

第六章 家和园

所居的天津桥安乐窝也属于官田,王拱辰以前仅是租下来加以改造,现在则需要出价购买田地产权。邵雍自然拿不出买田地产权的银两,园子挂出去三个月,都无人忍买。邵雍的洛中显贵朋友们觉得,"使先生之宅他人居之,吾辈蒙耻矣",像康节先生这样的大思想家竟然因无钱购买田地产权而有流离失所的可能,这是无法接受的事,也是作为康节先生朋友的一大耻辱。于是,由司马光倡议,洛阳城内有二十余人集资凑钱,将安乐窝买下,仍由邵雍一家居住。最后,安乐窝的宅契上是司马光的名字,园契上是富弼的名字。也就是他们拥有产权,而让邵雍分文不给,安心居住。

为表谢意,邵雍作诗一首,名为《天津敝居蒙诸公共为成买作诗以谢》:

重谢诸公为买园,买园城里占林泉。
七千来步平流水,二十余家争出钱。
嘉祐卜居终是僦,熙宁受券遂能专。
凤凰楼下新闲客,道德坊中旧散仙。
洛浦清风朝满袖,嵩岑皓月夜盈轩。
接篱倒戴芰荷畔,谈尘轻摇杨柳边。
陌彻铜驼花烂漫,堤连金谷草芊绵。
青春未老尚可出,红日已高犹自眠。
洞号长生宜有主,窝名安乐岂无权。
敢于世上明开眼,会向人间别看天。
尽送光阴归酒盏,都移造化入诗篇。
也知此片好田地,消得尧夫笔似椽。

这一年,邵雍64岁。诗中所说的"凤凰楼下新闲客"就是指自己,而与一群"道德坊中旧散仙"相处,实在是愉悦之至。来往游走的人包括吕公著、司马光、富弼以及程颢、程颐兄弟。他们常常聚在一起，声气相投，诗酒唱和，乐此不疲。温公的人品和影响力加上邵雍的才学和识见，使二人成为洛中最负盛名之人，外地来洛人士必去的地方就是温公的独乐园和邵雍的安乐窝。用邵雍的诗句来说，即所谓"洛浦清风朝满袖，嵩岑皓月夜盈轩"，他感觉自己青春未老，还有"红日已高犹自眠"的自由和舒畅，他在安乐窝中的生活实在是安乐之至。

稍晚的元丰五年（1082），文彦博将自己在洛阳附近伊川鸣皋的一处旧园赠予程颐，供程颐在此建书院，包括正房5间作为讲堂，东西厢房各3间供其弟子居住，另有宅田10亩，粮地10顷，以赡生徒，从此，这里就成了大名鼎鼎的伊川书院（元代前叫伊皋书院）。此后20年时间，伊川先生间断地在这里著书立说，传道解惑，成就了他一代大儒的地位。也因为书院的存在，伊川先生常往来于洛阳和伊川间，参与洛中聚会，或清夜论道，或后池漾船，即所谓"数夕文酒会，有无涯之欢"。

政治大佬在经济上施以援手，扶持思想家的生活和学术活动，是想努力维持一种认识层面上相一致的圈层活动，并借此获得一种思想的滋养和后援，它来自这些醇儒政治家精神上的需求，同时也有其政治观点后面隐藏的思想动机。客观上说，这样的慷慨相助，使这些政治上的重臣和学术上的新锐获得了更多的思想共鸣和精神援助。他们在洛阳前后十多年神奇的相聚，预示着被后世称为理学的思想开始发端于这片中国最具文化意义的土壤之上。

邵雍在后世以康节先生大名远扬。稍微在网上浏览一下邵雍流传至今的书籍，以"白话梅花易数"或"梅花易数全解"最为畅销，貌似康节先生流传下来的都是一套占卜说卦的象学参考手册。其实，邵雍的成就远不止于此，《皇极经世》和《梅花易数》精深博大，绝不应该仅仅把它视作一种占卜说卦的预测方法。邵雍一生不近禅学与方术，他思想的要义在于经世，其对道

第六章 家和园

的形而上理解超越了前代儒家，最后成为和周敦颐、张载、程颢、程颐并称的"北宋五子"，对宋代理学的形成起到了至关重要的作用。后来，邵雍所著的包括诗歌2000余首的《击壤集》也越来越受到世人重视，其诗歌被人誉为"康节体"，成为宋儒中诗歌成就最大的一个。

邵雍在洛阳一共居住了30多年。大多数时候，他都处于身心愉悦中，每天喜滋滋地过得逍遥自在，他说自己"生身有五乐"，即乐生中国、乐为男子、乐为士人、乐见太平、乐闻道义。同时，还感叹"居洛有五喜"，喜多善人、喜多好事、喜多美物、喜多佳景、喜多大体。看得出来，他不仅对自己的身份满意，对自己的生活满意，对所处的时代也是满意的，对居住的洛阳更是满意之极。

在《依韵和王安之卿六老诗仍见率成七》诗中，邵雍把一帮老年人在洛阳城中的欢愉写得十分到家，这些人皤然鬓似霜，但每天闲来无事，其乐无穷。他们共赴园池，杖履烂游，醉卧花荫，林下狂歌，樽俎相欢，疏狂纵心，"同向静中观物动，共于闲处看人忙""千年松下麈谈尘，襟袖无风亦自凉"。

关于安乐窝，他写有很多诗作，意思基本雷同，就是想表明自己快活得不行，比如这首《安乐窝中四长吟》："安乐窝中快活人，闲来四物幸相亲。一编诗逸收花月，一部书严惊鬼神。一炷香清冲宇泰，一樽酒美湛天真。太平自庆何多也，唯愿君王寿万春。"

在《履道留题吟》一诗中，他更是感叹"何代无人振德辉，众贤今日会西畿。太平文物风流事，更胜元和全盛时"。去世之前作《病亟吟》："生于太平世，长于太平世，老于太平世，死于太平世。客问年几何，六十有七岁。俯仰天地间，浩然无所愧。"

邵雍的诗歌有很多是以理入诗的，平实浅显，对宋诗以说理为主风格的形成有很大影响。他算不上一个优秀的诗人，或者说他作为一个思想家比他作为一个诗人要优秀太多。他前半辈子处穷，后半辈子教书育人，一直有达官显贵替他买地修园，日子过得算不上富裕，但一定是安适的。这样的环境不大容易造就一个伟大的诗人，却造就了一个伟大的思想家。常言道，愤怒出诗人。恰恰相反，思想家则更有可能在一种相对稳定和安适的环境下诞生。如同他在《安乐吟》中所说，"不出户庭，直际天地"；而在《观易吟》中说，"天向一中分体用，人于心上起经纶。天人焉有两般义，道不虚行只在人"。

不出户庭，直际天地。经纶，起于安乐。这是那个时代的洛阳气场制造出来的一种极佳境界。

在中国古代，对犯人的惩处形式比现在要多，通常分为笞、杖、徒、流、死五种，大体上就是肉体惩罚（杖刑、笞刑及早期的黥面、宫刑等）、徒刑、流放（迁徙、充军、发遣）和死罪。其中，古代徒刑和现代徒刑有很大区别。现代刑罚中执行最多的徒刑是将罪犯监禁于特定场所，重点在剥夺其人身自由。古代徒刑的重点并不在剥夺罪犯的人身自由，而在强制其服劳役，刑期也较短，几个月到几年不等，最多也不超过5年。古代官员如果犯了错或犯了罪，所受惩处也无外乎上面几种，最常见的处罚为流刑而不是徒刑，就是到相对偏远的地方做官，官阶和官职作降级处理，并不会10年、20年或无限期被关押在大牢里丧失人身自由。诸如左除、左迁、贬、谪、罢、黜、放、革、免、夺这些词汇，大多指这种降级处理的处罚方式。

此外，在中国古代官场，还存在一种不言自明的处罚形式，即自我罢官或主动隐退。寻求一个闲职或请求外放，不仅自求清静，皇帝的耳根也会清静不少，这既可以算皇帝给斗争失利一方的恩典，也是各自退让一步的有效方法，是双方心照不宣的一种刻意回避。这样的方式在历朝历代都有，有些冠冕堂皇一些，看似并无政治斗争之因，多以体病年老为托词，比如白居易之流分司东都为官。另一类明摆着就是政治见解不同，如在神宗变法期间，

第六章　家和园

司马光等一大波旧党人士西去洛阳的举动便是如此。

即便是后者，这种方式也不同于贬谪。虽同样是政治斗争失利，是政治上的不见用或见弃，但这些人多是威望较高、影响偏大的上层官员，他们知晓基本的游戏规则，不在其位不谋其政，既处于闲散状态也就不问政事，既避地，也避言，其目的是全身远害，表现出清闲和放任的一面；另一方面，这些人表面上看似投闲置散，但也并未放弃政治理想，依然怀有对国家大事的关切和念想，所以，看似清闲的生活姿态依然有韬光养晦的意味在其中。

多数时代的皇帝颐指气使，只要不站在自己一方的都算敌人，对所谓的政敌一般会采取除恶务尽、赶尽杀绝的方式，而一些聪明或清醒的皇帝却会给予臣子们一个可进可退的空间，或给臣子们一个相对宽松甚至优越清闲的空间。他们知道，大厦将立或将倾，非一木所能支，表面上给了那些失意官员一个退隐或生存的空间，事实上也给了自己的政权一个斡旋补救的机会。严格说，对皇帝而言，从来不存在政敌，只存在为我所用或不用的问题。想用你，你就来长安，不用你，你就去洛阳。这种借力打力、豢养反对派的做法也算是政治斗争中一个手段高超的撒手锏。何况，长安和洛阳的距离如此之近，随时都可以轻松换防。

既然目的仅止于全身远害，也就不必穴处岩栖。找一处好地方修身养性或韬光养晦，就变成一件十分要紧的事情了。即便像司马光这样对自己严苛有余的人，他那个被世人揶揄为寒碜的独乐园，再不济也有 20 亩之大，供他在著书立说的劳顿之余散步垂钓也是绰绰有余的。而像白居易这样自来就纵情享乐之人，所谓挂冠高卧，完全就是心之所向。

大隐住朝市，小隐入丘樊。
丘樊太冷落，朝市太嚣喧。
不如作中隐，隐在留司官。

似出复似处，非忙亦非闲。
不劳心与力，又免饥与寒。
终岁无公事，随月有俸钱。
君若好登临，城南有秋山。
君若爱游荡，城东有春园。
君若欲一醉，时出赴宾筵。
洛中多君子，可以恣欢言。
君若欲高卧，但自深掩关。
亦无车马客，造次到门前。
人生处一世，其道难两全。
贱即苦冻馁，贵则多忧患。
唯此中隐士，致身吉且安。
穷通与丰约，正在四者间。

  白居易这首著名的《中隐》诗，直白易懂，它详细描写了洛阳城中的各种好处。这类人一定不是陶渊明，丘樊太冷落，他们是学不来的，也并不真心想学。他们非常现实，仅仅需要有这样一个所在，既能斟时事，又能酌人情；既能不劳心力，又能免除饥寒；既能无公事，又有月俸入；既能高卧，又能掩关；既能登高，又可筵宾。而要达到这种颓然自适的理想状态，一处舒适、静谧的宅院就成了他们退守或退隐的必然去处——不怕土狭，勿谓地偏。足以容膝，足以息肩。有堂有庭，有桥有船。有书有酒，有歌有弦。灵鹤怪石，紫菱白莲。时饮一杯，或吟一篇。妻孥熙熙，鸡犬闲闲。识分知足，外无求焉。有叟在中，白须飘然。

  后来，这种退守的园林居家生活成了很多文人向往的生活状态，也由此逐渐形成了后世中国文人居家造屋的审美基调。

三　祁彪佳的寓园

清顺治二年（1645）闰六月初五，浙江绍兴的梅墅寓园里，一切看上去和平常并无二致。一个中年男子招呼家人先行睡下，等四周寂静无声，他走到镜前，整肃衣冠，然后，独自一人来到梅花阁前的水池边。

夜已深了，池水纹丝不动，他徐徐朝水池中心走去。水越来越深，迈不动脚步了，他停了下来，闭上双眼，往水里用力一坐，感觉整个身躯清凉无比。随即，池水没过了他的腰部，没过胸腔，直至将整个头顶全部淹没。

第二天一大早，妻子商景兰在池塘中找到了自己的丈夫。他依然保持着平时端坐在书桌前的姿势。

商景兰的丈夫叫祁彪佳。这一年，他年仅44岁。

祁彪佳，字弘吉，号世培，浙江山阴人。他21岁中进士，崇祯四年（1631）升福建道监察御史，后巡按苏、松诸府。崇祯八年（1635），34岁的祁彪佳因得罪首辅周延儒，以侍养为名告归，回到山阴县梅墅故里。

梅墅西边有一座寓山，曾是祁彪佳孩童时常去玩乐的地方，外出多年后故地重游，他突然间动起了在上面修建别业的念头，此时，他已考察了越中200多座园林。如他自己所说，"卜筑之兴遂勃不可遏"。既然是勃不可遏，动手也就很快，他几乎把整整三年时间都花在了园子的筑造上。

祁彪佳有一个好习惯，一个许多明代文人都有的好习惯，记日记。记日记，在阳明心学滥觞开来的明代中后期，有点每日三省吾身的意思。幸运的是，祁彪佳的日记大多保留了下来，所以，我们不仅能够在他专门为寓园景观编著的著作《寓山注》中知晓寓山别业的营造过程，通过阅读他的日记，还能比较清晰地知道他日常生活的所思所想。

他说，开始卜筑的时候，仅想一轩一堂、三五楹就够了，但越在营造上用心，兴致就越浓，有一发不可收拾之势，经常性极虑穷思，形诸梦寐，如得神授。每天"枕上望晨光乍吐，即呼奚奴驾舟，三里之遥，恨不促之于跬步。祁寒盛暑，体栗汗浃，不以为苦。虽遇大风雨，舟未尝一日不出。摸索床头金尽，略有懊丧意。及于抵山盘旋，则购石庀材，犹怪其少。以故两年以来，囊中如洗。予亦病而愈，愈而复病，此开园之痴癖也"（《寓山注》）。这样日复一日的朝出暮归，寒暑不避，不仅亲自设计，亲自监工，石头如何摆放，小径宽窄标识，他都亲力亲为，甚至还要亲手植树种花，多次因此生病，可见其用心之细，用力之勤。如是折腾，直至把自己弄得囊空如洗，手头拮据，也从没有停下来的意思，所以，祁彪佳把自己的行为称为"开园之痴癖"。

寓园，就是寓山下的园子。"园尽有山之三面，其下平田十余亩，水石半之，室庐与花木半之。"园中有轩、居、室、斋、堂、庵、亭、廊、台、阁、山房等建筑，又有堤、桥、榭、径、峰、池、渠、溪、石，参差点缀，委折波澜。"曲池穿牖，飞沼拂几，绿映朱栏，丹流翠壑。"

寓园所处乃三面环山的万壑千岩之处，本来就居山川秀丽之地，而园内"花木之繁，不止七松五柳。四时之景，都堪泛月迎风；三径之中，自可呼云醉雪"。所建亭台，素桷竹椽，斫松葺茅，绝不画栋雕梁，甚至连油漆也不用，不用人工之境抢占自然的风头。寓园有50余处楼阁，皆以朴素示人。在祁彪佳看来，亭台不必自为胜，合景以为胜才是园林营造的至高境界。寓园不仅有梅坡、松径、茶坞、樱桃林、芙蓉渡等清雅去处，还有幽圃、丰庄等自给自足的农家生活园地，种有梨、橘、桃、李、杏、栗等果树，在树下栽紫茄、白豆、甘瓜、樱粟、红薯等菜蔬。当然，这种特别设计并不是用来

第六章 家和园

谋生计的,而是希望儿女们读书于此,"兼欲令其知农家苦"。这里已不是用亭台取胜的士大夫心境了,而是一派"江村沙浦,芦人渔子,望景争涂"的丰饶自足的农家景象。

必然不能漏掉的是,祁彪佳拥有一位貌美无双的夫人商景兰,她是吏部尚书商周祚之女,为江南著名才女。夫妻二人感情深厚,情投意合,育有三子四女。

作为山阴大族,祁彪佳在山阴梅墅有祖辈传下来的本宅,那里不仅有祖父留下来的著名藏书阁"澹生堂",还有著名的园子"旷园"。祁彪佳和家人平日居住在此,一如既往地延续祖父的习惯,收书、藏书和读书。寓园建成后,祁彪佳就开始经常和妻子孩子居住在寓山别业了。或一人在寓园读书,直到落日衔山。与夫人或闲步堤上,戴月以归,或小酌亭间,酬觞赋诗,日子过得娴静而美好。

从1635年动工筑园,一直到祁彪佳离开人世,共10年,其间他曾先后出仕崇祯朝和弘光朝,但时间都不长。他只要在山阴待一天,就从未停止过对园子进行翻修,不断增加景观,种植树木花卉,甚至到他决定离开人世的前两天,还在为园子的修筑动心思。在如此投入精力和财力修筑寓园的时间里,远近宾朋纷纷造访寓园,吟山咏水,祁彪佳也得以将朋友吟咏寓山的诗歌编撰成册,成《寓山诗歌》集。

此时,外面的世界早已处在举国不稳、兵戈血刃的紧张态势中,对此,祁彪佳是警觉的,他每天阅读邸报,被那种山雨欲来的不祥气息打扰,深感焦虑,但很快,他又像得了健忘症一样,把忧虑全部抛弃,埋头专注于自己的筑园工作。一个叫王朝式的朋友寄来书信,严厉斥责他身为一国臣子不为社稷出力,却躲在家乡筑园享乐的行为已经"病入膏肓",称其行为有"四负",即负君,负亲,负己,负友。面对朋友的责难,祁彪佳言其"切中膏肓,令人通身汗下",在日记里深刻忏悔自己的"四负",但在晚上内疚悔过一阵后,次日清晨一起床又开始造园,还构筑了一个叫"四负堂"的亭子以示悔过之意,曰"名四负堂,以志吾过"。

祁彪佳从来不是一个散漫轻狂的文人,他出身于书香门第、官宦大家,自小受到儒家学说的熏陶和训练,21岁中进士,可谓仕途远大,前程如曙。但也是这样一个少年得志的优游之人,在仕宦从政的最初几年中,深切感受到了官场政治的晦暗和不适。他为官不久即担任监察御史,这个职务在当时被人视为一种浊官,有点干脏活累活的意思,和那些从事礼仪文化工作的清官不同,他不仅要面对盘根错节的人际关系,在明朝党争不断的政治生态中,不群不党,也意味着势单力薄,无法得到足够的政治资源和保全手段。同时,明代的监察系统严苛无比,除了堆积如山的文牍系统和事无巨细的上报系统,更有名目繁多的审查监控手段,加上追溯和连坐制度,监察官员和他的监察对象不仅可能同功,还可能同罪,这让很多官员无所适从,如履薄冰。在这样的官场文化中,少年得志的山阴祁大公子自然是不能游刃有余坦然应对的,他用"劳苦万状"一词来描述自己的官场状态,这是他告病归家的理由。若不能移风易俗,唯一能做的,就是不同流合污。

在家乡,无官一身轻的祁彪佳终于可以远离那些劳心费神的猜忌和锱铢利害的算计,远离那些担惊受怕的心悸和失眠,得以完成自己人生中最感得意的两件事情,可以说得到了个人性情的极度舒张。首先,他完成了一部在中国戏曲史上影响甚大的戏曲批评著作《远山堂曲品剧品》,其中《剧品》收杂剧剧目242种,《曲品》收传奇剧目467种;其次,他筑造了一个让自己满意也让别人艳羡的寓园。

但,祁彪佳不是陶渊明,也不是他的好友张岱。他在朝为官是一个难得的正直有为的官员,在生活上是一个检点有情义的男人。他对戏曲的痴,不是沉醉和狎玩,而是收集整理和认真研究;对园子的痴,不是雅集歌舞,通

第六章 家和园

宵达旦,而是登亭望霞峰平野,解意禽鱼,畅情林木。他的所谓隐,是在名利场中寻得一个清静场所,用以忘却外面世界的繁杂和喧闹,补偿自己失掉的欢愉和快乐,和那种洒脱无累者是不可同日而语的。

祁彪佳返乡后,凭他曾在朝为官的品阶,算是当地最有威望和影响力的缙绅了,他随时以个人身份施药、施粥、放米、散钱,还积极和当地官员、地方政府合作,在民生艰难时救荒赈灾,活民无数,成为一方之善,还写下了《救荒全书》《救荒杂议》等著作,为当地一些执政水平不够的官员提供咨询和帮助。

大凡对官员归乡造园的理解和评价,基本逃不出两种常见的套路。一种认为,这是一种玩世不恭,是一种物质主义的奢靡,一种生活方式的堕落;另一种则把它看成是一种心灰意冷,一种主动避世,甚至是出淤泥而不染的高洁行为,是与朝廷对峙的一种象征,即《易经》所谓"天地闭,贤人隐"。千载寂寥,圣人不出。

身归日月之傍,而无河山之壮,这是常态。文徵明在《王氏拙政园记》中说:"所为区区以岳自况,亦聊以宣其不达之志焉耳。而其志之所乐,固有在彼而不在此者。"① 就是说,很多文人士大夫欲用隐居逃避的方式来"宣其不达之志",所以,园子或别业的筑造通常具有巨大的象征意义,昭示着知识分子蔑视权力的精神标高,这也是人们爱说的,在彼而不在此,通过"彼此"的对立达到一种知识分子独立人格的显现。但很多人在赞颂这种标高的时候,大多忘记了,其实,这种退隐的行为中或多或少都暗含了一种挫败感。这些人只有把身体往园子里沉陷得足够深,才能将曾经的理想和志向彻底遗忘,或者说,只有不断强化自己的归园之乐,才能把当初拂袖而去的伤痛彻底治愈。不过,这只能算是一种努力的方向,或者说,对大多数人而

---

① 陈植、张公驰选注:《中国历代名园记选注》,安徽科学技术出版社,1983年版。

言,这只能算是一种幻想或理想,比如祁彪佳,哪怕经历了整整十年筑园营造的过程,也没能将自己在庙堂之上的创痛全部治愈,更没能将幼年时期潜埋的志向彻底遗忘。

在寓园,他是舒心的,洁净的。他知道,只有在这个亲手筑造的园子中,才能成为一个真正的自己,而不是一个被外部世界异化的变形人。但同时,他也是内疚的,他知道自己没有勇气去和那些体量巨大的怪物正面对垒,只得筑造一座"四负亭"来为自己的逃避和胆怯立此存照。

这也就解释了,为什么当江山社稷遇到灭顶之灾的时候,他会站出来再次做官,他心中的志向并未被筑造园子的各种堆土完全埋葬。崇祯十七年(1644),李自成占领北京,思宗自缢。福王至南京,祁彪佳前往拜谒,授命右佥都御史。只是,连他本人也未必会想到,哪怕经过十年的韬晦和修炼,在那个曾经受到无穷打击的官场中,他依然手足无措,无法应对,因在福王和潞王即位问题上的观点触动了某些人的利益,他再一次不为当道所容。在任上不过短短的几个月,祁彪佳以病再次告退,回到寓园。

"山翁问我行藏,一丘一壑吾将老"(《寓山闲话》),这是祁彪佳在筑园后写下的句子,我们也可以把它看成是祁彪佳对自己晚年生活的愿景。他废寝忘食,一石一树造园,本来是希望终老寓园的。他是把自己狠狠地逼到了一个自我空间中,以此表达一种坚守不出的誓愿。尤其经过这一次打击后,发现自己的思想和性格终不能为当道所容,他貌似已彻底明确了心之所向。但随后发生的事情再次证明,祁彪佳不是这样的人。

顺治二年(1645)五月十日,福王弃城而逃。十五日,清军入南京城。六月,杭州继失。闰六月初四清晨,作为前朝重臣,祁彪佳不出所料地接到了大清贝勒的一封聘书。是日,祁彪佳颗粒不进。次日夜,祁彪佳留下多封绝命书,在自己亲手营造的寓园中,端坐池水而死。

其中一首绝命诗这样写道:

第六章　家和园

运会厄阳九，君迁国破碎。

我生何不辰，聘书乃迫至。

委赞为人臣，之死谊无二。

光复或有时，图功当时势。

图功何其难，殉节何其易。

我为其易者，聊尽洁身志。

含笑入九泉，浩然留天地。①

"图功何其难，殉节何其易"，这是祁彪佳的心里话。他一直以来都是这样的，不为难自己，想做就去做，做不成就不做。死亡，对他来说，比丧失名节、苟活人世要容易很多。

还有一个人物与祁彪佳的行为有相似之处，就是我在东林党一节中提到过的倪元璐。

崇祯年间，倪元璐在与温体仁的斗争中败下阵来，被开缺落职。他回到家乡绍兴后，已做好了足够的思想准备和对未来的规划，这辈子"不至九卿，终老词林"，事实上他也做到了，"家居既五六年，事太夫人晨夕尽欢""不复谈朝绅间事"。这期间，他也和祁彪佳一样，在家乡绍兴修建新居园子，甚是沉醉，其投注心血之多，可和祁彪佳比肩。倪元璐是后世公认的大书法家，他还亲自在园子的建筑物上绘画、书写，令人赞叹。但是，时间到了崇祯十五年（1642），听闻清兵入京，赋闲多日的倪元璐顿时待不住了，他尽鬻家产，征兵招士，并亲率死士数百人，驰赴北京勤王，让崇祯帝感激涕零，得授户部尚书职，后又以原官充任日讲官。崇祯十七年（1644）三月

---

① 查继佐：《罪惟录·列传十二下·祁彪佳》。

十九日,李自成大军破城入宫,倪元璐先北谢天子,继而南谢太夫人,四拜毕,索酒,与关神对酌,然后出就厅事,遂缢死。

大家知道,也是在这一天,崇祯皇帝把自己吊死在了景山的一棵槐树上。

当时,无数的退隐官员以及一些没有仕宦经历的文人醉心于建园修亭,江南文人之嗜园更是蔚然成风,即所谓回廊曲榭,遍于山阴道。包括祁彪佳和倪元璐在内,在筑园造室一事上,都有殚精竭虑的沉醉和挥金如土的奢侈。按理说,只有那些处庙堂之高的人才有责任和义务在社稷蒙尘之时殉国而去,而那些早已边缘化的归隐文人应该是既没义务也没勇气为国殉节才是,每个人都有自己的行为逻辑或行为惯性。但是,历史总会用一些未必那么恰如其分的事例提醒世人,身在庙堂不必然预示着忧国忧民,处在个人狭小园林中的悠闲文人心中也并不仅仅拥有眼前的池水天地。祁彪佳和倪元璐,最后的死所各不相同,一个在朝,一个在野,但最后都在国家处危之时,仗节死难而去。居庙堂之高则忧其民,处江湖之远则忧其君,这是一句人人会说的话,放在和平年代,这话说起来无关痛痒,但放在朝代鼎革之际,却确有人真真切切用自己的生命践行之。看来,所处之地从来都不是最重要的,甚至退或进、衰或尊也不是重要的,重要的是,有一种人可以不在乎官场汨汨荣辱,却在乎自身的志节贞刚。

补充一下,我在前面倪元璐一节中的相关引文均来自黄道周为倪元璐所写的《倪元璐墓志铭》底稿手卷。大家对黄道周可能不太熟悉,在明清易代之际,他和倪元璐一样同是声名鼎沸的大人物。二人是同年兼同道,友谊甚笃,在倪元璐殉节后两年,黄道周也因抗清被俘,最后壮烈赴刑。这篇墓志铭手卷纵27厘米、横625厘米,除了黄道周所写正文,还有乾隆时期著名学者沈德潜的题跋,以及清末民初著名文人郑孝胥之印。黄道周是和倪元璐比肩的大书法家,从这幅作品的规模和后人题跋款识的宝贵程度而言,无疑称得上是无价之宝。据目前可以得知的消息,这幅作品如今由著名收藏家戴志

· 第六章　家和园 ·

康先生私人收藏。

　　黄道周为好友写下的这篇墓志铭，文字很多，篇幅很长，但我还是记住了其中几句，他说倪元璐的为官生涯一直不顺，"圣天子不知所以用，倪先生不知所以赴"。这话说得，两头为难，肝肠寸断。总之，到了最后，倪先生不知所以赴，只得头也不回，奔赴死亡而去。和祁彪佳一样，他知道，殉节易，图功难，只有以难者俟后贤了。

　　寓园，曾经是祁彪佳精神的家园，一个欢愉和快乐的源泉，一个性情得以舒张和释放的自由之地。最后，它成了祁彪佳为自己筑造的死所。他相信，这里是洁净的。

　　祁彪佳是美男子，被人说成"生而英特，丰姿绝人"（《明史·祁彪佳传》），其为人操守多受人尊敬，尤其在乡里宗族中，他与人为善、赈济贫弱的各种善举在山阴美名远扬。也不知是真有其事，还是时人故意为之，总之，祁彪佳的自沉被各种记录带入了同一指向，也就是本节开篇我写下的，他死前"欢然饮燕，无异平时"，最后"端坐池中而死"，死后"衣冠俨然，笑容可掬，颜色如生"（徐芳烈《浙东纪略》）。人们愿意去强调，这个长相英俊又与人为善的官员直到临死时还保留了他生前的美感和庄严，不愿用任何肮脏的词汇去玷污他。

　　这是一个节义端然、器识淳厚之人，一个疾恶如仇、道义凛然之人，直白地说，这是一个有洁癖的男人，既有身体的洁癖，又有精神的洁癖。在中国知识分子传统中，从来就存在这种有洁癖的文人，他们把家园看成是这个世界上唯一干净的所在，是面对自己不能积极参与或正面对垒的社会的退守之地。而连这个最后的洁净之地也要被剥夺时，死亡，就成了必然的归处。

　　纵被春风吹作雪，绝胜南陌碾成尘。

　　寓园，成了祁彪佳整个人生中最辉煌、也最美丽的地方。

祁彪佳死后，他的妻子商景兰独自抚养着祁彪佳留下的几个儿女。

1645年祁彪佳死时，大儿子祁理孙20岁，小儿子祁班孙13岁。兄弟二人出身显赫，父亲又殉节而去，国仇家恨在身，自然以故国乔木自任，倾其家产支持其族兄的抗清义军。兄弟二人性格不同。祁理孙是长子，醇谨长厚。祁班孙次六，人称六公子，慷慨豪迈，喜结交。

稍晚时候，一个名叫魏耕的抗清义士开始暗中策动郑成功和张煌言大军复明，祁班孙、祁理孙均深度介入其中，与魏耕"称莫逆"。我在前面章节谈到过的广东人屈大均，在北游过程中也曾参与该行动。此时，祁家公子的父亲筑造的山阴寓园就成了这群反清人士的大本营。他们经常以寓园为据点，以谈诗作文为掩盖谋划反清事宜，这些人包括魏耕、朱士稚、钱缵曾、朱彝尊、屈大均等，据说钱谦益也参与其中。他们通过秘密通道向郑成功传递书信，里应外合，成为郑成功在大陆重要的联络渠道。

顺治十六年（1659）是农历的己亥年，郑成功部队会同张煌言部队顺利进入长江流域。郑部势如破竹，接连攻克镇江、瓜洲，包围南京。张煌言部亦收复芜湖一带十数府县，一时江南震动，出现江南父老"持牛酒犒师，扶杖炷香，望见衣冠，涕泪交下，以为十五年来所未见"（全祖望《鲒埼亭集·明故权兵部尚书兼翰林院侍讲学士鄞张公神道碑铭》）的空前盛况。但很快，郑成功中清军缓兵之计，遭遇突袭，大败，只得全军退回厦门。张煌言部腹背受敌，独立难支。至此，南明王朝最后一场和清军较量的规模化战争以失败告终，己亥之役的功亏一篑也预示着十几年来反清斗争的彻底失败。

战事失败后，魏耕全家包括屈大均等人都住在祁家寓园中。寓园，成了这些失落的前朝文人互相疗伤的一个伤心之地。

康熙二年（1663），郑成功部下向清廷告密，魏耕被捕，于同年六月在杭州被处极刑。祁班孙等百余人受其牵连，被流放至东北戍宁古塔，这就是著名的"通海案"。

第六章　家和园

宁古塔，位于现在黑龙江省牡丹江市的海林。

祁班孙在宁古塔待的时间不算长。也许是手头有钱的原因，通过贿赂守备人员，他的流放生活过得还算滋润。自小从父亲那里耳濡目染养成的对戏曲的痴情，为他北方枯燥的流放生活增添了不少颜色和韵致。至少，在这个极寒之地，他还能有机会教一些优人唱曲，聊以打发时日。没过多久，他被要求从宁古塔迁至更加苦寒的地区，这就彻底让祁六公子受不了了。让人震惊的是，祁班孙竟然从北地逃回了家乡。

我从没有见过任何人包括祁班孙本人叙述过他逃亡的具体过程。按理说，被流放东北的人要逃回家乡是一件极其艰难或者说是一件不可能做到的事情，但祁班孙做到了。逃回来后，为躲避清廷追捕，他落发为僧，在家乡附近的寺院做住持。虽身在佛门，但是仍"喜议论古今，不谈佛法，每及先朝，则掩面哭"（全祖望《鲒埼亭集·祁六公子墓碣铭》）。

而他哥哥祁理孙早已心灰意冷，醉心佛门，无暇他顾，甚至连他祖父和父亲留下的那间著名的澹生堂的藏书，他也无心打理，很多书籍被人顺走，他也漠然视之。

祁班孙去世时，年仅42岁。过两年，母亲商景兰去世，祁理孙在极度悲痛中随即跟从而去。从此以后，寓园废了。鸟不再飞来，花不再盛开，树木枯萎，池水干涸，寓园被笼罩在一片死亡之气中。澹生堂拥有四万余卷体量的藏书也以很快的速度流失散尽。后来，有史家把澹生堂藏书之星散称为"江东文献一大厄运"。

其实，寓园作为一个园子，终归还是存在的，不过是被某伧父俗子买下来，转手又转手，成了别人家的园子。园子的兴盛或荒废从来都具有某种被言说的特殊意义。即使它一直被某些人占有，但在更多人眼里，它的存在已毫无意义，这就是荒废。

祁彪佳一生中最后十年一直在为走向死亡而努力，他不仅亲手营造了自己的死所，还把这个死所隆重地献给了自己的儿子们。不出所料，年轻气盛的儿子们心中热血似火，不甘屈服，他们想用自己的行动把父亲的死所变成一个可以扭转乾坤的战场，只是，到最后，连父亲留下来的书和园子都无力或无心呵护的时候，他们才猛然意识到，一个时代早已随着父亲的死亡而死亡。

如果说祁彪佳是以自己优美的死亡圆满了一代士大夫完身自好的洁癖，那他的儿子们在寓园里的所作所为则是上一个时代遗留的某种声音的嗣响而已。

四　杜甫的草堂及其他

　　本书第一章写天地人，涉及文人的天地观、世界观、人生观和价值观，它是无所不在的精神世界和内心结构，既混沌又清晰。第二章写疆域边界、族群和他者。这是在写一个文人可能遇到的族群、他者和国家概念的侵扰和影响。它在某些时代呈隐性特征，有可能不对文人的精神或现实世界产生影响。在某些时代则呈显性特征，甚至可能直接干扰某些人的一生。第三章写江山社稷和政治空间。这是在写文人一生中绝不可能回避的政治因素的侵扰。不管它以什么样的形态和面目出现在一个人的生活中，都是历朝历代文人不可绕开的东西。第四章写南北、中心和边缘。这是在写方位，写一个文人所处的地点对他的人生可能带来的指引或破坏。第五章写宗族、家族和社会空间，这同样是一个文人不可能回避的生活空间。每个人都有一个绕不开的生活场域，体现在父族、母族、妻族或宗族、同乡、朋友、同道这些千丝万缕相互关联的网络中，它们有可能是构成一个人生活的有益的滋养，也有可能变成一个人生活中无法挣脱的藩篱或桎梏。到这一章，写家和园子。

　　大家可能看出来了，这是一个从大到小的空间，从天地、世界的框架到政治、地域的空间，再到所处的方位、相关联的亲族或党群。最后涉及园子和家，一个小得不能再小的空间，我愿意将之理解为一个文人所处的最狭小也是最广阔的空间。

　　杜甫的《茅屋为秋风所破歌》，大家耳熟能详。

　　这是何等凄惨的一幅画面。八月秋深，狂风怒号，卷走了我屋顶上好几层茅草。儿童欺负我年老体衰，竟忍心当面做贼抢东西。我呵止不住，唯拄杖叹息。盖了多年的被子像铁板，又冷又硬，孩子睡觉的姿势又不好，把这样的被子也蹬破了。雨水像麻线一样不停往下漏，屋内没有一点儿干燥的地方。长夜漫漫，屋漏床湿，怎样才能挨到天亮啊？

杜甫草堂就在我所居住的城市里。千百年来，无数人不远千里来到这里，就只为拜谒一下这间用茅草搭建的小房子。作为中国最伟大的诗人之一，全国很多地方都有纪念杜甫的堂馆，不止于他的故乡。但是，崇拜杜甫的人却愿意把杜甫草堂视作杜甫一生标识性的所在，人们相信，唯有这一间草堂方能表现杜甫饱经忧患的一生和忧国忧民的一腔怀抱。即使只能居于茅屋之中，伟大的杜甫想的也是得广厦千万，大庇天下寒士俱欢颜。

杜甫在成都的日子只有六年多，还包括因徐知道反水而客居梓州的一段时间。他的居所天下闻名，处于成都西郊"浣花溪水水西头"（《卜居》）。

这处茅屋不是陶渊明躬耕自给的田园，也不是司马光等人处于政治斗争劣势时主动选择的园林庭院，更不是祁彪佳避祸隐居的豪华别业，不过是一处友人亲戚相助搭建起来的暂时栖身之地，它是简陋的。但对一个外出避乱的落魄文人来说，既有亲戚送来修造茅屋之资，友朋供其禄米，还能向友人要来数目不小的各种树苗，供其在茅屋四周种植，也算是不错的景况。

大致算起来，杜甫向老友索要的树苗包括竹林一顷，应有万根左右，另有桤树十余亩、桃树一百根以及不知道具体数量的松树苗、李树苗和黄梅树苗。到底是不是到手如此之多的数量我们不得而知，可以确定的是，这些树种都到位了，且的的确确栽种在了草堂周围。草堂有桃树林一片是真实的，有荷塘也是真实的，荷塘上还有水槛，"去郭轩楹敞，无村眺望赊。澄江平少岸，幽树晚多花"（《水槛遣心二首》）。竹子多得让他发愁也是真实的。杜甫极喜松树，虽精心呵护，存活率还是不高，竹子却长得太快，他每年要砍竹千竿，所以才会有"新松恨不高千尺，恶竹应须斩万竿"这样的诗句。

第六章　家和园

没有足够的能力养家糊口，却把大片土地用于栽种无经济作用的树和花，这种事只有文人才干得出来。茅屋简陋，生活寒苦，杜甫心中也苦，也自惭，但仅此而已，因为苦和惭自来就是一个有用世之志而不能的文人的必然心境，这不丢人，反而可以在苦痛中磨炼意志，显其刚刃。而这些松、这些花就是用以自我贞定的绝佳象征，它们一直都是中国文人用来自我明志、自我构建的一种极具表现力的符号。

君不见鞲上鹰，一饱即飞掣！
焉能作堂上燕，衔泥附炎热。
野人旷荡无靦颜，岂可久在王侯间。
未试囊中餐玉法，明朝且入蓝田山。

——《去矣行》

万里桥西一草堂，百花潭水即沧浪。
风含翠筱娟娟净，雨裛红蕖冉冉香。
厚禄故人书断绝，恒饥稚子色凄凉。
欲填沟壑唯疏放，自笑狂夫老更狂。

——《狂夫》

步履深林晚，开樽独酌迟。
仰蜂粘落絮，行蚁上枯梨。
薄劣惭真隐，幽偏得自怡。
本无轩冕意，不是傲当时。

——《独酌》

往往虽相见，飘飘愧此身。
不关轻绂冕，俱是避风尘。

——《赠王二十四侍御契四十韵》

在这些诗作中，杜甫把自己流寓成都草堂的原因说得很清楚了，"本无轩冕意，不是傲当时"，也"不关轻绂冕，俱是避风尘"。这是说他在成都的行为并不是故意笑傲当世，有隐逸之志，不过是暂避风尘罢了。和我前面谈到过的那些故意隐逸的文人士大夫不同，他是被逼无奈的，并没有和当朝为敌的宏大背书，内心深处也没有为自己预设一个巨大的藩篱，用以和这个世界对抗。也因此，对于生活的穷苦和寒酸，也就自然而然表现了随遇而安的一面，同时还有居于定所而眷顾周遭所带来的安心、自适的一面。

我们来看看《春日江村五首》中的前三首：

农务村村急，春流岸岸深。乾坤万里眼，时序百年心。
茅屋还堪赋，桃源自可寻。艰难贱生理，飘泊到如今。

迢递来三蜀，蹉跎有六年。客身逢故旧，发兴自林泉。
过懒从衣结，频游任履穿。藩篱无限景，恣意买江天。

种竹交加翠，栽桃烂熳红。经心石镜月，到面雪山风。
赤管随王命，银章付老翁。岂知牙齿落，名玷荐贤中。

虽然"遭乱到蜀江，卧疴遭所便""艰难贱生理，飘泊到如今"，但他知道，自己的茅屋依然可堪吟咏，这里是他的"桃源"。"茅屋还堪赋，桃源自可寻。"他在自己的这处桃源可以"种竹交加翠，栽桃烂熳红"，能感受到

第六章 家和园

"藩篱无限景",尚可"恣意买江天"。

著名的《客至》诗是这样的:

舍南舍北皆春水,但见群鸥日日来。
花径不曾缘客扫,蓬门今始为君开。
盘飧市远无兼味,樽酒家贫只旧醅。
肯与邻翁相对饮,隔篱呼取尽余杯。

著名的《春夜喜雨》是这样的:

好雨知时节,当春乃发生。
随风潜入夜,润物细无声。
野径云俱黑,江船火独明。
晓看红湿处,花重锦官城。

看上去,杜甫是满足的。他的草堂处成都之西,人烟稀少,轩楹敞亮,四周无建筑遮挡,可供他极目远眺。锦江澄明,花木扶疏,细雨随风入夜,燕子呢喃林间,群鸥飞翔,春水迢迢,与邻居老翁对饮,千杯不醉,锦城红湿,潭水沧浪。

但是,杜甫不是别人,杜甫是杜甫啊。他是那个写下"致君尧舜上,再使风俗淳"的杜甫,是那个向唐玄宗献上三篇大赋的杜甫,"迢递来三蜀,蹉跎有六年""干戈未偃息,安得酣歌眠"。自己还未曾试过囊中餐玉之法,难道今朝就要且入蓝田山?"出师未捷身先死,长使英雄泪满襟",许多论者喜欢把这首著名的《蜀相》诗作为杜甫在成都期间的代表作,认为它是杜甫在成都生活的全部心思所在,这才是杜甫之为杜甫,是他壮志未酬、龙游浅水的心志流露。所以,他要说"焉能作堂上燕,衔泥附炎热",要表现"野人旷荡无靦颜,岂可久在王侯间"的高洁之志,更有"欲填沟壑唯疏放,自笑狂夫老更狂"这样的高调表态。大家知道,杜甫从来就不能算作狂人,但如果不以此表明一种顽强的生命态度,杜甫就不是杜甫了。

但是,我却不大愿意接受所谓代表作一说,我更情愿把这些诗句理解为一种年华虚度、光阴耗费的自惭和内疚。这里有一种无可奈何的失败感,也是一种深深的焦虑,他必须认真处理自己在草堂生活的一种调性,否则他内心那道坎是无论如何过不去的。

他要处理幽居和贞洁的关系,要处理懒惰闲散与志存高远的关系,要处理一事无成、光阴虚度与心怀社稷的关系,还要处理心安知足与形骸不适而神烦意恼的关系。

"尚念四小松,蔓草易拘缠",栽种了那么多松柏,活下来的仅仅四株,他甚至担心最后的那四株也会被周围的蔓草荆棘吞噬。"幽栖地僻经过少,老病人扶再拜难""花径不曾缘客扫,蓬门今始为君开"。长满花草的通往草堂的小路从未因迎客而打扫,只是为了你的到来,我家草门首次打开。

蓬蒿、荆棘、蔓草、蓬门、小径、门前冷落车马稀、门虽设而常关,这些意象或词汇一直都是历代隐逸之士用以对抗世俗社会的指代词,是用来拒绝世俗入侵的一种傲然姿态。但杜甫草堂的那些蓬蒿、荆棘和蔓草从来都不是故意设置的用以和外界隔绝的藩篱,更不是一种对抗的宣誓,它们不过是艰难生活的一种自然反映。草堂的门从来不曾对任何人关闭过,门前那条小径虽未曾人来人往、车马熙攘,但杜甫一直梦想着有那么一天,终是有人穿过千山万水抵达他的门前,或是他自己沿着这条小径而出,最终一定会通往一条康庄大道。

步履深林,开樽独酌,是孤独;诗酒自宽,怡然欢悦,是自适。

藩篱无限景,恣意买江天,是怀抱。

第六章 家和园

如果简单定义的话,凡是借助人力构造的人工景观都可叫作建筑。而像杜甫草堂这样的建筑之简陋和粗糙,无论从何种意义上讲,都是不可能进入中国建筑史的,但是,人们还是把这一间简陋得不能再简陋的草堂视为中国文化史上不可或缺的标志性建筑。

中国历史上,那些被记载或被歌咏的恢宏华丽的宫殿、庙宇、宫观、园林、塔刹大多毁于战火或一些非常规破坏手段,现在还保留下来能够被我们亲眼见到的实在少得可怜,就连明清时期的建筑保留下来的也不多。对比一下其他文明,尤其是西方文明中那些得以完整保留的建筑群的密集程度,着实有些遗憾。有人将之归结为中国建筑喜用木材之故,还有人将之归咎为一个极坏的传统,中国历代王朝的终结者或建立者都喜欢将前朝宫殿和标志性建筑悉数毁灭,然后再在废墟上重建象征政治正确的建筑物。从物理形态上销毁一个王朝的象征似乎就能从人心上剪灭一个王朝的痕迹,这是一种征服者的暴力,而不是文明承续者的心态。

所以,在中国的文人诗篇中,对废墟的吟咏相对较少,因为他们压根儿就没见过废墟。哪怕见到了所谓的废墟,废得也只剩下荆棘蔓草而不是残垣断壁。关于历史和过往,我们会读到更多关于荆棘蔓草的咏叹,大概是荆棘蔓草比那些易朽的木材更加长命百岁的缘故吧。

荆棘塞门,蓬蒿没人,既针对一座城池,也针对一处宫殿,或一处废园。

那些宏伟壮观的楼台庙宇悉数倒塌了,杜甫草堂却保留了下来。我并不是说现在的杜甫草堂是真迹,肯定不是。但也因为其简单而粗陋,它是容易被重建的。或者说,它是可以被后人无数次在心中重建的。它是不是杜甫曾经居住过的那间草堂,早已不重要,重要的是每个人心中都有属于自己的那一间草堂。它代表了一种处穷但从未改志的姿态,一种洁身自好的干净和素凛,更代表了一种为苍生黎民鼓与呼的寒士怀抱。如能得到千万间在风雨中不为所动的宽敞的房子,即使茅屋被秋风所破,我自己受冻而死也心甘情愿!

"岂有文章惊海内，漫劳车马驻江干。"（《宾至》）多么谦逊的言辞，多么卑微的心态。那个住在风雨飘摇的茅屋中满身是病的小老头，何曾想到，这个世界真就如此，真的就有文章惊动了海内，让后代无数的人不辞车马行旅之劳顿，真的就停留在了这间破旧不堪的茅草屋前。

它是如此之小，小得甚至不值一提。我生活在这个城市几十年，不是万不得已要陪外地来的朋友去杜甫草堂，几乎从无踏足的雅兴，它压根就没有什么可看的。2016年暮春，一个多年的好友从京城来，她希望到杜甫草堂走走，我俩在草堂喝了一下午的茶，然后在里面溜达了好一阵子。多年未曾踏足的这块地方，从来没有带给我如此的愉悦。是的，杜甫草堂，如今被整理成了一个我喜欢的草堂，简陋依然，素凛和清爽依然，门前池水平静，花径幽香四溢，黄四娘在那里卖茶却不吆喝，桃花开得烂漫却不妖娆，落叶半床，狂花满屋，细雨鱼儿出，微风燕子斜。

那些高楼大厦倒了，这间随时被雨打风吹的茅草搭建的草堂却留了下来，不是这一处草堂的实体，而是被冠之以草堂的精神。如刘禹锡《陋室铭》所言，一处房屋或一处所在，其陋或不陋与所处的地域以及所建的豪华程度无甚干系。

山不在高，有仙则名。水不在深，有龙则灵。斯是陋室，惟吾德馨。苔痕上阶绿，草色入帘青。谈笑有鸿儒，往来无白丁。可以调素琴，阅金经。无丝竹之乱耳，无案牍之劳形。南阳诸葛庐，西蜀子云亭，孔子云：何陋之有？

不管是陋室、草堂，还是别的什么所在，它们最终成了一个文人精神之一隅。这是一处建筑，更是灵魂之所在。历朝历代文人，兴许永远也不可能拥有一处陶渊明那样的田园，一处司马光那样的园子，他们四处奔兢，南来

第六章 家和园

北往，但每个人终有一地可以安身，哪怕只是一处陋室。那是他们最后的归宿和安歇之地，可能是家，或只是随便一处所在，如一片山，一丛树林，一汪溪水，或者是一间书房，甚至只是一方小小的书桌。

诸葛亮的南阳山居，扬雄的紫云亭，谢灵运的山阴别业，王维的辋川，杜牧的樊川，苏舜钦的沧浪亭，苏轼的东坡，沈括的梦溪园，陆游的老学庵，洪迈的容斋，范成大的石湖，辛弃疾的稼轩，顾瑛的玉山草堂，归有光的项脊轩，徐文长的青藤花园，张溥的七录斋，钱谦益的绛云楼，冒襄的水绘园，蒲松龄的聊斋，袁枚的小仓山房，纪昀的阅微草堂，钱大昕的十驾斋，黄遵宪的人境庐，刘鹗的抱残守缺斋，梁启超的饮冰室，等等。

黄庭坚自撰书斋联："诗罢春风荣草木，书成快剑斩蛟龙。"

陆游自撰书房联："万卷古今消永日，一窗昏晓送流年。"

徐渭自题书屋联："几间东倒西歪屋，一个南腔北调人。"

东林党人左光斗自题书斋联："风云三尺剑，花鸟一床书。"

抗日保台英雄丘逢甲的居室名"念台精舍"，以明保台之志。

梁启超的"饮冰室"语出《庄子·人间世》："今吾朝受命而夕饮冰，我其内热与？"以此表达对国家前途的忧虑。

至于广为中国人熟悉的拙政园、网师园、退思园，莫不以前人之闲居退隐、做江河渔翁或退思补过为园名的意思出处。

这是一个富有画面感的空间。

谢灵运站在他绍兴山阴的巨大别业中，此时，他刚刚游山玩水回来，刘宋皇帝派来的兵丁已经站在了他家的山门外。他脱下脚上那双著名的谢公屐，嘴角发出轻蔑的微笑。

宋之问从岭南出发，怀着忐忑的心情走过千山万水，刚刚抵达那个已略见荒芜的辋川别墅。他知道，等来的那封新的任命书必将为他引来后世的骂名,但他没能预见的是,几十年后,辋川别业被一个叫王维的人买下后,却拥有了与他停留之时完全不同的气质,那是一种被后人不断歌咏的气质。

苏舜钦在贬谪流寓吴中时,花费四万钱买下了一块弃地,修成沧浪亭,并作文《沧浪亭记》,"形骸既适则神不烦,观听无邪则道以明"。沧浪之水清兮可以濯我缨,沧浪之水浊兮可以濯我足。他不会想到,这座简陋的沧浪亭,会成为后世文人选择自我出处时的必到之地。

而曹雪芹,几乎用一生的时间筑造和构建了一个虚拟的园子。后世的人们相信,红楼,既是极致的繁华,也是怅惘的衰落,它是文人想象出来的一个非现实空间,也是一个朝代真实的梦魇。

这些地方多被冠以楼、堂、居、室、亭、园、房、屋、轩、巢、馆、斋、庵等名头。它们或为居所,或为别业,或为书房。有些是大宅大院,有些仅一屋一桌;有的雕梁画栋,亭台水榭遍布,有的则环堵萧然,仅一箪一瓢之乐;或藏诸市井,或隐于郊野;或贵客鱼贯,或门无车马;或置酒娱宾,或观山卧云。斋、庵预示洁净幽静之所在;楼、堂表宽敞、高大和明亮;自谦书房之简陋,则喜用庐、室、巢或草堂;园、亭通常有园林之盛的意思。这些居所的名称一定是有来路和故实的,或用以寄傲,或用以修身,或用以颐志,或用以怡情,视听无邪,轩窗皆绿,拄杖望云,临水观鱼,无所不可。

其实还有更多。司马相如的梁园和茂陵,石崇、左思、潘安的金谷园,竹林七贤的竹林,唐代文人的弘文馆、翰林院,薛王、宁王、太平公主的宅院,皎然的寺院,李商隐居住的令狐楚的院落,范仲淹、王安石们奔走往来的宫苑与相府,柳永流连忘返的妓院,朱熹、陆九渊讲学的书院,李渔苦心经营的戏院,祁班孙、吴兆骞流放的北方极寒之地宁古塔。

不同的人在不同的时期总会找到可资借的地方,哪怕是朋友的宅院和他人的居所,甚至是无法逃离的一处所在,也可用来寄托身心,打发意趣。如同一株小草,借一方寸之地,就可生长,直至开花结果。

第六章　家和园

曲江夜宴了，雁塔题名了。白马寺赏牡丹了，锦衣卫穿上囚衣了。每一处地方，总会留下他们的足迹和诗篇，和着他们的人生沉浮一起，带给我们关于这一处地方特殊的想象和重构。

结　语

　　古代文人，一生一世、或长或短生活在自己的空间中。这个空间是什么？看上去，是一个俄罗斯套娃一样的套，一层套一层，文人就是被裹在中心的那个实心娃娃。

　　但说它是个套，并不准确，它不完全是一个笼罩一切又压制一切的套。这是一个辽阔的空间，也是一个窄小的空间；是一个丰饶的空间，也是一个残酷的空间。这是一个盒子，我把它称为中国盒子。

　　天地、族群、政治、方位、宗族和家，是这个盒子的几个面。有些时候，文人能够在盒子里游刃有余地穿行，频频与人过招，身轻如燕，飞檐走壁，如武林高手；而更多的时候，从盒子的这一端走到另一端，几乎耗尽了一生的精力，也没能抵达想要抵达的地方；有些时候走着走着，不经意间就迎头撞上了其中一面，被撞得头破血流，身心俱废。或者，自带芒刺，横冲直撞，直至遍体鳞伤，铩羽而归；再或者，一直站在盒子中的某个地方不动，所谓以不变应万变，但立面的反光却将整个人照得通透光明，或立面的巨大阴影把整个身躯彻底吞噬，直至暗黑一片；他们可能处于盒子中的任何一个角落，或东或南或西或北，动或不动，有时候身体的重量实在太重，甚至可能把这个盒子压得倾斜起来，失去重心，自己也因此站立不稳，直至晕眩。

　　这个盒子到底是什么？

　　它是天，是地，是望不到尽头的山川，是晚上10点就要关门闭户的城郭里坊。

　　是垂拱年，是淳熙年，洪武年或顺治年。

第六章 家和园

是南阳的乡村，江南的院落，辽东的军帐，福建海边的渔船。

是从家乡启程抵达帝都的沿途风景，是好友抱团取暖的雪夜中的寒舍驿站，也是隔壁新搬来的一户归降的胡人将军家里冒出来的一股刺鼻的膻腥味道。

它是书本，也是江湖。是江山，也是家园。是皇帝的诏书，御史的弹劾，是先贤的经书，母亲的遗训，朋友的诗篇。

这个盒子是一个实实在在的、有形的盒子，甚至是一个框禁人的囚笼，但有时候，它又是无形的、弥散开来的一种力量，它是知识的源泉，思想的天空，心灵深处的金戈铁马。

有时候，盒子如此之大，大得让人无处藏身，如若困兽。而有的时候，盒子又如此之小，小得让人顶天立地，展翅高飞。它让人伸展，让人欢愉，让人伟大，也让人幽闭，让人痛苦，让人猥琐不堪。人们在这个盒子里手舞足蹈，长吁短叹，偶尔也拳脚相加，龇牙咧嘴。

这个盒子看上去是稳定的、静止的，但又是变化的、运动的。它既是一种客观存在，又是一种主观的感知、体会和认识，甚至是一种凌驾和超越。

绿野可以生远思，青山能不照衰容？

满头黄菊斗芳妍，人与秋光两静便。

人们爱说，我们生活在同一片天之下，生活在同一抔土地之上，我们生活在同一个大中国里。这是对的，也是错的。即使生活在同一个盒子里，他所站的位置也和别人所站的位置不同，这个位置也是可以自我选择的，更是可以自我构建的。这是一种无奈和被动，是不得不然的必然，同时也是一种刻意和主动，是一种不必然。这种必然，我们可以将之视为一种宿命，是一种服膺。不必然亦同样，可以将之视为一种挣扎或战斗，而我更情愿将之视为一种重塑，或超越。

曹操说，东临碣石，以观沧海。是因为曹孟德站在高高的山岗上，会看见日月之行,若出其中,星汉灿烂,若出其里,视野自会和袁绍不同。他是一只翱翔的大鸟。苏东坡说,拣尽寒枝不肯栖,寂寞沙洲冷。哪怕寂寞寒冷到不堪忍受,他也不愿随便找一个枝头歇息下来。东坡先生不惮于把自己逼成一只缥缈的孤鸿,绝不苟且偷生。辛弃疾说,我见青山多妩媚,料青山看我应如是。人事丑陋,面目可憎,而面对妩媚的山川,让稼轩先生何来如此的舒畅和欢悦?

这是他们眼中不同的江山与世界,是同样被框禁其中的中国盒子。他们在受难,也在享受,更是与青山天地心有灵犀,互通情款,相互成全。是独钓寒江雪,是举杯邀明月,是天地一沙鸥,是一蓑烟雨任平生。

这个盒子曾经盛下一代又一代的文人。是他们,用自己的生命和文字为这个空间添加了更多的景观和色彩。

到此处该停笔的时候,仿佛才明白,我本来是意欲窥看中国古代社会的空间结构如何塑造了一个又一个的文人士大夫,但却有极大的可能是这些文人士大夫为我们构建了一个又一个奇特的空间,让这个空间成为一种时间叠加的产物,最终构建了后来的我们,和我们如今所处的空间。

难怪,如今我们所处的这个中国盒子,是如此的陌生,又是如此的熟悉。

后　记

碎片一

2017年清明节前后，我们一家人到西安。

我已经数次到过西安，之所以再次造访，源于我一厢情愿的自作多情。我以为，我那个对中华文化缺乏足够认识的儿子有必要在国内停留期间进行一次传统文化之旅，否则，有些东西就接不上了。

行程最后一天，一家人围着茂陵走了一圈，又去了近处的卫青墓、霍去病墓、金日䃅墓。整个半天，只看到稀稀拉拉的十来人在跟前转悠。金日䃅墓园由金氏后人修葺一新，并立碑纪念；霍去病墓园被改成了一个不伦不类的公园，里面还设有儿童乐园；而相邻的卫青墓已是杂草丛生，荒芜得厉害。恰好也是这天，西安的天气阴森黏稠，糟糕到了极致。

从茂陵出来，我建议去20多里外的景帝的阳陵看看，被儿子坚决拒绝了。剩下的时间中，儿子哪里也不愿意去了。一家人坐在城墙下的咖啡馆默默地喝了一下午的咖啡。

我晓得，这次预谋已久的旅行以失败告终。只是到现在，我也不知道问题到底出在哪里。在我看来，除了天气太糟糕之外，西安并没做错什么。

碎片二

2015年8月，我们夫妇和朋友吕澎、刘家琨、张骏、朱成、胡洁兰、李莉等人，租了一辆宽松又老旧的中巴车，从宁夏银川出发，穿过武威、张掖、酒泉、玉门，来到敦煌，最远处到达被称为魔鬼城的雅丹地貌区，距离罗布泊仅300千米，也就是沿着著名的河西走廊走了一趟。

两年后的2017年8月，我们又和朋友唐尚平、邱皓、李娟、李柱、陈稚虹以及我们的孩子们一起，租了两辆车况差强人意的商务车，从青海西宁出发，沿大通、共和、刚察、祁连、门源走了一大圈。

这是两种不同方式的行走。前者是老年人的路线，在那辆可以开着空调抽烟的中巴车上，我是最年轻的一个，注定要为这个团队一路上的吃住行操心。而在后面那个年轻的团队中，我和先生是名副其实的前辈，出发前我竟没有就此行的线路过问一句话。这是区别之一。

区别之二，是到达祁连县以后，才猛然醒悟过来的。

两年前，我们一直是沿着祁连山北麓在行走，途经之地，历史故事太多，文化遗迹不少。两年后，我们是沿着祁连山南麓行走，这是被很多中国人忽视的一条路。除了经过日月山时，看见很多旅游车停在路边，其余地方都是一望无际的牧场，要谈人文，几乎是空白一片。

就一座山脉的阻隔，两者判若水火。北边，黄沙茫茫，一望无际。南边，青山葱翠，田畴如绣。

而在祁连县境内，有一条南北方向的道路，可以翻过祁连山脉，直抵河西走廊上的重镇，昔日的古凉州——张掖。

想都能想到，从这里穿过祁连山，会是怎样一种震撼。坐在车上，真心有这样的冲动，一脚油门，改道北上，就可以从南麓苍翠的崇山峻岭抵达北边黄沙茫茫的戈壁沙漠。

这个时候，不由得会想到匈奴人那首著名的歌谣：

失我焉支山，令我妇女无颜色。

后　记

失我祁连山，使我六畜不蕃息。

据载，所向披靡的霍去病曾把他的军队短暂驻扎在罗布泊，那个时候，霍去病不过20岁出头。你只有亲自到这里走一走，才能由衷地体会，落败后的匈奴人为什么会吟唱出让人如此心痛的歌谣。它是匈奴人作为一个民族唱出的最后一首悲歌。

从刚察到祁连，并不是事先规划好的线路，所以，最后是在行进途中抢下了祁连县一间酒店的最后几张床位。因为是一个小县城，酒店的名字又非常难听，一行人对这个临时歇脚之地不抱任何幻想，但越往前走，越欣喜，这哪里是我们脑海中那个已经被定格的荒凉坚硬的祁连山，这分明就是瑞士啊。不仅酒店豪华气派，设施上乘，从酒店的房间望出去，视野好得让所有人禁不住惊呼起来。

我万万没有想到，这个躲在青海省偏远角落的祁连县，干净整洁，加上背后映衬的绝美风景，它简直就是我见过的中国最美丽的县城了。

当然，看得出来，它并不知足，或者说，它很不知足，它早就不想继续对人述说那些被误读的蛮荒而苍凉的历史了。现在，只想一门心思把自己打造成一种现代文明的高级形式，就如同人人向往的瑞士一样。

酒店每间客房的床头上都精心放置了一个小点心，名字叫达利瑞士卷。

碎片三

2016年6月的一天，朋友翟永明邀约我去看昆曲《桃花扇》，并邀请我先生易丹也一同前往。

就在此前一个星期，因为写东林党和复社一节，我刚刚复习完孔尚任《桃花扇》原本，此时能看到江苏昆剧团石小梅演出版，对我来说不啻一个太好的时机。翟永明也知道,我那个有西方教育背景的先生对中国戏曲一点兴趣也没有。算作陪太太攻书吧,我先生还是去了。

次日,成都锦城艺术宫,大戏准时开演。

中场休息时,翟永明问易丹,怎么样?她极度热爱中国传统戏曲是出了名的。

易丹摇摇头,大概、可能、也许是中国戏曲中的那种抽象性吧,让人无法有带入感。

翟永明有点失望,尝试对易丹作一些解释。说江苏昆曲团在改编这部戏时更多关注侯方域和李香君的爱情,有点"偏离航线"。

休息过后,演出继续。我注意到,在史可法"沉江"一段戏结束时,先生第一次随观众鼓起掌来。到全本戏结束、演员出来谢幕时,他站了起来,长时间鼓掌。

全本戏实在太长,根本无法在几个小时内演绎完成,这出戏也就只保留了可能为观众喜闻乐见的部分,相比原作自然有很多遗憾。戏中没有了吴应箕、陈贞慧、冒襄这些人物的出场,甚是可惜,他们代表了明末知识分子恃才傲物、争强好胜但最后败下阵来、深自忏悔的群体形象。爱情像桃花一样艳丽,就像那些可以被轻易辨识的鲜艳的戏装一样,但最后,当石小梅扮演的侯方域脱下外套,露出灰褐色道袍的时候,那种触目惊心的晦暗和残缺才是生活的本来面目,鲜血凝固在扇面上变成了丑陋的酱色,这才是国家、江山抑或个人无可逃脱的深重的悲剧感。史可法的奋蹄扬鞭和悲怆号啕是这出人生和王朝悲剧最后的高腔,它试图唤起一些东西,但最终无能为力。也只有这个时候,像我们这个年纪的人才能体会到传统戏曲可能拥有的带入感。

孔尚任的这出戏完全不亚于甚至胜过了莎士比亚的一些著名悲剧,尤其是把历史人物放在时代大背景下的巧妙布局让人叹为观止,曾经在课堂上教授莎士比亚的先生认同我的观点。

·后 记·

当然,我也知道,即便被打动了,先生依然不会主动走进剧场。他试图得到的东西,在书本中,在各种文字叙述中,比一出戏呈现出来的东西要多得多。而对我而言,历史戏剧性地交替上演,让我长时间处于一种非真实的虚脱感中,这一直是这些年来我沉湎于历史的常态。只是,这种常态通过一出戏呈现,依然有点惊艳,让我好多天缓不过劲儿来。

碎片四

这些年,因为研究重点在欧洲,我先生常奔走于中欧之间,去得最多的一处是比利时,我也因此有和他两次在比利时居住的经历。第一次在根特大学所在地根特待了一个月,那是 2012 年秋天。其间,他到鲁汶大学参加一个论坛,我也跟随前往。匆匆随一群学者穿过校园,鲁汶大学政治系的一个教授指着一处建筑物告诉我,这是为纪念大名鼎鼎的 Ferdinand Verbiest 而建的,你知道吧?

Ferdinand Verbiest?我并不知道这人是谁。一脸茫然。

他看出了我的尴尬,马上说,他在中国不叫这个名字,你也许只知道他的中文名字,他是一个著名的到中国传教的耶稣教士。

我在心底再次狠狠地念叨这个名字,依然想不出他会被翻译成一个什么样的中文名字。Ferdinand Verbiest 音译过来,应该叫费迪南·维比斯特。我从来不知道这个人。

回到住所谷歌才知道,这个叫费迪南·维比斯特的比利时人给自己起的中文名字叫南怀仁。而事实是,那个时候,即使鲁汶大学的教授把他的中文名字告诉我,我也依然不知道他是谁。

2016 年春,我再次来到比利时,这次的居住地正是鲁汶大学。

一个风很大的下午,先生去和一个身为神父的教授会面,我一个人再次走进了这个镌刻着南怀仁名字的院子。

这里空间不大,是鲁汶大学任何一处研究所常见的规模,唯一不同的是,院子里安放了一个巨大的仪器。而此时,我对南怀仁已经有些熟悉了。我知道,这座仪器之于南怀仁意味着什么,之于汤若望意味着什么,之于康熙帝意味着什么。

300多年前一个极寒的日子,1665年1月16日,戴着镣铐的罪犯南怀仁衣衫单薄地站在北京观象台达14米高的平台上,冷得浑身哆嗦。

他肩负着一项重大的使命。马上就要到来的时刻,他将代替前钦天监监正、德国人汤若望,与他的中国对手进行一场预测日食发生时间的大对决。此时,那个负责钦天监多年的73岁的汤若望在监狱里已经待了半年,因严重中风,生活已不能自理。事实上,生命垂危的汤若望已经接到了死刑的最后宣判,不过是在等待秋后的行刑。

最初对西方传教士的宣战来自一个叫杨光先的人。他指责以汤若望为代表的外国传教士把持钦天监多年,使用错误的西方历法祸乱朝廷和国家。很快,他取代了汤若望,成为钦天监监正。

钦天监,是当时的国家天文台。钦天监监正,就是国家天文台台长。

时间一分钟一分钟的过去。寒冷的北方的冬天,浑身不能动弹的虚弱的汤若望也被押解到此。这是有人精心安排的,本意是让他亲见自己的愚蠢和失败。皇帝下旨,大批官员必须到场见证。在各怀心事的目光的注视下,太阳毫无动静,此时,距离杨光先判定的日食发生的时间已经过去一会儿了。突然,额头冒汗的杨光先听见了不远处南怀仁说出的清晰的满语。南怀仁口气坚定,十分确认,时间已经到了自己计算的节点上。话音未落,阴影遮住了太阳。

日食发生了。

· 后 记 ·

人们奔跑着向尚未亲政的康熙帝报告,向鳌拜报告,向索尼报告,消息像冬天的雪片一样四处飞扬。这个凛冽的冬天,南怀仁完胜杨光先。包括南怀仁在内一批被关押的西方传教士得以释放,他们的领袖汤若望的性命也保住了,虽然他在一年后因病不治,但南怀仁的胜利至少让他有尊严地离开这个世界。

这个戏剧性的故事在中国的历史记载里没有出现过,我也是通过阅读日本学者上田信的著作《海与帝国——明清时代》获得这一情节的。上田信先生说,他的资料来源于法国在中国的耶稣教士聂仲迁的记载。而当时,中国史书对汤若望等涉及"康熙历狱"的西方传教士终止行刑的解释是,因为北京突发地震,引起了孝庄太后的不满和迁怒,所以,最终停止了对几个西方传教士的惩罚。和这个语焉不详的官方记录一样,我其实也不尽然相信这个法国传教士讲述的故事,但最终一定是通过什么方式证实了西方历法相比中国历法更具科学性的事实,这一点是肯定的,只是未必那么有戏剧性,未必发生在那样一个生死存亡的关头。这也能大致解释南怀仁后来成为康熙帝的科学老师而备受恩宠的原因,以及天主教在康熙年间被允自由传教的默许。

没过两年,康熙帝亲政。经过多次辩论,西方历法再次代替中国天文学家制定的历法。不久,南怀仁担任了中俄谈判的翻译,为后来《中俄尼布楚条约》的签订做出了贡献。同时,这个耶稣教士跟从汤若望的足迹,继续帮助大清绿营和八旗军队制造火炮。1688 年,南怀仁去世,成了中国历史上唯一一个得到皇帝谥号的外国传教士,谥号勤敏,指勤奋聪明的意思。

如今,摆放在鲁汶大学怀仁厅前的这座仪器,就是南怀仁去世 300 年之际,由中国政府赠送给鲁汶大学的礼物。这是当年南怀仁制造的安置在北京观象台上无数个天文仪器中的一个复制模型。

鲁汶大学,是世界上最古老的大学之一,也是当今世界排名最靠前的天主教大学。耶稣教士南怀仁曾经是该校的学生。

碎片五

2017年国庆，也是此书写作接近尾声时，我们那个曾经一起前往祁连山南麓的小团队再次出发。错过了青海之行的团队主力彭瑾也回到了大部队中。此次出行时间很短，只有五天，但整个行程的信息量却很大，一行人到了河北张家口、内蒙古锡林郭勒以及山西大同、朔州，足迹所至包括崇礼的奥运滑雪场，正蓝旗的元上都遗址，大同的云冈石窟、华严寺、恒山悬空寺以及应县的释迦木塔。

处于阴山以北、锡林郭勒盟的正蓝旗是元朝的上都所在地，张家口曾是察哈尔省省府所在地，大同古称云中、平城，曾是北魏的首都和辽金两朝的别都。这里不仅有炎黄二帝大战蚩尤的涿鹿之野，有战国时那个搞出"胡服骑射"的赵武灵王的墓地，还有北魏著名的冯太后墓地和辽代著名的萧太后留下来的遗迹，此外，它是刘邦被匈奴围困七天七夜的"白登之围"的古战场，是汉武帝被匈奴人彻底激怒的"马邑之谋"的所在地，是明武宗朱厚照大胜蒙古鞑靼部取得应州大捷的地方，还是唐末著名军阀李克用及其后代、后唐皇帝李存勖、李嗣源的家乡，他们都是突厥部的沙陀人。

这里是中国版图中游牧民族和农耕民族相交叉的一个奇特的所在地。

不过，除了几个被侥幸保留下来的遗迹，现在在这里的街道上行走，再也见不到具有非汉特征的任何残留了。上千年来，不同的民族、族群、宗教、王朝在这里相会、厮打、融合和统治，已经亲密无间。

"胡人吹玉笛，一半是秦声。"这是盛唐时期李白的诗句。随着匈奴人的逃遁、乌桓人的灭亡、鲜卑人的汉化以及契丹人、女真人的落败，张家口和大同的各种喧嚣声中，不管是市井里巷的吆喝还是夜幕降临后卡拉OK的嘶

·后 记·

吼,早已是秦声一片。

唯有正蓝旗那几个身着时装化的蒙古服饰的解说员,在秋天萧萧的大风中,还在骄傲地向我们诉说着一个帝国曾经的荣耀。

登上元上都遗址的最高处,向正南眺望。这座曾经被马可·波罗所惊叹的叫作开平的城市,处于元大都北京正北 270 千米处。从这座都城一直往南,就是北京城那条从永定门到天安门再到紫禁城的中轴线。这条中轴线,被中国人称为龙脉。

只是很多人并不知道,它是当年忽必烈汗从元上都的大草原为起点延伸至此的。

是元朝赋予了北京的国都地位,也奠定了它延续至今的格局。

以上几处,是碎片。

是几个随意捡起来的落在地上的碎片,是生活的碎片,也是记忆的碎片;是历史的碎片,也是现实的碎片。

我自认为不是一个琐碎的人,很多时候还刻意去躲避一些碎片化的生活。但谁又能否认,生活原本就是由无数碎片构成的呢。

历史非常宏大,宏大到各种各样的历史阅读,你一头钻进去,半天也没有钻出来的希望,甚至有可能被它埋葬和吞噬。在写作此书的两年时间里,只是由不同国家学者写作的不同版本的通史类读物,摆在沙发上就有半人之高,从王朝更迭到政治、经济、军事、民族、疆域各个层面,山呼海啸,蔚为壮观。但是,如果抛开不同版本叙事的独特角度和旨趣,这样的阅读和我们中学教科书的历史阅读相比,并无半点区别,它只是带给你一个轮廓,一个印象,一个面上的知识的概述,一个视野的展开。

我们就生活在这样一种宏大的历史叙事中,或者说,我们就是这种宏大的历史叙事的一部分。但是,如果后人也要以这样的笔触来书写我所处的这段历史，我以为，那并不是我所在的那一段历史。

历史是一个巨大的场域，一个无限的空间，但这种场域或空间作用于每个具体的人的时候，其表现方式千奇百怪，复杂而丰富，离奇又荒诞。

从宏大的尺度来看，历史是一个国家、民族抑或文化、文明塑造无数个体的叙事空间，它让我们在历史认同中将无数素不相识的人认作血浓于水的同胞。中国历朝历代的史官，就是这样一种皇家权力意志的执行者，他们留下的文本，成就了那个被叫作天下的符号疆域。从19世纪开始，欧洲一个个民族国家的诞生，依靠的也是把历史叙事转化成建国叙事，让法国人、比利时人、德国人或意大利人认同一段共享的历史，让他们把这种历史记忆内化为历史经验，从而认定自己属于那块地方、那首国歌和那面国旗。历史叙事所造就的空间，成了家园。

从微观角度来看，恰好又是一个个分布东西、散落南北的人，以自我而偏狭的方式去追问历史、参与历史，将历史叙事变成碎片化的个人经验。这些千奇百怪的个体叙述，最终构成了一个共享空间，成为那个我们一直与无数陌生人共同居住的精神和现实寓所。历史叙事的建构，永远都依赖于这些个体的砖瓦、横梁和砂浆。没有个人叙事的历史，必然是没有支撑的空中楼阁、无法永存的沙塔。换句话说，如果没有无数个体将历史内化成自己的感受，历史便失去了存在的意义。

如何在宏观历史叙述和微观历史经验中寻找支点，构建属于自己的历史感，这一直都是一个问题。

这个问题让我异常着迷。也因此，我试图通过本书的写作，将个人安放在一个大的空间中，或者说在一个大的空间之中去找寻个人的身影。我所能希望的是，捧起这本书的读者可以在各种碎片组成的空间中窥见作为一个族群的身影，和历史的一些真实。

· 后　记 ·

　　最后，容我在此隆重感谢为本书写序的刘家琨先生。这位优秀的建筑师和作家能够在百忙中看完这部近四十万字的书稿，已属不易。他将这本书称为硬书，在这个年月，要花时间看完一本硬书，是太难做到的事情。最让人感激的是，他还为本书贡献了一些建设性的意见。2018年春节，前面我提到过的两个旅游小团队，部分重合在一起，成了一支队伍，我们一起前往福建泉州和漳州。一路上，关于张衡的地动仪和阮籍的长啸，他轻松的设问，让我茅塞顿开。虽然，在泉州，我最终还是没能前往李贽故居，留下一些遗憾，但从泉州回来后，我还是着急忙慌地补充了部分内容。

　　另外，我还要感谢我的先生易丹，多年来他的思想、学识以及治学的态度潜移默化地影响了我。本书责任编辑徐凯编校文稿时认真负责的态度和专业水平，也让我十分认可和感激。没有他们的帮助，这本书不可能以这样的面目呈现于读者面前。

2018 年 3 月初稿
2020 年 10 月定稿于成都